아씨시 프란치스코와
클라라의 글

FRANCISCI ASSISIENSIS SCRIPTA
ⓒ 2009 Frati Editori di Quaracchi
Fondazione Collegio S. Bonaventura
Via Vecchia per Marino 28-30
00046 Grottaferrata, Roma, Italia

CLARAE ASSISIENSIS OPUSCULA in FONTES FRANCISCANI
ⓒ 1995 Edizioni Porziuncola
Via Protomartiri francescani 2
06088 S. Maria degli Angeli, Assisi, Italia

"성 다미아노 성당의 십자가"(Crocifisso di San Damiano):
210×130 cm, 아씨시의 성녀 클라라 대성당
ⓒ "Edizioni Porziuncola"

"레오 형제에게 보낸 편지":
6×13 cm, 스폴레토의 주교좌 대성당

"지극히 높으신 하느님께 드리는 찬미":
10×13 cm, 아씨시의 성 프란치스코 대성당

이 책에 관한 모든 권리는 프란치스코 출판사에 있습니다.
프란치스코 출판사의 동의 없이 이 책에 실린 글과 사진, 그림 등을 사용할 수 없습니다.
ⓒ 2014 Franciscan Press of Korea. All rights reserved.
The contents of this publication shall not be duplicated, used or disclosed
in whole or in part for any purpose without the express written consent of the publisher.

아씨시 프란치스코와 클라라의 글

교회 인가 | 2014년 1월 27일
초판 1쇄 발행 | 2014년 4월 28일
초판 7쇄 발행 | 2024년 3월 1일

엮은이 | 작은형제회(프란치스코회) 한국 관구
펴낸이 | 김상욱
만든이 | 이상호
만든곳 | 프란치스코 출판사(제2-4072호)
주소 | 서울시 중구 정동길 9
전화 | (02) 6325-5600
팩스 | (02) 6325-5100
이메일 | franciscanpress@hanmail.net

정가 | 30,000원

ISBN 978-89-91809-34-5 93230

프란치스칸 사상 연구소
프란치스칸 원천
01

아씨시 프란치스코와 클라라의 글

프란치스코 출판사

일러두기

1. 아씨시 프란치스코의 글은 카를로 파올라찌(Carlo Paolazzi)가 편집한 『Francisci Assisiensis Scripta』(Editiones Collegii S. Bonaventurae ad Claras Aquas, Grottaferrata, 2009, 504-xxii)를 번역 대본으로 삼았으며, 아씨시 클라라의 글은 엔리코 메네스토(Enrico Menestò)와 스테파노 브루파니(Stefano Brufani)가 책임 편집한 『Fontes Franciscani』(Edizioni Porziuncola, 1995, 2581-xv)를 번역 대본으로 삼았다.
2. 카를로 파올라찌는 1976년 카예탄 에써(Kajetan Esser)가 편집한 『아씨시 성 프란치스코의 소품들』을 바탕으로 새로운 비판본을 발행하였다. 이 새로운 비판본에서 파올라찌는 에써 비판본의 여러 문제점들을 수정하여 보완해 놓았지만, 경우에 따라서는 에써 비판본을 반드시 참고해야 하는 부분들도 있다. 이러한 까닭으로 두 비판본 사이에 중요한 차이들이 있는 경우, 이를 각주에 밝혀 놓았다.
3. 「주님의 수난 성무일도」는 프란치스코가 주로 구약 성경의 시편들을 자유롭게 재구성하면서 자신을 위하여 편집한 성무일도로, 이따금씩 프란치스코가 삽입한 구절들이 있다. 이 「수난 성무」의 경우에는 예외적으로 인용 부호를 인용된 시편의 구절들에 표시하지 않고 프란치스코가 고유하게 삽입한 구절들에 사용하였다.
4. 프란치스코와 클라라의 글에 나타나는 성경 구절들은 불가타 성경으로부터 인용되었으나, 우리말로 옮기면서 2005년 한국 천주교 주교회의에서 발행한 『성경』을 인용하였으며, 불가타 성경 구절과 의미상의 차이가 있는 경우에는 불가타 성경의 본문대로 옮겼다.
5. 성경의 장과 절의 숫자는 불가타 성경을 따랐다.
6. 성경을 구성하고 있는 각 책들의 약어는 2005년 한국 천주교 주교회의에서 발행한 『성경』의 약어들을 그대로 사용하였으며, 『프란

치스칸 원천』을 구성하는 글들과 전기들의 약어는 새 번역본에 사용되지 않은 것들도 독자들의 편의를 위해 모두 실어 놓았다.
7. 어떤 구절이나 문장을 직접 인용하는 경우에는 인용 부호와 함께 출처를 밝혀 놓았고, 간접 인용의 경우에는 인용 부호 없이 "참조" 형태로 출처를 밝혀 놓았다.
8. 라틴어 본문에 없으나 필사자 혹은 편집자가 넣은 구절들은 대괄호〔 〕로 표시해 놓았다.
9. 프란치스코의 친필 원문과 몇몇 필사본에 나타나는 "루브리카" (rubrica), 즉 '붉은색의 지시 사항'은 붉은색으로 표시하였으나, 단순한 장식용 붉은색 글자는 제외하였다.

차례

일러두기··5
프란치스칸 원천의 약어································11
새 번역본을 펴내며······································15

아씨시 프란치스코의 글

해설 – 아씨시 프란치스코의 글에 대한 이해··············23
　　　아씨시 프란치스코의 영성·····························34

제1부 기도문

십자가 앞에서 드린 기도································67
하느님 찬미의 권고······································70
복되신 동정 마리아께 드리는 인사··················73
덕들에게 바치는 인사····································76
"주님의 기도" 묵상·······································81
시간경마다 바치는 찬미································88
주님의 수난 성무일도····································92
레오 형제에게 준 친필 기도문·······················122
　1. 지극히 높으신 하느님께 드리는 찬미·········122
　2. 레오 형제에게 준 축복····························127
태양 형제의 노래(피조물의 노래)······················131
들으십시오, 가난한 자매들이여(노래 형식의 권고)·····136

제2부 편지들

편지들 ··· 141
성직자들에게 보낸 편지 ·· 143
  성직자들에게 보낸 편지 1 ·· 144
  성직자들에게 보낸 편지 2 ·· 145
보호자들에게 보낸 편지 1 ··· 148
보호자들에게 보낸 편지 2 ··· 151
백성의 지도자들에게 보낸 편지 ·· 153
레오 형제에게 보낸 편지 ··· 156
어느 봉사자에게 보낸 편지 ··· 159
안토니오 형제에게 보낸 편지 ··· 163
신자들에게 보낸 편지 1 ··· 165
신자들에게 보낸 편지 2 ··· 171
형제회에 보낸 편지 ·· 182

제3부 수도규칙과 격려문들

인준받지 않은 수도규칙 ·· 193
「인준받지 않은 수도규칙」의 다른 편집본들의 단편들 ······· 231
  1. 우스터 사본의 단편들 ·· 232
  2. 우고 디냐의 『작은 형제들의 수도규칙 해설』에 들어 있는 단편들 ······ 242
  3. 토마스 첼라노의 「성 프란치스코의 제2생애」에 들어 있는 단편 ······ 251
인준받은 수도규칙 ··· 253
은수처를 위한 규칙 ·· 265
권고들 ·· 268
클라라와 그의 자매들에게 준 생활 양식 ························· 286
클라라와 그의 자매들에게 써 보낸 마지막 원의 ············ 288
유언 ·· 290

제4부 기타

1. 받아쓴 글

참되고 완전한 기쁨 ·· 301
시에나에서 쓴 유언 ··· 304
베르나르도 형제에게 준 축복 ·· 306

2. 잃어버렸거나 의심스러운 편지들

오스티아의 우골리노 주교에게 보낸 편지 ······················ 311
프랑스 형제들에게 보낸 편지 ·· 312
볼로냐 시민들에게 쓴 편지 ·· 313
단식에 관하여 클라라와 자매들에게 쓴 편지 ················ 314
클라라와 자매들에게 글로 보낸 축복 ······························ 315
야고바 부인에게 쓴 편지 ·· 317

아씨시 클라라의 글

해설 – 아씨시 클라라의 영성 ·· 321

제1부 편지들

프라하의 아네스에게 보낸 편지 1 ···································· 345
프라하의 아네스에게 보낸 편지 2 ···································· 354
프라하의 아네스에게 보낸 편지 3 ···································· 363
프라하의 아네스에게 보낸 편지 4 ···································· 372
에르멘트루디스에게 보낸 편지 ·· 381

제2부 수도규칙과 격려문들

클라라의 수도규칙 ·· 387
클라라의 유언 ·· 410
클라라의 축복 ·· 421

부록

아씨시 프란치스코의 약전 ·· 427
아씨시 클라라의 약전 ·· 437
프란치스칸 원천 연표 ·· 445

프란치스칸 원천의 약어

1. 프란치스코의 글

권고(Adm)	권고들
규칙 단편(Frag)	「인준받지 않은 수도규칙」의 다른 편집본들의 단편들
노래 권고(ExhCl)	들으십시오, 가난한 자매들이여(노래 형식의 권고)
단식 편지(EpCl)	단식에 관하여 클라라와 자매들에게 보낸 편지
덕 인사(SalVirt)	덕들에게 바치는 인사
동정녀 인사(SalBMV)	복되신 동정 마리아께 드리는 인사
레오 축복(BenLeo)	레오 형제에게 준 축복
레오 편지(EpLeo)	레오 형제에게 보낸 편지
마지막 원의(UltVol)	클라라와 그의 자매들에게 써 보낸 마지막 원의
베르나르도 축복(BenBer)	베르나르도 형제에게 준 축복
1보호자 편지(EpCust I)	보호자들에게 보낸 편지 1
2보호자 편지(EpCust II)	보호자들에게 보낸 편지 2
봉사자 편지(EpMin)	어느 봉사자에게 보낸 편지
비인준 규칙(RegNB)	인준받지 않은 수도규칙
생활 양식(FormVit)	클라라와 그의 자매들에게 준 생활 양식
1성직자 편지(EpCler I)	성직자들에게 보낸 편지 1
2성직자 편지(EpCler II)	성직자들에게 보낸 편지 2
수난 성무(OffPass)	주님의 수난 성무일도
시간경 찬미(LaudHor)	시간경마다 바치는 찬미
시에나 유언(TestSen)	시에나에서 쓴 유언
1신자 편지(EpFid I)	신자들에게 보낸 편지 1
2신자 편지(EpFid II)	신자들에게 보낸 편지 2

십자가 기도(OrCruc)	십자가 앞에서 드린 기도
안토니오 편지(EpAnt)	안토니오 형제에게 보낸 편지
유언(Test)	유언
은수처 규칙(RegEr)	은수처를 위한 규칙
인준 규칙(RegB)	인준받은 수도규칙
주님 기도(ExpPat)	"주님의 기도" 묵상
지도자 편지(EpRec)	백성의 지도자들에게 보낸 편지
찬미 권고(ExhLD)	하느님 찬미의 권고
참기쁨(VPLaet)	참되고 완전한 기쁨
태양 노래(CantSol)	태양 형제의 노래(피조물의 노래)
하느님 찬미(LaudDei)	지극히 높으신 하느님께 드리는 찬미
형제회 편지(EpOrd)	형제회에 보낸 편지

2. 클라라의 글

1아네스 편지(EpAgP I)	프라하의 아네스에게 보낸 편지 1
2아네스 편지(EpAgP II)	프라하의 아네스에게 보낸 편지 2
3아네스 편지(EpAgP III)	프라하의 아네스에게 보낸 편지 3
4아네스 편지(EpAgP IV)	프라하의 아네스에게 보낸 편지 4
에르멘 편지(EpErmB)	에르멘트루디스에게 보낸 편지
클라라 규칙(RegCl)	클라라의 수도규칙
클라라 유언(TestCl)	클라라의 유언
클라라 축복(BenCl)	클라라의 축복

3. 프란치스칸 원천

가난 교제	가난 부인과 성 프란치스코와의 거룩한 교제
대전기	성 프란치스코의 대전기(보나벤투라)
세 동료	세 동료들의 전기
소완덕	완덕의 거울(소)
소전기	성 프란치스코의 소전기(보나벤투라)

스피라	성 프란치스코의 생애(율리아노 스피라)
아씨시 편집본	아씨시의 편집본(페루쟈 전기)
엘리야 편지	프란치스코의 죽음을 알리는 편지
완덕의 거울	작은 형제의 완덕의 거울
우골리노 규칙	우골리노의 수도규칙
익명의 페루쟈	수도회의 기원 혹은 창설에 대하여
인노첸시오 규칙	인노첸시오 4세의 수도규칙
잔꽃송이	성 프란치스코의 잔꽃송이
1첼라노	성 프란치스코의 제1생애
2첼라노	성 프란치스코의 제2생애(간절한 마음의 비망록)
3첼라노	복되신 프란치스코의 기적 모음집
클라라 시성 교서	클라라의 시성 교서
클라라 시성 증언	클라라의 시성 조사 증언
클라라 전기	아씨시의 성녀 클라라의 전기
해설	작은 형제들의 수도규칙 해설(우고 디냐)
행적	복되신 프란치스코와 동료 형제들의 행적

새 번역본을 펴내며

하느님의 영(靈) 안에서 가난한 사람이 되어 모든 존재를 향한 사랑의 순례를 하였던 아씨시 성 프란치스코는 중세 교회에서뿐 아니라 오늘날에도 가장 대중적인 탁월한 인물로서 인정받고 있다. 오늘의 그리스도인들은 현대의 다양한 사조들과 종교 다원주의, 세계화와 문화의 다변화, 사회 갈등과 빈부 격차의 심화, 생태 환경의 파괴 등 심각한 도전을 받고 있다. 이런 시대 상황에서 '주님을 늘 갈망하고 넋을 다하여 사랑하였던' 성 프란치스코의 영적 감수성과 그의 복음적 삶의 향기는 주님을 향한 강한 그리움을 불러일으킨다. 주님의 영(靈) 안에서 복음을 실행하였던 프란치스코는 자신의 글에서 지적으로 추구해야 할 개념이나 추상적으로 믿어야 할 종교적 교의들을 체계적으로 언급하지 않았다. 그의 글들은 믿음에 대한 실천적이고 기쁨에 찬 선언이자 하느님에 대한 사랑의 노래이며 삶의 프로그램이다.

800년 전의 프란치스코 성인을 만나기 위해서는 그가 남긴 글을 결코 빼놓을 수 없다. 일반적으로 성인의 삶과 그가 전하는 메시지는 구분해야 하지만 성 프란치스코의 경우는 다른 그리스도교 영성 저자들과 달리 그의 영적 가르침이 그의 인물됨과 밀접히 관련되어 있다. 따라서 그가 작성한 글들은 그의 생각과 체험, 고유한 영성과 인격을 더 직접적으로 드러내 주므로 프란치스칸 원천 중에서 특별한 위치에 있다. 라울 만셀리(R. Manselli)의 말처럼 성인의 글들은 "그의 중심적이고 기본적인 영감을 파악할 가능성과 심오한 해석을 제공해 준다". 물론, "프란치스코의 글들 없이 아씨시의 프란치스코를 이해할 수 없듯이, 글 이외의 사료들의 조명 없이 프란치스코의 글들을 이해할 수도 없다"(C. Paolazzi). 하지만, 전기들은 제3자가 프란치스코의 삶을 관찰하여 증언한 보조 원천으로서의 의미를 지닐 뿐, 성인의 영성과 체험이 녹아 있는 글들에 비할 바가 아니다. 성 프란치스코는 자신이 쓴 편지들에서 주님께서 자신에게 계시해 주신 계명과 가르침을 "더 잘 지키기 위하여" 자신이 쓴 글을 베끼고 거룩한 행위로 간직하며 그 내용을 설교하는 사람들은 하느님께 복을 받으리라고 권고하였다.

작은 형제회 한국 관구는 성인의 이러한 권고를 실천하고, 오늘의 시대에도 여전히 깊은 예언자적 영감을 주는 성인의 글을 하느님의 선을 추구하는 세상의 모든 이들과 나누기 위하여 우리말로 번역하여 소개해 왔다. 아울러 성 프란치스코의 영성을 여성적 감각으로 살아내고 통합시켰던 아씨시의 성녀 클라라의 글도 함께 실었다. 1973년 우리는 "제2의 그리스도"(alter Christus)라 불리는 성 프란치스코의 영성을 갈망하던 많은 이들의 바람에 응답하고자, 『아씨시의 성 프란치스꼬의 소품집』이라는 이름으로 성 프란치스코의 글을 번역하여 이 땅에 처음으로 소개하였다. 이 번역본은 아직 제대로 된 라틴어 비판본이 없던 시기였지만 성인의 영성을 더 깊이 이해하고 살아 보려는 열망의 결실이었다. 그런데 1976년 작은 형제회(프란치스코회) 카에탄 에써(K. Esser)의 본격적인 비판본이 나오자 그에 따른 새로운 번역이 요청되어 몇 년 뒤 번역에 착수하였다. 그 결과 1984년에 에써의 비판본을 대본으로 한 새 번역본이 여러 형제들의 오랜 연구와 토론을 거쳐 『성 프란치스꼬와 성녀 글라라의 글』이란 제목으로 빛을 보게 되었다. 이 번역본에는 처음으로 성녀 클라라의 글이 포함되었다. 여기에 실린 성녀 클라라의 글 번역은 스페인의 성녀 클라라 전문가인 이냐시오 오매체바리아(Ignacio Omaechevarria)의 비판본을 대본으로 삼았다. 1984년의 우리말 번역본은 상당히 충실한 번역이었고 프란치스코의 영적 가족은 물론 그를 본받고자 하는 많은 이들의 영성적 목마름을 채워주는 데 크게 기여해 왔다.

우리는 이제 두 번째 우리말 번역본이 나온 지 30년 만에 『아씨시 프란치스코와 클라라의 글』이라는 제목으로 새로운 번역본을 내놓는다. 또다시 번역을 하게 된 것은 1976년의 에써의 라틴어 비판본 이후 많은 연구와 새로운 발견들을 통해 성인의 글 원문이 다시 확정되거나 추가되었고, 일부 우리말본의 번역상의 미흡함도 발견되었기 때문이다. 새로운 우리말 번역 작업은 2003년에 시작되었다. 그런데 여러 형제들의 각고의 노력으로 새로운 우리말 번역이 마무리되어 가던 2009년, 성 프란치스코의 수도규칙 인준 800주년을 맞아 카를로 파올라찌(C. Paolazzi)가 작은 형제회의 명으로 에써의 비판본과는 다른 새로운 비판본을 발간하였다. 이에, 번역에 참여한 형제들은 에써의 비판본이 여전히 중요성을 지니고 있지만, 공식적인 비판본이 나왔으니 지금까지의 번역을 파올라찌의 새 비판본을 기준으로 전면 재검토하기로 하였다. 이 어렵고도 힘든 모든 과정을 마치기까지 무려 10년이 걸렸다.

이번 우리말 번역본에는 「"인준받지 않은 수도규칙"의 다른 편집본들의 단편들」과 "잃어버렸거나 의심스러운 편지들"의 번역이 추가되었다. 그리고 거의 모든 글들에 걸쳐 꼼꼼한 검토를 거쳐 다시 번역하거나 보완하였을 뿐 아니라 글에 대한 해설과 각주 등 심혈을 기울였다. 또한, 이번에도 예수 그리스도의 십자가를 관상하며 극단적 가난과 겸손과 사랑을 살았던 프란치스코의 "작은 나무"인 성녀 클라라의 글의 우리말 번역도 면밀한 검토를 거쳐 새롭게 번역하였다. 이 모든 번역 과정은 단순한 언어와의 씨름이 아니라 두 성인들의 글 안에 영의 숨결로 녹아 있는 거룩함과 영의 번득임을 발견하는 경탄의 체험이었고, 그들을 통하여 생생하게 작용하였던 '주님의 영'과의 경이로운 만남의 연속이었다.

    우리는 성 프란치스코의 영성을 올바로 전달하기 위하여 번역의 원 대본인 라틴어 비판본뿐 아니라 영어, 스페인어, 이탈리아어, 프랑스어 번역본들을 참조하며 최선의 노력을 기울였다. 우리는 이 새로운 우리말 번역본이 이전의 그 어떤 번역본에 비할 수 없을 만큼 완성도 높은 탁월한 번역이라 확신한다. 그러나 이 또한 불완전한 번역본이며 성 프란치스코의 혼(魂)에 좀더 가까이 다가가려 무던히도 애쓴 '또 하나의 영적 용틀임'에 지나지 않음을 인정하지 않을 수 없다. 왜냐하면 프란치스코 성인의 모든 글들 가운데 친필로 전해진 세 편을 제외한 나머지 글들은 다른 이들의 구술이나 필사를 거쳐 전해 온 글들이기에 원문 확정이나 해독에 여전히 이견이 있고, 라틴어를 우리말로 번역하는 데에 있어서도 '번역'이 아닌 '반역'의 가능성을 배제할 수 없으며, 직역과 의역 사이의 영원한 딜레마도 피할 수 없기 때문이다. 따라서 이 글을 대하는 모든 이들은 이 번역본을 절대시하여 거기에 갇혀 버리는 어리석음에 빠지지 않도록 해야 할 것이다. 오히려 '깨끗하고 순수한 마음으로' 이 글을 받아들여 "표양으로 다른 이들에게 빛을 비추어야 하는 거룩한 행위로써 주님을 낳는 이들"(「2신자 편지」 53)이 되도록 힘써야 할 것이다.

20세기에 들어 깊이 연구되기 시작한 프란치스코의 글들은 모든 이들에게 지속적인 가치를 가진다. 프란치스코의 글들은 프란치스코와 그의 신관, 인간, 사회, 심지어는 창조 세계에 대해 깊은 울림을 주는 복음의 본질을 담고 있다. 우리는 성 프란치스코와 성녀 클라라의 글들 안에서 다양한 영성적 어려움에 대한 열쇠를 찾을 수 있고, 하느님과 동료 인간들에 대한 사랑으로 충만한 그의 진실한 마음에서 샘솟는, 보다 많은 것들을 찾아볼 수 있다. 두 성인의 글들이 800여 년이 지나도록 모든 이에게 호소하는 신선함과, 사랑 안에 그리스도와의 일치를 이루도록 마음을 드높이는 절박함을 지니는 것은 바로 이 때문이다.

아무쪼록 프란치스코의 영성을 따라 사는 형제 자매들에게는 이 새 번역본이 쇄신을 위하여 원천으로 돌아가는(참조: 「수도 생활 쇄신 적응에 관한 교령」 2) 새로운 계기가 되기를 바란다. 또한, 프란치스코를 사랑하는 모든 이들이 이 새로운 우리말 번역본을 통하여 하느님의 사람, 프란치스코에게 주어진 하느님의 선과 복음의 맛을 깊이 체험할 수 있었으면 한다. 나아가 800년 전 '소유 없이'(sine proprio)를 통한 우주적 형제애를 온몸으로 나누고 되돌렸던 아씨시 성 프란치스코와 봉쇄의 울타리를 넘어 그리스도의 십자가를 관상하며 가난과 형제애를 노래했던 성녀 클라라의 글이 이 땅에 하느님의 선(善)을 드러내고 사랑을 가득 채우는 씨앗이 되기를 희망한다.

아울러 2003년에 시작된 세 번째 우리말 번역본이 나오기까지 배의태, 유수일, 이재성, 박장원, 김찬선, 오상선, 신수영,

기경호, 호명환, 고계영, 심규재, 오학준(참여 순) 등 여러 형제들이 참여하였다. 이 어려운 작업을 위해 기꺼이 시간과 땀과 정성을 쏟아부어 준 형제들에게 깊이 감사드린다.

2014년 3월 25일
주님탄생예고 대축일에
작은형제회 한국순교성인관구
관구봉사자 기경호 프란치스코

아씨시 프란치스코의 글

해설

아씨시 프란치스코의 글에 대한 이해

유수일 프란치스코 하비에르, 작은 형제회(프란치스코회)

1

"담벼락의 강도(强度)를 알기 위해서는 담벼락을 이루는 벽돌들의 강도를 알 필요가 있다"는 말이 있다. 아씨시 프란치스코가 살아갔고 가르친 영성의 내용을 올바로 알기 위해서는, 그에 대해 쓴 전기(傳記)들을 넘어서서 그의 글들을 연구하는 것이 중요하다. 그의 글들은 담벼락을 이루는 벽들과 같다. 성 예로니모가 "성경을 모르는 것은 그리스도를 모르는 것이다"[1]라고 말한 것처럼, 프란치스코의 글들을 모르고는 이 성인의 진면목을 알기 어렵다. "프란치스코 자신의 글들이 그를 발견하는 가장 가치 있는 원천이 된다는 것이 합당한 말일 듯하다"[2].

하지만 안타깝게도 작은 형제회(프란치스코회)의 위대한 학자인 카예탄 에써(Kajetan Esser)에 의한 연구 노력과 그가 발견한 것들에 기초한 많은 번역들이 있을 때까지, 프란치스코의 글들은 대

---

1) 성 예로니모, 「이사야서 주해 서문」, 『성무일도 IV』, 1452.
2) 『The Saint. Volume I of: Francis of Assisi: Early Documents』, New City Press, New York-London-Manila, 1999, 13.

부분 간과되어 왔다. 1970년대 말까지 프란치스코의 삶과 정신에 대한 기초 자료들은 그가 형제들을 위해 쓴 「인준받은 수도규칙」과 「유언」을 제외하고는, 현재 우리가 성인의 정신을 분명히 드러낸다고 보는 「권고들」, 「신자들에게 보낸 편지」 1과 2, 혹은 「형제회에 보낸 편지」에는 관심을 거의 기울이지 않고, 반면에 「성 프란치스코의 잔꽃송이」나 토마스 첼라노나 성 보나벤투라가 쓴 전기들에 초점이 맞추어졌던 것이다[3].

프란치스코의 글들의 재발견을 이해하려 함에 있어, 이 글들이 한 세대에서 다른 세대로 넘어가는 전승의 역사를 다시 보는 것이 중요하다. 왜냐하면 역사를 거쳐 오면서 프란치스코의 글들이 부분적으로 수정되거나 첨삭되었기 때문이다. 그래서 그의 글들에 대한 편집 및 연구의 역사를 간략히 살펴보고자 한다.

2

프란치스코의 글들을 모으는 일은 성인이 생존해 있을 때 이미 있었다. 성인이 자신의 글들을 베끼도록 요청한 사실에서 이를 추측할 수 있다. 이에 관한 참고 자료들이 여러 개 있다. 예를 들어, 「신자들에게 보낸 편지 2」의 마지막 부분에서 성인은 이렇게 요청한다. "그리고 이러한 모든 것을 잘 받아들이고 또 알아듣고 이것을 베껴서 다른 사람들에게 보내고…". 「성직자들에게 보낸 편지 1」의 마지막 부분에서 또 이렇게 요청한다. "이를 더 잘 지키기 위하여 이 글을 베끼는 사람들은 주 하느님께 복을 받으리라는 것도 알아 두십시오". 성인은 자신의 「유언」에서 "총

---

3) 참조: 『The Saint. Volume I of: Francis of Assisi: Early Documents』, 35.

봉사자와 다른 모든 봉사자들과 보호자들은 순종으로, 이 말에 아무것도 덧붙이거나 삭제하지 말아야 합니다"(35절)라고 말하는데, 이는 이「유언」이 훗날에 베껴질 것을 추정해서 하는 말이다. 성인은「인준받지 않은 수도규칙」의 끝부분에서도 같은 명을 내리는데, 이 역시 훗날에 베껴질 것을 추정하고 있는 것이다.

    기이하게도, 프란치스코가 자신의 손으로 직접 쓴 글은 오직 두 편에 불과하다. 첫 번째의 글은 프란치스코가 라 베르나 산에 있을 때, 레오 형제에게 준 글로 양쪽에 쓴 작은 양피지 한 조각이다. 여기 한쪽에는「지극히 높으신 하느님께 드리는 찬미」가, 다른 쪽에는「레오 형제에게 준 축복」이 담겨 있다. 이 양피지는 아씨시의 성 프란치스코 대성당에 보관되어 있다. 두 번째의 글은「레오 형제에게 보낸 편지」이다. 레오 형제에게 성령의 특은이 있음을 인정하여 성령께서 인도해 주시는 대로 자유로운 마음으로 실행하라고 권고하는 자유에 관한 글이다. 이 편지는 오늘날 스폴레토의 주교좌 대성당에 보관되어 있다.

    우리가 프란치스코의 다른 글들에 대해 갖고 있는 지식은 그를 따른 이들이 남긴 필사본(筆寫本)을 통하여 우리에게 전해진 것에 의존하고 있다. 그런데 바로 여기에서 우리는 지극히 근본적인 어려움을 만난다. 이 필사본들은 그야말로 "손으로 쓴"(manu scripta) 것들이다. 따라서 이것들은 원본을 베끼는 책임을 맡은 이들의 기질에 많이 좌우된다. 프란치스코가 두 경우에 덧붙이지도 빼지도 말고 정확히 베끼라고 강하게 요구하고 있는 반면(참조:「유언」35;「인준 규칙」14), 초기의 필사본들을 연구해 보면, 그의 희망이 그대로 관철되지 않았음을 볼 수 있다. 프란치스코의 표상을 윤기 있게 하려고, 또 그의 생각을 보다 쉽게 이해하기 위해 말들을 바꾸었던 것이다. 또, 문법상의 오류들을 고쳤고, 하느님에 대한 표상들에다 손질을 가했다[4]. 자신의 말이 보존되기를 간절히 바랐음에도 불구하고 분실된 글들이 있다. 예를 들어, 「헝가리의 성녀 엘리사벳에게 보낸 편지」, 「자기 아들의 치유를 청하는 여인에게 보낸 편지」, 「성 다미아노의 클라라 수도원 자매들에게 보낸 편지」 등이 분실되었다.

3

프란치스코의 글들을 모은 가장 이른 필사본 모음집은 『아씨시 필사본 모음집 338』(Assisi Codex 338)로서, 1250년 이전에 유래하고 있다. "코덱스"(codex)란 "두루마리"(rotulus) 형태에 대립되는 책 형태를 지칭한다. 프랑스의 파리에도 이 모음집이 있었던 것 같다. 도미니코 수도회의 한 회원이 1231년 7월 13일 성령 강림 대축일 후 연중 제9주일 강론에서 프란치스코의 「권고」 6번을 인용했기 때문이다.

다른 필사본 모음집들은 이탈리아의 피렌쩨, 볼테라, 바티칸에 있는 도서관들에 흩어져 있고, 영국의 런던에도 하나가 있다. 이들 도서관에 있는 필사본들의 많은 것은 서로 차이점을 갖고 있는데, 그것들 가운데 분실된 것들이 있다. 이 모든 필사본 모음집들 가운데 빠짐없이 들어 있는 유일한 것은 프란치스코의 「권고들」이다. 「인준받지 않은 수도규칙」 및 「어느 봉사자에게 보낸 편지」의 필사본들은 다음 세기, 즉 14세기까지 나타나지 않는다.

14세기 말까지 큰 필사본 모음집들이 있게 되었는데, 그 첫 번째가 앞에서 이미 언급한 『아씨시 필사본 모음집 338』이고, 다

---

4) 참조: 『The Saint. Volume I of: Francis of Assisi: Early Documents』, 36.

음으로 『아비뇽 모음집』이 있으며, 세 번째로 『포르찌운쿨라 모음집』, 네 번째로 벨기에, 네덜란드, 독일, 폴란드 등에 있었던 모음집이다.

4

인쇄술의 발명과 함께 프란치스코의 글들의 배포는 보다 일반화되었고, 여러 나라에서 출판되었다. 예를 들어, 1492년 스페인의 세비야에서, 1518년 네덜란드의 안트베르펜에서, 1556년에는 포르투갈의 리스본에서 모음집이 출간되었다.

그러나 프란치스코의 글들을 체계적인 편집의 형태로 만든 사람은 아일랜드의 작은 형제회 회원이었던 루크 워딩(Luke Wadding)이다. 그는 1623년 『복되신 사부 아씨시 프란치스코의 소품집』(B. P. Francisci Opuscula)이라는 명칭을 사용해서 프란치스코의 글들을 세 부분으로 나누었다. 제1부에서는 17개의 편지와 13개의 기도문을 넣었고, 제2부에서는 4개의 수도규칙들을, 제3부에서는 28개의 강의들(연설들), 41개의 말씀들, 16개의 예언들, 그리고 「주님의 수난 성무일도」를 넣었다. 그는 또한 성 보나벤투라에 의한 「성 프란치스코의 대전기」(Legenda Major)도 포함시켰다. 그래서 그는 총 247개의 조각들을 프란치스코의 진본(眞本)으로 간주했다. 이 편집본은 710쪽이나 되는 거대한 책이다. 카예탄 에써는 루크 워딩의 이 편집본을 "위대한 사료 편찬"[5]이라고 칭송하고 있다. 자크 캄벨(Jacques Cambell)이 루크 워딩의 이 소품집을 심도 있게 연구했다.

---

5) 『Gli scritti di s. Francesco d'Assisi. Nuova edizione critica e versione italiana』, a cura di Kajetan Esser, Edizioni Messaggero Padova, Padova, 1982, 21.

1904년 작은 형제회의 학자 레온하르트 레멘스(Leonhard Lemmens)는 새로운 비판 편집본을 출간하였다. 그는 프란치스코의 글들을 그가 쓴 것(scripta)과 그가 말하거나 설교했다고 하는 것들의 두 가지로 구분했다. 그는 루크 워딩이 프란치스코의 진본으로 간주한 247개의 조각들을 20개로 대폭 축소했다. 그는 보다 체계적인 순서를 선호했다. 같은 해에 하인리히 뵈머(Heinrich Boehmer)는 진본을 16개로 축소한 또 다른 편집본을 출간했다. 그의 편집본은 프란치스칸들에게 큰 영향을 미치지 못했다. 프란치스칸들은 같은 회원인 레멘스를 따랐다.

이 편집본들이 알려지고 있을 때, 개신교 목사였던 폴 사바티에(Paul Sabatier)는 프란치스코의 글들에 대한 세심한 연구를 촉구하는 글을 썼다. 그는 자신의 글 「성 프란치스코의 소품들에 관한 최근 몇 가지 연구에 대한 검토」(Examen de Quelques Travaux Récents sur les Opuscules de Saint François)에서 비판본, 즉 현존하는 필사본들에 대한 객관적인 연구와 정립된 기준 그리고 결과와 상관없이 진본을 결정하려는 욕구에 기초한 비판본의 필요성을 처음 언급했다[6]. 사바티에는 이런 제안을 함으로써 자신의 시대에서 퍽 앞서 나갔다. 자크 캄벨은 1954년에 그리고 다시금 1965년에 프란치스코의 글들의 비판본이 얼마나 절실히 요구되는지를 보여줌으로써 사바티에의 생각을 부활시켰다.

---

6) 참조: 『The Saint. Volume I of: Francis of Assisi: Early Documents』, 38.

6

얼마 있지 않아 카예탄 에써와 레미 올리거(Remy Oliger)는 필사본 전승을 조사하는 힘들고도 지루한 작업을 시작했는데, 이 작업을 마치는 데 10년 이상이 걸렸다. 1972년에 에써와 올리거는 『아씨시 성 프란치스코의 소품들의 필사본 전승: 비판본의 준비서』를 출간했다. 이는 프란치스코의 글들의 초기 필사본들을 식별해 내고 분류하는 데 있어, 그들이 행한 엄청난 작업을 이해하는 열쇠를 주는 작업이었다. 그 다음 해에, 에써는 『아씨시 성 프란치스코의 소품들 연구』에서, 자기 자신의 연구와 그 동안 간과되어 왔던 필사본들과 본문들을 반영한 여러 논문들을 출간했다.

1976년 카예탄 에써는 드디어 자신의 프란치스코 글 연구를 총 집대성한 작품인 『아씨시 성 프란치스코의 소품들: 새로운 비판본』(Die Opuscula des hl. Franziskus von Assisi: Neue textkritische Edition)을 출간했다. 이 작품은 이탈리아어로 『아씨시 성 프란치스코의 글들』(Gli scritti di s. Francesco d'Assisi)이라는 명칭으로 번역되었다. 카예탄 에써의 이 작품은 우리 프란치스칸 가족들에게 있어 불후의 업적으로서, 크나큰 선물이라 하지 않을 수 없다. 우리는 카예탄 에써 형제의 이 헌신적 노고에 대해 하느님께 감사드려야 할 것이다. 그는 2년 후인 1978년에 이보다 적은 분량의 글인 『거룩한 사부 아씨시 성 프란치스코의 소품들』을 출간했다. 2003년 로마의 안토니아눔 대학교에서는 『아씨시 성 프란치스코의 소품들: 새로운 비판본』 출간 25주년을 기념하는 국제 세미나가 개최되었다.

프란치스칸 세계는 자신의 창립 은사(charism)를 탐구하라는 제2차 바티칸 공의회의 요청에 계속 응답해야 했기에, 에써의 작업은 중심적인 것이 되었다. 비록, 죠반니 보칼리(Giovanni Boccali)가

용어 색인과 함께 프란치스코의 글들 편집본을 출간했지만, 에써의 본문들이 최대의 관심을 끌었다. 하나의 예로, 죠반니 보칼리는 11개의 필사본들만 다루었지만, 에써와 올리거는 181개가 넘는 필사본들을 뒤졌다[7].

에써는 8개의 "받아쓰게 한 소품들"(Opuscula dictata)을 포함하여 35편을 진본(眞本)으로 받아들였는데, 분류에 있어 연대순이나 주제들을 따르지 않고 알파벳순으로 정리했다[8]. 에써는 이 밖에도 5개의 분실된 소품을 열거한다. 예를 들어, 「성 프란치스코의 제1생애」 100이 언급하고 있는 「오스티아의 우골리노 추기경에게 보낸 성 프란치스코의 편지」가 그 가운데 하나이다. 그리고 프란치스코의 글이 분명히 아닌 것으로 여겨지는 24개의 소품도 열거한다.

"받아쓰게 한 소품들"이라는 용어는 에써가 만든 것이 아니라, 자크 캄벨에게서 온다. 에써는 이 용어가 무엇을 뜻하는지를 자신의 비판본 『아씨시 성 프란치스코의 글들』(Gli scritti di s. Francesco d'Assisi)에서 설명하고 있다[9]. 이는 그 내용은 믿을 수 있는 것으로 전해졌지만, 정확한 단어들은 전해지지 않은 글로서, 예를 들어 화가들이 사용하는 스케치와 비슷하다. 내용은 사실이고 어휘나 형식 등은 좀 다를 수 있는 글들이다. 에써는 이런 종류의 소품 8개를 제시하고 있다.

에써의 편집 작업 후, 1976년 죠반니 보칼리는 이탈리아의 베로나(Verona)에서 또 하나의 글을 발견한다. 이는 프란치스코의 「들으십시오, 가난한 자매들이여」(노래 형식의 권고)이다. 우리는 「아

---

7) 참조: 『The Saint, Volume I of: Francis of Assisi: Early Documents』, 38.
8) 참조: 『Gli scritti di s. Francesco d'Assisi. Nuova edizione critica e versione italiana』, 29-32.
9) 참조: 『Gli scritti di s. Francesco d'Assisi. Nuova edizione critica e versione italiana』, 589.

씨시의 편집본」(페루쟈 전기) 85에서 그 내용을 이미 알고 있었지만, 1976년까지 그 본문을 갖고 있지 못했다. 그리하여 우리는 현재 36개의 진본을 갖게 되었다.

엥겔베르트 그라우(Engelbert Grau)는 보칼리의 연구를 바탕으로 카예탄 에써의 비판본 마지막에 「들으십시오, 가난한 자매들이여」를 「가난한 자매들을 위한 노래 형식의 권고」라는 제목으로 추가하여 1989년 증보판을 발행한다. 그라우는 이 증보판을 발행하면서 에써 비판본의 명칭을 그대로 사용할 뿐만 아니라, 에써가 작업한 프란치스코의 글 본문도 수정 없이 받아들인다.

7

1976년 가히 기념비적인 작품이라 칭송할 만한 카예탄 에써의 『아씨시 성 프란치스코의 소품들: 새로운 비판본』이 출판된 지 33년 만에 카를로 파올라찌(Carlo Paolazzi)에 의해 프란치스코의 글들이 다시 편집되어 2009년 『아씨시 프란치스코의 글』(Francisci Assisiensis Scripta)이라는 제목으로 새롭게 출판되었다. 이 비판본이 다시 나오지 않을 수 없었던 까닭은, 카예탄 에써가 타의 추종을 불허하는 치밀한 연구와 예리한 학문적 방법으로 프란치스코의 글을 비판했음에도 불구하고, 그 이후 프란치스코의 글에 대한 지속적인 연구의 결실들이 빛을 보게 되어 이를 받아들이지 않을 수 없는 상황에 이르른 데 있다.

카를로 파올라찌는 카예탄 에써의 비판본이 출판된 이후 제기되어 온 여러 문제점들을 수정 및 보완하는 수준에서 그의 비판본을 편집하였다. 카예탄 에써는 수많은 비판본들을 객관적이고 엄격한 원칙에 따라 비교 연구하면서 보다 더 원문에 가까운 본문을 찾아내느라 각고의 노력을 기울였다. 그럼에도 불구하고 이 철저한 독일 학자 역시 이따금씩 잘못되거나 논란의 여지가 있는 본문을 선택하는 실수를 피하지 못하는데, 파올라찌는 그의 비판본에서 에써의 이러한 실수들이나 오류들을 상당 부분 수정하면서 바로잡아 놓았다. 이런 면에서 파올라찌의 비판본은 에써의 비판본보다 분명히 더 나아졌다고 평가할 수 있다. 그러나 파올라찌 또한 분명한 기준이나 근거 없이 에써의 본문을 적잖이 변경하여 또다시 정확성에 대한 논란의 여지를 남겨 놓았다. 이러한 한계로 말미암아 파올라찌의 비판본은 에써의 비판본과 늘 견주어 볼 필요가 있으며, 그런 의미에서 에써의 비판본은 여전히 비판본으로서의 권위와 가치를 지니고 있다 하겠다.

8

작은 형제회 한국 관구에서 이번에 펴내는 새 번역본은 카예탄 에써의 비판본을 참고하면서 카를로 파올라찌의 비판본을 중심 자료로 사용했다. 프란치스코의 글을 다시 번역하면서 예전 번역본에는 생략되어 있던 「"인준받지 않은 수도규칙"의 다른 편집본들의 단편들」과 "받아쓴 글" 및 "잃어버렸거나 의심스러운 편지들"을 새 번역본에서는 모두 번역하여 실었다. 한편, 예선 번역본에는 포함되어 있었으나 이번 번역본에 빠진 글 하나는 「평화의 기도」이다. 이 기도문은 비록 프란치스코의 정신을 잘 반영해 주고 있지만, 20세기에 만들어진 기도이다. 그리고 예전 번역본에서는 내용이 거의 같다고 보아 두 개의 편지 중 하나만 소개했던 「성직자들에게 보낸 편지」는 「성직자들에게 보낸 편지 1」과 「성직자들에게 보낸 편지 2」로 구분하여 번역하였다.

9

프란치스코의 글들을 분류하는 데 있어 레멘스, 뵈머, 존 무어만(John Moorman), 카예탄 에써, 레온하르트 레만, 카를로 파올라찌 등은 서로 다른 방법을 취한다.

이미 말한 대로 에써는 작품의 라틴어 제목들을 알파벳순으로 분류했다. 미국의 작은 형제회 학자인 이냐찌우스 브래디(Ignatius Brady)는 글들이 작성된 연대순으로 분류했다. 이 방법은 프란치스코 사상(思想)의 발전을 이해하는 데 도움을 준다. 1999년에 출간된 영문 새 번역본은 이냐찌우스 브래디의 방법을 따르고 있다. 그러나 많은 프란치스칸 학자들은 주제별로 분류하는 것을 선호한다. 물론, 어떤 주제들로 구별하느냐에 있어서는 또다시 의견이 갈리기는 하지만, 주제별 분류가 일반적인 경향이라고 말할 수 있다. 이탈리아어 번역본을 비롯하여 여러 언어권에서도 이 분류 방법을 선택하고 있다. 이러한 흐름 안에서 카를로 파올라찌는 (1) 기도문, (2) 편지들, (3) 수도규칙과 격려문들, (4) 기타로 분류하였다. 작은 형제회 한국 관구는 파올라찌의 방법을 받아들였다.

해설

아씨시 프란치스코의 영성

이재성 보나벤투라, 작은 형제회(프란치스코회)
고계영 파울로, 작은 형제회(프란치스코회)

1. 프란치스코의 글들

1.1. 신비의 보석 밭

프란치스코의 글들은 프란치스칸 사상의 원천으로, 그의 글들 안에는 유리알처럼 빛나는 보석들이 은밀하게 숨겨져 있다. 보석 밭인 그의 글들을 주의 깊게 파헤치면, 그 안에서 쏟아져 나오는 찬란한 신비의 광채에 놀라지 않을 수 없다. 그리고 프란치스코의 글들 안에 숨겨진 이 보석들을 살펴보노라면, 800여 년 전의 이 빈털터리가 얼마나 섬세한 영적 감수성을 지녔으며, 상인(商人)의 아들다운 정확한 헤아림 아래 곳곳에 새겨 넣은 그의 영적인 예지는 또 얼마나 빛나는지, 그리고 그의 글들 안에서 비치어 오는, 프란치스코의 모습과 목소리가 얼마나 또렷하고 생생한지 직접적으로 마주하게 될 것이다. 뿐만 아니라, 누구보다도 깊이 관상하고 음미하며 찬미하였던 하느님 신비의 심오함과 광활함과 드높음과 형언할 수 없는 감미로움을 맛보게 될 것이다.

1.2. 프란치스칸들의 결정체

프란치스코가 남긴 글들 가운데 「지극히 높으신 하느님께 드리는 찬미」와 「레오 형제에게 준 축복」, 「레오 형제에게 보낸 편지」는 다행스럽게도 친필로 남아 있다. 두 개의 작은 양피지 조각에 프란치스코가 직접 쓴 이 원문들을 후대에 기록된 여러 필사본들과 비교해 보면, 프란치스코가 선택한 낱말들과 표현들이 후대로 전해지는 과정에서 수정이나 삭제 혹은 첨가가 있었음을 확인할 수 있다. 많은 변화는 아니지만, 아무튼 친필로 남아 있는 경우조차도 그 원문이 이렇게 필사자들에 의해서 가감되었다면, 원문이 남아 있지 않은 다른 글들의 경우에는 아마도 더 많은 변경이 뒤따랐을 것이다. 실제로 수많은 필사본들 사이에서 드러나는 다양한 차이들이 이를 사실로 입증하고 있다.

그리고 작은 형제들의 수도규칙들 안에는 프란치스코 외에 성경 전문가들, 법 전문가들, 관구 봉사자들, 우골리노 추기경, 교황청 등 여러 목소리와 손길들이 묻어 있음도 확인할 수 있다. 프란치스코는 이러한 끼어듦을 거부하지 않았다. 이러한 사실을 바탕으로 현재 우리에게 전해진 프란치스코의 글들은 프란치스코 한 사람만의 작품이 아니며, 한편으로 보면 초기 프란치스칸들의 공동 작품이라고 볼 수 있다. 이처럼 프란치스코의 글에는 여러 사람들의 목소리와 손길들이 들어 있음에도 불구하고, 프란치스코의 글에 나타나는 어휘들이나 표현들을 분석해 보면, 신기하게도 한 사람이 작성한 것 같은 일관성이 발견되며, 그 중심에 프란치스코가 서서 글 전체를 마치 하나의 작품 같은 유기적인 구조로 만들어 내어, 이는 하느님의 작품이라는 인상을 준다. 새 편집본에 실린 프란치스코의 글들은 "기타"의 "받아쓴 글"까지 포함하면 33편이 되는데, 이 작품들 모두를 하나의 모자이크로 구성해 놓으면, 각 작품들 단독으로서는 도무지 표현해 낼 수 없는 놀라운 하느님의 이미지가 부각된다. 그 이미지가 너무도 놀랍고 황홀하다. 프란치스코가 이런 하느님의 신비를 관상하였나 하고 감탄하지 않을 수 없게 된다.

1.3. 영적 여정이 담긴 글

한 인간의 삶의 여정을 싣고 있는 전기들과 달리, 프란치스코의 개인적인 삶과 얽혀 있는 역사적 사건들을 알려 주는 그의 글들은, 유언을 제외하면, 거의 전무하다고 할 수 있다. 그의 글에서 그의 사사로운 개인 사정을 발견할 수 없지만, 반면에 얼마 되지 않는 그의 글들 안에 그의 영적 여정이 그대로 아로새겨져 있다. 그 가운데에는 작성 시기를 추정하기 어려운 글들도 있고, 비교적 정확한 시기를 알 수 있는 글들도 있으며, 대략적으로 어림잡아 볼 수 있는 글들도 있다. 이런 글들을 시대순에 따라 음미하면, 프란치스코의 영적 여정이 어떻게 변화되고 심화되었는지 추적해 볼 수 있다.

그리스도교 영성사(靈性史)를 보면, 하느님께 나아가는 영적 여정을 세 단계로 고찰하려는 하나의 흐름을 발견할 수 있다. 그 가운데 정화(淨化) 조명(照明) 일치(一致)의 세 단계로 구성되는 소위 "세 겹의 길"(triplice via)은[1] 가장 전형적인 유형이라고 할 수 있다. 그리스도교 역사에서 정화 조명 일치라는 구분은 5-6세기에 활동한 것으로 보이는 위(僞, Pseudo) - 디오니시오(Dionysius)에 의해 처음으로

---

1) "세 겹의 길"을 "삼중도"(三重道)라고도 한다.

나타나고, 13세기 중후반에 와서 보나벤투라에 의해 신학적으로 체계화된다[2]. 그런데 프란치스코의 글에는 이 "세 겹의 길"이 명확하게 두 번 나타나고[3] 적어도 두 번은 암시적으로 나타난다[4]. 이는 프란치스코가 "세 겹의 길"이 신학적으로 체계화되기 이전에 이미 "세 겹의 길"에 대한 명확한 인식을 지니고 있었음을 말해 주는 것이다. 실제로 프란치스코의 글들 가운데에는 정화, 조명, 일치에 상응하는 기도문들이 있고[5], 이는 프란치스코 회개 생활의 초기 중기 후기와도 일치하여, "세 겹의 길"의 관점에서 이

---

2) 보나벤투라는 『De triplici via』(삼중도에 대하여)라는 작품을 남겼다.
3) 프란치스코는 「형제회 편지」 51에서 "내적으로 깨끗해지고(ut interius mundati), 내적으로 빛을 받고(interius illuminati) 성령의 불에 타올라(et igne sancti spiritus accensi) 당신의 사랑하시는 아드님 우리 주 예수 그리스도의 발자취를 따를 수 있게 하소서"라고 기도하는데, 여기에서 "깨끗해지고"(mundati), "빛을 받고"(illuminati), "불타오른다"(accensi)는 표현은 "세 겹의 길"에서 다루어지는 정화기, 조명기, 일치기와 정확하게 일치된다. "세 겹의 길"은 다음과 같이 「주님 기도」 2에서도 찾아볼 수 있다: "주님, 당신은 빛이시기에 당신을 알아보도록 그들을 비추시나이다"(illuminans eos ad cognitionem, quia tu, Domine, lux es). "주님, 당신은 사랑이시기에 사랑하도록 그들을 불태우시나이다"(inflammans ad amorem, quia tu, Domine, amor es). 여기에서 "비추시나이다"(illuminans)와 "불태우시나이다"(inflammans)는 각각 조명의 단계와 일치의 단계에 해당된다. 다만, 이 구절은 "하늘에 계신 우리 아버지"에 대한 풀이로서, 이미 지상을 떠나 천상에 머무는 천사들과 성인들의 영적 여정을 다루기 때문에, 정화기는 빠지고 조명기와 일치기만 나타나는 것이다.
4) 한 번은 「비인준 규칙」 17,14-16에 나타나고(14절: 정화; 15절: 조명; 16절: 일치), 다른 한 번은 「권고」 16,2에 나타난다[진정 마음이 깨끗한 사람들은 '지상의 것들을 멸시하고'(정화), '천상의 것들을 찾으며'(조명), '살아 계시고 참되신 주 하느님을 깨끗한 마음과 정신으로 항상 흠숭하고 바라보는 일을 그치지 않는 사람들입니다'(일치)].
5) 프란치스코의 회개 생활 초기에 작성된 것으로 추정되는 「십자가 기도」는 정화기에 해당되는 전형적인 기도로 볼 수 있고, 1224년 9월 프란치스코가 라 베르나에서 깊은 신비 체험을 한 후 작성한 「하느님 찬미」와 1226년 죽음을 앞두고 지은 「태양 노래」는 일치기에 해당되는 대표적인 작품이다. 그리고 「유언」 5에 나타나는 "십자가 경배송"(Adoramus te)을 비롯하여 「찬미 권고」, 「동정녀 인사」, 「덕 인사」, 「시간경 찬미」, 「주님 기도」 등 찬미와 감사를 내용으로 하는 기도문들은 대부분 조명기에 해당되는 작품들이며, 이는 프란치스코 생애의 중기에 쓰여졌을 것으로 추정된다.

기도문들을 세 단계로 조명해 볼 수 있다. 그리고 이러한 "세 겹의 길"을 해석의 척도로 삼아 프란치스코가 걸어갔던 영적 여정을 추론해 낼 수 있다. 보나벤투라도 「대전기」를 쓰면서 프란치스코의 생애를 정화 조명 일치의 관점에서 신학적으로 대단히 정교하게 해석하여 재구성해 놓았다. 프란치스코의 글들과 생애를 "세 겹의 길"의 관점에서 다시 더 조명하면, 프란치스칸 영적 여정을 보다 더 체계적이고 구체적으로 형상화해 낼 수 있을 것이다.

2. 프란치스코의 글과 전기들의 관계

프란치스코의 글이 그의 생각과 체험을 직접적으로 들려주는 제일차적인 원천으로, 그의 삶이 제3의 타인들에 의해서 관찰되고 해석된 증언들이나 전기들보다 훨씬 더 중요하다는 사실은 두말할 나위가 없지만, 그렇더라도 프란치스코의 글만으로는 그의 삶과 사상을 흡족하게 구성할 수 없고 프란치스코의 글을 해석하는 데에도 어려움을 겪게 된다. 프란치스코의 글들 없이 프란치스코를 이해하는 것이 불가능하듯이, 전기들이나 증언들과 같은 다른 보조 자료들 없이 프란치스코의 글들을 올바르게 이해하는 것도 또한 불가능하다[6].

예를 들면, 「유언」 1-3에서 프란치스코는 자신의 회개 체험을 회고하는데, 그가 남겨 놓은 글들 가운데 첫 번째 신비 체험에 해당되는 이 고백은 이와 관련된 전기 자료들과 함께 읽으면 훨

---

6) 참조: C. Paolazzi, 『Lettura degli "Scritti" di Francesco d'Assisi』, Ed. Biblioteca Francescana, Milano, 2002, 28.

씬 더 풍요롭고 깊게 이해할 수 있게 된다.

이는 1224년 9월 17일에 라 베르나(La Verna) 산에서 오상(五傷)을 받고 나서 쓴 「지극히 높으신 하느님께 드리는 찬미」의 경우도 마찬가지이다. 프란치스코의 친필로 보존된 이 기도문의 뒤쪽에 있는 "레오 형제에게 준 축복문"의 여백에 레오 형제가 붉은색의 글씨로 기록해 놓은 주해가 있는데, 이에 따르면, 프란치스코는 자신에게 베푸신 하느님의 은혜에 대하여 감사를 드리면서 이 찬미가를 지었다는 것이다. 이것이 이 기도문에 대한 유일한 보조 자료다. 이 찬미 기도 안에서조차도 오상 체험에 대한 자료는 없다. 프란치스코의 글 어디에도 라 베르나에서 있었던 놀라운 하느님 체험 사건에 관한 기록은 존재하지 않는다. 이 체험을 충분히 이해하기 위해서는 필수적으로 "첼라노의 전기들"과 「세 동료들의 전기」, 「익명의 페루쟈」, 「대전기」, 「행적」 등의 전기 자료들을 참고해야 한다. 이와 같이 프란치스코의 글과 전기적인 원천 사이에는 결코 소홀히 할 수 없는 유기적이고 상호 보완적인 관계가 있다.

그러나 프란치스코의 글이 전해 주는 프란치스코의 영성과 전기 자료들이 전해 주는 프란치스코의 영성 사이에는 서로 상이점(相異點)이 있다는 사실을 또한 간과하지 말아야 한다. 예를 들면, 프란치스코의 글에 나타나는 프란치스코의 신관은 대단히 삼위일체론적인 데 비하여, 첼라노의 전기나 보나벤투라의 전기가 전하는 프란치스코의 신관은 대단히 그리스도론적이다.

또한, 그리스도를 따름에 있어서도 프란치스코의 글과 전기들은 확연한 차이를 드러낸다. "그리스도 모방"(imitatio Christi)이 유행하던 시대에 살았던 프란치스코는 그의 글에서 이와 관련된 표현은 단 한 번도 사용하지 않고, 일관되게 "그리스도 따름"(sequela

Christi)에 대해서만 언급한다[7]. 그러나 전기 작가들은 물론이고 클라라조차도 이 두 표현을 크게 구별하지 않고 함께 사용한다. 전기 작가들 중에서는 보나벤투라만이 이를 구분한다. "그리스도 따름"은 그리스도를 모방하는 단계를 넘어서서 그리스도와 일치하고(con-formatio) 마침내 그리스도로 변화됨(trans-formatio)을 의미하기 때문에[8], "그리스도 모방"과 "그리스도 따름" 사이에는 적잖은 차이점이 있다 하겠다.

 이외에도 대부분의 전기 자료에 소개되는 프란치스코는 그리스도인들이 칭송해야 할 이상적인 성인으로서, 탁월한 덕행들과 수많은 초자연적 기적들로 둘러싸인, 평범한 사람으로서는 도저히 따를 수 없는 초인적인 인물처럼 묘사되어 있으나, 프란치스코의 글에 나타나는 프란치스코는 이런 신화적인 모습과는 여러 면에서 차이를 보인다. 「형제회에 보낸 편지」 38-39에서 프란치스코는 자신의 큰 탓으로 많은 점에서 죄를 지었다고 겸손되이 고백하면서 자신을 게으르고 무지하며 배우지 못한 사람으로 묘사한다. 물론, 프란치스코의 이 고백을 글자 그대로 받아들여서는 안 된다. 우선 중세에는 라틴어를 읽고 쓸 줄 아는 사람들이 그야말로 극소수였기에 프란치스코는 사실상 소수 식자층에 속하였을 뿐만 아니라, 그가 남겨 놓은 글은 '초(超)논리의 논리'와

---

[7] 그리스도교 영성사 안에는 "그리스도 모방"(imitatio Christi)과 "그리스도 따름"(sequela Christi)을 엄밀하게 구별하지 않고 같은 의미로 이해하는 전통이 형성되어 있다(참조: G. Guitton, 「La sequela di Cristo」, 『La spiritualità di Francesco d'Assisi』, traduzione dal francese di Maria Vimercati ed altri, a cura dei redattori di Evangile Aujourd'hui, Ed. Biblioteca Francescana, Milano, 1993, 50).

[8] 보나벤투라는 「대전기」 14장에서 십자가의 그리스도와 프란치스코의 일치를 묘사하면서 "모방하다"(imitari), "일치하다"(conformare), "변화하다"(transformare)는 동사를 사용한다.

'초(超)지성의 지성'으로 하느님과 인간 그리고 우주의 신비 세계를 수학 정식이나 물리 법칙보다도 더 논리적으로 정확하게 펼쳐 놓고 있기 때문이다. 프란치스코의 글이 전해 주는 프란치스코의 모습은 평범(平凡)과 비범(非凡), 일상(日常)과 비상(非常), 투박함과 정교함, 부드러움과 강인함이 놀랍도록 잘 조화된 담백하고도 지극히 자연스럽다는 느낌을 준다. 특히 하느님의 신비를 숨기는 데 있어서 그 누구보다도 특출한 재능을 지니고 있었던 그인지라, 시적(詩的)이고 아름다운 몇몇 부분을 제외하면, 혹자는 그가 남겨 놓은 글들로부터 별것 아닌 평이한 인상을 받을 수도 있겠고, 사실 그런 연유로 해서 보석 같은 그의 글들이 수세기 동안 파묻혀 있기도 했다. 그렇지만 프란치스코의 글에는 빼어남과 예사로움이 섞여 있어서 한편으로는 놀라움과 감탄을 자아내면서도, 다른 한편으로는 너무도 인간적인 그의 모습이 우리의 심금을 울리기도 한다. 프란치스코의 이런 모습은 비현실적이고 초자연적인 기적들로 일관된 신화 속의 인물로 그려지는 '전기물들의 프란치스코'와는 뚜렷한 거리감이 있다 하겠다.

3. 프란치스코의 글에 나타난 영성의 주요 요소들

가톨릭 신자들은 미사 때마다 "신앙의 신비"를 고백하며 "구원의 신비"를 노래하는데, 그 골자는 그리스도의 죽음과 부활의 신비이다. 모든 가톨릭 신자들이 성모 마리아께 드리는 묵주의 기도도 환희와 빛과 고통과 영광의 신비로 들어가는 기도다. 신비 체험은 크리스천 체험의 핵심에 자리하고 있고 영성 신학이란 신비 신학으로 들어가기 위한 입문 신학이라고 할 수 있을 것이다. 뿐만 아니라, 삼위일체의 신비, 창조의 신비, 그리고 육화로부터 시작하여 공현, 십자가의 죽음 및 부활, 승천, 성령 강림으로 귀결되는 그리스도의 구원의 신비, 교회의 신비, 성체의 신비, 사랑의 신비, 마리아의 신비 등 그리스도교의 핵심적 교의(敎義)들은 모두 신비로 향한다. 작고하신 고(故) 김수환 추기경님께서도 1970년도 신학교 입학 미사 강론에서 "인간은 신비를 먹고 산다"고 하셨음을 생생하게 기억하고 있다. 따라서 신비 체험을 하지 않으면, 엄밀한 의미에서 그리스도교 신자라고 말할 수 없을 것이다. 모든 그리스도인은 누구든지 이 신비 체험에로 불리어졌다.

그러나 여기에서 말하는 신비 체험은 환시나 환청이나 탈혼, 황홀경, 공중 부양(浮揚), 무아 경지에서의 명상, 미래에 대한 예견, 심령적인 교감 등과 같은 비교적(秘敎的)이고 정상에서 벗어난 유별난 현상들을 뜻하는 것이 아니다. 신비 체험이란 하느님의 신비를 관상함으로써 이 신비와 이루는 사랑의 일치라고 이해하거나, 더 간단히 말하면, '사랑의 체험', '성령의 체험', '믿음과 희망과 사랑의 체험', '계시와 믿음의 체험', 또는 '초자연적 은총 체험'이라고 규정할 수 있다. 그리스도교 신앙의 정수는 바로 이러한 건강한 신비 체험에 자리하고 있고, 프란치스코 영성의 본질 또한 그러하다.

아씨시의 프란치스코는 신비 체험의 길을 보편적이고 실천적인 차원에서 대중적으로 탁월하게 제시하였다. 그가 지향한 신비 체험은 선택된 소수 엘리트 계층에게만 전유물처럼 독점되고 유보되는 예외적인 특별한 체험이 아니다. 그의 신비 체험은 일상적인 삶을 통해서 평범하게 이루어지는, 누구에게나 열려진 보편적인 실천적 성소이다. 뿐만 아니라, 그의 신비 체험은 전문적이고 학문적인 연구나 특별한 기술을 요구하지도 않으며, 이를 익히기 위해서 길고 특별한 훈련을 필요로 하지도 않는다. 모든 그리스도인들, 즉 성직자이든 수도자든 평신도든, 아이든 노인이든, 남자든 여자든, 유식하든 무식하든, 모든 하느님의 자녀들은 프란치스코가 제시하는 길을 통하여 일상적인 삶 안에서 쉽고 단순하게 실천적으로 신비 체험을 할 수 있는 것이다. 프란치스코는 이 보석을 그의 글 곳곳에 아주 선명하게 새겨 놓았다.

3.1. 하느님의 신비

신자들은 누구나 하느님을 만나고 싶어 한다. 하느님에 대한 갈증이 매우 심하다. 이는 곧 신비에 대한 갈증이다. 프란치스코 영성의 정수와 꽃은 갈증에 목말라하는 우리의 이러한 현실에 형언할 수 없이 깊은 그의 신비 체험으로 응답한다는 것이다. 신비에 대한 인간의 갈증은 인간의 존재론적이고 보편적인 지향성일 뿐만 아니라 신비에 대한 사람들의 갈증이 점점 더 분명하고 강렬하게 드러나고 있기에, 오늘날 프란치스코의 글을 마주하면서 그의 영성의 핵심을 이해하기 위해서는 그가 전 생애를 통하여 추구하였던 신비를 정확하고 올바르게 짚고 이해하는 소명적 임무를 자각해야 할 것이다.

프란치스코의 시대에는 "미스테리움"(mysterium), 즉 '신비'라는 말이 '성사'(聖事)라는 말과 같은 의미로 사용되었으며, 성사들 가운데서도 성체성사가 최고의 신비로 여겨졌다[9]. 이러한 시대

---

9) 참조: M. Deneken, 「Mistero」, 『Dizionario enciclopedico del medioevo 2』, edizione italiana a cura di Claudio Leopardi dal francese, Città Nuova Editrice, Roma, 1998, 1204.

적 배경 아래 프란치스코 역시 자신의 글에서 '신비'라는 말을 2번 사용하는데[10], 이 모두 성체성사를 뜻한다. 프란치스코는 오늘날 현대 신학에서 말하는 '신비'를 말하기 위해서 "영"(spiritus)이나 "선"(bonum) 혹은 "덕"(virtus)과 같은 표현들을 사용하였다.

3.1.1. 영(靈)의 신비

프란치스코는 힐라리오나 아우구스티노와 같은 교부들의 전통에 따라 삼위일체 신비의 본질을 영으로 관상하면서 성부도 영이요 성자도 영이며 성령도 영으로 해석한다[11]. 그리고 이 삼위일체 하느님의 영, 즉 주님의 영은 모든 인간에게 창조되는 순간 구원 체험의 가능성과 씨앗으로 주어지며[12], 그 실현을 위하여 후험적(後驗的)으로 작용하신다[13]. 이런 의미에서 성부 성자 성령의 영은 주님의 영을 바탕으로 하는 내재적 삼위일체 하느님의 본질로서의 영이면서 동시에 구원 역사 안에서 구체적으로 활동하시는 구원 경륜적 삼위일체의 하느님이라 이해할 수 있다. 프란치스코에게 있어 하느님은 영["데우스 스피리투스"(Deus Spiritus, 영이신 하느님)]이며, 인간은 그 영을 지향하는 영["호모 스피리투스"(homo spiritus, 영인 인간)]이다.

3.1.2. 선(善)의 신비

프란치스코의 글 안에서 신비와 깊은 관계가 있는 또 다른

---

10) 참조: 「1성직자 편지」 4; 「유언」 11.
11) 참조: 「권고」 1,5-7.
12) 참조: 「권고」 5,1.
13) 참조: 「1신자 편지」 1,6.

낱말은 선[14]이다. 이는 프란치스코의 글에 51번 나타나는데, 프란치스코에 의하면, 하느님은 홀로 좋으신 분["데우스 솔루스 보누스"(Deus solus bonus, 홀로 좋으신 하느님)]이고[15], 모든 선은 하느님으로부터 비롯되며, 하느님 없이는 어떠한 선도 존재하지 않는다[16]. 프란치스코는 이 하느님의 선과 피조물의 선을 일의적(一意的)인 관계 안에서 관상한다[17]. 즉, 그에게 선은 구체적인 모든 만물 안에 살아 있는 초월적이고 존재론적인 신비이며, 선의 달관자인 그는 이 신비를 「태양 형제의 노래」에서 "호모 보누스"(homo bonus, 좋은 인간)로서, 하느님의 이름조차 부르기에 부당하지만 지극히 겸손한 '선인'(善人)이 되어 감히 우주적으로 노래한다. 이러한 프란치스코의 선의 관상으로부터 모든 선을 하느님께 돌려드

---

14) "선"(bonum, 善)은 '좋음'과 동의어이다. 창세 1장에 의하면, 하느님께서 창조하신 모든 만물은 본질적으로 '좋음'을 지니고 있으며, 프란치스코의 글에 나타나는 '선'은 이와 같이 모든 만물에 예외 없이 보편적으로 적용되는 '좋음'을 뜻한다.

15) 참조: 「하느님 찬미」 5.

16) 참조: 「주님 기도」 2.

17) 일의성(一意性, univocitas)은 형이상학의 용어로서 존재와 관련된 개념이다. 토마스 아퀴나스는 절대 존재(하느님)와 상대적 존재들(피조물들) 사이에는 오로지 유비적 관계, 즉 비슷함만 있다고 설명하는데, 둔스 스코투스는 유비적 관계뿐만 아니라 일의적 관계도 있다고 주장한다. 예를 들면, "하느님은 선이시다"라고 할 때 이 선은 절대 선, 완전한 선, 무한한 선, 영원한 선을 의미하고, "모든 피조물은 선이다"라고 할 때의 선은 상대적 선, 불완전한 선, 제한된 된, 유한한 선을 의미하기에, 하느님의 선과 피조물들의 선 사이에는 극복할 수 없는 분명한 차이가 있으면서 동시에 '좋다'는 의미에서 비슷한 차원도 있는 것이다. 이와 같이 절대 존재와 상대적인 존재들 사이의 유사성을 형이상학에서는 유비(類比, analogia)라 규정한다. 이러한 토마스적 입장에 대해 둔스 스코투스는 유비 개념으로는 선이 충분히 설명되지 않는다고 보고, 이를 일의적 차원에서도 조명한다. 이 "명민한 박사"(doctor subtilis)는, 하느님의 선과 피조물들의 선 사이에는 유비적 차원뿐만 아니라 선이라는 개념을 양쪽 선 모두에게 적용할 수 있는 '같은 차원'이 동시에 있다고 주장한다. 이와 같이 양쪽 선 모두에게 동일하게 적용시킬 수 있는 선의 개념을 일의성(一意性, univocitas)이라 한다. 선은 일성(一性), 진성(眞性), 미성(美性)과 같은 존재의 초월적 특성들 가운데 하나로, 선의 일의성은 곧 존재의 일의성과 같다 하겠다.

리는 그의 "돌려드림"(reddere, 돌려드리다)[18] 영성이 자연스럽게 흘러나온다. 선의 관상 안에서 '호모 보누스'는 곧 "호모 렏덴스"(homo reddens, 돌려드리는 인간)가 된다. 그는 돌려드림으로 해서 오히려 선에 흠뻑 빠진 인간이 된다.

3.1.3. 덕(德)의 신비

선을 향하여 열려 있고 선의 신비를 관상하는 인간의 영은 필연적으로 덕의 신비에로 나아가게 된다. 선의 신비를 관상하면, 선의 신비가 쌓이게 되고 그렇게 쌓여진 선들이 덕이기 때문이다. 프란치스코는 선의 신비와 마찬가지로 덕의 신비도 존재론적이고 일의적으로 관상한다. 선을 관상하며 선의 신비에 흠뻑 젖어든 프란치스코는 윤리적인 차원을 넘어서서 덕을 존재의 신비로 바라보고, 이 덕의 신비 안에서 덕 자체이신 하느님, 완전한 덕이신 하느님을 황홀히 관상한다. 프란치스코에게 덕은 하느님의 본질적 속성이며 하느님은 덕이시다["데우스 비르투스"(Deus virtus, 덕이신 하느님)]. 덕의 관상가인 프란치스코는 「지극히 높으신 하느님께 드리는 찬미」에서 덕을 구체적으로 나열하며 찬미한다.

이 찬미가에 의하면, 완전한 덕이시고 절대적인 덕이시며 영원한 덕이신 삼위일체 하느님은 형언할 수 없이 아름답고 찬란한 빛을 발하는 갖가지 맑고 투명한 덕들로 빚어진 무한한 신비의 궁궐이다. 프란치스코는 이 덕의 궁궐을 "우리의 흡족한 온갖 보화"[19]이며 "모든 감미로움"[20]이라고 노래한다. 모든 인간은 바로 이러한 덕의 신비에로 불리었고, 인간은 덕 안에서 덕이신 하

---

18) 프란치스코 글에 "렏데레"(reddere) 동사는 18번 나타난다.
19) 「하느님 찬미」 10.
20) 「하느님 찬미」 15.

느님과 일치한다. 이런 의미에서 인간은 덕 자체, 즉 최고의 덕인 사랑을, 다시 말하면 모든 덕이 묵주처럼 구슬로 엮어진 사랑을 지향하는 "호모 비르투스"(homo virtus, 덕인 인간)라고 할 수 있다.

덕은 또한 본질적으로 악습들을 몰아내는 힘을 지니고 있으며[21], 이 덕의 힘에 의지하여 인간은 이 지상에서 겪게 되는 온갖 시련과 고통, 어두움, 육(肉) 및 죄악을 견디어 낼 수 있다. 프란치스코의 글에 나타나는 "견딤"(sustinere, 견디다)[22]의 영성은 덕의 신비로부터 비롯되며, 이 덕의 신비 안에서 인간은 "호모 수스티넨스"(homo sustinens, 견디는 사람, 인인(忍人)]가 된다.

"견딤"(sustinere)과 "돌려드림"(reddere)은 프란치스코 영성의 두 축(軸)이다. 자전거가 두 바퀴로 굴러가듯이, 프란치스코도 "견딤"과 "돌려드림"을 반복하면서 살아가다가 생을 마쳤다. 우리도 그래야 할 것이다.

3.1.4. 신비이신 하느님

앞에서 살펴본 바와 같이 프란치스코의 글에 의하면, 하느님은 영이시고, 선이시며, 덕이시다[23]. 그리고 덕이신 하느님은 사랑이시고, 지혜이시며, 겸손, 인내, 아름다움, 고요, 정의, 기쁨, 희망, 믿음 … 우리를 흡족하게 하는 온갖 보화, 모든 감미로움이시다. 이같이 하늘의 별처럼 수없이 많은 하느님의 속성들과

---

21) 참조: 「덕 인사」 8-14; 「권고」 27.
22) 프란치스코의 글에 "수스티네레"(sustinere) 동사는 20번 나타난다.
23) 프란치스코의 글에는 하느님을 수식하는 어휘들이나 하느님의 속성을 나타내는 용어들이 수없이 많이 나타나며, 그 중 가장 많이 나타나는 낱말은 "상투스"(sanctus, 거룩하다)이다. 이 형용사는 202번 나타나는데, 이 가운데 하느님과 관련된 경우는 122번이다. 이런 관점에서 바라보면, 프란치스코에게 하느님은 제일차적으로 "거룩하신 분"(Deus sanctus)이라 말할 수 있다.

이름들을 한마디로 요약하면, '하느님은 신비'가 될 것이다. 신비는 하느님의 본질을 한마디로 가장 잘 드러내 주는 하느님의 단순한 이름이다. 인간은 본질적으로 이 신비에로 불리었으며, 신비 체험을 통하여 자아가 온전하게 실현되는 가운데 이러한 신비로 변화된다. 따라서 하느님은 "데우스 미스티쿠스"(Deus mysticus, 신비이신 하느님)이고, 인간은 이 신비를 지향하는 "호모 미스티쿠스"(homo mysticus, 신비로운 인간)라 하겠다.

3.2. 그리스도의 신비

영이시고 선이시며 덕이신 삼위일체 하느님의 신비를 이 지상에서 가장 탁월하게 보여 주는 신비는 말씀 자체이신 성자 그리스도이다. 프란치스코는 특별히 육화 및 십자가를 통하여 드러나는 하느님의 자기 비허(卑虛, 케노시스, kénosis)와 완전하게 무화되는 하느님의 철저한 가난의 신비에 압도되었으며[24] 성체 안에 숨어 현존하는 하느님의 극치의 겸손 앞에서는 신비적이고 시적인 언어로 최대의 경의를 갖추어 노래한다. 「권고」1,16-18과 「형제회에 보낸 편지」 26-28을 보면, 이 케노시스의 신비가 육화의 신비와 수난의 신비 그리고 성체의 신비를 동시적으로 관상했음을 알 수 있다. 뿐만 아니라, 「주님의 수난 성무일도」 9,2에 의하면, 프란치스코는 부활 시기에도 수난의 신비를 묵상하였고, 3,12에 의하면, 성삼일에도 승천의 신비를 묵상하였다. 그리고

---

24) 토마스 첼라노에 의하면, 프란치스코는 육화와 수난의 신비에 유난히 더 깊이 매료되어 있었다: "육화의 겸손과 수난의 사랑이 특히 그(프란치스코)를 사로잡았으므로 그는 다른 것은 생각하고 싶지도 않았다"(「1첼라노」 84,3).

「권고」 1,20-22에서는 공현의 신비와[25] 종말의 신비를 관상하였으며, 「권고」 1,12에서는 성체 신비 안에서 성령 강림의 신비도 관상하였다. 이와 같이 그리스도의 구원 사건들과 관련된 프란치스코의 글들을 종합해 보면, 그는 그리스도의 구원 신비를 육화에서부터 공현, 십자가의 죽음, 부활, 승천, 성령 강림, 그리고 마지막 날에 다시 오시는 그리스도의 신비까지 동시에 관상하였음을 알 수 있다.

프란치스코가 관상한 그리스도의 신비는 '벌레이신 그리스도'에서 그 절정에 달한다. 「신자들에게 보낸 편지 2」 46에서 프란치스코는 죄악에 물든 인간의 비참하고 가엾은 모습을 벌레라고 여기면서 가장 낮은 자리로 내려간 뒤, 그 자리에서 벌레가 되신 그리스도를 관상한다: "주님께서 예언자를 통하여 말씀하십니다. '저는 인간이 아닌 구더기[26], 사람들의 우셋거리, 백성의 조롱거리'". 이 구절에 프란치스코 영성의 백미(白眉)가 숨겨져 있지 않을까 싶다. 프란치스코는, 마치 짓밟히는 벌레처럼, 온갖 치욕과 모멸을 당하면서 비참하게 돌아가시는 그리스도의 수난을 관상하였고, 그런 십자가의 그리스도 안에서 벌레이신 그리스도를 만났다. 그리고 놀라운 점은 프란치스코가 여기에 머무르지 않고, 그리스도의 벌레됨과 인간의 벌레됨을 일의적(一意的)으로 일치시켜 놓았다는 사실이다. 그 결과는 참으로 대단하다. 아무리 추악하고 더러운 인간일지라도 자신의 벌레됨을 견디면서 그 자리에 머

---

[25] 「권고」 1,20은 대 레오 교황의 설교 중 "공현 대축일에"(In Epiphaniae solemnitate)로부터 영향을 받은 것으로 밝혀졌다(참조: P. Messa, 『Le fonti patristiche negli scritti di Francesco d'Assisi』, Ed. Porziuncola, S. Maria degli Angeli-Assisi, 294).

[26] 이 구절에 나오는 "구더기"의 라틴어는 "베르미스"(vermis)로, 이는 '벌레'를 뜻한다. 새 번역본에서는 새 성경에 따라 "베르미스"를 "구더기"라 옮겼다.

무르기만 하면, 이러한 견딤을 통하여 벌레이신 그리스도와 하나 되고, 벌레이신 그리스도와 하나됨으로써 부활하신 그리스도와 도 하나 될 수 있기 때문이다. 이와 같이 프란치스코는 벌레의 처지에서 부활의 신비로 날아오를 수 있는, 빼어나다고밖에 말할 수 없는, 영적 비상(飛上)의 길을 열어 놓았고 토대를 닦아 놓았다. 여기에 프란치스코 영성의 탁월함이 자리한다 하겠다. 모든 전화위복(轉禍爲福)을 이루어 놓았으니, 이 지상에서 슬퍼하고 괴로워해야 할 일은 없다.

3.3. 삼위일체이신 하느님의 중심에서 빛나는 마리아의 신비

토마스 첼라노에 의하면, "[프란치스코는] 예수님의 어머니에 대해서는 이루 형언할 수 없는 사랑으로 가득하였다. … 그는 특별한 찬미들을 그녀에게 읊었고, 기도를 쏟아부었으며, 애정을 바쳤고, 그것이 너무 많고 훌륭하여 인간의 혀로는 그것들을 헤아릴 수가 없다."[27]. 아씨시의 프란치스코만큼 하느님의 어머니이신 마리아의 자리를 정확하게 찾아준 그리스도인이 과연 있을까 의문이다. 프란치스코는 「주님의 수난 성무일도」 후렴에서 마리아를 성부의 딸이요 성자의 어머니며 성령의 신부라고 찬미하면서 복되신 동정녀를 삼위일체 하느님의 중심에 놓는다. 마리아에게 "성령의 신부"라는 칭호를 처음으로 분명하게 사용한 사람은 프란치스코라 하는데[28], 사실이 그러하다면, 프란치스코는

---

27) 「2첼라노」 198.
28) 참조: W. Lampen, 『De S. P. Francisci cultu Angelorum et Sanctorum』, Extractum ex Periodico Archivum Franciscanum Historicum XX (1927), Typ. Collegii S.

마리아를 삼위일체 신비의 중심에 올려놓은 첫 번째 사람이 되는 것이다. 마리아와 삼위일체 하느님과의 관계는 「복되신 동정 마리아께 드리는 인사」 2에서도 확인할 수 있다.

그런데 프란치스코는 여기에서 한 걸음 더 나아가 복되신 마리아를 따르는 클라라와 그의 자매들도 성부의 딸들이요 성령의 신부들이며, 「신자들에게 보낸 편지 1」 1,5-13에서는 회개하는 이들 또한 성부의 아들 딸들이 되고 성자의 어머니들이 되며 성령의 신랑 신부들이 된다고 권고한다. 특히 회개하는 이들이 말씀의 신비를 몸과 마음에 간직할 때 마리아처럼 그리스도를 잉태하고 사랑의 행위로써 다른 이들에게 빛이신 그리스도를 낳아 준다는[29] 프란치스코의 해석은 우리도 삼위일체의 중심에 놓인다는 말이 되니, 그저 놀랍기만 하다. 믿는 이들이 그리스도의 어머니가 된다는 말은 역으로 그리스도 또한 믿는 이들의 어머니가 된다는 것을 뜻하고, 이는 프란치스코가 '어머니이신 그리스도', 즉 '어머니이신 하느님'의 신비를 관상하였다는 해석을 가능하게 해 준다. 다시 말하면, 프란치스코는 중세에 이미 '어머니이신 하느님'의 신비를 관상하였으며, 이러한 하느님의 모성(母性)은 근본적으로 마리아의 신비에 그 신학적 기초를 두고 있다 하겠다. 뿐만 아니라 프란치스코는 자기 자신도 어머니로 묘사한다[30].

Bonaventurae, Quaracchi (Firenze), 1927, 15.
29) 참조: 「1신자 편지」 1,10.
30) 프란치스코는 자신을 어머니로 본다. 자신에 대한 어머니 비유는 인노첸시오 3세 교황에게 사막의 가난한 어머니로 자신을 묘사하는 「세 동료」 51에도 등장하며, 「레오 편지」 2에도 나타난다: "나의 아들, 나는 그대에게 어머니로서 말합니다". 당시의 형제들도 여러 전기에 어머니 같은 프란치스코의 모습을 전하며, 클라라도 프란치스코에게 체험한 어머니의 인내를 「클라라 시성 증언」 3,29에서 자매들에게 길게 전한다. 「은수처 규칙」 안에서도 프란치스코는 우리에게 서로 '어머니'와 '아들'의 역할을 교대하라고 한다. 또한, 「인준 규칙」 6장에서도 형제들에게 어머니다운 자세를 보일 것을

3.4. 관상(바라봄)

지난 20세기에는 '프란치스코가 관상가인가?'를 놓고 잠시 논란이 있었다. 그러나 프란치스코의 관상에 대해서는 이미 초기 프란치스칸 원천들이 다양하게 증언하고 있고[31], 위대한 신비신학자인 보나벤투라 또한 프란치스코를 탁월한 관상가로 제시하고 있어서[32], '프란치스코가 관상가인가?'에 대해서는 더 이상 논란의 여지가 없다 하겠다.

프란치스코의 글에는 "콘템플라리"(contemplari, 관상하다) 동사가 1번 나타나고 "비데레"(videre, 보다) 동사가 59번 나타나는데, 프란치스코는 이러한 동사들을 통하여 그가 이해하고 체험했던 관상을 표현해 낸다. '비데레' 동사는 육체적인 바라봄이나 영적인 바라봄, 또는 지복 직관(至福直觀) 등 여러 가지 의미를 지니고 있으나, 이 가운데 관상과 직접적으로 관계가 있는 개념은 영적인 바라봄과 지복 직관이다. 프란치스코의 글 안에서 '보다' 동사는 좁은 의미에서 시각만을 의미하지 않는다. 이 동사는 영적인 감각들을 통해 이루어지는 넓은 의미에서의 바라봄, 즉 신비에 대한 체험적 인식이나 깨달음을 뜻한다. 이런 의미에서 관상이란 하느님의 신비를 영적인 감각으로 바라보는 것이라고 정의할 수 있다. 프란치스코는 타고난 영적 감각으로 하느님의 신비를 놀랍

원한다. 그리고 「비인준 규칙」 5장에서도 어머니다운 자세가 풍부하게 전개되고 있다. 프란치스코는 어머니 영성과 아주 친근하고 가깝다 하겠고, 프란치스코의 아버지 영성은 '주님의 두려움'(timor Domini)에 잘 나타난다(참조: Edith van den Goorbergh-Theodore Zweerman, 『Respectfully Yours』, St. Bonaventure University, New York, 2001, 266-269.342-347).

31) 참조: 「1첼라노」 91,2; 「2첼라노」 98,8; 「스피라」 44,5; 「아씨시 편집본」 86,28.
32) 참조: 보나벤투라, 「하느님께 나아가는 정신의 여정」 VII. 3.

도록 깊이 관상하였으며, 온몸으로 관상하였다.

한편, 영적 감각들을 통하여 하느님의 신비를 관상한다는 것은 신비를 수동적으로 수용함을 뜻하고, 이런 의미에서 관상은 하느님의 계시를 받아들이는 행위로서의 믿음의 행위가 된다 하겠다. 프란치스코는 이를 「권고」 1,8-9.21에서 "보고 믿다"(videre et credere)는 동사를 통하여 표현하고, 「인준받지 않은 수도규칙」 22,42과 「신자들에게 보낸 편지 1」 1,15에서는 "받아들이다"(accipere), "깨닫다"(cognoscere), "믿다"(credere)는 동사들을 연속적으로 사용함으로써 표현한다. 하느님의 신비를 보면 믿지 않을 수 없고, 신비를 믿으면 구원받지 않을 수 없다. 따라서 믿음과 구원은 관상(바라봄)의 필연적인 귀결이고, 반대로 관상은 믿음과 구원의 필수적인 조건이라 하겠다. 관상과 믿음 사이의 필연적인 관계성은 관상이 크리스천 구원 체험의 본질에 자리하고 있음을 드러내 주는 것이다.

3.5. 사랑의 일치

하느님의 신비를 관상했을 때 비롯되는 필연적인 결과는 그 신비와 이루게 되는 사랑의 일치이다. 프란치스코는 하느님의 신비를 탁월하게 관상하였기에, 하느님 신비와도 놀라울 정도로 깊이 일치하였다. 토마스 첼라노는 이와 관련하여 "하느님의 사랑이라는 말을 듣자마자 그[프란치스코]는 마치 밖에서 말하는 사람의 소리의 채가 마음 안에 있는 현(弦)을 긁은 듯이 곧 자극을 받아 꿈틀거렸으며 불이 붙었다"[33]고 기록하고, 보나벤투라는

---

33) 「2첼라노」 196,4.

"불붙은 숯덩이처럼 하느님 사랑의 불꽃에 타올라 완전히 사라지는 것 같았다"[34]고 묘사한다. 초기 프란치스칸 전기 작가들에 의하면, 하느님 사랑의 신비로 가득 채워졌던 프란치스코는 결코 꺼지지 않는 화염으로 끝없이 팽창되는 사랑의 불꽃에 휘감기도록 자신을 내맡겼으며[35], 그 결과 이 전대미문(前代未聞)의 신비가는 하느님 사랑 안에 온전히 녹아 버리게 되었다[36].

사랑이신 하느님께 황홀하게 매료되어 그 사랑과 더할 나위 없이 깊이 일치되었던 프란치스코는 그가 남겨 놓은 글들 안에 자신의 이 놀라운 체험의 편린(片鱗)들을 곳곳에 남겨 놓았다. 프란치스코의 글에 나타나는 덕과 관련된 어휘들을 분석해 보면, 사랑의 신비에 대한 그의 체험의 일차성을 어림잡아 볼 수 있다.

프란치스코의 글에는 사랑이라는 말이 "카리타스"(caritas), "아모르"(amor), "딜렉찌오"(dilectio)[37] 세 가지로 나타나는데, 카리타스는 27번, 아모르는 25번, 딜렉찌오는 7번 나타난다. 여기에 형용사 "사랑스럽다"(dilectus, 17번)와 동사 "사랑하다"(amare, 10번; diligere, 53번)를 포함하면, 사랑과 관련된 말은 프란치스코의 글에 139번 나타나게 된다. 이는 '사랑' 다음으로 많이 나타나는 "선"(bonum: 선, 52번; bonus: 좋은, 32번)이나 "순종"(obedientia: 순종, 48번; obediens: 순종하는, 1번; obedire: 순종하다, 14번), "자비"(misericordia: 자비, 23번; misericors: 자비로운, 2번), "겸손"(humilitas: 겸손, 20번; humilis: 겸손한, 10번; humiliare: 낮추다, 5번), "지혜"(sapientia: 지혜, 20번; sapiens. 지혜로운, 4번), "가난"(paupertas:

---

34) 「대전기」 IX,1,2.
35) 참조: 「대전기」 XIII,2,5.
36) 참조: 「완덕의 거울」 XII,113,1.
37) 불가타 성경의 복음에서 '사랑하다'는 동사는 거의 대부분의 경우 "아마레"(amare)가 아니라 "딜리제레"(diligere)가 사용되고 있으며, 이 동사의 명사형이 "딜렉찌오"(dilectio)이다.

가난, 16번; paupers: 가난한, 30번), "진리"(veritas: 진리, 15번; verus: 참된, 42번) 등 다른 덕들과 비교할 때, 상대적으로 대단히 많이 나타나는 것으로서, 사랑이 프란치스코의 영성 안에서 차지하는 일차적 중요성을 가늠할 수 있게 해 준다.

하느님은 작용의 차원에서뿐만 아니라 존재론적 차원에서도 사랑이고, 그러기에 사랑은 하느님의 본질이다. 사랑은 가장 탁월한 덕으로, 모든 덕들의 완전한 실현이며, 동시에 모든 덕들의 근원이자 형상이요 목적이다. 프란치스코는 이러한 사랑 안에서 성부와 성자가 온전하게 일치하였듯이 믿는 이들이 그리스도를 통하여 삼위일체 하느님과 일치된다고 강조한다. 프란치스코는 이를 특히 "상티피카레"(sanctificare, 거룩하게 하다)라는 동사를 통하여 묘사하는데[38], 이로부터 다음과 같은 사실을 알 수 있다: 모든 믿는 이들은 본질적으로 그리스도의 성화로 말미암아 '거룩하게-됨'(sanctificatio)을 지향하는 존재로, 지복직관 안에서 완전하게 삼위일체 하느님의 "영광"(claritas)에 참여하기 때문에, 근본적으로 삼위일체의 영광을 지향하면서, 삼위일체 하느님과의 '신비적 일치'를 지향하는 존재이다. 그러므로 프란치스코의 영성 안에서 인간은 지복직관을 통하여 "데우스 우니엔스"(Deus uniens, 일치하시는 하느님)와의 온전한 일치를 지향하는 "호모 우니투스"(homo unitus, 일치되는 인간)가 된다.

프란치스코의 글 안에서 믿는 이들의 '거룩하게-됨'은 "세퀠라 크리스티"(sequela Christi), 즉 '그리스도 따름'을 통하여 보다 구체적으로 실현된다. 프란치스코는 나병 환자와의 만남을 계기로 결정적인 회개 생활을 시작한 이래, 동냥, 발을 씻어줌, 벌레가

---

[38] 프란치스코의 글에 "상티피카레"(sanctificare) 동사는 17번 나타난다.

됨, 약함과 고통을 견디어냄 같은 회개자만이 진정으로 보일 수 있는 신비적 행위들을 통하여 차츰차츰 "또 다른 그리스도"(alter Christus)로 변해 갔다.

3.6. 회개와 믿음

3.6.1. 회개

신비에 대한 관상은 자연히 프란치스코를 회개에로 이끌었다. 그는 「유언」의 시작에서 하느님께서 자신에게 회개를 하도록 해 주셨다는 말에 초점을 맞춘다. 주변 사람들의 "당신들은 누구냐"는 신원적(身元的) 물음에 "아씨시의 회개자들"[39]이라고 선언하였고, 여기에 그 이상의 설명이나 부언을 하지 않았다. 그것으로 족했던 것이다. 그런데 프란치스코와 마찬가지로 예수님의 공생활(公生活)도 회개에 대한 언급으로 시작된다. "때가 차서 하느님의 나라가 가까이 왔다. 회개하고[40] 복음을 믿어라"(마르 1,15)[41].

소외 계층인 나병 환자들의 세계에는 자비이신 하느님만이 지배하고 존재함을 발견하여 보고(바라보고) 믿은 프란치스코에게 돈과 권력과 특혜만이 지배하는 세계를 멀리 떠남은 자연스러운 수순이다. 프란치스코의 떠남은 동양의 종교에서 말하는 세속을

---

39) 「세 동료」 27.
40) 희랍어의 "메타노이아"(μετάνοια)를 라틴어 "페니텐찌아"(poenitentia)로 번역함에는 그리스도교의 자의적 해석이 없다고 할 수 없다. 그리스도교에서는 죄스러워서 후회막급해 하는 정신적 상황을 '페니텐찌아'라 한다. 그러나 테르툴리아노(Tertullianus)에서는 벌써 단순히 괴로운 죄의 고백이 아닌 마음의 변화로 '페니텐찌아'를 썼다(참조: Charles H. Dodd, 『The Founder of Christianity』, Collins, London, 1971, 58).
41) "하느님의 나라가 가까이 왔다"는 것은 쉽게 말해서 "하느님이 다가오셨다"는 것이요, 믿음은 "하느님의 나라가 가까이 왔다"는 기쁜 소식을 수락하는 것이다(참조: 『200주년 신약성서 주해』, 분도 출판사, 2001, 176).

떠나 홀로 한적한 곳에 머무는 떠남이 아니다. 물리적인 이동이 아니다. 그가 아씨시를 떠나지 않았으면서도 세속을 떠났다고 말하는 이유가 여기에 있다.

　나병 환자들의 세계에서 하느님의 자비를 발견하여 보고(바라보고) 믿은 그로서는 나병 환자들에게 자비를 행하지 않을 수 없었을 것이다. 그러므로 회개를 했다는 뜻은 자신이 본 자비를 다시 보인다는 뜻이 되겠다. "착한 사마리아인의 비유"에서도 마지막 구절이 "가서 너도 그렇게 하여라"[42]이다. 이리하여 그는 멸시와 조소와 낮은 자리와 빈곤을 대단히 좋아하게 되었고, 이러한 주님의 영[43]을 받고 나서, 지금까지 좋아했던 것들을 대단히 싫어하게 되었다[44]. 이것이 그의 회개일 것이다[45]. 자신에 대한 칭찬과 존경과 편함과 안녕과 부자됨을 여전히 기대하고 선호한다면 이는 프란치스코의 회개와는 멀다 하겠다.

3.6.2. 믿음

　그는 자신의 믿음 앞에 수식어를 붙여서 "그러한 믿음"(talem fidem), "크나큰 믿음"(tantam fidem)이라고 한다. 그는 나병 환자들과 이루어진 소통 관계에서 상호간의 사랑과 존경, 고뇌 등등 언급할 만한 것들이 많았을 텐데 굳이 믿음을 언급하는 이유는 무엇일까? 나병 환자들 세계에서 자비이신 하느님을 보고 나서, 자신 안에 결정적으로 믿음이 솟아올랐기 때문일 것이다. 세속까지 떠

---

42) 루카 10,31.
43) 회개한 자만이 누리는 작음과 낮음을 좋아하는 영이다.
44) 참조: 본 소고(小考)의 "3.2. 그리스도의 신비"에서 벌레 영성.
45) 참조: "우리의 육신을 수치와 멸시를 받아 마땅한 것으로 여깁시다. … 아랫사람이 되어야 합니다"(「2신자 편지」 46-47).

나게 만든 이 믿음은 두려울 것이 없는 믿음이다. 자신이 향하는 미지의 어느 곳도 자비가 충만함을 미리 보았던 것이다. 이는 아브라함이 고향을 떠난 믿음이요, 모세가 이집트를 떠난 믿음이다. 이는 자신에게 좋고 편한 것만을 선택하여 거기에 안주하려는 안일함의 경계를 뛰어넘게 하는 믿음이다. 어디에서도 하느님을 만날 수 있는 믿음이다. 어려운 상황이나 즐거운 상황을 막론하여 '지금'이라는 상황 앞에서 어디에서도 하느님을 만나는 믿음이다. 이 믿음은 지금 "하느님이 왔다"는 기쁜 소식을 수락하는 행위다[46]. 이러한 믿음은 하느님으로부터 받는 선물이다. 이처럼 회개는 믿음을 낳는다.

우리의 믿음도 이와 같이 바라보고 회개하여 어디에서나 하느님을 만나는 프란치스코의 믿음이어야 할 것이다.

3.6.3. 회개와 믿음

회개와 믿음은 한 쌍의 덕(德)이다. "모든 사람에게… 저희 모두가 참된 신앙과 회개에 항구하기를, 쓸모없는 종들인 저희 모든 작은 형제들이 겸손히 부탁하고 간청하나이다"[47]. 회개와 믿음이 이제는 프란치스코의 「권고」와 「형제회에 보낸 편지」에서 '앎'과 '흠숭'으로 넘어감을 볼 수 있다. 신비로 넘어감을 볼 수 있다: "왜 진리를 깨닫지 못하고 하느님의 아들을 믿지 않습니까?"[48]. "그분의 이름을 들을 때에 형제들은 땅에 엎드려 누렵고 공경하는 마음으로 그분을 흠숭하십시오"[49]. 이 앎과 흠숭은

---

46) 참조: 『200주년 신약성서 주해』, 분도 출판사, 2001, 176.
47) 「비인준 규칙」 23,7.
48) 「권고」 1,15.
49) 「형제회 편지」 4.

구더기가 되어 만물과 만인을 떠받드는 주님의 영에서 시작되었기에, 이제 봉사에서 하나가 된다[50]. "나는 나병 환자들과 함께 지내면서 자비를 실행하였습니다."[51] 그러므로 봉사는 회개를 했다는 구체적 표현이라 할 것이다.

3.7. 작음과 형제성

프란치스코가 설립하게 된 수도회의 명칭은 "작은 형제회"(Ordo Fratrum Minorum)로, 이 명칭은 프란치스코 자신이 직접 지은 이름이며, 이는 프란치스코가 지향한 영성의 주춧돌이 "작음"(minoritas)과 "형제성"(fraternitas)에 있음을 분명하게 밝혀 주는 것이라 하겠다.

'작음'에 해당되는 라틴말 "미노리타스"(minoritas)는 "미노르"(minor)라는 형용사에서 파생되었고, 이 형용사는 "파르부스"(parvus, 작은)의 비교급으로서 '더 작은'을 뜻한다. 이 낱말은 프란치스코의 글에도 여러 번 나타나며, 이는 '보다 더 작음'을 끊임없이 추구한다는 의미를 포함하고 있다. 따라서 이 낱말은 궁극적으로 '없음'과 '무'(無)를 지향하는 프란치스코의 신비적인 은유들 중 하나라고 말할 수 있는데, 이는 회개한 사람들이 기쁘게 지향하는 "더! 더! 더!"를 반복하며 내려가는 낮은 곳이다.

프란치스코는 자기 자신, 세상, 다른 사람들 그리고 하느님과의 관계 안에서 '더 작음'을 철저하게 추구하였다. 이는 절대적이고 완전한 신비이신 하느님의 무한성과 영원성이 이 지상에서

---

50) 참조: 「비인준 규칙」 23,11.
51) 「유언」 2.

는 더 작음을 통해서 더 탁월하게 현현(顯現)되고, 작아질수록 회개가 나날이 더 깊어지기 때문이다. 더 작음은 하느님의 무한하심을 역설적으로 드러내는 신비로, 프란치스코는 이 신비를 놀랍도록 깊이 관상하였던 더 작음의 신비가였다.

한편, 프란치스코는 인간이든 피조물이든, 생물이든 무생물이든 관계없이 모든 창조물 안에 우주적으로 숨어 있는 선의 신비를 보고 관상하는 가운데 피조물들과 삼위일체적으로 일치하면서 보편적이고 우주적인 형제성에로 자연스럽게 나아간다. 먼저, 프란치스코는 이 형제성 안에서 사랑의 실천을 통해 사랑을 잉태하고 사랑을 낳음으로써 그리스도의 어머니가 되고, 사랑과 일치함으로써 그리스도의 정배가 되며, 사랑과 동기간이 됨으로써 그리스도의 형제가 되었다. 그리고 그리스도와 신비적으로 모자 관계, 정배 관계, 형제 관계를 맺음으로써 성부의 뜻에 철저하게 순종하였던 그리스도를 따라 성부의 아들이 되었다. 이와 같이 프란치스코의 "형제성"(fraternitá) 안에는 부성, 모성, 자성, 형제성(fratellanza), 정배성이 내포되어 있어 단순하게 형제 자매 사이에 이루어지는 형제 관계를 훨씬 능가한다.

사랑을 통하여 삼위일체 하느님과 맺어지는 신비적 관계는 이 사랑으로 말미암아 모든 사람들을 포함하여 모든 피조물들과의 관계에로 확장된다. 프란치스코는 형제들과는 물론이고 양, 토끼, 새, 물고기, 곤충이나 벌레, 그리고 과일, 꽃, 풀, 바위, 흙, 물, 공기, 하늘, 구름, 해, 달, 별 들과도 부자 관계, 모자 관계, 정배 관계, 형제 관계를 이루었다. 프란치스코가 궁극적으로 추구하게 된 형제성은 하느님과 사람과 우주가 삼위일체 신비 안에서 우주적으로 하나 되는 삼위일체적이고 보편적인 형제성이다. 작음의 정신으로 만물과 만인을 밑에서 떠받드니, 자연스럽게 이루어지는 형제성이다.

3.8. 휴머니즘(Humanism, 인문주의)

프란치스코는 나병 환자들 안에 숨겨진 그리스도를 만난 이후, 사회로부터 버려지고 소외된 이들 안에 함께 하시는 그리스도의 신비를 발견하여 보게 되었고, 이를 깊이 관상하면서, 이들을 그리스도의 지위에로까지 들어 높여 놓았다. 뿐만 아니라, 끊임없이 심화되는 신비 체험 안에서 부성, 자성, 모성, 형제성, 정배성을 포괄하는 우주적 형제성을 통하여 만인과 만물과 만사와 신비적으로 일치하는 가운데 인간을 삼위일체 신비의 중심에로까지 고양시켰다. 이렇게 모든 인간은 프란치스코 영성 안에서 그리스도의 지위에로 격상되고 삼위일체 신비의 중심에 놓여지며, 그러기에 비로소 여기에서 인간은 자유와 평등을 더할 나위 없이 구가하게 된다.

이러한 이유를 근거로 학계에서는 14세기부터 16세기 사이에 이탈리아를 비롯하여 전 유럽에 융성한 르네상스의 기원이 프란치스코에 있다는 주장을 20세기 초부터 제기해 왔다[52]. 사실, 휴머니즘은 프란치스코의 영성 안에서 최고의 단계로 드높여질 수 있다. 프란치스코의 휴머니즘 영성은 둔스 스코투스(Duns Scotus)나 윌리엄 오컴(William Ockham) 같은 위대한 프란치스칸 사상가들을 통하여 개인의 자유로운 인격적 주체성이 정립되는 사상적 기초가 되며, 근대 이후에 전개된 계몽주의와 자유주의 그리

---

[52] 참조: Henry Thode, 『Francesco d'Assisi e le origini dell'arte del Rinascimento in Italia』, a cura di Luciano Bellosi, Donzelli, Roma, 2003, xx-556; 헤르만 헤세, 『성 프란치스코의 생애』, 이재성 보나벤투라 옮김, 프란치스코 출판사, 2014, 89.

고 개체주의와 민주주의의 발전에 지대한 영향을 미친다.

4. 신비 체험: 프란치스코 영성의 꽃

아씨시의 프란치스코는 대부분의 사람들이 글을 모르던 시대에 자신의 삶을 통하여 실천적 차원에서 모든 사람들이 신비 체험을 할 수 있는 보편적인 길을 이미 800년 전에 선구자적으로 열어 놓았다[53]. 「유언」1-3에 따르면, 그의 결정적인 회개는 나병 환자들을 통하여 쓴맛이 단맛으로 변화되는 신비 체험으로 시작된다. 나병 환자를 보는 것조차 역겨워했던 그는 하느님의 이끄심으로 그들을 돌보는 가운데, 그 자신이 육신의 나병 환자보다 더 비참한 나병 환자이고, 그리스도 또한 그러한 나병 환자들을 구원하시기 위해 스스로 나병 환자가 되셨음을 확연히 깨닫는다. 그러므로 프란치스코가 나병 환자에게 입을 맞추고 포옹했음은 동시에 나병 환자인 자기 자신에게 입을 맞춘 것이고 나병 환자이신 그리스도와 입을 맞춘 것이라 하겠다.

프란치스코는 이 영적 달콤함에 매료되어 일생 동안 십자가의 그리스도로부터 흘러나오는 신비의 감미로움을 추구하며 살았고, 라 베르나(La Verna) 산에서 그 절정에 이르게 된다. 프란치스칸 갈바리아라고 불리는 이 산에서 프란치스코는 십자가의 그리

---

[53] 버나드 맥긴은 프란치스코를 13세기에 전개된 '새로운 신비주의'의 기수로 평가하면서, 이 아씨시의 신비가가 모든 사람들이 신비 체험을 할 수 있는 보편적인 길을 열어 놓았다는 의미에서 그의 신비주의를 '민주적 신비주의'라고 명명한다(참조: B. McGinn, 『The Flowering of Mysticism, Men and Women in the New Mysticism(1200-1350). Vol. III of The Presence of God: A History of Western Christian Mysticism』, The Crossroad Publishing Co., New York, 1994, 13.52).

스도와 깊이 일치하는 가운데 삼위일체의 신비를 더할 나위 없이 아련히 관상하였다. 나아가 그는 수도 생활을 시작한 포르찌운쿨라(Portiuncula)에서 지상 생활을 마감할 때에도 신비 안에서 죽음 자매를 찬미하며 세상을 하직하였다. 종달새들의 군무(群舞) 속에서!

프란치스코의 영성은 이와 같은 신비 체험 안에서 가장 찬란하게 꽃피고 빛나며 탁월한 영성으로 자리매김된다.

제1부

기도문

해설
유수일 프란치스코 하비에르, 작은 형제회(프란치스코회)

십자가 앞에서 드린 기도

이 기도문은 프란치스코가 십자가 고상 앞에서 바친 기도라고 불리고 있다. 원천들은 이에 대한 증언을 계속하고 있다.「2첼라노」10이 그 한 예다. 이 기도문은 라틴어로 14개의 필사본에 의해 전해 내려오고 있는데, 가장 이른 필사본이 14세기 초의 것이다. 그 중 옥스퍼드(Oxford) 필사본은 1384-1385년에 만들어진 것으로 대단히 중요하다. 우리에게 수긍이 가게 하는 이 소품에 대해 상세한 내용을 전해 주고 있기 때문이다. 옥스퍼드 필사본은 이것이 프란치스코가 성 다미아노 십자가 고상 앞에서 바친 기도문의 번역이라고 말하고 있다. 이 필사본은 프란치스코가 이 기도문을 이탈리아어로 바쳤지만 세상에 보다 잘 알려지도록 라틴어로 번역했다고 말한다.

대부분의 필사본들은, 성 다미아노 성당의 십자가로부터 "가서 내 집을 고쳐라"라는 말씀이 프란치스코에게 들려온 그 시각에 프란치스코가 이 기도를 바쳤다고 증언하면서, 우리에게 이 기도문 자체의 출현 시작점을 제공해 준다. 사실, 그 순간에 이 기도문이 만들어졌음이 틀림없을 것 같다. 현재 이 사건은 아르두이노 테르찌(A. Terzi)가 훌륭히 밝혀낸 바와 같이, 일반적으로 1206년에, 더 정확히 말해 1206년 1월에 일어난 것으로 보고 있다. 하지만 그럼에도 성인이 성 다미아노 십자가 앞에서 묵상하던 시기 이전에 이 기도문을 작성했을 가능성은 충분히 존재한다. 따라서 연대순으로 본다면, 이 기도문은 확실히 1205-1206년의 어느 시점에 작성된 것이 분명하기에, 성인의 글들 가운데 첫 자리에 놓이게 된다[1].

이 기도문은 참으로 단순하고도 꾸밈없는 형식 속에, 성인이 학교에서 신학 교육을 받지 않았음에도 불구하고, 내적 투쟁의 시기에, 그리고 하느님을 애써 찾던 시기에 하느님의 비밀들 속으로 깊이 침투해 들어갔다는 점을 잘 드러내 준다. 온전히 가난했던 그는 하느님께 열려 있었고, 하느님께서는 그와 통교하시기를 원하시면서 성인들의 지혜를 그에게 털어 놓으셨기 때문이다. 이 기도는 이 점에서 하나의 보배로운 증거이다[2].

십자가 앞에서 드린 기도

오, 높으시고 영광스러운 하느님,
제 마음의 어두움을 비추어 주소서.

주님, 당신의 거룩하고 참된 명(命)을 실천할 수 있도록
올바른 믿음과 확실한 희망과 완전한 사랑을 주시며
감각과 깨달음을 주소서. 아멘.

---

1) 참조: 『Gli scritti di s. Francesco d'Assisi. Nuova edizione critica e versione italiana』, 458.
2) 참조: 『Gli scritti di s. Francesco d'Assisi. Nuova edizione critica e versione italiana』, 458.

성 다미아노 성당의 십자가(210×130 cm, 현재 아씨시의 성녀 클라라 대성당 소장) ⓒEdizioni Porziuncola

하느님 찬미의 권고

　루크 워딩(Luke Wadding)은 1623년 자신의 첫 편집본에 이 글을 포함시키지 않았지만, 1625년『작은 형제회 연대기』제1권에는 포함시켰다. 그는 마리아노 피렌쩨(+1523년)가 쓴『작은 형제회의 연보(年報) 묶음집』에서 이 글을 발견했다. 이 두 사람에 의하면,「찬미 권고」는 테르니(Terni)에 있는 체시(Cesi) 은수처에서 왔다고 한다. 프란치스코는, 이 은수처의 제대 위에 있는 목재로 된 독서대에 여러 피조물들을 그려 넣게 하고는, 모든 존재들이 창조주를 찬미하도록 초대하는 내용의 소절들을 써 넣었다[1]. 이 기도문이 언제 작성되었는지는 알 수 없다.
　이 기도문은 "첸토"(Cento)라 불리는 문학 형식을 지니고 있다. "첸토"는 작품의 공동 주제 주변에다 성경 구절의 인용들을 혼합시키어, 하나의 모자이크 같은 형태를 지니게 되는 문학 형식을 가리킨다. 그 때문에 어느 소절도 독창적이지 않지만, 전체로 보면 독창적인 작품이 된다. 이 글의 친저성(親著性)에 대해서

---

1) 참조:『Gli scritti di s. Francesco d'Assisi. Nuova edizione critica e versione italiana』, 332.

는 의문을 제기할 만한 근거가 없다. 이 글은 은수처 소성당의 축복식을 위해 쓰인 듯하다. 8절이 성당 축복을 위해 사용되었기 때문이다. 19절도 유사하다. 4절을 보면 이 소성당이 동정 마리아께 봉헌된 듯하다.

하느님 찬미의 권고

1 "주님을 두려워하고 그분께 영예를 드려라"(묵시 14,7).
2 "주님은" 찬미와 "영예를 받으실 만한 분이시로다"(묵시 4,11).
3 "주님을 경외하는" 모든 "이들아, 주님을 찬미하여라"(시편 21,24).
4 "은총이 가득하신" 마리아님, "기뻐하소서".
"주님이 당신과 함께 계시나이다"(루카 1,28).
5 하늘과 땅아, 하느님을 찬미하여라(참조: 시편 68,35).
6 모든 강들아, 주님을 찬미하여라(참조: 다니 3,78).
7 하느님의 "아들들아, 주님을 찬양하여라"(다니 3,82).
8 "이 날은 주님이 마련하신 날, 이 날에 춤들을 추자, 기뻐들 하자"(시편 117,24).
9 알렐루야, 알렐루야, 알렐루야! "이스라엘의 임금님"(요한 12,13).
10 "숨 쉬는 것 모두 다 주님을 찬미하여라"(시편 150,6).
11 "주님은 좋으시니 주님을 찬미하여라"(시편 146,1).
12 이 글을 읽는 모든 이들아, "주님을 찬양하여라"(시편 102,21).

제1부 기도문

13 "모든" 피조물아, "주님을 찬양하여라"(시편 102,22).

14 "하늘의 모든 새들아, 주님을" 찬미하여라(다니 3,80; 참조: 시편 148,7-10).

15 모든 "어린이들아, 주님을 찬미하여라"(시편 112,1).

16 "총각들과 처녀들아", 주님을 찬미하여라(시편 148,12).

17 "죽임을 당하신 어린양은" 찬미와 "영광과 영예를" 받기에 "합당한 분이시나이다"(묵시 5,12).

18 거룩한 삼위이시며 나뉨이 없으신 일체이시여, 찬미받으소서[2].

19 대천사 성 미카엘이시여, 싸움에서 우리를 보호하소서[3].

---

2) 이 구절은 "지극히 거룩한 삼위일체 축일 미사"의 입당송에서 가져온 것으로, 프란치스코의 시대에는 5월 6일에 봉헌되었다.
3) 이 구절은 "성 미카엘 대천사 축일 미사"에서 가져온 것으로, 프란치스코는 이 천사에 대해 특별한 신심을 지니고 있었으며, 그 당시에는 9월 29일에 봉헌되었다.

복되신 동정 마리아께 드리는 인사

이 기도문 역시 작성 시기를 알 수 없다. 이 기도문은 「2첼라노」 198에 언급되어 있다. 여기서 토마스 첼라노는 프란치스코가 "특별한 찬미들"을 동정 마리아께 읊었다고 말하고 있다.

이 찬미가를 프란치스코가 포르찌운쿨라 성당을 재건하면서 홀로 지내던 시절과 연결 짓는 것은 쉽게 수긍이 간다. 보나벤투라는, 프란치스코가 이 시기 포르찌운쿨라에서 지낼 때, 성모 마리아가 그의 영적 생활의 양성자이셨음을 강조한다. "프란치스코가 우리 모친의 교회 옆에서 살 때, 그는 은총과 진리가 충만하시며 말씀을 잉태하신 성모께 기도하면서 그녀가 자신의 변호자가 되어 주시기를 끊임없이 또 눈물로써 애원했다. 그리고 마침내 자비의 모친의 중재 기도로써 복음의 참된 정신을 하사받았고, 그것을 열매 맺게 했다."[1]

프란치스코는, 마리아를 교회가 되신 동정녀로서 인사하고, 어머니 마리아의 태 속에 있는 예수님의 현존을 묵상하며, 그러고는 덕들로 방향을 돌려, 이 덕들이 자신의 마음 안에 쏟아부어

---

1) 「대전기」 3,1.

져, 자신의 "신앙 없는 상태"로부터 "신앙 충만한 사람"이 되기를, 또 이 덕들을 자신의 영혼에다 쏟아붓는 마리아의 덕들을 통하여 하느님께 충실하게 해 달라고 기도한다.

복되신 동정 마리아께 드리는 인사

1 귀부인이요 거룩한 여왕이시여, 인사드리나이다[2].
  하느님을 낳으신 분,
  거룩한 마리아이시여,
  당신은 교회가 되신 동정녀이시나이다.

2 하늘에 계신 지극히 거룩하신 아버지께서
  당신을 뽑으시어
  그분의 지극히 거룩하시고 사랑하시는 아드님과
  보호자이신 성령과 함께 당신을 축성하셨나이다.

3 당신 안에는 온갖 은총과 온갖 선이 가득하였으며
  지금도 가득하나이다.

4 하느님의 궁전이시여, 인사드리나이다.
  하느님의 장막이시여, 인사드리나이다.

---

2) 1절과 4-5절에 나오는 "인사드리나이다"의 라틴어 원문은 "아베"(ave)이나, 우리말에는 이에 해당하는 적당한 낱말이 없다. 이를 "기뻐하소서"로 번역하기도 한다.

하느님의 집이시여, 인사드리나이다.

5 하느님의 의복이시여, 인사드리나이다.
하느님의 여종이시여, 인사드리나이다.
하느님의 어머니시여, 인사드리나이다.

6 그리고 거룩한 모든 덕들이여, 당신들에게도 인사드리나이다.
성령의 은총과 비추심으로
믿는 이들의 마음에 당신들이 쏟아부어지면
하느님께 불충한 이가 충실한 이 되리이다.

덕들[1]에게 바치는 인사[2]

이 글도 작성 시기를 알 수 없다. 지혜나 지식을 추구하는 것은 프란치스코의 글 전체를 통하여 뚜렷이 드러나는 주제이다(예를 들어,「권고」27)[2]. 이 글은 프란치스코의 기사도 정신을 잘 드러내 주고 있다. "여왕이신 지혜", "귀부인이신 가난", "귀부인이신 사랑" – 이런 호칭들은 바로 중세기의 기사나 음유시인들(troubadour)이 즐겨 사용했던 단어들이다. 중세기의 예술가들은 덕들을 귀부인으로 묘사하고 있다. 역시 종종 자매로서 묘사되기도 한다. 이는 덕들의 상호 연관성을 보여 주기 위해 중세기 신학자들이 사용한 은유법이다. 덕들의 상호 연관은 바로 성경에서 찾아볼 수 있다. 예를 들어, 잠언 11,2은 이렇게 말한다. "겸손한 이에게는 지혜가 따른다".

---

[1] 프란치스코의 글 안에서 덕은 윤리적인 차원의 덕이나 하느님 속성으로의 덕 혹은 존재론적 차원의 덕을 의미한다.「덕 인사」에서 프란치스코는 덕을 '존재'로 찬미하면서 복수형인 "비르투테스"(virtues)라 표현하고 있다. 추상 명사인 덕을 복수로 표현하는 것은 우리말에서는 자연스럽지 않으나, 라틴어 원문을 존중하여 "덕들"이라 옮겼다.

[2] 참조:『The Saint. Volume I of: Francis of Assisi : Early Documents』, 각주 b, 164.

덕들에게 바치는 인사

1 여왕이신 지혜여, 인사드립니다.
  주님께서 당신의 자매인 거룩하고 순수한 단순성과 함께
  당신을 지켜 주시기를!

2 귀부인이신 거룩한 가난이여,
  주님께서 당신의 자매인 거룩한 겸손과 함께
  당신을 지켜 주시기를!

3 귀부인이신 거룩한 사랑이여,
  주님께서 당신의 자매인 거룩한 순종과 함께
  당신을 지켜 주시기를!

4 지극히 거룩한 덕들이여,
  주님께서 당신으로부터 흘러나오는
  여러분 모두를 지켜 주시기를!

5 온 세상 사람 그 누구도
  정녕 먼저 자신이 죽지 않으면
  여러분 가운데 어느 하나도 가질 수 없습니다.

6 하나의 덕을 가지고 있고
  다른 덕들을 거스르지 않는 사람은

모든 덕을 갖게 됩니다.

7 그러나 하나의 덕을 거스르는 사람은
하나도 갖지 못하고
모든 덕을 거스르게 됩니다(참조: 야고 2,10).

8 그리고 어느 덕이든지
악습과 죄를
부끄럽게 합니다[3].

9 거룩한 지혜는
사탄과 그의 모든 간계를
부끄럽게 합니다.

10 순수하고 거룩한 단순성은
이 세상의 모든 지혜와(참조: 1코린 1,20.27) 육신의 지혜를
부끄럽게 합니다.

11 거룩한 가난은
모든 탐욕과 인색과 이 세속의 근심을
부끄럽게 합니다.

12 거룩한 겸손은

---

3) "콘푼데레"(confundere)를 "부끄럽게 하다"로 번역하였다. 때에 따라서는 "혼란에 빠뜨리다, 당황하게 하다"로 번역할 수도 있다.

교만과 이 세상의 모든 사람을
부끄럽게 하고
이와 마찬가지로
세상에 있는 온갖 것들을
부끄럽게 합니다.

13 거룩한 사랑은
모든[4] 마귀의 유혹과 육의 유혹
그리고 육의 모든 두려움을
부끄럽게 합니다.

14 거룩한 순종은
자신의 모든 육신 및 육의 의지를
부끄럽게 하며,

15 자기 육신의 억제로
영에 순종하고
자신의 형제에게 순종하도록 합니다.

16 따라서 사람은 세상에 있는 모든 이들에게
매여 있고 그 아래에 있으며,

17 또한, 사람들에게만이 아니라
모든 집짐승과 들짐승들에게까지

---

4) 에써 비판본: "모든"(omnes) 생략.

매여 있고 그 아래에 있게 됩니다.

18 그리하여 주님께서 높은 데서 그들에게 허락하신 만큼(참조: 요한 19,11)

그들이 육신에게 무엇이든 원하는 대로 할 수 있게 됩니다(참조: 마태 17,12).

"주님의 기도" 묵상

이 글은 친저성에 의심을 가져왔다. 친저성에 관한 문제는 이렇다. 이 글이 비록 7개의 필사본에서 발견되지만, 가장 이른 필사본 모음집인 『아씨시 필사본 모음집 338』(Assisi Codex 338)에는 없다는 점이다. 이것이 친저성에 대한 첫 반대 이유였다. 두 번째 반대 이유는 이 글에서 발견되는 대단히 세심한 문학적 구성과 신학적 표현이다. 프란치스코는 보통 "에트"(et, 그리고)라는 라틴어 단어를 많이 쓰며 산만한 스타일을 지니고 있다. 그런데 이 글은 잘 연구되고 세심히 이루어진 작품이다. 그 예들을 들면 다음과 같다:

- 첫째 소절: "창조자", "구속자", "위로자", "구원자"라는 네 요소들과 라틴어로 쓰인 시의 운율.
- 둘째 소절: 다시금 네 요소들("비춰주심", "불로 태워주심", "안에 살고", "채워주심")에다가 선(善)에 대한 네 번의 언급.
- 셋째 소절: 여기서도 "넓고", "길며", "높고", "깊은지" 등 네 요소들이 언급됨.

이렇게 처음부터 끝까지 "네 가지 계열"로 세심히 만들어져 있다. 하지만, 프란치스코의 글에는 이런 예가 없다. 따라서 프란치스코의 스타일이 아니다. 카예탄 에써가 이 문제에 대해 주는 해결책은 다음과 같다: 친저성은 그 글이 프란치스코에게 되돌아가야 하고, 그가 그것을 사용했어야 한다는 점이다. 그러나 그것이 반드시 프란치스코에 의해 작성되었거나 그의 고유의 것임을 의미하지는 않는다는 점이다.

「주님 기도」는 그 당시 일반적이었고 형제들에게 중요한 것이었다. 형제들이 당시에 대부분 문맹이었기 때문이다. 그들은 항상 "주님의 기도"를 바치는 데 염증이 생길 수 있기에, 프란치스코는 그들에게 뭔가 확대된 것을 주어 그들의 기도 생활을 돕고자 했다. 카예탄 에써는, 프란치스코가 간략한 풀이나 의역(意譯)을 해서 거기에다 자신이 잘 알고 있는 사상이나 기도 형태를 첨가시켜 그것을 자기 형제들에게 가르쳤다고 생각하고 있다. 그 때문에 둘째 소절의 선(善)으로서의 하느님에 대한 강조점은 레오 형제를 위해 쓴 「하느님 찬미」에서도 마찬가지로 찾아볼 수 있듯이, 아주 프란치스코적이다. 카예탄 에써는 또 프란치스코가 몇 가지의 번역들을 한 개의 의역에다 맞추어 넣었다고 말하고 있다. 에써는, 이 글을 한 개의 기도라기보다는 프란치스코가 만든 합성 기도로 간주해야 한다고 말한다. 따라서 이 글은 그다지 본래적이지는 않지만 프란치스코의 것이라고 말할 수 있다.

한 개의 필사본이 이 글을 에지디오의 것으로 돌리고 있다고 에써는 말한다. 하지만, 프란치스코가 초기 형제들이 사용했을지 모를 기도 형식의 한 예로 이 글을 형제들에게 건네주었다고 본다. 이 글이 언제 작성되었는지는 알 수 없다.

"주님의 기도" 묵상

1 오, 지극히 거룩하신 **"우리 아버지"**(마태 6,9ㄴ):
우리의 창조자, 구속자, 위로자, 구원자시여.

2 **"하늘에 계신 우리 아버지"**(마태 6,9ㄴ):
천사들과 성인들 안에 계신 [우리 아버지],
주님, 당신은 빛이시기에
당신을 알아보도록[1] 그들을 비추시나이다.
주님, 당신은 사랑이시기에
사랑하도록[2] 그들을 불태우시나이다.
주님, 당신은 으뜸선이시고 영원한 선[3]이시며
모든 선이 당신에게서 나오고
당신 없이는 어떤 선도 없기에
그들 안에 머무시며
그들을 복됨으로 채우시나이다.

---

1) "당신을 알아보도록"의 라틴어 원문은 "ad cognotionem"으로, 이를 직역하면 "인식에로"이다. 이는 "주님에 대한 인식에로"나 "주님의 인식에로"로 이해할 수 있고, 또는 "주님의 인식으로"도 이해할 수 있다. 새 번역본에서는 "주님에 대한 인식에로"라는 의미에서 "당신을 알아보도록"이라 옮겼다.
2) "사랑하도록"의 라틴어 원문은 "ad amorem"으로, 이를 직역하면 "사랑에로"이다. 이는 "주님에 대한 사랑에로"나 "주님의 사랑에로", 또는 "주님의 사랑으로"로 이해할 수 있다. 새 번역본에서는 "주님에 대한 사랑에로"라는 의미에서 [당신을] 사랑하도록"으로 옮겼다.
3) 에써 비판본: "선"(bonum) 생략.

3 "**아버지의 이름이 거룩히 빛나시며**"(마태 6,9ㄷ):
당신의 지식[4]이 우리 안에서 밝게 빛나
당신의 은혜가 얼마나 넓고(참조: 에페 3,18)
당신의 약속이 얼마나 길며
위엄은 얼마나 높고
판단은 얼마나 깊은지
우리가 깨닫게 하소서.

4 "**아버지의 나라가 오시며**"(마태 6,10ㄱ):
은총으로 저희 안에서 다스리시고,
당신의 나라에 저희가 이르게 하시기 위함이나이다.
그 곳에는
당신께 대한 또렷한 바라봄이 있고
당신께 대한 완전한 사랑이 있고
당신과의 복된 사귐이 있으며
당신의 영원한 누림이 있사옵니다.

5 "**아버지의 뜻이 하늘에서와 같이 땅에서도 이루어지소서**"
(마태 6,10ㄴ):
당신을 항상 생각함으로써 "마음을 다하여" 당신을 사랑하게 하시고,

---

4) 인식은 본질적으로 빛의 특성을 지니고 있으며, 하느님은 완전한 지성의 존재로서 절대적 진리이시기에, 하느님의 앎은 완전하고 절대적인 지식으로서 영원한 빛을 비추신다. 3절의 "당신의 지식"은 이러한 하느님의 무한하고 영원한 지식을 의미한다. "당신의 지식"에 대한 참조: Fernando Uribe, 『Orar como Francisco. Notas y sugerencias sobre las oraciones del Santo de Asís』, CCFMC, Santiago de Cali(Colombia), 2008, 222-233.

당신을 항상 갈망함으로써 "넋을 다하여" 당신을 사랑하게
하시며,
우리의 모든 지향을 당신께 두고, 모든 것에서 당신의 영예
를 찾음으로써
"정신을 다하여" 당신을 사랑하게 하시고,
우리의 모든 기력과 영혼의 감각과 육신의 감각을
당신 사랑의 봉사를 위해서만 바치고
다른 데에 쓰지 않음으로써
"우리의 모든 힘을 다하여"(루카 10,27) 당신을 사랑하게 하기
위함이나이다.
그리고 우리의 힘이 닿는 대로
모든 이를 당신의 사랑으로 이끌고,
다른 이들의 선을 우리 것처럼 즐거워하며,
불행 중에 있는 이들의 고통에 함께 하고,
누구에게도 해를 입히지 않음으로써
우리 자신과 같이 우리 이웃을 사랑하게 하기 위함이나이다
(참조: 2코린 6,3).

6 "오늘 저희에게[5) 일용할 양식을 주시고"[6) (마태 6,11):
주님께서 저희에게 가지셨던 사랑과,
저희를 위하여 말씀하시고 행하시고 견디어 내신 것을
저희가 기억하고 알아듣고 경외할 수 있도록,
사랑하시는 당신의 아드님 우리 주 예수 그리스도를

---

5) 에써 비판본: "오늘 저희에게"(nobis hodie) 생략.
6) 에써 비판본: "주시고"(da) 생략.

우리에게 주소서.

7 "**저희 죄를 용서하시고**"(마태 6,12ㄱ):
형언할 수 없는 당신의 자비와,
우리의 주님이시며[7] 사랑하는 당신 아드님의 수난의 힘과,
지극히 복되신 동정 마리아와[8]
당신께서 뽑으신 모든 이들의 공로와 전구(轉求)로.

8 "**저희에게 잘못한 이를 저희가 용서하오니**"(마태 6,12ㄴ):
그리고 저희가 완전히 용서하지 못하는 것을,
주님, 저희가 완전히 용서하게 해 주소서.
당신 때문에 원수를 참으로 사랑하게 하시고,
저희가 아무에게도 악을 악으로 갚는 일이 없이(참조: 로마 12,17)
원수를 위하여 당신 앞에서 열심히 전구하게 하시며,
당신 안에서 모든 것에 도움이 되도록 힘쓰게 하기 위함이나이다.

9 "**저희를 유혹에 빠지지 않게 하시고**"(마태 6,13ㄱ):
감춰진 유혹이나 드러난 유혹, 갑작스러운 유혹이나 끈질긴 유혹에 빠지지 않게 하시고.

10 "**악에서 구하소서**"(마태 6,13ㄴ):

---

7) 에써 비판본: "우리의 주님이시며"(Domini nostri) 생략.
8) 에써 비판본: "마리아와"(Marie) 생략.

과거와 현재와 미래의 악에서 구하소서.

영광이 성부와 성자와 성령께[9] 처음과 같이 이제와 항상 영원히, 아멘[10].

---

9) 에써 비판본: "성자와 성령께"(et Filio et Spiritui Sancto) 생략.
10) 에써 비판본: "아멘"(Amen) 생략.

시간경마다 바치는 찬미

「수난 성무」에는 이 찬미가가 앞서 온다. 이 글 역시 "첸토" (cento) 문학 형식을 갖고 있다. 카예탄 에쎄가 지적하는 것 중의 하나는, 프란치스코가 이 글에서 신약의 묵시록과 구약의 다니엘서에서 취해 온 구절들을 사용함으로써, 역사의 예수님께 초점을 두는 게 아니라 하늘에서 영광받으신 예수님께 초점을 두고 있다는 점이다[1]. 이런 이유로 프란치스코 성인이 지닌 영성의 또 다른 면을 보여 주고 있다. "성인(聖人)을 '다른 세상의 사람'(homo alterius saeculi)으로서 이해하고 있다는 점이 큰 중요성을 지닌다"[2] 고 에쎄는 말한다. 우리가 또 알게 되는 것은, 프란치스코는 역사적으로, 이 글을 자신의 형제들 중 무익한 잡담에 빠진 이들을 위한 보속으로 부과했다는 점이다[3]. 이 글 역시 작성 시기를 알 수 없다.

---

1) 참조: 『Gli scritti di s. Francesco d'Assisi』, 394-395.
2) 『Gli scritti di s. Francesco d'Assisi』, 395.
3) 참조: 「아씨시 편집본」 107.

시간경마다 바치는 찬미

✥

[주해: 지극히 복되신 우리 사부 프란치스코께서 명하신 "찬미"가 시작된다. 성인께서는 낮과 밤 모든 시간경에서 그리고 복되신 동정 마리아 성무일도 앞에 이 "찬미"를 바치셨다. 이 시간경은 이렇게 시작한다. "하늘에 계신 지극히 거룩하신 우리 아버지…". 그 다음 "찬미"를 바친다]:

1 거룩하시다, 거룩하시다, 거룩하시다.
 전능하신 주 하느님
 지금도 "계시고" 전에도 "계셨고"(묵시 4,8)
 또 앞으로 오실 분.
 - "영원히 그분을 찬미하고 찬송들 하세"(다니 3,57ㄴ).

2 주 우리 하느님,
 당신께서는 "찬미와" 영광과 영예와 "찬양을"(묵시 4,11)
 받기에 합당한 분이시나이다.
 - 영원히 그분을 찬미하고 찬송들 하세.

3 "죽임을 당하신 어린양은
 권능과 신성[4]과 지혜와 힘과 영예와 영광과 찬양을

---

4) 그리스어 성경에는 "부(富), 풍요"의 뜻을 지니는 낱말을 사용하고 있으나, 프란치스코는 대중 라틴어 성경, 즉 불가타(Vulgata)를 인용하여 "디비니타스"(divinitas, 신성)로 쓰고 있다.

받기에 합당한 분이시나이다"(묵시 5,12).
- 영원히 그분을 찬미하고 찬송들 하세.

4 성령과 함께 성부와 성자를 찬양들 하세.
- 영원히 그분을 찬미하고 찬송들 하세.

5 "주님의 모든 업적들아, 주님을 찬양하여라"(다니 3,57ㄱ).
- 영원히 그분을 찬미하고 찬송들 하세.

6 "하느님의 모든 종들아,
그리고 낮은 사람이든 높은 사람이든
하느님을 경외하는 모든 이들아",
"우리" 하느님을 "찬미하여라"(묵시 19,5).
- 영원히 그분을 찬미하고 찬송들 하세.

7 "하늘과 땅아",
영광스러운 그분을 "찬미하여라"(시편 68,35).
- 영원히 그분을 찬미하고 찬송들 하세.

8 "하늘과 땅 위와" 땅 아래에⁵⁾ "있는 모든 피조물과",
"바다와 그 안에 있는 모든 피조물아"(묵시 5,13),
영광스러운 그분을 찬양하라.
- 영원히 그분을 찬미하고 찬송들 하세.

---

5) 파올라찌 비판본: "et subtus terram": 에써 비판본: "et quae subtus terram".

9 영광이 성부와 성자와 성령께,
- 영원히 그분을 찬미하고 찬송들 하세.

10 처음과 같이 이제와 항상 영원히. 아멘.
- 영원히 그분을 찬미하고 찬송들 하세.

11 기도:
전능하시고 지극히 거룩하시고 지극히 높으시며 으뜸이신 하느님, 모든 선이시고 으뜸선이시고 온전한 선이시며, 홀로 선하신 당신께(참조: 루카 18,19), 모든 찬미와 모든 영광과 모든 감사와 모든 영예와 모든 찬양과 그리고 모든 좋은 것을 돌려드리나이다. 그대로 이루어지소서. 그대로 이루어지소서. 아멘.

주님의 수난 성무일도

이 글은 최근에 와서야 프란치스코의 글로 받아들이게 되었다. 작성 시기는 역시 알 수 없고, "첸토"(cento) 문학 형식을 갖고 있다. 오늘날의 성무일도 후렴들에서도 이런 형식을 흔히 본다. 「수난 성무」에서 인용 구절들은 주로 시편에서 오지만, 종종 다른 성경 구절들에서도 온다. 프란치스코는 때때로 자기 자신의 말을 삽입시키어 이 말들을 그리스도의 입에 넣으려 한다. 삽입된 대부분의 프란치스코의 말은 성부께 바쳐진다.

이 「수난 성무」는 다섯 부분으로 구성되어 있다. 연중의 여러 시기에 바치는 다섯 개의 성무일도이다. 각 성무일도는 7개의 시간경으로 구성되어 있다. 제1부는 성목요일 끝기도부터 시작하여 성금요일 저녁기도로 끝나는데, 이 7개의 시편들이 「수난 성무」의 기본이 된다. 즉, 겟세마니 동산에서 그리스도의 수난이 시작되고, 이어지는 밤샘 심문과 십자가형 선고, 그리고 십자가를 지고 골고타 언덕에 올라가신 다음, 십자가에 못 박혀 돌아가시고 묻히시는 내용이다. 이러한 그리스도의 수난과 죽음을 기초로 「수난 성무」가 짜여지고, 여기에 전례 시기에 맞는 시편들을 덧붙이며 「수난 성무」 전체를 엮어 나간다.

	끝기도	밤기도	일시경	삼시경	육시경	구시경	저녁기도
I. 성삼일과 연중 평일	1	2	3	4	5	6	7
II. 부활 시기	8	9	3	9	9	9	8
III. 주일과 주요 축일	8	9	3	10	11	12	7
IV. 대림 시기	13	14	3	10	11	12	7
V. 성탄 시기	15	15	15	15	15	15	15

* 사순 시기: "성삼일과 연중 평일"에 바치는 시편들을 바친다.

각 시간경은 한 개의 시편만을 바치는데, 시편은 "첸토" 형식이다. 모두 성경 말씀들에서 갖고 온 것으로 구성된 15개의 시편들을 사용하고 있는 것을 보면, 프란치스코가 성경 말씀을 얼마나 많이 알고 있는지를 보여 준다.

이 성무일도는 프란치스코 성인의 영성을 이해하는 데 큰 도움을 준다. 성인은 당신에게 감명을 준 성경 구절을 뽑아 순전히 개인적인 신심에서 우러나 성무일도를 만들었다. 이 성무일도는 예수님 수난에 대한 프란치스코의 사랑과 신심 그리고 교회의 공적 기도인 성무일도에 대한 성인의 기도 정신을 엿볼 수 있는 영성 충만한 작품이다. 여기서 우리는 성인이 지녔던 성경 말씀에 대한 지식과 성인의 창의력을 엿볼 수 있다. 또, 우리는 성인이 실제로 바친 기도는 보다 긴 기도였음도 알 수 있다. 마지막으로 우리는 성인이 성무일도를 바칠 때 늘 성모님과 천사들을 연결시켰음을 알 수 있다.

제1부 기도문

주님의 수난 성무일도

지극히 복되신 우리 사부 프란치스코가 주님의 수난을 공경하고 기억하며 찬미하기 위하여 편집한 시편들이 시작된다. 낮과 밤의 각 시간경마다 시편 한 편을 바쳐야 한다. 그리고 시편은 파스카 준비일, 곧 금요일 끝기도로부터 시작되는데[1], 그 날 밤 우리 주 예수 그리스도께서 배반당하시고 잡히셨기 때문이다. 그리고 복되신 프란치스코는 다음과 같은 방법으로 이 성무일도를 바쳤다. 먼저 스승이신 주님께서 가르쳐 주신 기도, 즉 "하늘에 계신 지극히 거룩하신 우리 아버지"[2]를 바치고, 이어서 앞에 실린 「찬미」, "거룩하시다, 거룩하시다, 거룩하시다"[3]를 바쳤다. 「찬미」와 기도가 끝난 후 "거룩하신 동정 마리아님" 후렴을 시작했다. 이어서 성 마리아 시편[4]을 먼저 외우고 그 다음에 미리 선택한 다른 시편들을 바쳤다. 그리고 이 모든 시편들을 다 바치고 나서 수난 시편들을 바쳤다. 이 시편 끝에 "거룩하신 동정 마리아님" 후렴을 되풀이하고, 이것으로 성무일도를 마쳤다.

---

1) 오늘날의 전례력으로는 성목요일에 해당된다. 중세 교회력의 규범에 의하면, 히브리 달력에서처럼, 해가 지면서 하루가 다시 시작되었으며(따라서 금요일 혹은 파스카 준비일의 제6일), 전례 기도는 끝기도로 시작되었다. 이러한 까닭으로 5부로 구성된 이 「수난 성무」도 다섯 부분 모두 끝기도로 시작되고 있다.
2) 참조:「주님 기도」.
3) 참조:「시간경 찬미」.
4) "성 마리아 시편"은 『복되신 동정녀 소성무일도』를 말하는 것으로, 이 신심은 9세기에 시작되었으며, 12세기에 교구 사제들과 수도 사제들은 의무적으로 이 성무일도를 바쳐야 했다.

〔제1부: 성삼일과 연중 평일〕

끝기도

후렴: 거룩하신 동정 마리아님
시편 〔1〕

1 하느님, 제 신세를 당신께 아뢰었더니, *

　당신은 제 눈물을 당신 앞에 두셨나이다(시편 55,8ㄴ-9).

2 제 원수들 모두 저를 거슬러 저의 불행만 생각하고(시편 40,8) *

　함께 모여 음모를 꾸몄나이다(시편 70,10ㄷ).

3 또한 그들은 저를 거슬러 선을[5] 악으로, *

　제 사랑을 미움으로 갚았나이다(시편 108,5).

4 저를 사랑하기보다 오히려 저주하였나이다. *

　그러나 저는 기도했나이다(시편 108,4).

5 "거룩하신 저의 아버지(요한 17,11), 하늘과 땅의 임금님"[6], †

　제게서 멀리 계시지 마옵소서. *

　환난이 닥치는데 도와줄 이 없나이다(시편 21,12).

6 언제라도 제가 당신을 부르짖는 날에 †

　제 원수들이 뒤로 물러가리니, *

　그 때 저는 당신이 저의 하느님이심을 아나이다(시편 55,10).

7 제 동무들과 제 이웃들이 저를 거슬러 다가와 둘러서고, *

　"제 이웃들이"[7] 멀찍이 서 있나이다(시편 37,12).

---

5) 파울라찌 비판본: "pro bonis"(선 대신에): 에써 비판본: "pro vobis"(너희들을 위하여).
6), 7) 프란치스코가 첨가한 부분이다.

8 당신은 제가 아는 이들을 제게서 멀어지게 하시고 †
　　저를 그들의 혐오거리로 만드셨으니, *
　　저는 갇힌 몸, 나갈 수도 없나이다(시편 87,9).
9 "거룩하신 아버지"[8](요한 17,11), 당신의 도움 제게서 멀리하
　　지 마옵소서(시편 21,20). *
　　저의 하느님, 저를 굽어보시어 도우소서(시편 70,12).
10 어서 와 저를 도우소서. *
　　주님, 제 구원의 하느님(시편 37,23).
　영광이 성부와 성자와 성령께 *
　　처음과 같이 이제와 항상 영원히, 아멘.

후렴: 1 거룩하신 동정 마리아님, 세상에 태어난 여인들 중에 당신 같으신 이 없나이다. 2 당신은 지극히 높으시고 지존한 임금이신 천상 성부의 딸이시며 여종이시고, 지극히 거룩하신 우리 주 예수 그리스도의 어머니이시며, 성령의 정배이시나이다. 3 비오니, 성 미카엘 대천사와 하늘의 모든 능품 천사들과 모든 성인들과 함께, 주님이시요 스승이신 당신의 지극히 거룩하시고 사랑하시는 아드님 앞에서 저희를 위하여 빌어 주소서. ─ 영광이 성부와… 처음과 같이….

주해: 위의 후렴은 모든 시간경에 바친다. 그리고 밤기도든 다른 시간경이든 성경 소구, 찬미가, 성구, 기도는 모두 생략한다. 프란치스코는 시편과 이 후렴만 바쳤다. 그리고 성무일도 끝에 복되신 프란치스코는 항상 이렇게 기도하였다: 살아 계시고 진실하신 주 하느님을 찬양하고, 항상

---

8) 프란치스코가 첨가한 부분이다.

그분께 찬미와 영광과 영예와 찬양과 온갖 선을 돌려드립시다. 아멘. 아멘. 그대로 이루어지소서. 그대로 이루어지소서.

밤기도

후렴: 거룩하신 동정 마리아님

시편 [2]

1 주님, 제 구원의 하느님, 낮에도 당신께 부르짖고, *
　밤에도 당신 앞에서 외치나이다(시편 87,2).
2 제 기도 당신 앞에 이르게 하소서. *
　제 울부짖음에 귀를 기울이소서(시편 87,3).
3 어서 와 제 영혼을 구해 내소서. *
　제 원수들 앞에서 저를 구원하소서(시편 68,19).
4 당신은 저를 어미 배 속에서 내신 분 *
　당신은 어미 젖가슴에서부터 저의 희망이시나이다(시편 21,10).
5 저는 모태에서부터 당신께 맡겨졌사옵고(시편 21,10-11ㄱ) †
　어미 배 속에서부터 당신은 저의 하느님이시오니 *
　제게서 멀리 떠나 계시지 마옵소서(시편 21,11ㄴ-12ㄱ).
6 당신은 제가 받은 모욕과 창피를 아시옵고 *
　저의 경외심을 아시나이다(시편 68,20).
7 저를 괴롭히는 자들이 모두 당신 앞에 있나이다. *
　제 마음이 모욕으로 바수어져 저는 절망에 빠졌나이다(시편 68,21ㄱ-ㄴ).
8 동정해 줄 이 바랐건만 헛되었고 *
　위로해 줄 이도 찾지 못하였나이다(시편 68,21ㄷ-ㄹ).

9 하느님, 사악한 자들 저에게 맞서 일어나고 †
　포악한 자 무리 지어 제 목숨을 노리나이다. *
　그들은 당신을 모실 줄 모르나이다(시편 85,14).
10 저는 구렁으로 떨어지는 사람처럼 여겨지고 *
　죽은 이들 가운데 버려져 도움받을 길 없는 사람처럼 되
　었나이다(시편 87,5-6ㄱ).
11 당신은 "지극히 거룩하신 저의 아버지이시며"[9], *
　저의 임금님, 저의 하느님이시나이다(참조: 시편 43,5ㄱ).
12 어서 와 저를 도우소서. *
　주님, 제 구원의 하느님(시편 37,23).
　영광이 성부와… 처음과 같이….

일시경

후렴: 거룩하신 동정 마리아님

시편 [3]

1 자비를 베푸소서, 하느님, 저에게 자비를 베푸소서. *
　제 영혼이 당신께 의탁하나이다(시편 56,2ㄱ).
2 재앙이 지나갈 그 때까지, *
　당신 날개 그늘로 제가 피신하나이다(시편 56,2ㄴ).
3 지극히 높으시고, "지극히 거룩하신 저의 아버지께"[10], *
　저에게 은혜를 베푸시는 하느님께[11] 부르짖나이다(참조:
　시편 56,3).

---

9), 10) 프란치스코가 첨가한 부분이다.
11) 파울라찌 비판본: "하느님"(Deum); 에써 비판본: "주님"(Dominum).

4 하늘에서 보내시어 저를 구하시고, *
　　저를 짓밟는 자를 부끄럽게 하셨나이다(시편 56,4ㄱ-ㄴ).
5 하느님은 당신 자애와 당신 진실을 보내시어(시편 56,4ㄷ) †
　　저보다 힘센 원수들과 저를 미워하는 자들에게서 제 영
　　혼 구하셨사오니 *
　　그들이 저보다 강하기 때문이나이다(시편 17,18).
6 그들이 제 발길마다 그물을 쳐 놓아, *
　　제 영혼이 꺾이게 하였나이다(시편 56,7ㄱ-ㄴ).
7 제 앞에 구덩이를 파 놓았으나, *
　　그 속으로 빠진 것은 그들이었나이다(시편 56,7ㄷ-ㄹ).
8 제 마음 든든하나이다. 하느님, 제 마음 든든하나이다. *
　　저는 노래하며 찬미하나이다(시편 56,8).
9 깨어나라, 나의 영광이여. 깨어나라, 수금아, 비파야. *
　　나는 새벽을 깨우리라(시편 56,9).
10 주님, 제가 백성들 가운데에서 당신을 찬송하고, *
　　겨레들 가운데에서 당신을 노래하리이다(시편 56,10).
11 당신의 자애 크시어 하늘에 이르고 *
　　당신의 진실 크시어 구름에 닿나이다(시편 56,11).
12 하느님, 하늘 높이 오르소서. *
　　당신 영광을 온 땅 위에 드러내소서(시편 56,12).
　　영광이 성부와… 처음과 같이….

주해: 위 시편은 항상 일시경에 바친다.

제1부 기도문

삼시경
후렴: 거룩하신 동정 마리아님
시편 〔4〕

1 하느님, 저에게 자비를 베푸소서. *
　　사람들이 저를 짓밟고 온종일 몰아치며 억누르나이다(시편 55,2).
2 저의 원수들이 온종일 짓밟나이다. *
　　저를 몰아치는 자들이 많기도 하옵니다(시편 55,3).
3 제 원수들 모두 저를 거슬러 제 불행만 생각하고(시편 40,8ㄴ), *
　　저를 거슬러 나쁜 말을 퍼뜨리나이다(시편 40,9ㄱ).
4 제 목숨 노리는 자들이 *
　　함께 모여 음모를 꾸미나이다(시편 70,10ㄴ).
5 그들은 밖에 나가, *
　　수군거리나이다(시편 40,7ㄷ-8ㄱ).
6 보는 사람마다 저를 비웃어 대고, *
　　입술을 비쭉거리며 머리를 내젓나이다(시편 21,8).
7 저는 인간도 아닌 구더기, *
　　사람들의 우셋거리, 백성의 조롱거리(시편 21,7).
8 제 모든 원수들 때문에 저는 제 이웃들에게 조롱거리가 되고, *
　　아는 이들은 저를 무서워하나이다(시편 30,12ㄱ-ㄴ).
9 "거룩하신 아버지"[12] (요한 17,11), 당신 도움 제게서 밀리하지 마옵소서. *

---

12) 프란치스코가 첨가한 부분이다.

저를 굽어보시어 보호하소서(시편 21,20).

10 어서 와 저를 도우소서. *

　　주님, 제 구원의 하느님(시편 37,23).

　　영광이 성부와… 처음과 같이….

육시경

　　후렴: 거룩하신 동정 마리아님
시편 [5]

1 소리 높여 나 주님께 부르짖나이다. *

　　소리 높여 나 주님께 간청하나이다(시편 141,2).

2 그분 앞에 내 기도 쏟아붓고, *

　　그분 앞에 내 곤경 하소연하나이다(시편 141,3).

3 제 얼이 아뜩해질 때, *

　　제가 갈 길 당신은 아시나이다(시편 141,4ㄱ-ㄴ).

4 제가 다니는 길에, *

　　저들은 덫을 숨겨 놓았나이다(시편 141,4ㄷ-ㄹ).

5 오른쪽을 살피고 바라보아도, *

　　저를 아는 이 아무도 없나이다(시편 141,5ㄱ-ㄴ).

6 도망갈 곳이 더는 없는데, *

　　아무도 제 목숨 걱정하지 않나이다(시편 141,5ㄷ-ㄹ).

7 당신 때문에 제가 모욕을 당하고, *

　　제 얼굴이 수치로 뒤덮였나이다(시편 68,8).

8 저는 제 형제들에게 낯선 사람이 되었고, *

　　제 친형제들에게 이방인이 되었나이다(시편 68,9).

9 "거룩하신 아버지"[13] (요한 17,11), 당신의 집을 향한 열정이 저를 불태우고, *

당신을 욕하는 자들의 욕이 저에게 떨어졌나이다(시편 68,10).

10 저를 거슬러 그들은 기뻐하며 모였나이다. *

그들이 모여 와 저를 내쳤는데도 저는 몰랐나이다(시편 34,15).

11 까닭 없이 이 몸을 미워하는 자 *

제 머리카락보다 많사옵니다(시편 68,5ㄱ-ㄴ).

12 저를 박해하는 자들, 음흉한 제 원수들이 힘도 세나이다. *

제가 빼앗지도 않았는데 물어내라 하나이다(시편 68,5ㄷ-ㄹ).

13 사악한 증인들이 들고일어나, *

제가 모르는 일을 캐묻나이다(시편 34,11).

14 그들이 제게 선을 악으로 갚고(시편 34,12ㄱ), *

제가 선을 따른다고 공격하나이다(시편 37,21).

15 당신은 "지극히 거룩하신 저의 아버지이시며"[14], *

저의 임금님, 저의 하느님이시나이다(참조: 시편 43,5).

16 어서 와 저를 도우소서. *

주님, 제 구원의 하느님(시편 37,23).

영광이 성부와… 처음과 같이….

---

13), 14) 프란치스코가 첨가한 부분이다.

구시경

후렴: 거룩하신 동정 마리아님

시편 〔6〕

1 길로 지나는, 오, 너희 모든 이들이여, *
　이 내 아픔 같은 아픔이 또 있는지 살펴보고 둘러보시오(애가 1,12ᄀ-ᄂ).
2 숱한 개들이 저를 에워싸고, *
　악당의 무리가 둘러쌌나이다(시편 21,17ᄀ-ᄂ).
3 그들은 제 손발을 묶었으며, *
　제 뼈는 마디마디 셀 수 있게 되었나이다(시편 21,17ᄃ-18ᄀ).
4 그들은 저를 지켜보며 심문하고 *
　제 옷을 저희끼리 나누어 가지고 제 속옷을 놓고는 제비를 뽑나이다(시편 21,18ᄂ-19)[15].
5 그들은 약탈하고 포효하는 사자처럼, *
　저를 향해 입을 벌리나이다(시편 21,14).
6 저는 엎질러진 물과 같고, *
　뼈마디는 온통 어그러졌으며(시편 21,15ᄀ-ᄂ).
7 마음은 밀초가 되어, *
　제 속에서 녹아내리나이다(시편 21,15ᄃ).
8 제 힘은 옹기 조각처럼 메마르고, *
　제 혀는 입천장에 들러붙나이다(시편 21,16ᄀ-ᄂ).
9 그들은 저에게 먹으라 쓸개를 주고, *
　목마를 때 신 포도주를 마시게 하였나이다(시편 68,22).

---

15) 에쎄 비판본에는 3절과 4절이 뒤바뀌어 나타난다.

제1부 기도문

10 그들은 저를 죽음의 재에 눕히었으며[16] (시편 21,16ㄷ), *

　고통 위에 제 상처를 더했나이다(시편 68,27ㄴ).

11 제가 잠들었다 깨어나니(참조: 시편 3,6), *

　"지극히 거룩하신 저의 아버지는"[17] 저를 영광으로 받아

　들이셨나이다(시편 72,24ㄷ).

12 "거룩하신 아버지"[18] (요한 17,11), 당신은 제 오른손을 잡아 †

　당신 뜻대로 저를 이끄시고 *

　저를 영광으로 받아들이셨나이다(시편 72,24).

13 저를 위하여 누가 하늘에 계시나이까? *

　땅 위에서 제가 당신께 무엇을 바라겠나이까?(시편 72,25).

14 너희는 내가 하느님임을 "알아보고 또" 알아보아라[19], "주

　님이 말씀하신다"[20], *

　나는 민족들 위에 우뚝 섰노라, 세상 위에 우뚝 섰노라(시

　편 45,11).

15 주님은 "당신의 지극히 거룩한 피로써"[21] 당신 종들의 목숨

　을 건져 주시니 †

　"주 이스라엘의 하느님은 찬미받으소서"[22] (루카 1,68ㄱ), *

　그분께 희망을 두는 이는 아무도 버림받지 않으리이다(참

　조: 시편 33,23).

16 "이제 우리는 아노라"[23], 그분이 오심을, *

　정녕 그분은 정의로 심판하러 오시리라(시편 95,13ㄴ).

---

16) 시편의 단수 2인칭이 여기에서 복수 3인칭으로 바뀌었다.
17), 18) 프란치스코가 첨가한 부분이다.
19) 프란치스코가 시편의 "멈추고 알아보라"(vacate et videte)를 "알아보고 알아보라" (videte, videte)로 바꾸었다.
20), 21), 22), 23) 프란치스코가 첨가한 부분이다.

영광이 성부와… 처음과 같이….

저녁기도
후렴: 거룩하신 동정 마리아님
시편 [7]

1 모든 민족들아, 손뼉을 쳐라. *
   기뻐 소리치며 하느님께 환호하여라(시편 46,2).
2 주님은 지극히 높으신 분, 경외로우신 분 *
   온 땅의 위대하신 임금이시로다(시편 46,3).
3 "지극히 거룩하신 천상 아버지"[24], 세상이 있기 전부터 우리 임금님이 †
   "높은 곳에서 당신이 사랑하시는 아드님을 보내시어"[25] *
   세상 한가운데서 구원을 이루어 주셨도다(시편 73,12).
4 하늘은 기뻐하고 땅은 즐거워하여라. †
   바다와 그 안에 가득 찬 것들은 소리쳐라. *
   들과 그 안에 있는 것도 모두 기뻐 뛰어라(시편 95,11-12ᄀ).
5 그분께[26] 노래하여라, 새로운 노래를. *
   온 땅아, 주님께 노래하여라(시편 95,1).
6 주님은 위대하시고 드높이 찬양받으실 분. *
   모든 신들 위에 경외로운 분이시네(시편 95,4).
7 주님께 드려라, 뭇 민족의 가문들아. †
   주님께 드려라, 영광과 영예를. *

---

24), 25) 프란치스코가 첨가한 부분이다.
26) 시편의 "주님께"(Domino)가 여기에서 "그분께"(ei)로 바뀌었다.

주님께 드려라, 그 이름의 영광을(시편 95,7-8ㄱ).

8 "너희 몸을 바쳐 그분의 거룩한 십자가를 져라"[27] (루카 14,27). *
"그분의 지극히 거룩한 계명을 끝날까지 지켜라"[28] (1베드 2,21).

9 온 땅아, 그분 앞에서 무서워 떨어라. *
겨레들에게 말하여라, 주님은 "나무 위에서"[29] 다스리신다(시편 95,9ㄴ-10ㄱ).

성금요일부터 승천 축일까지 매일 여기까지 바친다. 그러나 승천 축일에는 다음 구절들을 덧붙인다.

10 "그분은 하늘에 오르시어 *
하늘에서 지극히 거룩하신 아버지의 오른편에 앉아 계시도다"[30].

11 하느님, 하늘 높이 오르소서. *
당신의 영광 온 땅 위에 드러내소서(시편 56,12).

12 이제 우리는 아노라, 그분께서 오심을. *
정녕 그분은 정의로 심판하러 오시리라(시편 95,13ㄴ).

영광이 성부와… 처음과 같이….

주해 1: 승천부터 주님의 대림까지 매일 같은 방식으로 이 시편 "모든 민족들아"를 위에서 말한 절까지 바칠 것이며, "정의로 심판하러 오시리라" 끝에 영광송을 바친다.
주해 2: 위 시편들은 성금요일부터 부활 주일까지 바친다. 성령 강림 팔일 축제부터 주님의 대림까지, 그리고 공현 팔일 축제부터 부활 주일까

---

27), 28), 29), 30) 프란치스코가 첨가한 부분이다.

지도 바친다. 주일과 주요 축일은 제외하고 다른 모든 날에 바친다.

〔제2부: 부활 시기〕
성토요일, 그 날 성무일도가 끝난 후

끝기도

후렴: 거룩하신 동정 마리아님

시편 〔8〕

1 하느님, 어서 와 저를 도우소서. *
  주님, 서둘러 저를 도와주소서.
2 이 목숨 노리는 자들은, *
  수치를 당하여 부끄러워하고,
3 저의 불행을 바라는 자들은, *
  뒤로 물러나게 하시고 치욕을 느끼게 하소서.
4 "옳거니, 옳거니!" 하며 저를 놀려 대는 자들은, *
  부끄러워 빨리 되돌아가게 하소서.
5 당신을 찾는 이들은 *
  모두 당신 안에서 기뻐하고 즐거워하리이다.
6 당신 구원을 사랑하는 이들은 언제나 외치게 하소서. *
  "주님은 위대하시다".
7 저는 가련하고 불쌍하니, *
  하느님, 저를 도우소서.
8 저의 도움, 저의 구원은 당신이시니, *
  주님, 더디 오지 마소서 (시편 69,2-6).

영광이 성부와… 처음과 같이….

부활 주일 밤기도
후렴: 거룩하신 동정 마리아님
시편 〔9〕

1 주님께 노래하여라, 새로운 노래를, *
　　그분이 기적들을 일으키셨으니(시편 97,1ㄱ-ㄴ).
2 그분의 오른손이, 거룩한 그 팔이(시편 97,1ㄷ-ㄹ) *
　　"사랑하는 당신 아드님을 희생시키셨도다"³¹⁾.
3 주님은 당신 구원을 알리시고 *
　　민족들의 눈앞에 당신의 정의를 드러내셨네(시편 97,2).
4 이 낮에 주님이 자애를 베푸시니 *
　　나는 밤에 "그분께"³²⁾ 노래하리이다(시편 41,9ㄱ-ㄴ).
5 이 날은 주님이 마련하신 날, *
　　이 날을 기뻐하며 즐거워하세(시편 117,24).
6 주님의 이름으로 오는 이는 복되어라. *
　　주님은 하느님, 우리를 비추시네(시편 117,26ㄱ-27ㄱ).
7 하늘은 기뻐하고 땅은 즐거워하여라. †
　　바다와 그 안에 가득 찬 것들은 소리쳐라. *
　　들과 거기 있는 것도 모두 기뻐 뛰어라(시편 95,11-12ㄱ).
8 주님께 드려라, 뭇 민족의 가문들아. †
　　주님께 드려라, 영광과 영예를. *
　　주님께 드려라, 그 이름의 영광을(시편 95,7-8ㄱ).

---

31), 32) 프란치스코가 첨가한 부분이다.

주님의 수난 성무일도

부활 주일부터 승천 축일까지 매일 저녁기도, 끝기도, 일시경을 제외하고 모든 시간경에 여기까지 바친다. 그러나 승천 축일 밤에는 다음 구절들을 덧붙인다.

9 세상의 나라들아, 하느님께 노래하여라. *
주님을 찬송하여라(시편 67,33ㄱ).
10 하느님을 찬송하여라, *
하늘의 하늘 위로, 동쪽으로 오르시는 분이시네(시편 67,33ㄴ-34ㄱ).
11 보라, 그분이 목소리 높이시니, 그 소리 우렁차네. †
하느님께 영광을 드려라. *
그분의 존엄은 이스라엘 위에 있고, 그분의 권능은 구름 위에 있네(시편 67,34ㄴ-35).
12 하느님은 당신 성도들 가운데 경외로우시다. †
이스라엘의 하느님께서 친히 당신 백성에게 권능과 힘을 주시네. *
하느님은 찬미받으소서(시편 67,36).
영광이 성부와⋯ 처음과 같이⋯.

주해 1: 주님 승천부터 성령 강림 팔일 축제까지 매일 밤기도, 삼시경, 육시경, 구시경에 이 시편을 위에서 말한 절까지 바칠 것이며, "하느님은 찬미받으소서" 끝에 영광송을 바친다. 다른 데서는 바치지 않는다.

주해 2: 같은 방식으로 오로지 주일과 주요 축일 밤기도로 성령 강림 팔일 축제부터 주님의 대림까지, 그리고 공현 팔일 축제부터, 주님께서 당신 제자들과 함께 바로 그 날 파스카 만찬을 드셨기에, 주님의 만찬 성목요일까지 바친다. 또는, 원하면 시편집에 나와 있는 대로 또 다른 시편, 즉 "주님, 당신을 높이 기리나이다"(시편 29)를 밤기도나 저녁기도 때 바칠 수 있다. 그러나 이는 부활 주일부터 승천 축일까지만 허용되며 그 이상은 안 된다.

일시경

후렴: 거룩하신 동정 마리아님

시편: 위에 나오는 시편 〔3〕

"자비를 베푸소서, 하느님, 저에게 자비를 베푸소서"를 바친다.

삼시경, 육시경, 구시경

후렴: 거룩하신 동정 마리아님

시편: 위에 나오는 시편 〔9〕

"주님께 노래하여라"를 바친다.

저녁기도

후렴: 거룩하신 동정 마리아님

시편: 시편집에 있는 대로 위의 시편 〔8〕

"하느님, 어서 와 저를 도우소서"를 바친다.

〔제3부: 주일과 주요 축일〕

이제 다른 시편들이 시작되는데, 이들 또한 지극히 복되신 우리 사부 프란치스코가 편집한 것으로, 이 시편들은 위에 나오는 주님 수난 시편들을 대신해서 성령 강림 팔일 축제부터 대림까지 그리고 공현 팔일 축제부터 주님의 만찬 성목요일까지의 주일과 주요 축일에 바칠 수 있다. 이는 주님의 파스카인 성목요일에도 바친다는 것을 의미한다.

끝기도

후렴: 거룩하신 동정 마리아님
시편: 시편집에 있는 대로 위의 시편 〔8〕
"하느님, 어서 와 저를 도우소서"를 바친다.

밤기도

후렴: 거룩하신 동정 마리아님
시편: 위에 나오는 시편 〔9〕
"주님께 노래하여라"를 바친다.

일시경

후렴: 거룩하신 동정 마리아님
시편: 위에 나오는 시편 〔3〕
"자비를 베푸소서, 하느님, 저에게 자비를 베푸소서"를 바친다.

삼시경

후렴: 거룩하신 동정 마리아님
시편 〔10〕

1 온 땅아, 하느님께[33] 환호하여라, 그 이름을 노래하여라. *
  찬미의 영광을 드려라(시편 65,1-2).
2 하느님께 아뢰어라. 당신이 하신 일들 놀랍기도 하나이다,
  "주님!". *
  당신의 크신 능력에 원수들도 굴복하나이다(시편 65,3).

---

33) 파울라찌 비판본: "하느님께"(Deo); 에써 비판본: "주님께"(Domino).

제1부 기도문

3 온 땅이 당신께 경배드리고 당신을 노래하게 하소서. *

　당신 이름을 노래하게 하소서(시편 65,4).

4 하느님을 경외하는 이들아, 모두 와서 들어라. *

　그분이 내 영혼에게 하신 일을 들려주리라(시편 65,16).

5 내 입으로 그분께 부르짖고, *

　내 혀로 찬미 노래를 불렀네(시편 65,17).

6 거룩한 당신 성전에서 내 목소리 들으셨네. *

　부르짖는 내 소리 그분 귀에 다다랐네(시편 17,7ㄷ-ㄹ).

7 백성들아, 우리 하느님을[34] 찬미하여라. *

　찬양 노래 울려 퍼지게 하여라(시편 65,8).

8 땅의 모든 종족이 그를 통하여 복을 받고, *

　모든 민족이 그를 칭송하게 하소서(시편 71,17ㄷ-ㄹ).

9 주 이스라엘의 하느님은 찬미받으시리라. *

　그분 홀로 기적들을[35] 일으키신다(시편 71,18).

10 영광스러운 그 이름 영원히 찬미받으시리라. *

　그 영광 온 땅에 가득하리라. 그대로 이루어지소서. 그대로 이루어지소서(시편 71,19).

　영광이 성부와⋯ 처음과 같이⋯.

육시경

후렴: 거룩하신 동정 마리아님

시편 [11]

---

34) 파올라찌 비판본: "하느님을"(Deum); 에쎄 비판본: "주님을"(Dominum).
35) 파올라찌 비판본: "기적들을"(mirabilia); 에쎄 비판본: "위대한 기적들을"(mirabilia magna).

1 환난의 날에 주님이 당신께 응답하시고, *

　야곱의 하느님 그 이름이 당신을 보호하시리이다(시편 19,2).

2 성소에서 당신께 도움을 보내시고, *

　시온에서 당신을 받쳐 주시며(시편 19,3),

3 당신의 모든 제물을 기억하시고, *

　당신의 번제를 즐거이 받으시리이다(시편 19,4).

4 당신 마음이 바라는 대로 베푸시고, *

　당신의 모든 계획을 이루어 주시리이다(시편 19,5).

5 당신 구원에 우리가 환호하며, *

　우리 하느님[36] 이름으로 우리는 영광스러워지리이다(시편 19,6).

6 주님이 당신 소원을 모두 채워 주시리이다. 나 이제 아노라 (시편 19,7). †

　"주님께서는 당신 아드님 예수 그리스도를 보내시어"[37] *

　백성들을 정의로 심판하시리라(시편 9,9ㄴ).

7 주님은 가난한 이에게 피신처, †

　환난 때에 도움이 되어 주시네. *

　당신 이름 아는 이들이 당신을 희망하나이다(시편 9,10-11ㄱ).

8 주 저의 하느님은 찬미받으소서(시편 143,1ㄴ). *

　제 환난의 날에 당신은 저의 성채와 저의 피난처가 되어 주시나이다(시편 58,17ㄷ-ㄹ).

9 저의 도움이시여, 당신께 노래하리이다. *

---

36) 파올라찌 비판본: "하느님의"(Dei); 에써 비판본: "주 하느님의"(Domini Dei).
37) 프란치스코가 첨가한 부분이다.

하느님, 당신은 저의 성채, 저의 하느님, 저에게 자애로 우신 분(시편 58,18).

영광이 성부와… 처음과 같이….

구시경

후렴: 거룩하신 동정 마리아님

시편 [12]

1 주님, 제가 당신께 희망을 두오니, 영원히 수치를 당하지 않게 하소서. *

　당신 정의로 저를 구해 주시고 저를 건져 주소서(시편 70,1ᄂ-2ᄀ).

2 제게 귀를 기울이소서. *

　저를 구원하소서(시편 70,2ᄂ).

3 이 몸 보호할 하느님으로 계셔 주시고, *

　저를 구할 산성이 되소서(시편 70,3ᄀ-ᄂ).

4 주님, 당신은 저의 인내이시오니, *

　주님, 당신은 제 어릴 적부터 저의 희망이시나이다(시편 70,5).

5 저는 태중(胎中)에서부터 당신께 의지해 왔고 †

　어미 배 속에서부터 당신은 저의 보호자시니, *

　저는 언제나 당신을 찬양하나이다(시편 70,6).

6 저의 입은 온종일 당신 찬양으로, *

　당신 영광의 찬미로 가득 찼나이다(시편 70,8).

7 주님, 너그러우신 자애로 저에게 응답하소서. *

　당신의 크신 자비로 저를 돌아보소서(시편 68,17).

8 당신 종에게서 얼굴을 감추지 마소서. *
   곤경 속에 있사오니 어서 응답하소서(시편 68,18).
9 주 저의 하느님은 찬미받으소서(시편 143,1ㄴ). *
   제 환난의 날에 당신은 저의 성채와 저의 피난처가 되어
   주시나이다(시편 58,17ㄷ-ㄹ).
10 저의 도움이시여, 당신께 노래하리이다. *
   하느님, 당신은 저의 성채, 저의 하느님, 저에게 자애로
   우신 분(시편 58,18).
   영광이 성부와… 처음과 같이….

저녁기도
후렴: 거룩하신 동정 마리아님
시편: 위에 나오는 시편 〔7〕
"모든 민족들아"를 바친다.

〔제4부: 대림 시기〕

다른 시편들이 시작되는데, 이들 또한 지극히 복되신 우리 사부 프란치스코가 편집한 것으로, 이 시편들은 위에 나오는 주님 수난 시편들을 대신해서 주님의 대림부터 성탄 전야까지만 바친다.

끝기도
후렴: 거룩하신 동정 마리아님
시편 〔13〕

1 주님, 언제까지 마냥 저를 잊고 계시렵니까? *
    언제까지 당신 얼굴을 제게서 감추시렵니까?
2 언제까지 제 영혼에 번민을 *
    날마다 제 마음에 고통을 품어야 하리이까?
3 언제까지 원수가 제 위에서 우쭐대야 하리이까? *
    주 저의 하느님, 살펴보소서, 저에게 응답하소서.
4 죽음의 잠에 빠지지 않도록 제 눈을 비추소서. *
    제 원수가 "내가 이겼다" 하지 못하게 하소서.
5 제가 흔들리면 저를 괴롭히는 자들이 날뛸 것이오나 *
    저는 당신 자애에 희망을 두나이다.
6 제 마음 당신의 구원으로 기뻐 뛰리이다. †
    은혜를 베푸신 주님께 노래하리이다. *
    지극히 높으신 주님의 이름을 찬송하리이다(시편 12,1-6).
영광이 성부와… 처음과 같이….

밤기도

후렴: 거룩하신 동정 마리아님
시편 〔14〕

1 "지극히 거룩하신 아버지, 하늘과 땅의 임금이신"[38] 주님, †
    당신을 찬송하나이다. *
    당신이 저를 위로해 주셨기 때문이나이다(참조: 이사 12,1).
2 "당신은"[39] 저를 구하시는 하느님이시니, *
    저는 믿기에 두려워하지 않나이다(참조: 이사 12,2ᄀ-ᄂ).

---

38) 프란치스코가 첨가한 부분이다.

3 주님은 저의 힘, 저의 찬미. *

　　저를 구원해 주셨나이다(이사 12,2ᄃ; 탈출 15,2).

4 주님, 당신 오른손이 권능으로 영광을 드러내시고, †

　　주님, 당신 오른손이 원수를 짓부수셨으며, *

　　당신의 크신 영광으로 저의 적들을 뒤엎으셨나이다(탈출 15,6-7ᄀ).

5 가난한 이들아, 보고 즐거워하여라. *

　　너희는 하느님을 찾고 너희 마음에 생기를 돋우어라(시편 68,33).

6 주님은 가난한 이의 간청을 들어주시고 *

　　사로잡힌 당신 백성을 멸시하지 않으시나이다(시편 68,34)[40].

7 주님을 찬양하여라, 하늘과 땅아, *

　　바다와 그 안에서 움직이는 모든 것들아(시편 68,35).

8 하느님은 시온을 구하시고, *

　　유다의 성읍들을 세우실 것이기 때문이로다(시편 68,36ᄀ-ᄂ).

9 그리하여 그들이 거기에 살며, *

　　그 곳을 유산으로 차지하리라(시편 68,36ᄃ).

10 또한, 그분 종들의 후손이 그 땅을 차지하고, *

　　그분 이름을 사랑하는 이들이 그 곳에서 살아가리라(시편 68,37).

　　영광이 성부와… 처음과 같이….

---

39) 이사야서의 "하느님"(Deus)이 여기에서 "당신"(Tu)으로 바뀌었다.
40) 에써 비판본에는 6절이 생략되어 있다.

제1부 기도문

일시경

후렴: 거룩하신 동정 마리아님

시편: 위에 나오는 시편 [3]

"자비를 베푸소서, 하느님"을 바친다.

삼시경

후렴: 거룩하신 동정 마리아님

시편: 위에 나오는 시편 [10]

"온 땅아, 주님께 환호하여라"를 바친다.

육시경

후렴: 거룩하신 동정 마리아님

시편: 위에 나오는 시편 [11]

"환난의 날에 주님이"를 바친다.

구시경

후렴: 거룩하신 동정 마리아님

시편: 위에 나오는 시편 [12]

"주님, 제가 당신께 희망을 두오니"를 바친다.

저녁기도

후렴: 거룩하신 동정 마리아님

시편: 위에 나오는 시편 [7]

"모든 민족들아"를 바친다.

주해: 시편을 전부 바치지 않고 "온 땅아, 그분 앞에서 무서워 떨어

라"(9절) 앞까지만 바친다. 이는 "너희 몸을 바쳐"(8절) 구절은 끝까지 다 바친다는 것을 의미한다. 이 구절(8절)을 마치고 영광송을 바친다. 이와 같이 대림부터 성탄 전야까지 매일 저녁기도로 이 시편을 바친다.

[제5부: 주님의 성탄에서 공현 팔일 축제 전까지]

주님의 성탄 저녁기도
후렴: 거룩하신 동정 마리아님
시편 [15]

1 환호하여라, 우리의 도움 하느님께!(시편 80,2ㄱ) *
　기뻐 소리치며 "살아 계시며 진실하신 주 하느님께"[41]
　환호하여라(시편 46,2).
2 주님은 지극히 높으신 분 *
　경외로우신 분, 온 땅의 위대하신 임금이시기 때문이로다(시편 46,3).
3 세상이 있기 전부터 우리 임금이신(시편 73,12) "지극히 거룩하신 천상 아버지께서 †
　높은 곳에서 사랑하는 당신 아드님을 보내시어"(참조: 1요한 4,19; 마태 3,17), *
　"복되신 동정 성모 마리아에게서 나게 하셨기 때문이로다"[42].

---

41), 42) 프란치스코가 첨가한 부분이다.

4 "그는"[43] "그분을"[44] 불러 '당신은 저의 아버지' 하리니(시편 88,27), *

"그분은"[45] 그를 맏아들로, 세상 임금들 가운데 으뜸으로 세우셨도다(참조: 시편 88,28).

5 그 날 주님이 당신 자비를 베푸시니 *

밤에 저는 그분께 노래 부르리이다(참조: 시편 41,9).

6 이 날은 주님이 마련하신 날, *

이 날을 기뻐하며 즐거워하세(시편 117,24).

7 "지극히 거룩하고 사랑스러운 아이가 우리에게 주어졌기 때문이로소이다"[46] (참조: 이사 9,5). †

"여관에는 그들이 머무를 곳이 없었기에 *

여행 중에 우리를 위하여 태어나(참조: 이사 9,5) 구유에 눕혀졌나이다"[47] (참조: 루카 2,7).

8 "지극히 높은 곳에서는 주 하느님께 영광, *

땅에서는 좋은 뜻을 지닌 사람들에게 평화!"[48] (참조: 루카 2,14).

9 하늘은 기뻐하고 땅은 즐거워하여라. †

바다와 그 안에 가득 찬 것들은 소리쳐라. *

들과 그 안에 있는 것도 모두 기뻐 뛰어라(시편 95,11-12ㄱ).

10 "그분께"[49] 노래하여라, 새로운 노래를, *

---

43) 프란치스코가 첨가한 부분으로, 아드님, 즉 성자를 지칭한다.
44) 프란치스코가 첨가한 부분으로, 아버지, 즉 성부를 지칭한다. 파올라찌 비판본: "그분을"(ipsum); 에써 비판본: "나를"(me).
45) 프란치스코가 첨가한 부분이다. 파올라찌 비판본: "그분은"(ipse); 에써 비판본: "나는"(ego).
46), 47), 48) 프란치스코가 첨가한 부분이다.
49) 시편의 "주님께"(Domino)가 여기에서 "그분께"(ei)로 바뀌었다.

주님께 노래하여라, 온 땅아(시편 95,1).

11 주님은 위대하시고 드높이 찬양받으실 분, *

모든 신들보다 경외로우신 분이시기 때문이로다(시편 95,4).

12 주님께 드려라, 뭇 민족의 가문들아. 주님께 드려라, 영광과 영예를. *

주님께 드려라, 그 이름의 영광을(시편 95,7-8ㄱ).

13 "너희 몸을 바쳐 그분의 거룩한 십자가를 져라(참조: 루카 14,27). *

그분의 지극히 거룩한 계명을 끝날까지 지켜라."[50] (참조: 1베드 2,21).

영광이 성부와… 처음과 같이….

주해: 이 시편은 주님의 성탄부터 공현 팔일 축제까지 모든 시간경에 바친다. 복되신 프란치스코의 이 성무일도를 바치려면 다음과 같이 바친다. 먼저 「주님 기도」와 「찬미」, 곧 "거룩하시다, 거룩하시다, 거룩하시다"를 바친다. 이 「찬미」와 기도를 바치고 나서 위에서 말한 것처럼 후렴 "거룩하신 동정 마리아님"과 함께 시편을 바친다. 시편은 낮과 밤, 각 시간경에 배정되어 있다. 또한, 큰 공경심을 갖고 바친다.

---

50) 프란치스코가 첨가한 부분이다.

레오 형제에게 준 친필 기도문

1. 지극히 높으신 하느님께 드리는 찬미

이 글은 프란치스코가 1224년 라 베르나 산에서 레오 형제에게 양피지 쪽지(chartula)에 써 준 두 개의 글 가운데 하나다. 레오 형제는 세상을 떠날 때까지 이 양피지 쪽지를 간수했다. 「2첼라노」 49는 이에 관해 상세히 기록해 주고 있다.

이 글이 학자들에게 알려지기는 했지만, 프란치스코의 이 친필서를 직접 대하지는 않았다. 그러다가 작은 형제회의 두에인 랍산스키(Duane Lapsanski)가 1974년에 자외선(ultra-violet)을 이용해 검사했고, 이보다 20여 년 뒤인 1993년 이탈리아의 고문헌학자인 아띨리오 바르톨리 란젤리(Attilio Bartoli Langeli)가 그동안 향상된 기술을 바탕으로 더 정밀한 검사를 펼쳤으며, 본인의 직접적인 검사를 통하여 수정된 번역본을 만들었다. 그러나 이 엄격한 이탈리아 학자는 해독할 수 없는 글자들이나 사라진 대문자로 된 머리글자들, 쉼표 등을 보충하려는 시도를 하려 하지 않았다. 따라서 이 번역본은 보다 덜 윤색된 가운데 프란치스코가 레오 형제에게 주었고, 또 레오 형제가 보관했던 것을 보다 정밀하게 제시하고 있다[1]. 카를로 파올라찌는 바르톨리 란젤리의 해독을 바탕으로 그의 학문적 과오를 바로잡으면서 이를 그의 비판본에 반영하였다.

레오 형제가 소지하고 다닐 때 이 양피지는 네 겹으로 접혀 있었다. 레오 형제는 장수했기에, 프란치스코의 사후 40여 년 간 간수하고 사는 동안 이 글이 많이 훼손되고 말았다. 중간 부분이 닳고 낡아 흐려져 버렸고, 맨 아래 부분들이 사라졌으며, 손자국들 때문에 글자들이 지워져 버렸다.

레오 형제가 이 양피지 쪽지에 붉은색 잉크로 세 가지의 주석을 써 넣었는데, 바로 이 사실이 이 글의 친저성을 말해 주고, 그에 더하여 이 두 개의 글이 성인의 친필임도 확인해 준다. 이 찬미가는 결코 잘 정돈되거나 다듬어진 글은 아니지만, 프란치스코의 하느님께 대한 깊은 신앙과 희망과 사랑이 흘러넘치는 위대한 찬미가이다.

지극히 높으신 하느님께 드리는 찬미

1 "당신은 기적을 일으키시는"
거룩하시고 유일하신 주 "하느님이시나이다"(시편 76,15).

2 당신은 힘세시나이다.
당신은 위대하시나이다(참조: 시편 85,10).
당신은 지극히 높으시나이다.

---

1) 참조: 『The Saint. Volume I of: Francis of Assisi: Early Documents』, 110.

제1부 기도문

3 당신은 전능하시나이다.

당신은 "거룩하신 아버지"(요한 17,11), 하늘과 땅의 임금님이시나이다(참조: 마태 11,25).

4 당신은 삼위이고 한 분이시오며 신들의 주 하느님이시나이다(참조: 시편 135,2).

5 당신은 선(善)이시고 모든 선이시며 으뜸선이시고

6 살아 계시며 참되신 주 하느님이시나이다(참조: 1테살 1,9).

당신은 애정이시며 사랑[2]이시나이다.

7 당신은 지혜이시나이다.

당신은 겸손이시나이다.

당신은 인내이시나이다(참조: 시편 70,5).

8 당신은 아름다움이시나이다.

당신은 안전함이시나이다.

당신은 고요이시나이다.

9 당신은 즐거움이시며 기쁨이시나이다(참조: 시편 50,10).

당신은 우리의 희망이시나이다.

당신은 정의(正義)이시며 절제이시나이다.

10 당신은 우리의 흡족한 온갖 보화이시나이다[3].

11 당신은 아름다움이시나이다.

---

2) "amor"는 "애정"으로, "caritas"는 "사랑"으로 번역하였다. 원문에는 "amor"가 "caritas" 위에 삽입되어 있다.
3) 이 구절의 원문은 다음과 같다: "Tu es omnia divitia nostra a(d) suficientiam". 여기에서 마주치는 어려움은 중성 복수인 "옴니아"(omnia, 모든)와 여성 단수인 "디비찌아"(divitia, 보화)가 서로 어울리지 않는다는 데 있다. 이 때문에 파올라찌는 "옴니아"(omnia, 모든) 다음에 '쉼표'를 넣어 "당신은 전부이시며 우리의 흡족한 보화이시나이다"(Tu es omnia, divitia nostra ad suficientiam)라고 해석한다. 그러나 일반적으로 "옴니아" 다음에 '쉼표'가 없는 것으로 이해한다.

당신은 온화이시나이다.
12 "당신은 보호자이시나이다"(시편 30,5).
당신은 수호자요 방어자이시나이다.
13 당신은 힘이시나이다(참조: 시편 42,2).
당신은 피난처이시나이다.
당신은 우리의 희망이시나이다.
14 당신은 우리의 믿음이시나이다.
당신은 우리의 사랑이시나이다⁴⁾.
15 당신은 우리의 모든 감미로움이시나이다.
16 당신은 우리의 영원한 생명이시나이다.
17 위대하시고 감탄하올 주님,
전능하신 하느님, 자비로운 구원자시여!

---

4) 바르톨리 란젤리의 연구에 의하면, 양피지 원본에는 이 구절 다음에 "당신은 ~이시나이다"라는 구절이 하나 더 있으나, 현재로서는 판독할 수가 없다. 이 "찬미가"를 전하고 있는 후대 필사본들 가운데 약 반 정도는 이 자리에 "당신은 무한한 선이시나이다"(Tu es bonitas infinita)를 넣어 놓았으나, "보니타스"(bonitas)라는 낱말은 프란치스코의 글에 단 한 번도 쓰이지 않을 뿐만 아니라, 이 구절 자체도 내용으로나 문체로나 프란치스코의 글 전체 안에서 어색하기 때문에, 에써를 비롯한 현대 프란치스칸 학자들은 이러한 추정을 받아들이지 않는다.

프란치스코의 친필로 남아 있는 「지극히 높으신 하느님께 드리는 찬미」의 양피지 원문
(10×13 cm, 아씨시의 성 프란치스코 대성당 소장)

2. 레오 형제에게 준 축복

이 축복문은 프란치스코가 1224년 라 베르나 산에서 레오 형제에게 양피지 쪽지에 써 준 두 개의 글 가운데 또 다른 하나이다. 이 양피지 쪽지를 자외선이라는 과학 기술을 사용해 연구한 작은 형제회의 학자 두에인 랍산스키는 반 다이크(Van Dyke)와 마찬가지로, 이 축복문이 "사제 서품식을 위한 교황청 전례서"에서 취한 것이라고 말하고 있다[5]. 하지만, 궁극적으로는 구약 민수 6,24-26에서 온다.

그런데 이 축복문의 마지막 부분은 프란치스코의 말이라는 데에 의미가 있다. 마지막은 이렇게 끝난다: "Dominus benedicat f. Leo te"(레오 형제, 주님께서 형제에게 강복하시기를!). 이 문장에는 전례서에서 그렇듯이 "T"(타우, Tau) 글자가 "Leo"(레오)라는 글자를 가로지르고 있다. 이는 이 축복문이 누구에게 주는지를 가리키고 있다. 프란치스코는 레오에게 준 축복문을 그림처럼 생생하게 표현하고 있다.

이 축복문이 담긴 쪽지의 하단에 있는 그림(image)은 두에인 랍산스키에 의해 잘 설명되었다. 이 양피지 쪽지에서 베껴 쓴 복사본이 14세기부터 내려오는 『아씨시 필사본 모음집 344』에 들어 있다. 이 역시 이 그림이 무엇인지를 설명하고 있다. 옛 전설에 의하면, 아담은 골고타 언덕에 묻혔고, 그리스도의 피가 실제로 아담 유해 위에 떨어져 인류를 속량했다고 한다. 프란치스코

---

5) 참조: Duane Lapsanski, 「The Autographs of the "Chartula" of St. Francis of Assisi」, 『Archivum Franciscanum Historicum』(1967), 18-37.

는 이 동일한 피, 곧 속량의 열매들이 역시 레오 형제를 위한 것이라고 말하고 있다. 성인들의 생애에 있어 원천적인 책 역할을 하는 『아우레아 전기』(Legenda Aurea)를 쓴 야고보 바라지네(Jacobus de Varagine)가 이 전설을 전해 주고 있다.

레오 형제에게 준 축복

〔양피지 위쪽 여백에 레오 형제가 "찬미"와 관련하여 다음과 같이 쓴 첫째 주해가 있다: "복되신 프란치스코께서 돌아가시기 두 해 전에 동정 성 마리아 승천 축일부터 9월 성 미카엘 축일까지 하느님의 어머니 복되신 동정녀와 대천사 복된 미카엘을 공경하며 라 베르나에서 사순절을 보내셨다. 이 때 주님의 손이 그분 위에 내리셨다. 그분께서는 세라핌 모습을 보고, 가르침을 듣고, 자신의 몸에 그리스도의 상처가 새겨진 다음, 이 양피지의 뒷면에 기록된 "찬미"를 지으셨으며, 자기에게 베푸신 은혜에 하느님께 감사드리면서 당신의 손으로 직접 이를 기록하셨다"〕.

1 "주님께서 형제에게 강복하시고 지켜 주시기를!
 당신의 얼굴을 형제에게 보여 주시고
 자비를 베푸시기를!
2 당신의 얼굴을 형제에게 돌리시어
 평화를 주시기를!"(민수 6,24-26).

〔위 "축복" 본문에 관한 레오 형제의 둘째 주해는 다음과 같다: "복되신 프란치스코께서 당신의 손으로 나 레오 형제에게 이 축복문을 써 주셨다"〕.

3 레오 형제, 주님께서 형제에게 강복하시기를!(참조: 민수 6,27ㄴ).

〔위 본문과 관련하여 맨 아래쪽에 레오 형제의 셋째 주해가 있다: "같은 모양으로 당신의 손으로 머리와 함께 이 타우 표시를 하셨다"〕.

프란치스코의 친필로 남아 있는 「레오 형제에게 준 축복」의 양피지 원문
(10×13 cm, 아씨시의 성 프란치스코 대성당 소장)

태양 형제의 노래
(피조물의 노래)

이 글은 프란치스코가 자국어인 이탈리아어로 쓴 두 글 중의 하나이다. 이 글이 어디에서 쓰였는지에 대해서는 약간의 논란이 있어 왔다. 작성과 관련하여 「아씨시 편집본」(페루쟈 전기) 6-7(100), 83ᄂ(43), 84(44)에 그 내용이 기록되어 있다. 이 전기에는 이 시(詩)가 성 다미아노에서 쓰였다고 명시적으로 말하고 있다. 리에티 계곡의 역사가인 아르두이노 테르찌(Arduino Terzi)는 이 시가 성 다미아노가 아니라 오히려 성 파비아노 계곡(오늘의 리에티 계곡에 있는 라 포레스타)이라고 주장하지만, 그의 주장을 아무도 심각히 받아들이지 않고 있다. 그리고 콘벤투알 프란치스코회의 주세뻬 아바테(Giuseppe Abate)는 이 두 장소 모두 아니라고 주장하면서 아씨시의 주교관에서 쓰였다고 말하지만, 이 주장 역시 대부분의 역사학자들에 의해 거부되고 있다. 대부분의 학자들은 「아씨시 편집본」의 기록을 그대로 받아들이고 있다.

이 시적(詩的)인 하느님 찬미가는 그 발전에 있어 연대적으로 세 단계를 지니고 있으며, 각 단계는 하느님, 피조물, 그리고 인간 영혼에 대한 프란치스코의 시각을 드러내 주고 있다. 프란치스코의 동료들은, 이 찬미가의 첫 부분인 1-22절, 즉 성인이 하느님을 찬미함에 있어서 창조의 찬가를 노래하는 부분을 지음에 대해 우리에게 말해 주고 있다. 프란치스코는 자신의 육체적 병고로 심하게 고통받고 있는 동안 이렇게 말했다. "우리가 매일 사용하고 있으며 또 그것들 없이는 우리가 살 수 없고 또 그것들로써 인류가 자신의 창조주를 크게 분노하게 해 드리는 주님의 피조물들에 대한 새 찬미가를 쓰고 싶습니다"(「아씨시 편집본」83ᄂ). 얼마 안 되어 아씨시의 시장과 아씨시의 주교 사이에 발생한 분쟁 소식을 들은 후, 프란치스코는 형제들더러 그들 앞에 가서 이 구절들을 노래하게 했는데, 두 구절, 곧 23-26절을 첨가시켰다. 그는 임종이 가까이 왔을 때, 27-31절을 지었다. 마지막 구절인 32-33절은 이 찬미가 전체의 각 절이 끝날 때마다 사용한 후렴이었을 듯하다[1].

이 찬미가에서 한 가지 어려운 점은 여러 차례 사용되는 이탈리아어의 "페르"(per)라는 전치사이다. "페르"(per)는 "~로 해서" 혹은 "~ 때문에"라는 뜻도 지니고 있지만, "~을 통하여"라는 뜻도 지니고 있다. 흥미로운 사실은, 토마스 첼라노가 "프란치스코는 피조물을 통하여 하느님을 찬미한다"의 의미로 말하고 있다는 점이다(「1첼라노」58: 「2첼라노」217). 하지만, 레오 형제의 손이 많이 관여한 「아씨시 편집본」 83ᄂ은 프란치스코가 단순히 "피조물로 해서 하느님께 찬미 감사드리는 것"으로 되어 있다. 누구보다 성인과 가까이 있었기에, 성인의 의중을 가장 잘 이해했을 레오 형제를 생각하면, 「아씨시 편집본」의 기록에 더 무게를 주어야 하겠지만, 성인이 이 단어를 두 가지 중 어떤 의미로 썼는가를 단정짓기란 어려운 일이다.

---

1) 참조: 『The Saint, Volume I of: Francis of Assisi: Early Documents』, 113.

태양 형제의 노래

1 지극히 높으시고 전능하시고 좋으신 주님,
2 찬미와 영광과 영예와 모든 찬양이 당신의 것이옵고(참조: 묵시 4,9.11),
3 홀로 지극히 높으신 당신께만 이것들이 속함이 마땅하오니,
4 사람은 누구도 당신 이름을 부르기조차 부당하나이다.

5 내 주님, 당신의 모든 피조물과 더불어 찬미받으시옵고[2] (참조: 토빗 8,7),
6 그 가운데 각별히 주인이신[3] 해님 형제와 더불어 찬미받으소서.
7 해님은 낮이옵고, 그로써 당신께서 저희를 비추시나이다.

---

2) 프란치스코가 이 구절에서 "찬미받으시옵고…"라는 수동태를 사용하고 주님의 찬미를 피조물의 찬미와 연결시키는 것을 보면, 이 구절은 「태양 노래」 전체를 해석하는 데 있어 여러 통찰력을 제공해 준다 하겠다. 태양과 달, 별, 바람, 물, 불, 그리고 흙이 찬미의 도구들이나 찬미의 근거들로 여겨질 수도 있지만, 다른 한편으로 이 피조물들 자체를 찬미하는 것은 이들을 창조해 주신 하느님을 찬미하거나 또는 이들이 그들의 창조주를 상징하는 것으로도 이해할 수 있다. 이처럼 프란치스코가 형용사들을 시적으로 사용하는 것은 그가 지니고 있는 하느님에 대한 이미지를 이해하는 데 있어 중요한 역할을 한다(참조: 『The Saint. Volume I of: Francis of Assisi: Early Documents』, 각주 e, 113).
3) "주인"의 원문은 "messor"로, 이 말은 "미오 시뇨레"(mio signore), 즉 "나의 주인"이라는 뜻을 지니고 있는 존칭어이다. 이탈리아말에서 "시뇨레"(signore)는 "주인"이라는 명사로, "~씨, 귀하, 님"과 같은 존칭의 의미와 하느님을 지칭하는 "주님"(Signore)의 의미 등 여러 가지 뜻을 지니고 있는데, 프란치스코는 이 말에 "나의"가 덧붙여져 새롭게 만들어진 존칭어를 태양에게 사용하고 있다.

8 아름답고 장엄한 광채로 빛나는 해님은,
9 지극히 높으신 당신의 모습을 지니나이다.

10 내 주님, 달 자매와 별들을 통하여[4] 찬미받으시옵소서(참조: 시편 148,3).
11 당신께서는 빛 맑고 귀하고 어여쁜 저들을 하늘에 마련하셨나이다.

12 내 주님, 바람 형제를 통하여 그리고 공기와 흐린 날씨와 갠 날씨와
13 모든 날씨를 통하여 찬미받으시옵소서(참조: 다니 3,64-65).
14 저들로써 당신 피조물들을 기르시나이다(참조: 시편 103,13-14).

15 내 주님, 쓰임새 많고 겸손하고 귀하고 순결한
16 물 자매를 통하여 찬미받으시옵소서(참조: 시편 148,4-5).

17 내 주님, 불 형제를 통하여 찬미받으시옵소서(참조: 다니 3,66).
18 그로써 당신은 밤을 밝혀 주시나이다(참조: 시편 77,14).
19 그는 아름답고 쾌활하고 씩씩하고 힘차나이다.

20 내 주님, 우리 어머니인 땅 자매를 통하여 찬미받으시옵소서(참조: 다니 3,74).
21 그는 우리를 기르고 보살피며

---

4) 10절부터 20절에서 프란치스코는 피조물들을 나열하면서 "페르"(per, 통하여)라는 전치사를 사용하고 있다.

22 울긋불긋 꽃들과 풀들과 온갖 열매를 낳아 주나이다(참조: 시편 103,13-14).

23 내 주님, 당신 사랑 까닭에 용서하며(참조: 마태 6,12),
24 병약함과 시련을 견디어 내는 이들을 통하여 찬미받으시옵소서.
25 평화 안에서 이를 견디는 이들은 복되오니(참조: 마태 5,10),
26 지극히 높으신 이여, 당신께 왕관을 받으리로소이다.

27 내 주님, 우리 육신의 죽음 자매를 통하여 찬미받으시옵소서.
28 살아 있는 어느 사람도 이를 벗어날 수 없나이다.
29 불행하옵니다, 죽을 죄를 짓고 죽는 이들이여!
30 복되옵니다, 당신의 지극히 거룩한 뜻을 실천하며 죽음을 맞이할 이들이여,
31 두 번째 죽음이 저들을 해치지 못하리이다(참조: 묵시 2,11; 20,6).

32 내 주님을 찬미하고 찬양들 하여라(참조: 다니 3,85).
33 감사를 드리고, 한껏 겸손을 다하여 주님을 섬겨라.

들으십시오, 가난한 자매들이여
(노래 형식의 권고)

죠반니 보칼리(Giovanni Boccali)가 이 글을 위의 제목으로 불렀다. 이 글은 이탈리아어로 쓰였으며, 카예탄 에써의 비판본 이후에 발견된 글이다. 이 글이 처음으로 주목을 받게 된 것은 레오나르도 벨로(Leonardo Bello)가 1941년 『성녀 클라라의 수도규칙들과 회헌들』을 편집하면서 언급했기 때문이다. 그가 사용한 본문은 라틴어판이었다. 그런데 보칼리가 1976년 이 글의 필사본을 발견했다. 최초의 필사본은 1337-1339년경 기록된 조각이다. 그러고 나서 16세기 초에 종이로 된 편집본이 있게 된다. 이들 모두 이탈리아의 베로나(Verona)에 있는 성 클라라 수도원에서 발견되었다.

이 글은 이탈리아어로 되어 있고, 라틴어로 쓰인 붉은색의 지시 사항(rubrica)에는 "복되신 프란치스코께서 자국어(自國語)로 이 말씀들을 쓰셨다"라고 기록되어 있다. 이 글의 내용이 「아씨시 편집본」 85에 이미 나와 있는데, 이 전기의 기록과 이들 필사본 간의 일치가 이 글의 친저성에 무게를 실어 주었다.

들으십시오, 가난한 자매들이여

1 들으십시오, 주님의 부르심 받은 가난한 자매들,
2 여기저기서 모여든 자매들.
3 늘 진리 안에서 살아가십시오,
4 순종 안에 죽을 수 있도록.

5 바깥 생활에 관심 두지 마십시오,
6 영(靈) 안에서의 생활이 더 좋은 것이니.
7 큰 사랑으로 부탁하오니,
8 주님께서 주신 애긍을 신중히 사용하십시오.

9 병고에 시달리는 자매들,
10 그리고 이들을 돌보느라 지친 자매들,
11 다 함께 평화 중에 인내하십시오.

12 그대들은 여러분의 수고를 비싼 값으로 팔아
13 동정 마리아와 함께 모두 하늘 나라에서 왕관을 받아 여왕이 되리이다.

제2부

편지들

해설
유수일 프란치스코 하비에르, 작은 형제회(프란치스코회)

편지들

　현재까지 보존되어 온 프란치스코가 쓴 편지들은 수효가 그리 많지 않지만, 그의 생애가 보여 준 삼위일체 하느님과 그분의 교회에 대한 한없는 사랑과 믿음, 사도적 및 형제애적 차원, 그의 인간관계가 지닌 그리고 그의 개인 및 다수의 사람들에 대한 신뢰심이 지닌 깊이와 열정 등을 보다 잘 인식하는 데 큰 도움을 준다.

　프란치스코의 편지들 가운데 가장 비중 있는 편지는 「신자들에게 보낸 편지」 1과 2일 것이다. 「1신자 편지」는 시기적으로 더 이른 것으로서, 두 쪽 분량에 두 장(章)으로 된 짧은 편지지만, 세상에서 복음적으로 살기를 원하는 이들이 어떻게 회개의 삶을 살아가야 하고 그 열매들은 무엇인지를, 또 이런 삶을 추구하지 않는 이들이 맞이할 비참한 결말이 어떤지를 지극히 분명하고도 단순하게 설명하고 있다. 「2신자 편지」는 「1신자 편지」와 근본적으로 같은 내용을 담고 있으면서도 체험들이 입증해 준 많은 새 요구 사항들을 활용하고 또 그것들에 대해 대처하고 있다[1].

　프란치스코는 1220년 초 동방에서 돌아온 후, 제4차 라테라

---

1) 참조: 『Fonti Francescane』, a cura di Ernesto Caroli, Editrici francescane, 1995, 92.

노 공의회(1215년)가 만든 법령들 가운데 특별히 성체성사에 대한 공경심과 관련된 법령들을 자신의 영신 가족들과 온 세상 신자들이 실천하도록 하는 일에 헌신한다. 성체성사에 대한 공경심 전파에 관한 이 공의회의 법령들 후속 조처로서, 호노리오 3세 교황이 1219년 11월 22일자로 교령 「사네 쿰 올림」(Sane cum olim)을 반포했는데, 이 교령이 무엇보다도 프란치스코에게 깊은 자극을 주었다.

「성직자들에게 보낸 편지」1과 2에서 프란치스코는 이 공의회 후 몇 년 동안 중심 과제였던 "성체성사 사도직"을 강화시킨다. 그는 같은 주제들, 곧 성체 신심, 주님의 거룩한 말씀들에 대한 공경심, 매일 하느님을 찬미할 의무 등을 「보호자들에게 보낸 편지」1과 2, 「지도자 편지」에서 다루면서 전파하고, 「형제회 편지」에서는 보다 심원하고 친밀한 형태와 더불어 보다 폭넓고 정교한 형태로 이 주제들을 다루고 전파한다[2].

또한, 큰 관심을 기울이게 하는 편지들이 바로 어느 특정인들에게 보낸 편지들이다. 우선, 「봉사자 편지」를 들 수 있는데, 자비의 아버지로서의 하느님에 대한 프란치스코의 생각이 이 편지에 충만히 제시되고 있다. 다음으로, 「레오 편지」는 레오 형제가 성령께서 주시는 자유의 은사를 지니면서 살아가도록 권고하는 내용을 담고 있으며, 「안토니오 편지」는 안토니오가 형제들에게 신학을 가르치는 일을 프란치스코가 허락하는 내용을 담고 있다[3].

---

2) 참조: 『Fonti Francescane』, 92.
3) 참조: 『Fonti Francescane』, 92.

성직자들에게 보낸 편지

이 편지도 「신자들에게 보낸 편지」 1과 2나 「보호자들에게 보낸 편지」 1과 2처럼 두 개의 편집본을 지니는데, 「1성직자 편지」가 「2성직자 편지」보다 먼저 작성되었다. 작성 시기에 대해서는 「2성직자 편지」의 13절이 말하는 "…거룩한 어머니이신 교회의 규정에 따라"가 중요한 단서를 주고 있다. 이는 제4차 라테라노 공의회(1215년)가 만든 법령들, 특히 1219년 11월 22일자로 나온 호노리오 3세 교황이 성체성사 공경과 관련하여 반포한 교령 「사네 쿰 올림」(Sane cum olim)을 가리키기 때문이다. 이 교령이 반포된 시점을 기준으로 볼 때, 「1성직자 편지」는 이 교령 이전에 작성되었고, 「2성직자 편지」는 이 교령 후, 정확히 말해 프란치스코가 동방에서 돌아온 1220년 3월 이후에 작성된 것으로 볼 수 있다.

이 두 편집본은 몇 개의 단어와 앞에 언급한 「2성직자 편지」의 13절 내용 외에는 똑같다. "제2부 편지들"의 전체 머리말에서 언급된 대로, 이 편지는 프란치스코의 "성체성사 사도직"의 주제에 초점을 두고 있지만, 하느님의 말씀에 대한 공경도 강조되고 있다.

성직자들에게 보낸 편지 1

1 모든 성직자들이여, 우리는 우리 주 예수 그리스도의 지극히 거룩한 몸과 피와 지극히 성스러운 이름들과, 몸을 거룩하게 하는 그분의 기록된 말씀들에 관하여 어떤 이들이 가지고 있는 엄청난 죄와 무지에 주목합시다. **2** 우리는 먼저 말씀으로 거룩하게 되지 않으면 빵이 주님의 몸이 될 수 없다는 것을 알고 있습니다.

3 사실, 우리는 그분의 몸과 피와 이름들과 그리고 우리를 지으시고 "죽음에서 생명으로"(1요한 3,14) 속량하신 말씀들이 아니면, 이 세상에서 지극히 높으신 그분을 육신으로 지니지도 보지도 못합니다.

4 그러므로 이 지극히 거룩한 신비에 봉사하는 모든 이들, 그 가운데 특히 규정에 어긋나게 봉사하는 이들은 그분의 몸과 피를 제물로 봉헌하는 데 사용되는 성작과 성체포 그리고 제대포가 얼마나 형편없는지를 반성해야 합니다. **5** 그리고 많은 성직자들이 성체를 형편없는 곳에다 놓아두고 내버려 두며, 불손하게 옮기고 합당치 않게 먹으며, 다른 이들에게 분별없이 나누어 주고 있습니다. **6** 어떤 때 그분의 이름들과 기록된 말씀들까지도 발 아래 짓밟힙니다. **7** "짐승 같은 인간은 하느님의[1] 것들을 깨닫지 못하기"(1코린 2,14) 때문입니다.

8 자애로우신 주님 몸소 당신 자신을 우리 손에 내어 주시고,

---

1) 성경에는 "하느님의 영"(Spiritus Dei)으로 나타나나, 프란치스코의 글에서는 "영"(Spiritus)이 생략되었다.

또 우리가 그분을 만지고 날마다 우리 입으로 받아 모실 때, 이 모든 것에 대해 우리 마음이 가엾음으로 움직이지 않겠습니까? 9 도대체 우리가 그분의 손 안에 떨어지리라는 것을 모르십니까? 10 그러므로 이러한 모든 일과 다른 일들에서 즉시 그리고 확고히 우리 자신을 바로잡도록 합시다. 11 그리고 우리 주 예수 그리스도의 지극히 거룩하신 몸이 어떤 장소에, 규정에 어긋나게 놓여 있고 내버려져 있다면, 어디에 있든 그 곳에서 옮겨 소중한 곳에 모셔 잠가 두어야 합니다.

12 마찬가지로 기록된 주님의 이름들과 말씀들도 깨끗하지 못한 곳에 있다면, 어디에 있든 주워 모아 합당한 곳에 두어야 합니다.

13 모든 성직자들은 무엇보다도 먼저 이러한 모든 일들을 끝까지 지켜야 합니다.

14 그리고 이것을 지키지 않는 이들은 "심판 날에" 우리 주 예수 그리스도 앞에서 "셈 바쳐야"(마태 12,36) 한다는 사실을 알아야 합니다.

15 이를 더 잘 지키기 위하여 이 글을 베끼는 사람들은 주 하느님께 복을 받으리라는 것도 알아 두십시오.

성직자들에게 보낸 편지 2

1 모든 성직자들이여, 우리는 우리 주 예수 그리스도의 지극히 거룩한 몸과 피와 지극히 성스러운 이름들과, 몸을 거룩하게 하는 그분의 기록된 말씀들에 관하여 어떤 이들이 가지고 있는 엄청난 죄와 무지에 주목합시다. 2 우리는 먼저 말씀으로 거룩하게

제2부 편지들

되지 않으면 빵이 주님의 몸이 될 수 없다는 것을 알고 있습니다.

3 사실, 우리는 그분의 몸과 피와 이름들과 그리고 우리를 지으시고 "죽음에서 생명으로"(1요한 3,14) 속량하신 말씀들이 아니면, 이 세상에서 지극히 높으신 그분을 육신으로 지니지도 보지도 못합니다.

4 그러므로 이 지극히 거룩한 신비[2]에 봉사하는 모든 이들, 그 가운데 특히 분별없이 봉사하는 이들은 우리 주님의 몸과 피를 제물로 봉헌하는 데 사용되는 성작과 성체포 그리고 제대포가 얼마나 형편없는지를 반성해야 합니다. 5 그리고 많은 성직자들이 성체를 형편없는 곳에다 놓아두고 내버려 두며, 불손하게 옮기고 합당치 않게 먹으며, 다른 이들에게 분별없이 나누어 주고 있습니다. 6 어떤 때 그분의 이름들과 기록된 말씀들까지도 발 아래 짓밟힙니다. 7 "짐승 같은 인간은 하느님의 것들을 깨닫지 못하기"(1코린 2,14) 때문입니다.

8 자애로우신 주님 몸소 당신 자신을 우리 손에 내어 주시고, 또 우리가 그분을 만지고 날마다 우리 입으로 받아 모실 때, 이 모든 것에 대해 우리 마음이 가엾음으로 움직이지 않겠습니까? 9 도대체 우리가 그분의 손 안에 떨어지리라는 것을 모르십니까? 10 그러므로 이러한 모든 일과 다른 일들에서 즉시 그리고 확고히 우리 자신을 바로잡도록 합시다. 11 그리고 우리 주 예수 그리스도의 지극히 거룩하신 몸이 어떤 장소에, 규정에 어긋나게 놓여 있고 내버려져 있다면, 어디에 있든 그 곳에서 옮겨 소중한 곳에 모셔 잠가 두어야 합니다.

12 마찬가지로 기록된 주님의 이름들과 말씀들도 깨끗하지 못한

---

2) 파올라찌 비판본: "신비"(mysteria); 에써 비판본: "직분"(ministeria).

곳에 있다면, 어디에 있든 주워 모아 합당한 곳에 두어야 합니다.

13 그리고 우리는 주님의 계명과 거룩한 어머니이신 교회의 규정에 따라 무엇보다도 먼저 이러한 모든 일들을 지켜야 함을 알고 있습니다.

14 그리고 이것을 지키지 않는 사람은 "심판 날에" 우리 주 예수 그리스도 앞에서 "셈 바쳐야"(마태 12,36) 한다는 사실을 알아야 합니다.

15 이를 더 잘 지키기 위하여 이 글을 베끼는 사람들은 주 하느님께 복을 받으리라는 것도 알아 두십시오.

보호자들에게 보낸 편지 1

이 편지의 필사본은 이탈리아 볼테라(Volterra)에 있는 과르나치 도서관의 『필사본 225』(Codex 225)에 담겨 있던 것으로, 폴 사바티에(Paul Sabatier) 목사에 의해 1902년에 발견되었다[1]. 그러나 이 편지는 이 필사본에서만 찾아볼 수 있어, 발견된 초기부터 친저성에 의문이 제기되었다. 이 편지가 다른 편지들에서 볼 수 있는 주제들을 부분적으로 포함하고 있을 뿐만 아니라 똑같은 단어들을 사용하기 때문이다. 본문의 현재 형태에 대해 가장 진지한 의구심을 품은 학자는 캄벨(J. Cambell)이었다. 그는 특히 「1보호자 편지」의 인사 양식이 프란치스코의 것일 수 없다고 믿어 "그 존재 자체에 의심이 가는"[2] 작품으로 분류하였다. 그러나 현대에 와서는 「성직자들에게 보낸 편지」 1과 2에서 가르치고 있는 정신을 분명하게 보여 주기 때문에 이 편지를 프란치스코의 작품으로 받아들이고 있다.

이 편지는 호노리오 3세 교황이 제4차 라테라노 공의회(1215년)

---

1) 참조: 『Gli scritti di s. Francesco d'Assisi』, 201.
2) J. Cambell, 「Écrits et paroles de s. François d'après les Opuscules de Wadding」, 『Franziskanische Studien』 48(1965).

후속 조처로 권고한 것들을 잘 인식하고 있을 뿐 아니라, 프란치스코가 성체 및 하느님의 말씀에 대한 공경심에 얼마나 관심을 기울이고 있는지를 잘 표현하고 있다. 이 편지 역시 성인이 1220년 봄 동방에서 돌아온 후에 작성된 것으로 추정된다.

보호자들에게 보낸 편지 1

1 이 편지를 받으시는 작은 형제들의 모든 보호자 여러분, 주 하느님 안에서 여러분의 종이며 보잘것없는 사람인 프란치스코 형제가, 많은 수도자들과 다른 사람들은 하찮게 여기지만 하느님께서는 위대하고 지극히 탁월한, 하늘과 땅의 새로운 표지[3]와 함께 인사드립니다.

2 내가 나 자신에게 하는 그 이상으로 여러분에게 부탁합니다. 적당하고 필요하다고 여겨지면 성직자들에게 겸손히 다음과 같이 간청하기를 바랍니다. 우리 주 예수 그리스도의 지극히 거룩하신 몸과 피와, 그분의 거룩한 이름들과, 그분의 몸을 거룩하게 하는 기록된 말씀들을 그 무엇보다 공경해야 합니다. 3 성작과 성체포 및 제대 용품이나 희생제사[4]에 관계되는 것은 모두 값진 것이라야 합니다.

4 그리고 주님의 지극히 거룩하신 몸이 어느 곳에 형편없이 놓여 있으면, 교회의 명에 따라 성체를 소중한 곳에 모시고 자물쇠

---

3) 성체성사를 말한다.
4) "희생제사"의 라틴어 원문은 "사크리피치움"(sacrificium)으로, 미사성제를 뜻한다.

로 잠가 두어야 하며, 공경심을 다해 성체를 옮기고 다른 이들에게 신중히 나누어 주어야 합니다. 5 또한, 주님의 이름들과 기록된 말씀들이 깨끗하지 못한 곳에서 발견되면 언제나 주워 모아 합당한 곳에 두어야 합니다.

6 그리고 여러분이 하는 모든 설교에서 사람들에게 회개하도록 권하고, 또한 아무도 주님의 지극히 거룩하신 몸과 피를 모시지 않고는 구원받을 수 없다는 사실을 이야기하십시오(참조: 요한 6,54). 7 그리고 사제가 제대 위에서 성체를 축성할 때나 혹은 다른 곳으로 옮길 때, 사람들은 모두 무릎을 꿇고, 살아 계시고 참되신 주 하느님께 찬미와 영광과 영예를 드려야 합니다. 8 그리고 그분께 드려야 할 찬미에 있어 모든 이에게 매시간마다 그리고 종이 울릴 때에 온 세상에 있는 모든 사람이 늘 전능하신 하느님께 찬미와 감사를 드려야 함을 알려 주고 가르치십시오[5].

9 그리고 이 편지를 받는 나의 보호자 형제들은 누구나 이를 베끼어 간직하고, 또 설교하는 직책과 형제들을 수호하는 직책에 있는 형제들을 위해서도 베끼게 하고, 이 글에 들어 있는 모든 내용을 끝까지 설교할 때 주 하느님의 축복과 나의 축복을 받으리라는 것을 알고 계십시오. 10 그리고 보호자 형제들은 이러한 것들을 참되고 거룩한 순종으로 실행하기를 바랍니다. 아멘.

---

[5] 프란치스코는 "지극히 높으신 하느님"(이 호칭은 이슬람인들에 의해서도 사용되었다)을 공적이고 공동체적으로 찬미하기 위해서 종지기들이 필요하다는 것을 회교도들로부터 배운다. 프란치스코는 하루에 다섯 차례 사람들을 "살라트"(salāt; 예배, 기도)에 초대하는 "무에찐"(Muezzin, 기도를 안내하는 사람)으로부터 깊은 감동을 받고 백성의 통치자들에게 저녁 때 신호를 통해 하느님께 찬미를 드리는 후원자들이 되도록 촉구한다. 이와 비슷한 구절은 「2보호자 편지」 6과 「지도자 편지」 7에서도 볼 수 있다.

보호자들에게 보낸 편지 2

이 편지를 최초로 발견한 이는 17세기의 작은 형제회 학자였던 루크 워딩이다. 그는 스페인의 사라고사(Zaragoza) 수도원의 문서고에서 스페인어로 번역되어 있는 이 편지 본문을 발견했다. 이 편지는 스페인의 최초 관구 봉사자(관구장)였고, 1227-1232년까지 작은 형제회의 총봉사자(총장)였던 조반니 파렌티 시대부터 보존되어 왔다. 루크 워딩이 스페인어로 번역되어 있던 이 편지를 다시 라틴어로 번역하였기 때문에 프란치스코 성인의 독특한 문체를 식별해 내기가 어렵다[1]. 이 편지 역시 프란치스코가 중동 여행에서 돌아온 1220년 봄 이후에 작성되었다.

보호자들에게 보낸 편지 2

1 이 편지를 받으시는 작은 형제들의 모든 보호자 여러분, 하

---

1) 참조: 『Gli scritti di s. Francesco d'Assisi』, 207-208.

느님의 종들 가운데 가장 작은 종 프란치스코 형제가 주님 안에서 인사드리며 거룩한 평화를 기원합니다.

2 때때로 사람들 사이에서는 값없고 천하게 여겨지는 어떤 것들이 하느님께서 보시기에는 드높고 숭고한 것임을 여러분은 알아 두십시오. 3 한편, 하느님 앞에서는 대단히 값없고 천하게 여겨지는 것들이 사람들 사이에서는 귀중하고 뛰어납니다.

4 우리 주 하느님 앞에서 여러분에게 할 수 있는 한 부탁드립니다. 우리 주님의 지극히 거룩하신 몸과 피에 관하여 말하는 이 편지를 주교들과 다른 성직자들에게 전하십시오. 5 그리고 우리가 여러분에게 권고한 이러한 것들을 마음에 간직하십시오.

6 내가 여러분에게 함께 보내는 다른 편지를 곧바로 여러 장의 사본을 만들어[2] 자치 단체장들과 의원들과 관리들에게 주십시오. 그 안에는 하느님 찬미가 사람들 사이에서 거리마다 널리 퍼져야 한다는 내용이 들어 있습니다. 7 그리고 받아야 할 사람들에게 그것들을 아주 부지런히 전하십시오. 주님 안에 안녕히 계십시오[3].

---

2) 에써 비판본: "베껴"(et copias) 생략.
3) 에써 비판본: "주님 안에 안녕히 계십시오"(Valete in Domino) 생략.

백성의 지도자들에게 보낸 편지

이 편지는 「2보호자 편지」와 마찬가지로 작은 형제회 학자인 루크 워딩에 의해 발견되었다[1]. 이 편지는 1575-1587년까지 작은 형제회의 총봉사자였던 프란치스코 곤자가(Francisco Gonzaga)가 쓴 『세라핌적 사부 프란치스코 수도회의 기원』에 실려 있었다. 곤자가 총봉사자에 따르면, 스페인의 최초 관구 봉사자였던 죠반니 파렌티(Giovanni Parenti)가 이 편지의 사본을 스페인으로 가져왔다. 이 편지는 「2성직자 편지」 및 「2보호자 편지」와 더불어 프란치스코가 동방에서 돌아온 1220년 봄 이후에 작성되었다.

이 편지는 프란치스코가 시(市) 당국자들이 복음의 진리를 늘 염두에 두도록 독려하는 관례를 잘 보여 주고 있다. 토마스 첼라노는 「제1생애」 43에서, 프란치스코가 오토 4세 황제에게 그의 영광이 짧을 것임을 명심하라고 말했다고 기록하고, 또 그가 쓴 「2첼라노」 200에서, 프란치스코가 황제들에게 성탄날 동물들을 먹이는 법을 제정하기를 촉구했다고 기록하고 있는데, 이런 것들

---

1) 참조:『Gli scritti di s. Francesco d'Assisi』, 325.

이 성인의 관례를 잘 보여 주고 있다.[2]

성인은 이 편지에서 백성의 지도자들에게 다가올 죽음을 대비하는 회개의 삶을 촉구하고 있다. 성인은 흥미롭게도 이들에게 백성의 영신 생활에 도움을 주는 일, 곧 "주님께 큰 공경을 바치게끔 매일 저녁 온 백성에게 전달자를 통해서나 다른 신호로 통보하여 그들이 전능하신 주 하느님께 찬미와 감사를 드리게"(7절) 해 주도록 부탁하고 있다. 성인의 이 요청에는 이슬람교 세계의 기도 생활에서 받은 감화가 반영되어 있다. 이슬람교 세계는 백성들을 매일 다섯 차례 신께 대한 예배(salāt)로 초대하고 있다.

백성의 지도자들에게 보낸 편지

1 각 지방의 모든 통치자들과 집정관들과 판사들과 그 밖의 지도자들과 이 편지를 받아 볼 다른 모든 이들에게, 주 하느님 안에서 보잘것없고 하찮은 여러분의 종인 프란치스코 형제가 인사를 드리며 여러분 모두에게 평화를 기원합니다.

2 죽을 날이 다가오고 있음을 생각하시고 명심하십시오(참조: 창세 47,29). 3 그래서 나는 최대한의 존경심을 가지고 여러분에게 부탁드립니다. 여러분이 짊어지고 있는 이 세상 근심과 걱정 때문에 주님을 잊지 않도록 하시고, 그분의 계명을 멀리하지 않도록 하십시오. 그분을 잊고 또 그분의 "계명을 멀리하는" 모든 "자들은 저주를 받고"(시편 118,21) 그분에게서 "잊힐 것이기"(에제 33,13) 때

---

[2] 참조: 『The Saint. Volume I of: Francis of Assisi: Early Documents』, 58.

문입니다. **4** 그리고 죽음의 날이 오면 가진 줄로 여긴 모든 것들을 빼앗길 것입니다(참조: 루카 8,18). **5** 그리고 이 세상에서 지혜와 권력을 더 많이 가진 자일수록 지옥에서 그만큼 더 큰 고통을 겪게 될 것입니다(참조: 지혜 6,7).

6 그러므로 나의 주인이신 여러분에게 간곡히 권합니다. 모든 근심과 걱정을 물리치고 참된 "회개를 하십시오."[3] (마태 3,2). 또한, 우리 주 예수 그리스도를 거룩하게 기념하여 그분의 지극히 거룩하신 몸과 지극히 거룩하신[4] 피를 기쁘게 받아 모십시오. **7** 그리고 여러분에게 맡겨진 백성들이 주님께 큰 공경을 바치게끔 매일 저녁 온 백성에게 전달자를 통해서나 다른 신호로 통보하여 그들이 전능하신 주 하느님께 찬미와 감사를 드리게 하십시오. **8** 그리고 만약 여러분이 이렇게 하지 않으면, 여러분의 주 하느님이신 예수 그리스도 앞에서 여러분은 "심판 날에 셈 바쳐야"(마태 12,36) 한다는 사실을 아십시오.

9 이 글을 보관하고 또 지키는 사람은 주 하느님으로부터 축복을 받으리라는 것을 알고 계십시오.

---

3) 에써 비판본: "참된 회개를 하십시오."(agatis veram penitentiam) 생략.
4) 에써 비판본: "지극히 거룩하신"(sanctissimum) 생략.

레오 형제에게 보낸 편지

프란치스코의 친필로 남아 있는 이 편지의 원본은 현재 이탈리아 중북부의 스폴레토 주교좌 대성당에 보존되어 있다. 이 편지의 저술 시기에 대해서는 학자들마다 주장이 다르다. 어떤 이들은 레오 형제가 프란치스코의 절친한 동료가 되기 이전인 대략 1220년경일 것이라고 추정하고, 어떤 학자들은 1220년 이후, 좀더 정확히는 1224년 프란치스코가 오상을 받은 뒤에 썼을 것으로 본다. 그 이유는 라 베르나에서 남긴 친필 글들(「하느님 찬미」와 「레오 축복」)의 필체와 이 편지를 비교해 볼 때 이 편지를 쓴 시기에 오상의 상처로 고통을 받고 있음이 보이기 때문이라는 것이다.

1220년경이라는 견해가 더 신빙성 있는 것으로 보이는데, 그 이유는 오상을 받은 후에는 레오 형제가 거의 항상 프란치스코의 곁에서 지냈으므로 그에게 편지를 보낼 필요가 없었기 때문이다. 더구나 이 편지에 "우리가 길에서 함께 이야기를 나눈"이라는 구절이 나타나는데, 그들이 여행을 할 수 있었던 시기는 오상을 받기 전이었을 것이다.

성인은 비록 이 편지에서 성령에 대해 언급하고 있지 않지만, 성령께서 레오 형제에게 주신 자유의 은사에 대한 믿음을 간접적으로 표현하고 있다.

레오 형제에게 보낸 편지

1 레오 형제, 그대의 프란치스코 형제가 인사하며 평화를 빕니다.

2 나의 아들, 나는 그대에게 어머니로서 말합니다. 우리가 길에서 함께 이야기를 나눈 모든 것을 간단하게 이 글로 정리하여 권고합니다. 형제에게 이렇게 권고하니, 의견을 물으러 나에게 올 필요가 없습니다. 3 즉, 주 하느님을 기쁘게 해 드리고 또 그분의 발자취와 가난을 따르는 데에 있어 그대가 보기에 어떤 더 좋은 방법이 있으면, 주 하느님의 축복과 나의 허락으로 그렇게 하도록 하십시오.

4 그리고 그대의 영혼을 위하여 그대에게 또 다른 위로가 필요하여 나에게 다시 오기를 원하면, 오십시오.

프란치스코의 친필로 남아 있는 「레오 형제에게 보낸 편지」의 양피지 원문
(6×13 cm, 스폴레토의 주교좌 대성당 소장)

어느 봉사자에게 보낸 편지

이 편지의 친저성에 대해서는 의심의 여지가 없지만, 초기 필사본들 가운데 두 개가 형제들이 짓는 죄에는 소죄와 대죄라는 두 가지의 구별되는 접근법이 있음을 강조하면서 첫 12절까지만 기록하고 있다. 프란치스코는 단 한 명의 수취인, 즉 한 사람의 봉사자 형제를 위해 이 편지를 썼는데, 그가 누구인지를 밝혀내려는 연구 노력이 많았지만, 모두 허사였다. 수도규칙을 다시 쓰는 것과 관련된 문맥에서 "보호자"와 "수호자"라는 용어가 언급되는 것을 보면, 이 편지를 쓴 것은 1221년과 1223년 사이임을 암시하고 있다.[1]

이 편지는 자신의 직책 수행에 심한 갈등을 겪고 있던 어느 봉사자 형제에게 주는 훈계와 권고를 중심 내용으로 하고 있다. 여기서 성인은, 이 봉사자에게 형제들을 있는 그대로 받아들이고, 형제들의 죄를 예수님께서 가르치신 대로 자비로써 끝없이 용서할 것을 권고하며, 대죄를 지은 형제를 어떻게 처리할 것인지를 지시하고 있다.

---

1) 참조: 『The Saint, Volume I of: Francis of Assisi: Early Documents』, 97.

어느 봉사자에게 보낸 편지

1 봉사자 〔모〕(某)[2] 형제께, "주님께서" 그대를 "축복하시기를!"(민수 6,24).

2 할 수 있는 만큼 나는 그대의 영혼 사정에 관하여 이야기할까 합니다. 그대가 주 하느님을 사랑하는 데에 방해되는 것이든, 또 형제들이나 다른 사람들이 그대를 때리면서까지 방해하든, 이 모든 것을 은총으로 받아들여야 합니다. 3 그리고 그대는 이런 것들을 원하고, 다른 것은 원하지 마십시오. 4 그리고 이것이 그대가 따라야 할 주 하느님의 참된 순종이요[3] 나의 참된 순종이 됩니다. 나는 이것이야말로 참된 순종임을 확실히 알고 있기 때문입니다. 5 그리고 그대에게 이런 것들을 하는 이들을 사랑하십시오. 6 그리고 주님께서 그대에게 주시는 것이 아니면, 그들에게서 다른 것을 바라지 마십시오. 7 그리고 이러한 상황에서 그들을 사랑하고, 그들이 더 훌륭한 그리스도인들이었으면 하고 바라지 마십시오. 8 그러면 이것이 그대에게는 은수 생활보다 더 좋은 것이 될 것입니다.

9 그리고 얼마나 큰 죄를 지었든, 죄를 지은 형제가 그대의 눈을 바라보고 자비를 청했는데도 그대의 자비를 얻지 못하고 물러서는 형제가 이 세상에 아무도 없도록 하십시오. 나는 그것으로 그대가 주님을 사랑하고 있고 또 그분의 종이며 그대의 종인 나를 사

---

2) 라틴어 원문에는 봉사자 이름이 밝혀져 있지 않다.
3) 이 구절에서 "주 하느님"은 예수 그리스도를 의미한다. "예수 그리스도의 순종"은 『비인준 규칙』 5,15에도 나타난다.

랑하고 있는 것으로 알고 있겠습니다. 10 그리고 그 형제가 자비를 청하지 않으면 그대는 그가 자비를 원하는지를 물어보십시오. 11 그리고 그런 다음에도 그가 그대의 눈앞에서 수천 번 죄를 짓더라도 그를 주님께 이끌기 위하여 나보다 그를 더 사랑하고, 이런 형제들에게 늘 자비를 베푸십시오. 12 그리고 그대 쪽에서는 할 수 있을 때, 확실히 그렇게 하겠다는 것을 수호자들에게 알리십시오.

13 대죄에 관하여 말하는 수도규칙의 모든 장(章)을 우리는 성령 강림 총회에서 주님의 도우심과 형제들의 조언을 받아 이렇게 한 장으로 만들겠습니다: 14 형제들 가운데 어떤 형제가 원수의 충동으로 대죄를 지으면, 그 형제는 자기 수호자 형제에게 갈 순종의 의무가 있습니다. 15 그리고 그가 죄를 지은 줄을 알고 있는 모든 형제들은 그에게 창피를 주거나 비방하지 말고, 오히려 그에게 큰 자비심을 지녀야 하며, 자기 형제의 죄를 철저히 비밀에 부치십시오. "튼튼한 이들에게는 의사가 필요하지 않으나 병든 이들에게는 필요하기"(마태 9,12; 참조: 마르 2,17) 때문입니다. 16 마찬가지로 그 형제를 동료를 딸려 그의 보호자에게 보낼 순종의 의무가 있습니다. 17 그리고 보호자는 자기가 비슷한 경우에 놓여 있을 때 자기에게 해 주기를 바라는 것처럼 그 형제를 자비롭게 돌보아 줄 것입니다. 18 그리고 어느 형제가 소죄를 지으면, 그는 우리 사제 형제에게 고백할 것입니다. 19 그리고 앞에서 말한 대로 만약 그 곳에 사제가 없으면, 그 형제는 교회법적으로 사죄할 수 있는 사제를 찾을 때까지 자기 형제에게 고백할 것입니다. 20 그리고 이들은 다른 보속을 줄 수 있는 권한이 전혀 없고, 이 보속만 줄 수 있습니다. "돌아가십시오. 그리고[4] 더 이상 죄짓지 마십시오"(요한 8,11).

---

4) 요한복음의 "이암"(iam, 이제부터")이 여기에서는 빠졌다.

21 그대는 이 글을 더 잘 지킬 수 있도록 그대의 형제들과 함께 참석할 성령 강림 〔총회〕[5] 때까지 지니고 계십시오. 22 그리고 그때에 가서 수도규칙에 빠져 있는 이 문제와 다른 모든 문제들을 주 하느님의 도우심으로 보완하게 될 것입니다.

---

5) 에써 비판본: "총회"(capitulum) 생략.

안토니오 형제에게 보낸 편지

이 편지는 편집본 속에 담겨져 내려오지 않고 독립적으로 내려왔고, 다른 글들보다 늦게 14세기 중반에 알려지게 되었다. 그리고 이 편지는 거의 프란치스코 전기들 안에서만 소개되었다. 예를 들어, 「2첼라노」 163이 이를 증언해 준다. "…복된 안토니오 형제에게 편지를 쓸 때에는, 서두에서 이렇게 인사말을 하였다. '나의 주교님 안토니오 형제에게'". 토마스 첼라노는 이 편지의 내용을 소개하고 있지는 않지만, 이 언급 바로 직전에 "우리는 모든 신학자들과 하느님의 말씀에 봉사하는 분들을…"이라고 프란치스코의 말을 인용하는데, 이는 성인이 신학자들에 대해 존경심을 가졌음을 말해 주고 있다. 따라서 이 편지는 성인이 존경한 "신학자"들과의 연관성에서 보아야 한다[1].

아르날드 세랑(Arnald de Serrant)은 자신의 저서 『24명의 총봉사자 연대기』에서, 성 안토니오가 아우구스티노 수도회에서 작은형제회로 옮겨 온 후, 형제들이 그에게 자신들을 가르치는 책임을 맡아 주기를 요청했지만, 복되신 프란치스코의 허락을 먼저

---

1) 참조: 『Gli scritti di s. Francesco d'Assisi』, 177-179.

받지 않고는 형제들의 요청이 아무리 절박해도 가르치려 하지 않았다고 기록하고 있다. 성 안토니오에게 허락을 주는 이 편지의 작성 일자는 호노리오 3세 교황이 수도규칙을 인준해 준 1223년 11월 29일이 좀 지나서이다.

안토니오 형제에게 보낸 편지

1 나의 주교[2] 안토니오 형제에게
프란치스코 형제가 인사합니다.
2 수도규칙에 담겨 있는 대로, 신학 연구로
거룩한[3] 기도와 헌신의 영[4]을 끄지 않으면[5],
그대가 형제들에게 신학을 가르치는 일은
나의 마음에 듭니다. 안녕히 계십시오[6].

---

2) 안토니오는 주교가 아니었지만 프란치스코는 신학자들을 존경하는 의미에서 "주교"라고 부르고 있다.
3) 에써 비판본: "거룩한"(sanctae) 생략.
4) "sanctae orationis et devotionis spiritum"을 "거룩한 기도와 헌신의 영"으로 번역하였다. 그러나 이 구절의 "데보찌오"(devotio)는 "신심"으로, "스피리투스"(spiritus)는 "정신"으로도 번역할 수 있다.
5) 이 구절에서 "끄다" 동사의 라틴어는 "exstinguere"로 '(불이나 빛을) 끄다'를 의미하며, 이 표현은 프란치스코가 '영'을 역동적으로 이해하고 있음을 말해 준다. 「형제회 편지」 51절에는 "내적으로 빛을 받고 성령으로 타올라"라는 구절이 나타나는데, 이는 "기도와 헌신의 영"과 밀접한 관계가 있다.
6) 에써 비판본: "안녕히 계십시오"(Vale) 생략.

신자들에게 보낸 편지 1

「2신자 편지」가 프란치스코를 단독의 저자로 두고 있는 반면, 이 편지는 한 그룹을 저자로 두고 있다. 이 편지 2,19에서 "우리가 부탁합니다"라고 복수 일인칭인 "우리"를 사용하고 있기 때문이다. 카예탄 에써는 이 편지가 언제 쓰였는가는 그야말로 미제의 과제로 남아 있다고 말하면서, 두 편지들 사이에 꽤 긴 시간의 흐름이 있음을 인정해야 하며 「1신자 편지」가 「2신자 편지」보다 시간적으로 앞선다고 말하고 있다[1]. 「1신자 편지」는 1209-1215년(제4차 라테라노 공의회 이전) 사이에 쓰인 것으로 보이고, 「2신자 편지」는 1223년 11월 29일 이후 1225-1226년 사이에 쓰인 것으로 보인다[2]. 호노리오 3세 교황에 의한 제4차 라테라노 공의회의 후속 조처들을 간접적으로 언급하고 있기 때문이다.

카예탄 에써는 이 편지가 "회개의 형제 자매들", 곧 3회(재속

---

1) 참조: 『Gli scritti di s. Francesco d'Assisi』, 219-220.
2) 이 편지의 작성 연대에 대해서는 저마다 의견이 갈리고 있다. 3절에 나오는 "내 육신의 허약함과 병고로 일일이 직접 방문할 수가 없음을 고려하여"를 근거로 레온하르트 레만은 이 편지가 1221-1224년 사이에 작성된 것으로 추정하는데, 카를로 파올라찌는 같은 근거를 바탕으로 더 늦은 시기, 즉 1224년 8-9월 프란치스코가 오상을 받은 이후로 추정한다.

프란치스코회)의 형제 자매들에게 보낸 편지로 보고 있지만, 그들의 "생활 양식"(Forma vitae)으로까지는 보고 있지 않다[3]. 한편, 율수 3회(TOR)의 학자인 라파엘레 파젤리(Raffaelle Pazelli)는 이 편지를 3회의 "생활 양식"이라고 주장한다[4]. "생활 양식"은 사실상 "수도규칙"을 의미한다. 그런데 작은 형제회의 학자인 카를로 파올라찌(Carlo Paolazzi)는 이 편지가 "회개의 형제 자매들"에게 보낸 편지도 아니고 그들의 생활 양식도 아니라고 주장한다[5]. 그러니까 두 사람의 주장을 모두 부인한다. 그 때문에 이 편지를 누구에게 썼는지 또 이 편지가 어떤 성격을 지니는지는 여전히 논쟁의 대상이 되고 있으나, 최근에는 죄 중에 있는 신자들을 포함하여 모든 신자들에게 보낸 권고와 찬미의 편지로 이해되는 경향이다.

이 편지는 프란치스코의 편지들 가운데 사실상 첫자리를 차지한다고 볼 수 있으며, 3회의 형제 자매들만이 아니라, 1회 및 2회 수도자들 모두에게도 지극히 중요한 프란치스코 영성의 핵심 요소들을 담고 있다.

---

3) 참조: 『Gli scritti di s. Francesco d'Assisi』, 260-261.
4) 참조: Raffaele Pazelli, 「The Title of the "Recensio Prior of the Letter to the Faithful". Clarification regarding Codex 225 of Volterra」, translated by Nancy Celaschi, 『Greyfriars review』 4(1990) 3, 4-5.
5) 참조: Carlo Paolazzi, 『Lettura degli "Scritti di s. Francesco d'Assisi"』, Edizioni Biblioteca Francescana, Milano, 2002, 221-222.

신자들에게 보낸 편지 1

〔제1장 회개하는 이들〕

1 주님의 이름으로! "마음을 다하고 목숨을 다하고 정신을 다하고 힘을 다하여"(마르 12,30) 주님을 사랑하고, 자기 이웃을 자기 자신처럼 사랑하며(참조: 마태 22,39), **2** 자신들의 육신을 그 악습과 죄와 더불어 미워하고, **3** 우리 주 예수 그리스도의 몸과 피를 받아 모시며, **4** "회개의 합당한 열매를 맺는"(루카 3,8) 모든 사람, **5** 오, 그런 일을 실천하고 그런 일에 항구하는 남녀들은 얼마나 복되고 얼마나 축복받은 사람들인지! **6** "주님의 영이" 그들 "위에 머물고"(이사 11,2), 그들을 거처와 집으로 삼으실 것이며(참조: 요한 14,23), **7** 그들은 아버지의 일을 하는 천상 아버지의 아들들이고(참조: 마태 5,45) 우리 주 예수 그리스도의 정배들이요 "형제"들이며 "어머니"(마태 12,50)들이기 때문입니다.

8 성령으로 말미암아 신실한 영혼이 우리 주 예수 그리스도께 결합될 때 우리는 정배들입니다. **9** "하늘에 계신 아버지의 뜻을"(마태 12,50) 실천할 때 우리는 그분의[6] 형제들입니다. **10** 신성한 사랑과 순수하고 진실한 양심을 지니고 우리의 마음과 몸에 그분을 모시고 다닐 때(참조: 1코린 6,20) 우리는 어머니들입니다. 표양으로 다른 이들에게 빛을 비추어야 하는 거룩한 행위로써(참조: 마태 5,16) 우리는 그분을 낳습니다.

---

6) 참조: 파올라찌 비판본: "그분의"(eius); 에써 비판본: "그분에게"(ei).

11 거룩하고 위대하신 아버지를 하늘에서 모시는 것이, 오, 얼마나 영광스러운지! 12 위로가 되고[7] 아름답고 감탄스러운 그러한 정배를 모시는 것이, 오, 얼마나 거룩한지! 13 또한, 흡족스럽고 겸손하고 평화롭고 감미롭고 사랑스러우며 무엇보다도 먼저 열망해야 할 그러한 형제와 그러한 아들인 우리 주 예수 그리스도를 모시는 것이, 오, 얼마나 거룩하고 얼마나 소중한지! 그분은 당신의 양들을 위해 목숨을 바치셨고(참조: 요한 10,15), 아버지께 이렇게 기도하셨습니다.

14 "거룩하신 아버지, 아버지께서 이 세상에서 저에게 주신 이들을 아버지의 이름으로 지켜 주십시오"(요한 17,11). "이들은 본래 아버지의 사람들이었지만 그들을 저에게 주셨습니다"(요한 17,6). 15 그리고 "아버지께서 저에게 주신 말씀을 제가 이들에게 주었고, 이들은 또 그것을 받아들였습니다. 그리하여 이들은 제가 아버지에게서 나왔다는 것을 참으로" 믿고, "아버지께서 저를 보내셨다는 것을" 알게 "되었습니다"(요한 17,8).

16 저는 "세상을 위해서가 아니라"(요한 17,9) 이들을 위하여 빕니다. 17 그들을[8] 축복하시며 "거룩하게 해 주시고"(요한 17,17), "저는 이들을 위하여 저 자신을 거룩하게 합니다"(요한 17,19). 18 "저는 이들만이 아니라 이들의 말을 듣고 저를 믿는 이들을 위해서도 빕니다"(요한 17,20). "그리하여 아버지와 제가 하나인 것처럼"(요한 17,11) 이들도 거룩해져 "하나가 되게 하소서"(요한 17,23). 19 "아버지, 저는 이들도 제가 있는 곳에 저와 함께 있게 되기를

---

7) 이 구절의 라틴어 원문은 "O quam sanctum, paraclitum"으로 시작되는데, 프란치스코의 글에서 "상툼 파라클리툼"(sanctum paraclitum, 거룩하고 위로되며)은 성령만을 수식하기 때문에, 이 표현은 이 문장에 나타나는 "정배"가 성령임을 암시하는 것으로 이해할 수 있다.
8) 에써 비판본: "그들을"(eos) 생략.

바랍니다"(요한 17,24). "그리하여 아버지의 나라에서"(마태 20,21) "저의 영광을 그들도 볼 수 있게 하소서"(요한 17,24). 아멘.

〔제2장 회개하지 않는 이들〕

1 그런데 회개 중에 있지 않고 2 우리 주 예수 그리스도의 몸과 피를 받아 모시지 않으며 3 악습과 죄를 일삼고 나쁜 욕정과 자기 육신의 나쁜 욕망들을 쫓아다니며, 4 주님께 약속한 것들을 지키지 않고, 5 육적인 욕망과 세속의 걱정과 현세 삶에 대한 근심에 빠져 세상을 육신적으로 섬기는 남녀 모든 사람, 6 이들은 악마에 속아[9] 악마의 자식들이 되고 악마의 짓을 그대로 합니다(참조: 요한 8,41). 7 그들은 참된 빛이신 우리 주 예수 그리스도를 보지 않기에 소경입니다. 8 그들은 아버지의 참된 지혜이신 하느님의 아들을 모시지 않기에 영적인 지혜를 가지지 못합니다. 9 그들에 관하여는 "그들의 온갖 재주도 엉클어져 버렸도다"(시편 106,27)라는 말도 있고, "당신 계명을 떠나 헤매는 자들은 저주받은 자들입니다"(시편 118,21)라는 말도 있습니다. 10 그런 사람은 악을 보고 알아채며 악을 알고 행하며, 알면서도 영혼을 잃습니다.

11 보십시오, 소경들이여, 그대들은 그대들의 원수들인 육과 세상과 마귀에 속았습니다. 왜냐하면 죄를 짓는 일은 육신에 달콤하고, 하느님을 섬기는 일은 육신에 쓰기 때문이며, 12 복음에서 주님께서 말씀하시는 바와 같이 모든 악습과 죄는 "사람의 마음에서" 솟아 "나오기"(마르 7,21) 때문입니다. 13 그리고 그대들은 현세에서나 내세에서나 아무것도 가지지 못합니다. 14 그리고

---

9) 파울라찌 비판본: "속아"(decepti) ; 에써 비판본: "붙들려"(detenti).

그대들은 현세의 헛된 것들을 오랫동안 소유할 것이라고 생각하였지만 실은 속았습니다. 그대들이 생각지도 못하고 알지도 못하며 무시해 버리는 그 날과 그 시간이 올 것이기 때문입니다. 육신은 쇠약해지고, 죽음은 다가옵니다. 마침내 쓰디쓴 죽음을 맞고 세상을 떠납니다.

15 그리고 언제 어디서 어떻게 사람이 죽든 보상을 할 수 있는데도 보상을 하지 않고 보속과 보상 없이 대죄 중에 죽으면, 당해 보지 않고는 아무도 상상할 수 없는 격렬한 고통과 시련 중에 마귀는 그의 몸에서 그의 영혼을 빼앗아 갑니다. 16 그리고 가지고 있다고 여겼던 모든 재능과 권력과 "지식과 지혜를"(2역대 1,12) 빼앗깁니다(참조: 루카 8,18; 마르 4,25). 17 그리고 그는 친척들과 친구들에게 재산을 넘겨주고, 이들은 그것을 받아 서로 나눕니다. 그러고서 그들은 나중에 말합니다. "그는 우리에게 더 많이 줄 수 있었고, 나누어 준 것보다 더 많이 모을 수 있었을 텐데, 그의 영혼은 저주나 받아라". 18 벌레들이 시체를 먹어 버립니다. 이리하여 그는 짧은 이 세상에서 육신과 영혼을 잃고 끝없이 고통받을 지옥으로 갈 것입니다(참조: 루카 16,24).

19 이 편지를 받으시는 모든 이들에게 하느님이신 사랑 안에서 (참조: 1요한 4,16) 우리가 부탁합니다. 위에서 언급한 우리 주 예수 그리스도의 향기로운 말씀들을 거룩한 사랑으로 잘 받아들이십시오. 20 그리고 글을 모르는 사람늘은 읽어 날라고 자주 부탁하십시오. 21 그리고 이 말씀들은 "영과 생명이니"(요한 6,63) 거룩한 행위로 끝까지 간직하십시오.

22 그리고 이것을 실행하지 않는 사람은 우리 주 예수 "그리스도의 심판대 앞에서"(로마 14,10) "심판 날에 셈 바쳐야"(마태 12,36) 할 것입니다.

신자들에게 보낸 편지 2

프란치스코는 이 글의 수취인들을 다음과 같이 밝히고 있다. "모든 경건한 그리스도교 신자들, 성직자들과 평신도들, 남자와 여자들, 온 세상에 살고 있는 모든 이들". 하지만, 이 글의 수취인들을 밝혀내기란 어렵다. 왜냐하면 초기의 필사본들이 "Universis christianis religiosis clericis et laicis masculis et feminis omnibus qui habitant in universo mundo"라고 기록함으로써 쉼표를 하나도 사용하지 않기 때문이다. 이런 까닭에 문장의 뜻이 분명하지가 않다. 카예탄에써는 자신의 비판본에서 "Universis christianis religiosis" 다음에 쉼표를 찍으면서, 프란치스코가 모든 그리스도교 신자들에게 편지를 쓰고 있다기보다는 오히려 "경건한 모든 그리스도교인들", 즉 회개의 삶을 통하여 자신들의 세례 소명을 보다 철저히 살아가는 데에다 투신한 그리스도교인들에게 쓰고 있다고 말하고 있다[1].

성인은 이 편지에서 성경 말씀을, "내 주님의 향기로운 말씀"(2절), "우리 주 예수 그리스도의 말씀"(3절), "영이며 생명이신

---

1) 참조: 『The Saint. Volume I of: Francis of Assisi: Early Documents』, 각주 b, 45.

성령의 말씀"(3절)으로 칭하면서, 하느님 말씀을 선포하고자 하는 소명감과 열정을 표현하고 있다. 그리고 이어서 그리스도인들의 믿음과 관련하여 자신이 중요하다고 보는 교리 주제들을 말하고, 주님과 주님의 구원을 받아들이고 사랑의 이중 계명을 실천함에서 오는 축복의 상태와 주님을 거부하고 파멸로 향해 의식적으로 다가가는 이들의 슬프고도 불행한 상태를 비교하며, 구원을 받기 위한 성체성사의 중심적 역할을 말한다. 성인은 이 편지에서 "회개를 위한 지침들"을 길게 그리고 구체적으로 언급한 후, 「1신자 편지」와 마찬가지로 회개하지 않는 이들의 비참한 결말을 언급한다.

신자들에게 보낸 편지 2

1 주 성부와 성자와 성령의 이름으로 아멘. 모든 경건한 그리스도교 신자들[2], 성직자들과 평신도들, 남자와 여자들, "온 세상에"(마르 14,9; 로마 1,8) 살고 있는 모든 이들에게 여러분의 종이며 아랫사람인 프란치스코 형제가 여러분에게 경의와 함께 존경을 표하며, 하늘의 참된 평화와 주님 안에서 진실한 사랑을 기원합니다.
2 저는 모든 사람의 종이기에 모든 사람을 섬겨야 하며 내 주님의 향기로운 말씀들을 전해야 합니다. **3** 그래서 내 육신의 허

---

2) 이 구절의 원문은 "universis christianis religiosis"로, 카예탄 에써의 비판본에 따라 번역하였다. 카를로 파올라찌는 그의 비판본에서 "크리스티아니스"(christianis, 그리스도교 신자들) 다음에 쉼표를 넣어 "모든 그리스도교 신자들, 수도자들"로 해석하였다.

약함과 병고로 일일이 직접 방문할 수가 없음을 고려하여, 이 편지와 인편으로 아버지의 말씀이신 우리 주 예수 그리스도의 말씀과 "영이며 생명이신"(요한 6,63) 성령의 말씀을 여러분에게 전하기로 마음을 먹었습니다.

4 하늘에 계신 지극히 높으신 아버지께서는 당신의 거룩한 가브리엘 천사를 시켜 아버지의 이토록 합당하고 거룩하고 영광스러운 이 말씀이 거룩하고 영화로운 동정녀 마리아의 태중에 계심을 알리셨습니다. 그리하여 그 말씀은 마리아의 태중으로부터 우리의 인간성과 연약성의 실제 육(肉)을 받으셨습니다. 5 그분은 누구보다도 "부유하시면서도"(2코린 8,9) 당신의 어머니이신 지극히 복되신 동정녀와 같이 이 세상에서 몸소 가난을 택하기를 원하셨습니다.

6 그리고 그분은 수난이 가까워지자 당신의 제자들과 함께 파스카를 거행하셨습니다. 그분은 빵을 들어 감사를 드리시고 축복하신 다음, 쪼개며 말씀하셨습니다. "너희는 받아먹어라. 이는 내 몸이다"(마태 26,26). 7 "또, 잔을 들어 말씀하셨습니다"(마태 26,27). "이것은, 죄를 용서해 주려고" 너희들과 "많은 사람을 위하여 흘리는, 새로운 계약의 나의 피다"(마태 26,28). 8 그리고 나서 아버지께 기도하셨습니다. "아버지, 하실 수만 있으면 이 잔을 저에게서 거두어 주십시오"(마태 26,39). 9 "그러는 동안 땀이 핏방울처럼 되어 땅에 떨어졌습니다"(루카 22,44). 10 그러나 아버지의 뜻에 당신의 뜻을 맞추시며 말씀하셨습니다. "아버지, 당신의 뜻이 이루어지게 하십시오"(마태 26,42). "제가 원하는 대로 하지 마시고 아버지께서 원하시는 대로 하십시오"(마태 26,39).

11 아버지의 뜻은, 아버지께서 우리에게 주시고 우리를 위해 태어나신 복되고 영광스러운 당신의 아드님이 십자가 제단에서

자신의 피를 통하여 자신을 희생과 제물로 바치는 것이었습니다. 12 이것은 당신을 통하여 모든 것이 생겨나게 하신(참조: 요한 1,3) 그분 자신을 위한 것이 아니라 우리의 죄 때문이었고, 13 우리에게 "모범을 남기시어 당신의 발자취를 따르게 하시려는 것이었습니다."(1베드 2,21). 14 또한, 그분은 우리 모두가 당신을 통하여 구원을 받고, 우리가 순수한 마음과 정결한 육신으로 당신을 받아 모시기를 바라십니다. 15 그러나 그분의 "멍에는 편하고" 그분의 "짐은 가벼운데도"(마태 11,30), 그분을 받아 모시고 또 그분을 통하여 구원을 받으려는 사람은 적습니다.

16 하느님의 계명을 지키려 하지 않으면서, "주님이" 얼마나 "감미로운지를 맛보려"(시편 33,9) 하지 않고 "빛보다 어두움을 더"(요한 3,19) 사랑하는 사람들은 저주받은 자들입니다. 17 이들에 관하여 예언자가 말합니다. "당신 계명을 떠나 헤매는 자들은 저주받은 자들입니다"(시편 118,21). 18 그러나 하느님을 사랑하는 이들, 그리고 "네[3] 마음을 다하고 네[4] 정신을 다하여 주 너의 하느님을 사랑하고 네 이웃을 너 자신처럼 사랑해야 한다"(마태 22,37.39)고 주님 친히 복음에서 말씀하시는 대로 실천하는 이들은, 오, 얼마나 복되고 축복받은 사람들인지!

19 그러므로 우리는 하느님을 사랑하고 순수한 마음과 순수한 정신으로 그분께 예배를 드립시다. 하느님께서 무엇보다도 이것을 요구하시며 말씀하셨기 때문입니다. "진실한 예배자들이 영과 진리 안에서 아버지께 예배를 드릴 것이다"(요한 4,23). 20 그러므로 "예배하는" 모든 "사람들은" 진리의 "영 안에서" 그분께

---

3) 에쎄 비판본: "네"(tuo) 생략.
4) 에쎄 비판본: "네"(tua) 생략.

"예배를 드려야 합니다"(요한 4,24). 21 따라서 "우리는 언제나 기도하고 낙심하지 말아야"(루카 18,1) 하기에, "하늘에 계신 우리 아버지"(마태 6,9)를 바치면서 그분께 "밤낮으로"(시편 31,4) 찬미와 기도를 드립시다.

22 또한, 우리는 실로 사제에게 우리의 모든 죄를 고백해야 합니다. 23 그리고 사제로부터 우리 주 예수 그리스도의 몸과 피를 받아 모십시다. 그분의 살을 먹지 않고 그분의 피를 마시지 않는 사람은(참조: 요한 6,55.57) "하느님의 나라에 들어갈 수 없습니다"(요한 3,5). 24 "주님의 몸을 분별없이", 즉 식별하지 못하고, "합당하지 않게" 받아 모시는 자는 "자신에 대한 심판을 먹고 마시는"(1코린 11,29) 것이기에, 우리는 합당하게 먹고 마셔야 합니다. 25 이외에도 "회개의 합당한 열매를"(루카 3,8) 맺도록 합시다. 26 그리고 이웃을 우리 자신처럼 사랑합시다(참조: 마태 22,39). 27 그리고 누가 자기 자신을 사랑하듯이 이웃들을 사랑하기를 원치 않는다면, 적어도 그들에게 악은 끼치지 말고 선을 행할 것입니다.

28 다른 사람들을 심판할 권한을 받은 사람들은 자신이 주님께로부터 자비를 얻기를 바라는 것처럼 자비롭게 심판하도록 하십시오. 29 "무자비한 사람은 무자비한 심판을 받습니다"(야고 2,13). 30 그러므로 우리는 사랑과 겸손을 지닙시다. 그리고 자선을 베풉시다. 이것들이 죄의 더러움에서 영혼을 씻어 주기 때문입니다(참조: 토빗 4,11; 12,9). 31 사람들은 이 세상에 남겨 두는 모든 것을 잃고 말지만, 실행한 사랑의 대가와 실행한 자선은 자신이 가져가서, 주님께로부터 상급과 합당한 보답을 받을 것입니다.

32 우리는 또한 단식해야 하고 악습과 죄를 끊어 버려야 하며(참조: 집회 3,32), 과도한 음식들과 음료를 삼가야 하고 가톨릭 신자다워야 합니다. 33 또한, 우리는 성당에 자주 들르고 성직자들을 존

경하고 공경해야 합니다. 만일에 그들이 죄인들이라면 우리는 오직 그들 자신 때문이 아니라 그들의 직책 때문에, 그리고 제대에서 축성하여 자신도 모시고 다른 사람들에게도 나누어 주는 그리스도의 지극히 거룩한 몸과 피에 대한 봉사직 때문에 존경하고 공경해야 합니다. 34 그리고 성직자들이 말하고 전하고 봉사하는 우리 주 예수 그리스도의 거룩한 말씀과 피가 아니고서는 아무도 구원받을 수 없다는 사실을 우리 모두는 확실하게 알고 있어야 하겠습니다. 35 그리고 다른 사람들은 안 되고 그들만이 봉사해야 합니다. 36 특히 세속을 포기한 수도자들은 이보다 더 많고 더 큰 것을 할 의무가 있지만, 이것을 잊어서는 안 됩니다(참조: 루카 11,42).

37 우리는 우리 육신을 그 악습과 죄와 더불어 미워해야 합니다. 주님께서 모든 악과 악습과 죄들은 "마음에서 나옵니다"(마태 15,18-19; 마르 7,23)라고 복음에서 말씀하셨기 때문입니다.

38 우리는 우리의 "원수들을 사랑하고" 우리를 미워하는 "사람들에게"(마태 5,44; 루카 6,27) 잘해 주어야 합니다. 39 우리는 우리 주 예수 그리스도의 계명과 권고를 지켜야 합니다. 40 또한, 우리는 우리 자신을 버려야 하며(참조: 마태 16,24), 각자가 주님께 약속한 대로 섬김과 거룩한 순종의 멍에 밑에 우리의 육신을 두어야 합니다. 41 그러나 아무도 범죄나 죄가 되는 일에 대하여는 어떤 누구에게도 순종으로 순종할 의무가 없습니다.

42 또한, 순종을 받게 되는 사람과 높은 사람으로 여겨지는 "사람은 낮은 사람처럼"(루카 22,26) 되어야 하고, 다른 형제들의 종이 되어야 합니다. 43 그리고 자기가 비슷한 경우에 처해 있을 때 자기 자신에게 해 주기를 바라는 것처럼 각 형제에게 자비를 행하고 지니십시오. 44 어떤 형제의 죄악 때문에 그 형제에게 화를 내

지 말고 오히려 온갖 인내와 겸손을 다하여 너그럽게 권고하고 부축하십시오.

45 우리는 육적으로 지혜로운 자들과 영리한 자들이 되어서는 아니 되며(참조: 1코린 1,26), 오히려 더욱 단순한 자들, 겸허한 자들, 순수한 자들이 되어야 합니다. 46 그리고 우리는 우리 탓으로 비참하고 썩었으며 악취 나고 구더기들이기에 우리의 육신을 수치와 멸시를 받아 마땅한 것으로 여깁시다. 주님께서 예언자를 통하여 말씀하십니다. "저는 인간이 아닌 구더기, 사람들의 우셋거리, 백성의 조롱거리"(시편 21,7). 47 우리는 절대로 다른 사람들 위에 있기를 바라서는 아니 되며, 오히려 "하느님 때문에 모든 인간 피조물"(1베드 2,13)의 종이요 아랫사람이 되어야 합니다.

48 그리고 이런 일을 실천하고 끝까지 이런 일에 항구한 모든 남녀들에게 "주님의 영이 그들 위에 머물고"(이사 11,2) 그들 안에 당신 거처와 집을 지으실 것입니다(참조: 요한 14,23). 49 그러면 그들은 아버지의 일을 실천하는 천상 아버지의 아들들이 될 것입니다(참조: 마태 5,45). 50 그리고 그들은 우리 주 예수 그리스도의 정배들이요 "형제들이요 어머니들"(마태 12,50)이 됩니다. 51 성령으로 말미암아 신실한 영혼이 예수 그리스도와 결합될 때 우리는 정배들입니다. 52 그러므로 우리가 "하늘에 계신" 그분의 "아버지의 뜻을"(마태 12,50) 실천할 때 우리는 그분의 형제들입니다. 53 우리가 사랑과 순수하고 진실한 양심을 지니고 우리의 마음과 몸에 그분을 모시고 다닐 때(참조: 1코린 6,20) 우리는 어머니들입니다. 표양으로 다른 이들에게 빛을 비추어야 하는 거룩한 행위로써(참조: 마태 5,16) 우리는 그분을 낳습니다.

54 아버지를 하늘에서 모시는 것이, 오, 얼마나 영광되고 거룩하고 위대한지! 55 정배를 모시는 것이, 오, 얼마나 거룩하고 위

로가 되고 아름답고 감탄스러운지! 56 또한, 무엇보다도 먼저 열망해야 할 그러한 형제와 그러한 아들을 모시는 것이, 오, 얼마나 거룩하고 소중하고 흡족스럽고 겸손하고 평화롭고 감미롭고 사랑스러운지! 그분께서는 당신의 양들을 위해 목숨을 바치셨고(참조: 요한 10,15) 우리를 위해 아버지께 기도하셨습니다. "거룩하신 아버지, 아버지께서 저에게 주신 이들을 아버지의 이름으로 지켜 주십시오"(요한 17,11). 57 "아버지, 아버지께서 이 세상에서 저에게 주신 사람들은 모두 아버지의 사람들이었지만 그들을 저에게 주셨습니다"(요한 17,6). 58 그리고 "아버지께서 저에게 주신 말씀을 제가 이들에게 주었고, 이들은 또 그것을 받아들였습니다. 그리하여 이들은 제가 아버지에게서 나왔다는 것을 참으로 알고, 아버지께서 저를 보내셨다는 것을 믿게 되었습니다"(요한 17,8). "저는 세상을 위해서가 아니라 이들을 위하여 빕니다"(요한 17,9). 그들을 축복하시며 "거룩하게 하소서"(요한 17,17). 59 "아버지와 제가 하나인 것처럼 이들도 거룩해지도록 저는 이들을 위하여 저 자신을 거룩하게 합니다"(요한 17,19.22). 60 "아버지, 저는 이들도 제가 있는 곳에 저와 함께 있게 되기를 바라며, 그리하여 '아버지의 나라에서' (마태 20,21) 저의 영광을 그들도 볼 수 있게 하소서"(요한 17,24).

61 우리를 위하여 이처럼 견디셨고 이처럼 온갖 좋은 것을 주셨으며 앞으로도 주실 하느님께 하늘과 땅, 바다와 심연에 있는 모든 피조물들은 찬미와 영광과 영예와 찬양을 돌려드려야 하겠습니다(참조: 묵시 5,13). 62 그분은 홀로 선하시고(참조: 루카 18,19), 홀로 지존하시고, 홀로 전능하시고, 감탄할 만한 분이시고, 영광스러우시고, 그리고 홀로 거룩하시고, 세세대대 영원히 찬미받으실 만한 분이시며, 축복받으실 바로 그분은 우리의 힘이시고 굳셈이시기 때문입니다. 아멘.

63 그런데 회개 중에 있지 않고 우리 주 예수 그리스도의 몸과 피를 받아 모시지 않으며 64 악습과 죄를 일삼고 나쁜 욕정과 나쁜 욕망들을 쫓아다니며, 약속한 것들을 지키지 않고, 65 육적인 욕망과 세속의 근심 걱정과 살아갈 근심에 빠져 세상을 육신적으로 섬기는 남녀 모든 사람, 66 이들은 악마에 속아 악마의 자식들이 되고 악마의 짓을 그대로 합니다(참조: 요한 8,41.44). 그들은 참된 빛이신 우리 주 예수 그리스도를 보지 않기에 소경입니다. 67 그들은 아버지의 참된 지혜이신 하느님의 아들을 자신들 안에 모시지 않기에 영적인 지혜를 가지지 못합니다. 그들에 관하여 이런 말이 있습니다. "그들의 온갖 재주도 엉클어져 버렸도다"(시편 106,27). 68 그런 사람들은 악을 보고 알아채며, 악을 알고 행하며, 알면서도 자신들의[5] 영혼을 잃습니다.

69 보십시오, 소경들이여, 그대들은 우리들의 원수들, 즉 육과 세상과 마귀에 속았습니다. 왜냐하면 죄를 짓는 일은 육신에 달콤하고, 하느님을 섬기는 일은 육신에 쓰기 때문이며, 복음에서 주님께서 말씀하시는 바와 같이 모든 악과 악습과 죄는 "사람의 마음에서" 솟아 "나오기"(마르 7,21; 마태 15,18-19) 때문입니다. 70 그리고 그대들은 현세에서나 내세에서나 아무것도 가지지 못합니다. 71 그대들은 현세의 헛된 것들을 오랫동안 소유할 것이라고 생각하였지만 실은 속았습니다. 그대들이 생각지도 못하고 알지도 못하며 묵살해 버리는 그 날과 그 시간이 올 것이기 때문입니다(참조: 마태 24,44; 25,13).

72 육신은 쇠약해지고, 죽음은 다가오고, 친척들과 친구들이 모여 와 말합니다. "당신의 재산들을 정리하시오". 73 보십시오, 그

---

5) 에써 비판본: "자신들의"(suas) 생략.

의 아내와 그의 자녀들과 친척들과 친구들이 우는 시늉을 합니다. 74 그리고 그는 울고 있는 사람들을 바라보다가 악한 충동에 이끌려 속으로 생각하며 말합니다. "보아라, 내 영혼과 내 육신과[6] 내 모든 재산을 너희들의 손에 맡긴다". 75 자기의 영혼과 육신과 모든 재산을 이런 사람들의 손에 믿고 맡기는 이 사람은 참으로 저주받은 사람입니다. 76 그래서 주님께서 예언자를 통하여 말씀하십니다[7]. "사람을 믿는 자들은 저주받으리라"(예레 17,5). 77 그리고 나서 그들은 즉시 사제를 모셔옵니다. 사제가 그에게 말합니다. "그대는 그대의 모든 죄에 대하여 보속받기를 원합니까?". 78 그가 대답합니다. "원합니다". "그렇다면 그대는 지금까지 그대가 지은 죄와 사람들에게 사취한 것과 그들을 속인 것을 할 수 있는 대로 그대의 재산으로 보상하겠습니까?". 79 그가 대답합니다. "못 하겠습니다". 80 그러자 사제가 말합니다. "왜 못 합니까?". "모든 재산을 친척들과 친구들 손에 넘겨주었기 때문입니다". 81 그리고는 말을 잃고 이 불쌍한 사람은 쓰디쓴 죽음[8]을 맞고 세상을 떠납니다.

82 그리고 모든 사람은 어디서 어떻게 죽든 보상을 하지 않고, 또 보상을 할 수 있는데도 보상을 하지 않고 대죄 중에 죽으면, 당해 보지 않고는 아무도 상상할 수 없는 격렬한 고통과 시련 중에 마귀가 그의 몸에서 그의 영혼을 빼앗아 간다는 것을 알아야 합니다. 83 그리고 가지고 있다고 여겼던(참조: 루카 8,18) 모든 재능과 권력과 지식을 "빼앗깁니다"(마르 4,25). 84 그리고 그는 친척들

---

6) 파올라찌 비판본: "내 영혼과 내 육신과"(animam meam et corpus meum); 에써 비판본: "영혼과 내 육신과"(animam et corpus meum).
7) 에써 비판본: "말씀하십니다"(dicit) 생략.
8) 에써 비판본: "쓰디쓴 죽음"(amara morte) 생략.

과 친구들에게 재산을 넘겨주고, 이들은 그것을 받아 서로 나눕니다. 그러고서 그들은 나중에 말합니다. "그는 우리에게 더 많이 줄 수 있었고, 나누어 준 것보다 더 많이 모을 수 있었을 텐데, 그의 영혼은 저주나 받아라". 85 벌레들이 시체를 먹어 버립니다. 이리하여 그는 짧은 이 세상에서 육신과 영혼을 잃고 끝없이 고통받을 지옥으로 갈 것입니다.

86 이 편지를 받는 여러분 모두에게[9] 여러분의 작은 종인 나 프란치스코 형제가 하느님이신 사랑 안에서(참조: 1요한 4,16) 그리고 여러분의 발에 입을 맞추는 심정으로 여러분에게 부탁하며 간청합니다. 우리 주 예수 그리스도의 이 말씀들과 또 다른 말씀들을 겸손과 사랑으로 잘[10] 받아들여야 하며, 실천하고 지켜야 합니다. 87 그리고 글을 모르는 사람들은 읽어 달라고 자주 부탁하십시오. 그리고 이 말씀들은 "영과 생명이니"(요한 6,63) 거룩한 행위로 끝까지 간직하십시오. 그리고 이것을 실행하지 않는 사람은 심판 날에 우리 주 예수 그리스도의 심판대 앞에서 셈 바쳐야 할 것입니다[11].

88 그리고 이러한 모든 것을 잘 받아들이고 또 알아듣고 이것을 베껴서 다른 사람들에게 보내고 이것을 "끝까지 지키는"(마태 24,13) 모든 남녀에게 성부와 성자와 성령께서 축복하시기를 빕니다. 아멘.

---

9) 파올라찌 비판본의 "이 편지를 받는 여러분 모두에게"(Omnes ad quos littere iste pervenerint)라는 구절이 에써의 비판본에는 나타나지 않으며, 그 대신에 "성부와 성자와 성령의 이름으로, 아멘"(In nomine Patris et Filii et Spiritus Sancti, Amen)이라는 구절이 들어 있다.
10) 에써 비판본: "잘"(benigne) 생략.
11) 에써의 비판본에는 87절 전체가 생략되어 있다.

형제회에 보낸 편지

카예탄 에써는 이 편지의 작성 시기를 1220년 2월과 3월 사이로 보고 있고, 레지스 암스트롱(Regis Armstrong)은 1225-1226년으로 보고 있다. 여러 필사본들이 "총회에 보낸 편지"라고 제목을 붙이고 있는 반면, 몇몇 필사본들은 현재의 제목, "형제회에 보낸 편지"를 선호하는데, 이 제목이 2절에서 언급되는 모든 형제들이라는 보편적 청중을 보다 정확히 반영해 주기 때문이다[1].

프란치스코는 이 편지에서 여러 가지 주제들을 다루고 있다. 주요 주제들은 다음과 같다: 1) 주님의 몸과 피에 대한 공경심, 2) 거룩한 미사에 임하는 사제 형제들의 자세와 주님의 몸과 피가 지니는 영성, 3) 공동체 안에서의 미사 전례 거행, 4) 성경 말씀에 대한 공경심, 5) 성무일도를 바치는 자세와 의무, 6) 기도문.

---

1) 참조: 『The Saint. Volume I of: Francis of Assisi: Early Documents』, 116.

형제회에 보낸 편지

1 지극히 높으신 삼위이시며 거룩한 일체이신 성부와 성자와 성령의 이름으로. 아멘.

2 존경하고 지극히 사랑하는 모든 형제들, 작은 형제회의 총봉사자이시며 나의 주인이신 〔엘리야〕 형제[2)]와 그 후임자들이 될 다른 총봉사자들과 모든 봉사자들과 보호자 형제들, 그리고 그리스도 안에서 겸손한 우리 형제회의 사제들과, 단순하고 순종적인 모든 형제들과, 맨 먼저 들어온 형제들과, 최근에 들어온 형제들에게, 3 보잘것없고 넘어지기 쉬운 사람인 여러분의 작은 종[3)] 프란치스코 형제가 "당신의" 지극히 고귀한 "피로 우리를" 속량하셨고 "씻어 주신"(묵시 1,5) 그분 안에서 인사를 드립니다. 4 그분의 이름을 들을 때에 형제들은 땅에 엎드려 두렵고 공경하는 마음으로 그분을 흠숭하십시오(참조: 느헤 8,6). 그분의 이름은 "지극히 높으신 분의 아드님"(루카 1,32), 주 예수 그리스도이십니다. 그분은 "영원히 찬양받으실"(로마 1,25) 분이십니다. 아멘[4)].

5 주님의 아들들이며 나의 형제들인 여러분[5)], 들으시고, "내 말을 귀담아 들으십시오"(사도 2,14). 6 여러분 마음의 "귀를 기울이시고"(이사 55,3) 하느님의 아드님의 음성을 따르십시오. 7 그분

---

2) 파올라찌 비판본: "엘리야 형제"(fratri Helie); 에써 비판본: "모 형제"(fratri A).
3) 파올라찌 비판본: "작은 종"(parvulus servus); 에써 비판본: "작디작은 종"(parvulus servulus).
4) 에써 비판본: "아멘"(Amen) 생략.
5) 이 구절은 "주인인 아들들이며 나의 형제들인 여러분" 또는 "나의 주인들이요 아들들이며 형제들인 여러분" 등으로 번역할 수 있다.

의 계명을 여러분의 마음에 온전히 간직하시고, 그분의 권고를 정신을 다하여 이행하십시오. 8 "그분은 좋으시니 찬양하고"(시편 135,1), "여러분의 행동으로 그분을 찬미하십시오"(토빗 13,6). 9 "주님께서 여러분을 온 세상에 파견하신 것은"(토빗 13,4) 여러분이 말과 행동으로 그분의 말씀을 증거하여 모든 사람이 "그분 외에는 전능하신 분이 아무도 없다"(토빗 13,4)는 것을 알게 하시려는 것입니다. 10 "규율"과 거룩한 순종 "안에서 항구하고"(히브 12,7), 여러분이 그분께 약속한 것을 선하고 굳건한 결심으로 지키십시오. 11 주 하느님께서는 여러분을[6] "아들로 여기시며"(히브 12,7) 당신 자신을 내어 주십니다.

12 그러므로 나는 여러분의 발에 입 맞추면서 내가 할 수 있는 사랑으로 모든 형제 여러분에게 부탁드립니다. 우리 주 예수 그리스도의 지극히 거룩하신 몸과 피에 여러분이 할 수 있는 모든 공경과 모든 영예를 나타내 보이십시오. 13 그분 안에서 하늘과 땅에 있는 만물이 전능하신 하느님과 평화롭게 되었고, 화해하게 되었습니다(참조: 콜로 1,20).

14 또한, 나는 주님 안에서 나의 모든 사제 형제들과 사제가 될 형제들과 지극히 높으신 분의 사제가 되기를 열망하는 형제들에게 부탁드립니다. 미사를 거행할 때는 언제나 거룩하고 깨끗한 지향으로 우리 주 예수 그리스도의 지극히 거룩한 몸과 피의 참된 제사를 티 없는 마음으로 정성과 공경을 다하여 드리십시오. 이 세상의 어떤 것 때문에, 또 사람들의 마음에 들려고 하는 자들처럼(참조: 에페 6,6; 콜로 3,22) 어떤 사람들에 대한 두려움이나 애정 때문에 드리지 마십시오. 15 또한, 지극히 높으신 주님 바로 그분

---

6) 파올라찌 비판본: "여러분을-"(vobis); 에써 비판본: "우리를-"(nobis).

의 마음에만 들기를 바라면서[7], 은총의 도움을 받아 가능한 한 모든 원의가 하느님께 향하도록 하십시오. 미사에서 홀로 그분만이 당신 마음에 드는 대로 일하시기 때문입니다. **16** 그래서 그분 친히 말씀하십니다. "나를 기억하여 이를 행하여라"(루카 22,19; 1코린 11,24). 만약에 누가 다르게 거행하면 배신자 유다가 되고, "주님의 몸과 피에 대한 범법자"(1코린 11,27)가 되는 것입니다.

17 나의 사제 형제들이여, 모세법에 관하여 기록된 것을 기억하십시오. 그것을 외적으로라도 범한 사람은 주님의 선고로 가차 없이 처형을 받습니다(참조: 히브 10,28). **18** 하물며 "하느님의 아드님을 짓밟고, 자기를 거룩하게 해 준 계약의 피를 더러운 것으로 여기고, 은총의 성령을 모독한 자는 얼마나" 더 크고 더 엄한 "벌을 받아야 마땅하겠습니까?"(히브 10,29). **19** 사실, 사도의 말대로 그리스도의 거룩한 빵을 다른 음식이나 다른 행위와 구분하지 않고 "분별없이"(1코린 11,29) 합당치 못한 사람이 먹는다든가, 아니면 합당한 사람이라 해도 아무 생각 없이 합당치 않게 먹는다면 하느님의 어린양을 멸시하고 더럽히고 짓밟는 것이기 때문입니다. 주님께서 예언자를 통하여 이렇게 말씀하십니다. 하느님의 "일을 소홀히 하는 자는 저주를 받으리라"(예레 48,10). **20** 그리고 그분께서는 이 말을 진심으로 마음에 새기려 하지 않는 사제들을 이렇게 단죄하십니다[8]. "너희의 축복을 저주로 바꾸리라"(말라 2,2).

21 들으십시오, 나의 형제들이여. 복되신 동정녀께서 지극히 거룩한 태중에 그분을 품으신 것만으로도 그토록 지당한 공경을 받는다면, 그리고 복된 세례자가 두려워서 감히 하느님의 거룩

---

7) 파올라찌 비판본: desiderantes ; 에써 비판본: desiderans.
8) 파올라찌 비판본: condemnet ; 에써 비판본: condemnat.

한 머리에 손을 대지 못했다면, 그리고 그분께서 잠시 동안 누워 계셨던 무덤도 경배를 받는다면, 22 하물며 이제 죽지 않고 영원히 살아 계시어 영광을 받으신 분이며 "천사들도 보고 싶어 하는 분"(1베드 1,12)을 손으로 만지고, 마음과 입으로 모시며, 다른 이들도 모시도록 해 주는 사람은 얼마나 거룩하고 의롭고 합당해야 하겠습니까!

23 사제 형제들이여, 여러분의 품위를 생각해 보십시오(참조: 1코린 1,26). 그리고 그분이 거룩하시니 여러분도 거룩한 사람이 되십시오(참조: 레위 19,2). 24 그리고 이러한 봉사직 때문에 주 하느님께서 여러분을 모든 사람 위에 영예롭게 하셨으니, 여러분도 모든 사람 위에 그분을 사랑하고 받들고 공경하십시오. 25 여러분이 이렇게 눈앞에 그분을 모시고 있으면서 온 세상의 다른 일에 마음을 쓴다면 이는 참으로 가련한 일이고, 가련하기 짝이 없는 나약함입니다.

26 "살아 계신 하느님의 아드님, 그리스도께서"(요한 11,27)
사제의 손 안에서[9]
제대 위에 계실 때,
모든 사람은 두려움에 싸이고
온 세상은 떨며
하늘은 환호할지어다!
27 오, 탄복하올 높음이며
경이로운 공손함이여!
오, 극치의 겸손이여

---

9) 파울라찌 비판본: in manibus: 에써 비판본: in manu.

오, 겸손의 극치여!
우주의 주인이시며
하느님이시고 하느님의 아들이신 분이
이토록 겸손하시어
우리의 구원을 위해서
하찮은 빵의 형상 안에
당신을 숨기시다니!

28 형제들이여, 하느님의 겸손을 보십시오.
그리고 "그분 앞에 여러분의 마음을 쏟으십시오"(시편 61,9).
그분이 여러분을 높여 주시도록
여러분도 겸손해지십시오(참조: 1베드 5,6; 야고 4,10).

29 그러므로 여러분에게 당신 자신 전부를 바치시는 분께서
여러분 전부를 받으실 수 있도록
여러분의 것 그 아무것도
여러분에게 남겨 두지 마십시오.

30 이러한 까닭으로 주님 안에서 권고하고 훈계합니다. 형제들이 머무는 곳에서 거룩한 교회의 규범에 따라 하루에 미사 한 대만 드리도록 하십시오. 31 한 곳에 여러 명의 사제가 있을 경우에는 애덕에 대한 사랑으로 다른 사제가 집전하는 미사에 참여하는 것으로 만족하십시오.[10] 32 제대 위에 있거나 없거나 주 예수 그리스도께서는 당신께 합당한 사람을 채워 주시기 때문입니다. 33 그

---

[10] 성체가 일치의 표지이므로, 프란치스코는 이 규정으로 형제들 간의 형제적 일치를 나타내고자 했다. 오늘과 같은 합동 미사 제도가 없었던 시대에 형제들이 여럿이라 하더라도 한 공동체를 이루므로 미사 한 대만 드리라고 규정한 것이다. 이는 또한 이익을 목적으로 개인 미사를 많이 드리는 폐단을 막기 위한 것이기도 하다.

분께서는 여러 곳에 계시는 듯 보이지만 나뉠 수 없는 분으로 계시고, "결코 줄어들지 않으시며"[11], 어디서나 하나이시고, 당신 마음에 드시는 대로 주 하느님 아버지와 보호자이신 성령과 함께 세세에 영원히 일하십니다. 아멘.

34 그리고 하느님에게서 온 사람은 하느님의 말씀을 듣는 법이니(참조: 요한 8,47), 아주 특별하게 거룩한 직책을 맡은 우리는 하느님께서 말씀하시는 바를 듣고 실천해야 함은 물론, 우리 창조주의 높으심과 그분 안에서의 우리의 순종이 우리 안에 차차 뿌리를 내리도록, 우리는 거룩한 그릇과 그분의 거룩한 말씀을 담고 있는 전례서를 비롯한 다른 전례용품들을 잘 간수해야 합니다. 35 그러므로 나의 모든 형제들에게 권고하며 그리스도 안에서 격려합니다. 어디서든지 글로 쓰인 하느님의 말씀을 발견하게 되면, 할 수 있는 대로 경의를 표하십시오. 36 그리고 그것들이 잘 간수되어 있지 않거나 혹은 아무렇게나 흩어져 있으면, 형제들에게 관련되어 있는 한 "그 말씀을 하신"(1열왕 2,4) 주님을 말씀 안에서 공경하는 마음으로 주워 모아 제자리에 놓도록 하십시오. 37 사실, 많은 것들이 하느님의 말씀을 통하여 거룩해지며(참조: 1티모 4,5), 제단의 성사가 그리스도의 말씀의 힘으로 이루어지기 때문입니다.

38 이제 나는 주 하느님 아버지와 아드님과 성령께, 그리고 평생 동정녀이신 복되신 마리아와 하늘과 땅에 계신 모든 성인들과 공경하올 나의 주인이시며 우리 수도회의 봉사자이신 [엘리아] 형제께, 그리고 우리 회의 사제들과 축복받은 나의 다른 모든 형제들에게 나의 모든 죄를 고백합니다. 39 나는 나의 큰 탓으로 많은 점에서 죄를 지었습니다. 특히 주님께 서약한 수도규칙을 지

---

11) 부활 성야 미사 때의 "부활 찬송"에 나오는 구절이다.

키지 않았고, 수도규칙이 명한 대로 성무일도를 바치지 않았습니다. 이는 내가 게을러서도 그랬고, 몸이 아파서도 그랬고, 무지하고 배우지 못해서도 그랬습니다. 40 그러므로 나의 주인이신 총봉사자 [엘리야] 형제에게 할 수 있는 한 간절히 청하오니, 수도규칙을 모든 형제들이 어김없이 지키도록 하시고, 41 또한 성직 형제들로 하여금 목소리의 음률보다는 마음[12]의 울림을 깊이 살펴, 하느님 앞에서 열심히 성무일도를 바치도록 하십시오. 그렇게 하여 목소리는 마음과, 마음은 하느님과 화음(和音)을 이루어 42 순수한 마음[13]으로 하느님을 기쁘시게 해 드리고, 목소리를 곱게 내어 사람의 귀를 매혹시키지 마십시오. 43 나도 하느님께서 나에게 은총을 주시는 대로 이것들을 굳게 지킬 것을 약속합니다. 그리고 나와 함께 있는 형제들에게도 성무일도나 정해진 다른 규정들에 관하여 이를 준수하도록 하겠습니다.

44 형제들 가운데 누구라도 이것들을 지키려 하지 않으면, 나는 그들을 가톨릭 신자로도 나의 형제로도 여기지 않겠습니다. 또, 그들이 회개할 때까지는 보는 것도 싫고 말하는 것도 싫습니다. 45 수도규칙의 규율을 제쳐 놓고 떠돌아다니는 다른 모든 형제들에게도 나는 같은 말을 하겠습니다. 46 왜냐하면 우리 주 예수 그리스도께서 지극히 거룩하신 아버지께 대한 순종을 떠나지 않기 위하여 당신의 목숨을 바치셨기 때문입니다(참조: 필리 2,8).

47 주 하느님의 쓸모없는 사람이며 부당한 피조물인 나 프란치스코 형제가 주 예수 그리스도의 이름으로 전(全) 우리 수도회의 봉사자이신 [엘리야] 형제와 그의 후임자가 될 모든 총봉사자들,

---

12) 41절에 나오는 "마음"은 라틴어 "멘스"(mens)를 우리말로 옮긴 것으로, "정신"이란 뜻도 지니고 있다.
13) 42절에 나오는 "마음"은 라틴어 "코르"(cor)를 우리말로 옮긴 것이다.

그리고 형제들의 다른 보호자 및 수호자들, 또한 이들의 후임자가 될 형제들에게 말합니다. 이 글을 소지하여 실천하시고 열성껏 보관하십시오. **48** 그리고 이들에게 간청합니다. 이 글에 적혀 있는 것들을 힘써 지키시고, 전능하신 하느님께 흡족하도록 이제와 항상 이 세상이 끝날 때까지 더욱 열심히 실천하도록 하십시오.

49 이것들을 지키는 "여러분에게 주님의 축복을 빌며"(시편 113,15), 주님께서 여러분과 영원히 함께 하시기를 빕니다. 아멘.

[기도]

50 전능하시고 영원하시며 의로우시고 자비로우신 하느님,
　가련한 우리로 하여금
　당신이 원하신다고 우리가 알고 있는 것을
　바로 당신 때문에 실천케 하시고,
　당신 마음에 드는 것을 늘 원하게 하시어,
51 내적으로 깨끗해지고, 내적으로 빛을 받고, 성령의 불에 타올라,
　당신의 사랑하시는 아드님
　우리 주 예수 그리스도의 발자취를 따를 수 있게 하시고,
52 지극히 높으신 분이시여,
　오로지 당신의 은총으로만 당신께 이르게 하소서.
　주님께서는 완전한 삼위이시고 단순한 일체이시며
　살아 계시고 다스리시며 영광을 받으시고
　세세 대대로 전능하신 하느님이시나이다. 아멘.

제3부

수도규칙과 격려문들

해설
유수일 프란치스코 하비에르, 작은 형제회(프란치스코회)

인준받지 않은 수도규칙

"그리고 주님께서 나에게 몇몇 형제들을 주신 후, 내가 해야 할 일을 아무도 나에게 보여 주지 않았지만, 지극히 높으신 분께서 친히 나에게 거룩한 복음의 양식(樣式)에 따라 살아야 할 것을 계시하셨습니다. 그리고 나는 그것을 몇 마디 말로 그리고 단순하게 기록하게 했고 교황님께서 나에게 확인해 주셨습니다"(「유언」14-15).

프란치스코의 이 말은 1209년 인노첸시오 3세 교황으로부터 구두로 승인받았으나 안타깝게도 분실된 「원(原) 수도규칙」을 가리킨다. 「비인준 규칙」은 바로 이 「원 수도규칙」에 원천을 두고 있다. 하지만, 이 수도규칙의 승인 후 10여 년 간의 세월에는 형제들의 새롭고도 다양한 체험, 교회의 가르침, 특히 제4차 라테라노 공의회의 교령들, 그리고 프란치스코 자신의 가르침 등의 관점에서 변화와 발전이 있게 되었고, 이는 새로운 수도규칙의 작성으로 이끌었다. 성청에 제출하지 않았던 이 수도규칙의 작성 마무리는 1221년 성령 강림 총회에서 있게 되었다.

「인준 규칙」(1223년 수도규칙)이 호노리오 3세 교황에 의해 확인되면서, 이 수도규칙은 단지 하나의 영성 문헌으로 남게 되었지만, 진정한 프란치스칸 삶을 이해하고 자극하는 데 소중한 역할을 하고 있다.

인준받지 않은 수도규칙

[머리말]

1 "성부와 성자와 성령의 이름으로, 아멘"[1]. 2 이것은 프란치스코 형제가 교황님께 허락과 확인을 요청한 생활[2]입니다. 이에 교황님께서는 프란치스코 형제와 현재 및 미래의 그의 형제들에게 이것을[3] 허락하시고 확인해 주셨습니다. 3 프란치스코 형제와 이 수도회[4]의 머리가 될 형제는 누구나 인노첸시오 교황님과 그의 후계자들에게[5] 순종과 존경을 서약할 것입니다. 4 그리고 다른 형제들은[6] 프란치스코 형제와 그의 후계자들에게 순종할 의무가 있습니다.

---

1) 에쎄 비판본: "아멘"(Amen) 생략.
2) 파올라찌 비판본: "생활"(vita); 에쎄 비판본: "예수 그리스도의 복음의 생활"(vita evangelii Jesu Christi).
3) 에쎄 비판본: "이것을"(eam) 생략.
4) 여기에서 "수도회"의 라틴어 본래 말은 "오르도"(ordo)가 아니라 "렐리지오"(religio) 이다.
5) 파올라찌 비판본: "그의 후계자들에게"(eius successoribus); 에쎄 비판본: "자신의 후계자들에게"(suis successoribus).
6) 파올라찌 비판본: "다른 형제들은"(alii fratres); 에쎄 비판본: "다른 모든 형제들은" (omnes alii fratres).

〔제1장: 형제들은 순종과 정결 안에
소유 없이 살아야 할 것입니다〕

1 이 형제들의 수도규칙과 생활은 순종 안에, 정결 안에, 소유 없이 살면서 우리 주 예수 그리스도의 가르침과 발자취를 따르는 것입니다. 2 주님께서 말씀하십니다. "네가 완전한 사람이 되려거든, 가서 '가진 것을 다 팔아'(루카 18,22) 가난한 이들에게 나누어 주어라. 그러면 네가 하늘에서 보물을 차지하게 될 것이다. 그리고 와서 나를 따라라"(마태 19,21). 3 또, "누구든지 내 뒤를 따라오려면, 자신을 버리고 제 십자가를 지고 나를 따라야 한다"(마태 16,24). 4 마찬가지로, "누구든지 나에게 오면서 자기 아버지와 어머니, 아내와 자녀, 형제와 자매, 심지어 자기 목숨까지 미워하지 않으면, 내 제자가 될 수 없다"(루카 14,26). 5 또, "나 때문에 아버지와 어머니, 형제나 자매나 아내나 자녀, 집이나 토지를 버린 사람은 백배의 상을 받고, 또 영원한 생명을 얻을 것이다"(마태 19,29; 마르 10,29; 루카 18,29).

〔제2장: 형제들을 받아들임과 복장〕

1 누군가가 하느님의 영감을 받아 이 생활을 받아들이려고 우리 형제들을 찾아오면, 형제들은 그를 친절하게 맞이할 것입니다. 2 만일, 그 사람이 우리 생활을 받아들일 마음이 확고하면, 형제들은 그의 재산 문제에 관여하지 않도록 극히 조심할 것이며, 그를 될 수 있는 대로 빨리 봉사자에게 보낼 것입니다. 3 그리고 봉사자는 그를 친절하게 맞이하고 용기를 북돋아 주며, 우리 생활의 내용을 정성껏 설명할 것입니다. 4 그리고 나서 그 지원자가

그렇게 할 원의가 있고, 또 영적으로 아무 장애 없이 그렇게 할 수 있으면, 자기의 모든 것을 팔아 가난한 사람들에게 모두 나누어 주도록 힘쓸 것입니다. 5 형제들과 형제들의 봉사자[7]는 어떤 방법으로도 그의 일에 관여하지 않도록 조심할 것이며, 6 직접적으로나 다른 사람을 통하여 어떠한 금품도 받지[8] 말 것입니다. 7 그렇지만 형제들이 궁핍할 경우에, 그 필요성 때문에 형제들은 다른 가난한 사람들처럼 금품을 제외하고 육신에 필요한 다른 것들을 받을 수 있습니다. 8 그리고 그 사람이 돌아오면, 봉사자는 그에게 일 년 간의 시련복, 즉 모자 없는 수도복 두 벌과 띠와 속바지와 허리띠까지 내려오는 겉옷을 줄 것입니다. 9 그리고 시련기 일 년을 마친 다음, 그를 순종 생활로 받아들일 것입니다. 10 그 후에는 교황님의 명령에 따라 다른 수도회에 들어가거나 "순종을 벗어나 돌아다닐"[9] 수 없습니다. 왜냐하면 복음에 따라 "쟁기에 손을 대고 뒤를 돌아보는 자는 하느님 나라에 합당하지 않기"(루카 9,62) 때문입니다[10]. 11 그리고 어떤 사람이 자기 재산을 나누어 줄 영적인 원의는 가지고 있지만, 장애가 있어서 가진 것을 나누어 줄 수 없는 경우에는, 그 재산을 버리는 것만으로도 충분합니다[11]. 12 거룩한 교회의 규범과 규정을 거슬러 아무도 받아들이지 말 것입니다.

---

7) 파올라찌 비판본: "봉사자들"(ministri); 에써 비판본: "봉사자"(minister).
8) 파올라찌 비판본: accipiant; 에써 비판본: recipiant.
9) 호노리오 3세의 「쿰 세쿤둠 콘실리움」(Cum secundum consilium, 1220. 9. 22.) 칙서에 나오는 표현이다.
10) 에써 비판본: "그 후에는 '쟁기에 손을 대고 뒤를 돌아보는 자는 하느님 나라에 합당하지 않다'는 복음 말씀과 교황님의 명령에 따라, 다른 수도회에 들어가거나 순종을 벗어나 돌아다닐 수 없습니다".
11) 파올라찌 비판본: sufficit ei; 에써 비판본: sufficit sibi.

13 그리고 순종을 서약한 다른 형제들은 모자 있는 수도복 한 벌과 띠와 속바지를 가질 것이며, 필요하다면 모자 없는 수도복 한 벌을 더 가질 수 있습니다. 14 그리고 모든 형제들은 값싼 옷을 입을 것이며, 또한 하느님의 축복을 받아 그 옷을 거친 천이나 다른 헝겊으로 기워 입을 수 있습니다. 왜냐하면 "화려한 옷을 입고 호화롭게 사는 자들"(루카 7,25)과 "고운 옷을 걸친 자들은 왕궁에 있다"(마태 11,8)고 주님께서 복음에서 말씀하시기 때문입니다. 15 그리고 위선자들이라고 불릴지라도 형제들은 선행을 멈추지 말 것이며, 하늘 나라에서 의복[12]을 가질 수 있도록 이 세상에서는 값비싼 옷을 찾지 말 것입니다.

〔제3장: 성무일도와 단식재〕

1 주님께서 말씀하십니다. "단식하고 기도하지 않고서는 이런" 악령들을 "쫓아낼 수 없다"(마르 9,28). 2 그리고 또 말씀하십니다. "너희는 단식할 때에 위선자들처럼 침통한 표정을 짓지 마라"(마태 6,16).
3 그러므로 성직형제나 평형제 모두는 정해진 대로 성무일도와 찬미의 기도들과 다른 기도들을 바칠 것입니다. 4 성직형제들은 성직자들의 관례에 따라 성무일도를 바치고 산 이들과 죽은 이들을 위하여 기도할 것입니다. 5 그리고 형제들의 결함과 과실을 위하여 매일 "주님의 기도"와 함께 "하느님, 자비하시니"(시편 50)를 바칠 것입니다. 6 그리고 죽은 형제들을 위하여 "주님의 기도"와 함께 "깊은 구렁 속에서 주님께 부르짖사오니"(시편 129)를

---

12) 파올라찌 비판본: vestimenta ; 에써 비판본: vestimentum.

바칠 것입니다. 7 그리고 성무일도를 바치는 데 필요한 책들만 가질 수 있습니다. 8 그리고 시편을 읽을 수 있는 평형제들도 시편집을 가질 수 있습니다. 9 그러나 글을 모르는 이들은 책을 가져서는 안 됩니다.

10 평형제들은 밤기도로 "사도신경"과 "주님의 기도" 스물네 번과 "영광송"을 바칠 것이며, 아침기도로 다섯 번, 일시경으로 "사도신경"과 "주님의 기도" 일곱 번과 "영광송"을 바칠 것입니다. 삼시경, 육시경, 구시경으로 각각[13] 일곱 번, 저녁기도로 열두 번을 바칠 것입니다. 끝기도로 "사도신경"과 "주님의 기도" 일곱 번과 "영광송", 그리고 죽은 이들을 위하여 주님의 기도 일곱 번과 "주님, 그들에게 영원한 안식을 주소서" 한 번, 그리고 형제들의 결함과 과실을 위하여 매일[14] "주님의 기도" 세 번을 바칠 것입니다.

11 이와 같이 모든 형제는 모든 성인의 축일부터 성탄 축일까지, 그리고 우리 주 예수 그리스도께서 단식을 시작하신 주님의 공현 축일로부터 부활 축일까지 단식할 것입니다. 12 이외에 금요일을 제외한 다른 때에는 이 생활에 따라 단식할 의무가 없습니다. 13 그리고 복음에 따라, "차려 주는" 모든 음식을 "먹어도"(루카 10,8) 됩니다.

〔제4장: 봉사자들과 다른 형제들 간의 관계〕

1 주님의 이름으로! 2 다른 형제들의 봉사자요 종이 된 모든

---

13) 파올라찌 비판본: pro qualibet ; 에써 비판본: unaquaque hora.
14) 파올라찌 비판본: quolibet die ; 에써 비판본: omni die.

형제들은 자기 관구나 지역 내에 자기 형제들을 배치할 것이며, 또한 그들을 자주 방문하고 영적으로 권고하고 굳건히 해 줄 것입니다. 3 그리고 축복받은 나의 다른 모든 형제들은 영혼의 구원에 관한 일과 우리 생활에 반대되지 않는 일에 있어서, 봉사자들에게 충실히 순종할 것입니다. 4 그리고 형제들은 "남이 너희에게 해 주기를 바라는 그대로 너희도 남에게 해 주어라"(마태 7,12), 5 또 네가 싫어하는 일은 아무에게도 하지 말라고(참조: 토빗 4,16; 루카 6,31) 주님께서 말씀하시는 대로 서로서로 대할 것입니다. 6 그리고 봉사자요 종들은, "나는 섬김을 받으러 온 것이 아니라 섬기러 왔다"(마태 20,28)고 하시는 주님의 말씀과, 또한 자신들에게 형제들의 영혼을 돌보는 일이 맡겨져 있기에, 만일 자신들의 잘못이나 나쁜 표양 때문에 형제들 가운데 누군가를 잃게 된다면, "심판 날에" 우리 주 예수 그리스도 앞에서 "셈 바쳐야"(마태 12,36) 한다는 사실을 기억할 것입니다.

〔제5장: 죄지은 형제들을 바로잡음〕

1 그러므로 "살아 계신 하느님의 손에 떨어지는 것은 무서운 일"(히브 10,31)이기에 여러분은 여러분의 영혼과 형제들의 영혼을 돌보십시오. 2 그러나 만일 봉사자들 가운데 누군가가 어떤 형제에게 우리 생활과 반대되거나 영혼에 해가 되는 것을 명한다면 그에게 순종할 의무가 없습니다. 범죄나 죄를 저지르게 하는 그런 순종은 있을 수 없기 때문입니다. 3 그렇지만 봉사자요 종들의 손 아래에 있는 모든 형제들도 봉사자요 종들의 행동을 신중하고 자세하게 살필 것입니다. 4 그리고 만일 봉사자들 가운데 누군가가 우리 생활의 정도(正道)에 비추어 영적으로 살지 않고 육적으로 사

는 것을 형제들이 목격한다면, 그리고 세 번째 권고 후에도 스스로 고치지 않는다면, 어떠한 장애를 무릅쓰고라도 성령 강림 총회 때에 전(全) 형제회의 봉사자요 종에게 알릴 것입니다. 5 그리고 어디에 있든지 간에 형제들 가운데 영적으로 살지 않고 육적으로 살고자 하는 어떤 형제가 있으면, 그와 함께 있는 형제들은 겸손하고 자상하게 권고도 하고 훈계도 해 주어 그를 바로잡아 줄 것입니다. 6 만일, 세 번째 권고 후에도 스스로 고치려 하지 않으면, 될 수 있는 대로 빨리 그를 자기 봉사자요 종에게 보내거나, 아니면 그 일을 알릴 것입니다. 봉사자요 종은 하느님 앞에서 더 유익하다고 판단하는 대로 그 형제의 일을 처리할 것입니다.

7 그리고 마귀는 한 사람의 범죄로 많은 사람들을 파멸시키려 하기 때문에, 모든 형제들, 즉 봉사자요 종들은 물론 다른 형제들도 누구의 죄나 나쁜 표양[15] 때문에 흥분하거나 화내지 않도록 주의할 것입니다. 8 오히려 "튼튼한 이들에게는 의사가 필요하지 않으나 병든 이들에게는 필요하기"(마태 9,12; 참조: 마르 2,17) 때문에, 형제들은 최선을 다해 죄를 범한 형제를 영적으로 도와줄 것입니다.

9 이와 같이 모든 형제들은 이 점에 있어서[16] 특히 형제들 서로 간에 어떤 권한이나 지배권도 가져서는 안 됩니다. 10 주님께서 복음에서 이렇게 말씀하시기 때문입니다. "통치자들은 백성 위에 군림하고, 고관들은 백성에게 세도를 부린다"(마태 20,25). 그러나 형제들끼리는 "그러면 안 됩니다". 11 형제들 "가운데에서 높은 사람이 되려는 이는" 형제들의 "봉사자"와 종이 "되어야 합니다"(마태 20,26-27). 12 형제들 가운데에서 "높은 사람은 낮은

---

15) 파올라찌 비판본: "나쁜 표양"(malum exemplum); 에써 비판본: "악함"(malum).
16) 어떤 사본에는 "이 점에 있어서"(in hoc)가 누락되어 있다.

사람처럼[17] 되어야 합니다"(루카 22,26).

13 어떤 형제도 다른 형제에게 악한 짓을 하거나 악한 말을 하지 말 것입니다. 14 오히려 영(靈)의 사랑으로 자진해서 서로 봉사하고 순종할 것입니다(참조: 갈라 5,13). 15 이것이 바로 우리 주 예수 그리스도의 참되고 거룩한 순종입니다. 16 모든 형제들은 "주님의 계명을 어기고"(시편 118,21) 순종을 벗어나 돌아다닐 때마다[18], 그것을 알면서도 그 죄 중에 머물러 있는 한[19], 예언자의 말대로 자신들이 순종을 벗어난 저주받은 자임을 알아야 합니다. 17 그리고 거룩한 복음과 자신의 생활을 통하여 약속한 주님의 계명을 굳게 지킬[20] 때, 자신들이 참된 순종 안에 머물러 있게 되고, 주님의 축복을 받는 자들이 된다는 것을 모든 형제들은 알아야 합니다.

〔제6장: 형제들이 봉사자들에게 가는 일, 그리고 아무도 장상으로 불리지 말아야 함〕

1 형제들은 어디에 있든지 우리의 생활을 실행할 수 없으면, 될 수 있는 대로 빨리 자기 봉사자에게 달려가 이 사실을 알릴 것입니다. 2 봉사자는 자기가 비슷한 경우에 처했을 때, 그 형제가 자기에게 해 주기를 바라는 것처럼[21] (참조: 마태 7,12) 그를 도와주도록 힘쓸 것입니다. 3 그리고 아무도 장상[22]이라고 부르지 말고,

---

17) 파올라찌 비판본: sicut junior ; 에써 비판본: sicut minor.
18) 파올라찌 비판본: quotiescumque ; 에써 비판본: quoties.
19) 파올라찌 비판본: quoadusque ; 에써 비판본: quousque.
20) 파올라찌 비판본: perseverant ; 에써 비판본: perseveraverint.
21) 파올라찌 비판본: sicut vellet sibi ; 에써 비판본: sicut ipse vellet sibi.
22) "장상"이란 용어는 "프리오르"(prior)를 번역한 것이다. '선배' 또는 '선임자'를 뜻하는 "프리오르"는 정주승들의 장상으로서 보통은 아빠스보다 낮은 위치에 있으며 아

반대로 모두가 똑같이 작은 형제들이라 부를 것입니다. 4 그리고 "서로서로 발을 씻어 줄 것입니다"(요한 13,14).

〔제7장: 봉사와 일하는 자세〕

1 모든 형제들은 남의 집에서 봉사하거나 일하기 위하여 어느 곳에서든지 감독관이나 관리인이[23] 되지 말아야 하며, 봉사하는 집에서 주관해서는 안 됩니다. 또한, 추문을 일으키거나 자기 영혼에 해를 입히는(참조: 마르 8,36) 어떤 직책도 맡지 말 것입니다. 2 오히려 같은 집에 있는 모든 이들보다 더 낮은 사람이 되고 아랫사람이 되어야 합니다.

3 그리고 일을 할 줄 아는 형제들은 일을 할 것이며, 알고 있는 기술이 영혼의[24] 구원에 해가 되지 않고 올바르게 쓸 수 있다면, 그 기술을 사용할 것입니다. 4 예언자가 "네 손으로 벌어들인 것을 네가 먹으리니[25] 너는 행복하여라, 너는 복이 있어라"(시편 127,2) 하고 말하고, 5 또 사도는 "일하기 싫어하는 자는 먹지도 마라"(2테살 3,10)고 하며, 6 또 "저마다 부르심을 받았을 때의 기

빠스를 보좌하는 사람이다. 이는 "아빠스"(abbas), "마요르"(maior), "파테르"(pater), "프렐라투스"(praelatus), "프레포시투스"(praepositus) 등과 더불어 프란치스코 시대 전후에 수도 장상을 가리키는 말이었다. "프리오르"란 용어는 클뤼니 개혁과 함께 고유한 뜻을 갖게 되어 베네딕토 수도규칙의 "수도원장"(praepositus)이란 용어 내신 쓰였으며, 12-13세기에는 정주승적 개혁가들, 새로운 수도회들, 청빈 그룹들 사이에서 회, 수도원 또는 정주승원의 최고 권한자를 지칭하는 데 사용되었다. 프란치스코는 형제들 사이에서 권한을 부여받는 경우 정주승적 전통의 호칭들인 '아빠스', '파테르', '프리오르'와 같은 용어를 배제하고 동등한 형제애를 강조하였다.

23) 파올라찌 비판본: "광지기들이"(cellarii); 에써 비판본: "비서장들이"(cancellarii).
24) 파올라찌 비판본: "그의 영혼의"(anime sue); 에써 비판본: "영혼의"(anime).
25) 파올라찌 비판본: labores manuum tuarum quia manducabis; 에써 비판본: labores fructuum tuorum manducabis.

술과 일을 그대로 유지하십시오."(1코린 7,24)라고 말하기 때문입니다. 7 그리고 형제들은 일의 보수로 금품을 제외하고 필요한 모든 것을 받을[26] 수 있습니다. 8 그리고 필요하다면 다른 형제들[27]처럼 동냥을 하러 다닐 것입니다. 9 그리고 각자의 기술에 필요한[28] 공구와 연장을 가질 수 있습니다.

10 "네가 일에 몰두해 있는 것을 마귀가 보도록 항상 좋은 일을 하여라"[29]라고 적혀 있으니, 모든 형제들은 땀 흘려 "좋은 일을 하도록 힘쓸 것"[30]입니다. 11 또 다른 곳에는 "한가함은 영혼의 원수다"[31]라고 적혀 있습니다. 12 그러므로 하느님의 종들은 언제나 기도나 어떤 좋은 일에 열중해야 합니다.

13 형제들은 은수처들이나 다른 거처들 어디에 있든지 간에, 어떤 곳도 자기 것으로 소유하지 말고, 또 누구와 다투면서 그것을 지키려 하지 않도록 조심할 것입니다. 14 그리고 찾아오는 사람은 누구나, 벗이나 원수든, 도둑이나 강도든 모두를 친절하게 맞을 것입니다. 15 그리고 어디에 있든지 또 어느 곳에서 만나든지 형제들은 서로 영적으로 정성껏 대하며, "불평불만 없이 서로"(1베드 4,9) 존경해야 합니다. 16 그리고 형제들은 위선자들처럼 겉으로 침통한 표정을 짓거나 찌푸린 얼굴을 하지 않도록 조심할 것이며(참조: 마태 6,16), 오히려 "주님 안에서 기뻐하고"(필리 4,4) 명

---

26) 파올라찌 비판본: "받다"(accipere); 에써 비판본: "받다"(recipere).
27) 파올라찌 비판본: "형제들"(fratres); 에써 비판본: "가난한 사람들"(pauperes).
28) 파올라찌 비판본: "필요한"(necessaria); 에써 비판본: "적당한"(opportuna).
29) Hieronymus, 「Epistola 125」, 11, 『Corpus Scriptorum Ecclesiasticorum Latinorum 56』, Vindobonae, 1866 이래, 130.
30) Gregorius Magnus, 「XL Homiliarum in Evangelia, Liber Primus, Homilia XIII」, 『Patrologiae cursus completus, Series latina 76』, ed. J. P. Migne, Paris, 1844-1864, 1123.
31) 『Benedicti Regula』 48,1.

랑하며, 적절히 쾌활한 모습을 보일 것입니다.

〔제8장: 형제들은 금품을 받지 말 것입니다〕

1 주님께서 복음에서 명하십니다. "너희는 주의하여라. 모든" 악의와 "탐욕을 경계하여라"(루카 12,15). 2 또, 이 세속의 걱정과 "일상의 근심에 마음을 빼앗기지 않도록 조심하여라"(루카 21,34).
3 그러므로 어느 형제라도 어디에 있든지 어디에 가든지 간에 앓는 형제들 때문에 꼭 필요한 경우가 아니라면 어떤 이유로든 옷이나 책을 위해서든 어떤 일의 보수로든 어떤 방법으로도 금품이나 돈[32]을 갖거나 받거나 받게 하지 말 것입니다. 실상, 우리는 금품이나 돈을 돌덩이보다 더 쓸모 있다고 여기거나 생각해서는 안 되기 때문입니다. 4 그리고 마귀는 금품이나 돈을 탐하거나 돌보다도 더 귀하게 여기는 사람들을 눈멀게 하려 합니다. 5 그러므로 모든 것을 버린[33] 우리는(참조: 마태 19,27) 그처럼 보잘것없는 것 때문에 하늘 나라를 잃지 않도록 조심합시다. 6 그리고 만일 돈을 발견하게 되면, "헛되고 헛되며 세상만사 헛되니"(코헬 1,2) 우리는 그것을 발 아래 밟히는 티끌처럼 여깁시다. 7 그리고 이런 일이 없었으면 합니다만, 앞서 말한 대로 오로지 앓는 형제들 때문에 필요한 경우를 제외하고, 어떤 형제가 만약에 금품이나 돈을 모으거나 혹은 갖고 있으면 우리 모든 형제들은 그가 신심으로 회개하지 않는 한, 그를 거짓 형제요 배신자요[34] 도둑이요 강도요

---

32) 이 구절에 나타나는 "페쿠니아"(pecunia)는 "금품"으로, "데나리우스"(denarius)는 "돈"으로 옮겼다. 여기에서 "금품"이란 말은 "돈"보다 더 넓은 개념을 지니고 있다.
33) 파올라찌 비판본: reliquimus ; 에써 비판본: relinquimus.
34) 파올라찌 비판본에는 "배신자"(apostata)가 나타나지 않으며, 여기에서는 에써 비판

돈주머니를 챙기는 자로(참조: 요한 12,6) 간주합시다. 8 그리고 형제들은 절대로 금품이나 돈 애긍을[35] 받거나 받게 하지 말고, 또한 청하거나 청하게 하지 말며, 집이나 거처를 위해서도 그렇게 하지 말 것입니다. 그리고 그런 거처를 위하여 금품이나 돈을 청하는 사람과 함께 다니지도 말 것입니다. 9 그렇지만 형제들은 하느님의 축복을 받아, 거처를 위하여 우리 생활에 반대되지 않는 다른 봉사를 할 수 있습니다. 10 그러나 형제들은 나병 환자들 때문에 꼭 필요한 경우에 그들을 위하여 동냥을 청할 수 있습니다. 11 그러나 금품은 극히 조심해야 합니다. 12 마찬가지로 모든 형제들은 어떤 부정(不淨)한 이득을 얻고자 이리저리 돌아다니지 않도록 조심할 것입니다.

〔제9장: 동냥을 청함〕

1 모든 형제들은 우리 주 예수 그리스도의 겸손과 가난을 따르도록 힘쓸 것이며, "먹을 것과 입을 것이 있으면, 우리는 그것으로 만족합시다"(1티모 6,8)라고 사도가 말한 대로 온 세상의 다른 어느 것도 가져서는 안 된다는 것을 기억할 것입니다. 2 그리고 천한 사람들과 멸시받는 사람들 가운데에서, 또한 가난한 사람들과 힘없는 사람들, 병자들과 나병 환자들, 그리고 길가에서 구걸하는 사람들 가운데에서 살 때 기뻐해야 합니다. 3 그리고 필요하면 동냥하러 다닐 것입니다. 4 모든 형제들은 부끄러워하지 말고, 오히려 전능하시고 "살아 계신 하느님의 아들" 우리 주 "예수 그리

본을 따랐다.
35) 파울라찌 비판본: "금품이나 돈 애긍을"(pecuniam vel pecunie helemosinam); 에써 비판본: "동냥으로 돈을"(pecuniam pro eleemosyna).

스도"(요한 11,27)께서 "차돌처럼 당신 얼굴빛 변치 않으셨고"(이사 50,7) 부끄러워하지 않으셨다는 것을 기억할 것입니다. 5 또한, 주님 자신도 복되신 동정녀도 제자들도 가난하셨고 나그네이셨으며 동냥으로 사셨습니다.

6 사람들이 형제들에게 모욕을 줄 때나 동냥을 거절할 때, 그 받은 모욕 때문에 우리 주 예수 그리스도의 심판대 앞에서 큰 영예를 받게 될 것이니, 그 일에 대해 하느님께 감사를 드릴 것입니다. 7 그리고 모욕은 모욕을 받는 사람의 탓이 아니라 주는 사람의 탓이라는 점을 알아야 합니다. 8 그리고 동냥은 가난한 사람들에게 돌려주어야 할 유산이며 정당한 권리[36]이고, 우리 주 예수 그리스도께서 우리를 위하여 그것을 얻어 주셨습니다. 9 그리고 동냥을 하는 데 수고하는 형제들은 큰 보상을 받을 것이며, 동냥을 주는 이들에게 큰 보상을 얻어 누리도록 해 줍니다. 사실, 사람들이 이 세상에 남겨 두는 모든 것은 사라지지만 그들이 행한 사랑과 동냥에 대해서는 주님께로부터 상을 받을 것이기 때문입니다.

10 그리고 각자는 자신이 필요한 것을 남에게 거리낌 없이 드러내어, 그가 자신에게 필요한 것을 찾아서 줄 수 있도록 할 것입니다. 11 그리고 마치 어머니가 자기 자녀를 사랑하고 기르듯이(참조: 1테살 2,7), 각자는 하느님께서 자신에게 베풀어 주시는 은총에 따라 자기 형제를 사랑하고 기를 것입니다. 12 그리고 "먹는 사람은 먹지 않는 사람을 업신여겨서는 안 되고[37], 먹지 않는 사람은 먹는 사람을 심판해서는 안 됩니다"(로마 14,3).

---

36) 이 구절의 "정당한 권리"는 "유스티찌아"(iustitia)를 우리말로 옮긴 것으로, 이 라틴어는 "정의"라는 뜻을 지니고 있다.
37) 에써 비판본: "먹는 사람은 먹지 않는 사람을 업신여겨서는 안 되고" 생략.

13 그리고 "사제들이 아니면 아무도 먹을 수 없었던"(마르 2,26) "제사 빵을 먹은"(마태 12,4) 다윗에 대해 주님께서 말씀하신 대로, 모든 형제들은 어디에 있든지 간에 필요성이 생길 때마다 사람이 먹을 수 있는 음식은 다 먹어도 됩니다. 14 그리고 주님께서 하시는 말씀을 기억할 것입니다. "너희는 스스로 조심하여, 방탕과 만취와 일상의 근심으로 너희 마음이 물러지는 일이 없도록 하여라. 15 그리고 그 날이 너희를 덫처럼 갑자기 덮치지 않게 하여라. 그 날은 온 땅 위에 사는 모든 사람에게 들이닥칠 것이다"(루카 21,34-35). 16 마찬가지로 분명한 필요성이 있을 때에는 주님께서 형제들에게 베풀어 주시는 은총에 따라, "필요성 앞에는 법이 없기"[38] 때문에, 모든 형제들은 필요한 것을 쓸 수 있습니다.

〔제10장: 앓는 형제들에 대하여〕

1 만일, 형제들 가운데 누군가가 병이 나면 그 형제가 어디에 있든지 다른 형제들은 그를 버려두지 말고, 오히려 자신들이 봉사받기를 원하는 것과 마찬가지로(참조: 마태 7,12) 그에게 봉사할 형제 한 사람 또는 필요하면 여러 형제들을 정할 것입니다. 2 그러나 부득이한 경우, 그 앓는 형제를 다른 사람에게 맡겨 그 형제를 잘 보살펴 주도록 할 것입니다. 3 그리고 나는 앓는 형제에게 부탁합니다. 모든 일에 대해서 창조주께 감사를 드리십시오. 건강하든 병약하든 건강에 있어서는 주님께서 원하시는 대로 되기를

---

38) 「Decretum Gratiani」, P.II.C.q.1 glossa ante c. 40; Guilelmus de St. Thierry, 「Commentatio ex Bernardo」 33, 『Patrologiae cursus completus. Series latina 184』, 433. 이 구절을 직역하면, "필요성은 법을 갖지 않는다"로 옮길 수 있으며, 이는 "필요성은 법을 초월한다"는 것을 뜻한다.

바라십시오. 왜냐하면 "내가 사랑하는 사람들을 나는" 책망도 하고[39] "징계도 한다"(묵시 3,19)고 주님께서 말씀하시듯이 하느님께서는 "영원한 생명을 얻도록 정해진"(사도 13,48) 모든 사람을 채찍과 병고의 자극제와 통회의 정신으로 가르치시기 때문입니다. 4 그러나 만일 누가 하느님이나 형제들에게 흥분하거나 화를 내고 혹은 영혼의 원수이며 곧 죽을 육신의 건강이 회복되기를 너무 갈망한 나머지 조바심에서 지나치게 약을 요구한다면, 이는 악에서 나오는 것이며 육적인 것입니다. 그 사람은 영혼보다 육신을 더 많이 사랑하기에 형제다운 사람이 못 됩니다.

〔제11장: 형제들은 모욕하거나 헐뜯지 말고
서로 사랑할 것입니다〕

1 그리고 모든 형제들은 누군가를[40] 중상하거나 논쟁을 벌이지 않도록(참조: 2티모 2,14) 조심하고, 2 오히려 주님께서[41] 형제들에게 은총을 주실 때마다 침묵을 지키도록 힘쓸 것입니다. 3 형제들끼리 혹은 다른 사람들과 말다툼하지 말 것이며, 오히려 "저는 쓸모없는 종입니다"[42](루카 17,10) 하고 겸손하게 대답하도록 할 것입니다. 4 그리고 "자기 형제에게 성을 내는 자는 누구나 재판에 넘겨지며, 자기 형제에게 '바보!'라고 하는 자는 최고 의회에 넘겨지고, '멍청이!'라고 하는 자는 불붙는 지옥에 넘겨질 것이

---

39) 파울라찌 비판본: "책망하고"(arguo); 에써 비판본: "훈계하고"(corrigo).
40) 에써 비판본: "누군가를"(aliquem) 생략.
41) 파울라찌 비판본: "주님께서"(Dominus); 에써 비판본: "하느님께서"(Deus).
42) 파울라찌 비판본: "저희는 쓸모없는 종들입니다"(Inutiles servi sumus); 에써 비판본: "저는 쓸모없는 종입니다"(Inutilis servus sum).

니"(마태 5,22) 성을 내지 말 것입니다. 5 그리고 "이것이 나의 계명이다. 내가 너희를 사랑한 것처럼 너희도 서로 사랑하여라"(요한 15,12) 하고 주님께서 말씀하신 대로 서로 사랑할 것입니다. 6 그리고 "우리는 말과 혀로 사랑하지 말고 행동으로 진리 안에서 사랑합시다"(1요한 3,18)라고 사도가 말하듯이 서로 간에 지니고 있는 사랑을 행동으로 보여 줄 것입니다(참조: 야고 2,18). 7 그리고 "남을 중상하지 말 것입니다"(티토 3,2). 8 "중상꾼과 험담꾼은 하느님의 미움을 삽니다"(로마 1,29-30)라고 적혀 있으니, 불평하거나 남을 헐뜯지 말 것입니다.

9 그리고 "모든 사람을 언제나 온유하게 대하면서"(티토 3,2) 온순해야 합니다. 10 판단하지 말고, 단죄하지 말 것입니다. 11 그리고 주님께서 말씀하시는 대로, 다른 사람들의 미미한 죄들을 생각하지 말고(참조: 마태 7,3; 루카 6,41), 12 오히려 "쓰라린 마음으로"(이사 38,15) 자기 자신의 더 큰 죄를 돌이켜 볼 것입니다. 13 그리고 "생명으로 이끄는 문은 얼마나 좁고 또 그 길은 얼마나 비좁은지, 그리로 찾아드는 이들이 적다"(마태 7,14) 하고 주님께서 말씀하시므로 "좁은 문으로 들어가는 것을"(루카 13,24) 흡족해하십시오.

〔제12장: 불순한 시선과 여자들과의
잦은 만남에 대하여〕

1 모든 형제들은 어디에 있든지 어디에 가든지 여자들에 대한 불순한 시선과 잦은 만남을 스스로 조심할 것입니다. 2 그리고 아무도 혼자서 여자들과 상의하지 말 것입니다[43]. 3 사제들은 고해

---

43) 에써 비판본에는 2절에 "그리고 아무도 그들과 단독으로 이야기하거나 길에서 그들

성사를 주거나 영적 조언을 할 때 그들과 정숙하게 이야기할 것입니다. 4 그리고 어떤 형제든지 절대로 어느 여자를 순종에로[44] 받아들이지 말 것이며, 영적 조언을 한 후에 그 여자가 원하는 곳에서 회개 생활을 하도록 해 줄 것입니다. 5 그리고 우리 모두 우리 자신을 힘써 지키고 우리의 모든 지체를 깨끗하게 보존합시다. 주님께서 말씀하십니다. "음욕을 품고 여자를 바라보는 자는 누구나 이미 마음으로 그 여자와 간음한 것이다"(마태 5,28)[45].

〔제13장: 간음을 피할 것입니다〕

1 형제들 가운데 누군가가 마귀의 충동으로 간음을 범했다면, 자기의 더러운 죄로 인해서 입을 자격을 잃어버린[46] 수도복을 완전히 벗어야 하고, 그는 우리 수도회에서 완전히 제명되어야[47] 할 것입니다. 2 그런 후에 그는 죄에 대한 보속을 해야 할 것입니다(참조: 1코린 5,4-5).

과 함께 걸어가거나 식탁의 같은 그릇에서 식사하지 말 것입니다"(Et nullus cum eis consilietur aut per viam vadat solus aut ad mensam in una paropside comedat)라는 구절이 추가되어 나타난다.

44) 프란치스코와 클라라는 수도 생활을 "순종 생활"이라고도 표현하는데(참조: 「미인준 규칙」2,9; 「클라라 규칙」2,14), 이 구절에 나타나는 "순종" 또한 '순종 생활'을 의미한다(참조: 「인준 규칙」2,11).

45) 에서 비판본에는 "그리고 사도가 말합니다: '여러분의 몸이 여러분 안에 계시는 성령의 성전임을 모릅니까?'(1코린 6,19). 따라서 '누구든지 하느님의 성전을 파괴하면 하느님께서도 그자를 파멸시키실 것입니다'(1코린 3,17)"라는 구절이 추가되어 나타난다.

46) 파올라찌 비판본: habitum quem ex sua turpi; 에써 비판본: habitu exuatur quem pro sua turpi.

47) 파올라찌 비판본: "제명되다"(expellatur); 에써 비판본: "쫓겨나다"(repellatur).

〔제14장: 형제들이 세상을 어떻게 다녀야 할 것인가〕

1 형제들은 세상을 두루 다닐 때, "여행을" 위해 "아무것도" (루카 9,3), "여행 보따리도 돈주머니도"(루카 10,4) "빵도 돈도"(루카 9,3) "지팡이도"(마태 10,10) 지니지 말 것입니다. 2 그리고 "어느 집에 들어가든지 먼저 '이 집에 평화를 빕니다' 하고 말할 것입니다" (루카 10,5). 3 그리고 "같은 집에 머무르면서 주는 것을 먹고 마시십시오"(루카 10,7). 4 "악인에게 맞서지 말 것이며"(마태 5,39), 오히려 "뺨을 때리는 자에게 다른 뺨을 내밀 것입니다"(마태 5,39; 루카 6,29). 5 그리고 "겉옷을 가져가는 자가 속옷마저 가져가는 것을" (루카 6,29) 막지 말 것입니다. 6 "달라고 하면 누구에게나 주고", 자기 것을 "가져가는 이에게서" 그것을 "되찾으려고 하지 말 것입니다"(루카 6,30).

〔제15장: 형제들은 말을 타지 말 것입니다〕

1 나는 성직형제들이든 평형제들이든 나의 모든 형제들에게 명합니다. 세상을 돌아다니거나 아니면 어느 거처에 머물거나 간에, 형제들의 집에서든 다른 사람의 집에서든 어떤 방식으로도 절대로 어떤 종류의 짐승[48]도 갖지 마십시오. 2 그리고 아프거나 꼭 필요한 경우가 아니면 말을 타지 말 것입니다.

---

48) 보통은 짐을 실어 나르는 짐승을 뜻하지만 여기서는 가축도 포함된다. 13세기 회헌에서는 물건을 실어 나르는 짐승이나 사냥개나 사냥매도 여기에 포함되었다.

〔제16장: 사라센인들과 다른 비신자들 가운데로 가는 형제들〕

1 주님께서 말씀하십니다. "나는 이제 양들을 이리 떼 가운데로 보내는 것처럼 너희를 보낸다. 2 그러므로 뱀처럼 슬기롭고 비둘기처럼 순박하게 되어라"(마태 10,16). 3 그러므로 하느님의 영감을 받아[49] 사라센인들과 다른 비신자들 가운데로 가기를 원하는 형제는 누구나 자기 봉사자요 종의 허락을 받고 나서 갈 것입니다[50]. 4 그리고 봉사자는 그들이 파견에 적합하다고 생각되면, 그들에게 허락을 해 줄 것이며 반대하지 말 것입니다. 사실, 봉사자가 이 일에 있어서나 다른 일들에 있어서 분별없이 일들을 처리한다면 주님께 이를 셈 바쳐야 할 것입니다(참조: 루카 16,2). 5 그리고 파견되는 형제들은 그들 가운데서 두 가지 방법으로 영적으로 지낼 수 있습니다. 6 한 가지 방법은 말다툼이나 논쟁을 하지 않고 "하느님 때문에 모든 인간 피조물에게"(1베드 2,13) 아랫사람이 되고 자신들이 그리스도인임을 고백하는 일입니다. 7 다른 방법은 하느님을[51] 기쁘게 해 드리는 일이라고 볼 때에 하느님의 말씀을 전하여, 그들로 하여금 성부와 성자와 성령이시고 만물의 창조주이신 전능하신 하느님과 구세주요 구원자이신 아드님을 믿도록 하여, 그들이 세례를 받아 그리스도인이 되도록 하는 일입니다. "누구든지 물과 성령으로 태어나지 않으면 하느님 나라에 들어갈 수 없기"(요한 3,5) 때문입니다.

8 주 하느님을 기쁘게 해 드리는 이런 것들과 다른 것들을 그

---

49) 에써 비판본: "하느님의 영감을 받아"(divina inspiratione) 생략.
50) 파올라찌 비판본: vadant; 에써 비판본: vadat.
51) 파올라찌 비판본: "하느님을"(Deo); 에써 비판본: "주님을"(Domino).

들과 다른 이들에게 말할 수 있습니다. 주님께서 복음에서 이렇게 말씀하시기 때문입니다. "누구든지 사람들 앞에서 나를 안다고 증언하면 나도 하늘에 계신 내 아버지 앞에서 그를 안다고 증언할 것이다"(마태 10,32). 9 또, "누구든지 나와 내 말을 부끄럽게 여기면 사람의 아들도 자기의 영광과 아버지와 거룩한[52] 천사들의 영광에 싸여 올 때에 그를[53] 부끄럽게 여길 것이다"(루카 9,26).

10 그리고 모든 형제들은, 어디에 있든지, 우리[54] 주 예수 그리스도께 자기 자신을 봉헌했고 자신의 몸을 내맡겼다는 것을 기억할 것입니다. 11 또한, 그분의 사랑을 위하여 볼 수 있거나 볼 수 없는 원수들에게도 자기 자신을 내놓아야 합니다. 주님께서 이렇게 말씀하시기 때문입니다. "나 때문에 자기 목숨을 잃는 그 사람은 영원한 생명으로"(마태 25,46) 그것을 "구할 것이다"(루카 9,24). 12 "행복하여라. 의로움 때문에 박해를 받는 사람들! 하늘 나라가 그들의 것이다"(마태 5,10). 13 "사람들이 나를 박해하였으면 너희도 박해할 것이다"(요한 15,20). 14 "어떤 고을에서 너희를" 박해하거든 "다른 고을로 피하여라"(마태 10,23). 15 "사람들이 너희를 미워하고"(루카 6,22) "너희를 비난하고"(마태 5,11) 너희를 박해하고 "너희를 갈라지게 하고 모욕하고 너희 이름을 중상하면"(루카 6,22), 그리고 "너희를 거슬러 거짓으로 온갖 사악한 말을 하면"(마태 5,11), "너희는 행복하다!"(마태 5,11). 16 "너희가 하늘에서 받을 상이"(마태 5,12) 많기에, "그 날에 기뻐하고 뛰놀아라"(루카 6,23). 17 또, 나는 "나의 벗인 너희에게 말한다. 아무도 두려워하지 마라"(루카 12,4). 18 "육신을 죽이는 자들을 두려워하지 마라"(마태 10,28). "그

---

52) 에써 비판본: "거룩한"(sanctorum) 생략.
53) 파올라찌 비판본에는 "그를"(eum)이 생략되었으며, 여기서는 에써 비판본을 따랐다.
54) 에써 비판본: "우리"(nostro) 생략.

들은 그 이상 아무것도 하지 못한다"(루카 12,4). 19 "불안해하지 않
도록 주의하여라"(마태 24,6). 20 사실, "너희는 인내로써 생명을 얻
어라"(루카 21,19). 21 또, "끝까지 견디는 이는 구원을 받을 것이
다"(마태 10,22; 24,13).

〔제17장: 설교자들〕

1 어떤 형제도 거룩한 교회의 규범과 규정을 어기면서, 또 자
기 봉사자의 허락 없이 설교하지 말 것입니다. 2 그리고 봉사자
는 아무에게나 분별없이 이를 허락하지 않도록 조심할 것입니다.
3 오히려 모든 형제들은 행동으로 설교할 것입니다. 4 그리고 어
떤 봉사자나 설교자도 봉사 직분[55]이나 설교의 직책을 자기의 것
으로 소유하지 말 것이며, 오히려 어느 때라도 명령을 받았으면
어떤 이의도 제기하지 말고 자기의 직책을 그만둘 것입니다.

5 그러므로 하느님이신 사랑 안에서(참조: 1요한 4,8.16) 성직형제
들이든 평형제들이든 나의 모든 형제들, 즉 설교하는 형제들, 기
도하는 형제들, 노동하는 형제들에게 간청합니다. 매사에 자기
자신을 낮추도록 노력하고, 6 어떤 때 하느님께서 여러분 안에서
그리고 여러분을 통해서 행하시거나 말씀하시고 이루시는 좋은
말과 일에 대해서, 더 나아가 어떤 선에 대해서도 자랑하지 말고,
스스로 기뻐하지 말며, 마음속으로 자기 자신을 높이지 않도록
하십시오. 주님께서 말씀하시는 대로, "영(靈)들이 복종하는 것을
기뻐하지 마십시오"(루카 10,20). 7 그리고 우리의 것이라고는 악습

---

55) 파울라찌 비판본: "봉사 직분"(ministerium); 에써 비판본: "형제들에 대한 봉사 직
분"(ministerium fratrum).

과 죄밖에는 아무것도 없다는 사실을 우리는 확실히 알고 있어야 합니다. 8 오히려 "갖가지 시련을 당할 때"(야고 1,2)와, 영원한 생명을 얻기 위하여 이 세상에서 영혼이나 육신의 온갖 괴로움이나 고생을 견딜 때 우리는 더 기뻐해야 합니다.

9 그러므로 형제들이여, 우리 모두 온갖 교만과 헛된 영광을 조심합시다. 10 그리고 이 세상의 지혜와 "육(肉)의 관심사에서"(로마 8,6-7) 우리 자신을 지킵시다. 11 실상, 육의 영(靈)[56]은 말마디만을 소유하기를 무척 원하고 애를 쓰지만, 실천을 하는 데에는 그렇지 않습니다. 12 그리고 영의 내적인 신앙심과[57] 성덕(聖德)을 추구하지 않고 사람들에게 겉으로 드러나는 신앙심과 성덕을 원하고 열망합니다[58]. 13 주님께서 바로 이런 사람들을 두고 말씀하십니다. "내가 진실로 너희에게 말한다. 이들은 자기들이 받을 상을 이미 받았다"(마태 6,2). 14 이와 반대로 주님의 영은 육이 혹독한 단련과 모욕을 당하기를 원하며, 천한 것으로 여겨지고 멸시받고 수치당하기를[59] 원합니다. 15 그리고 겸손과 인내, 그리고 순수하고 단순하며 참된, 영의 평화를[60] 얻도록 힘씁니다. 16 그리고 무

---

56) "육의 영"(spiritus carnis)은 자연스럽지 않은 표현이지만, 14절의 "주님의 영"(spiritus Domini)과 대조되는 개념으로 사용되고 있기에, 원문의 의미를 살려 옮겼다.
57) 파올라찌 비판본: "영의 내적인 성덕을"(sanctitatem interiorem spiritus); 에써 비판본: "내적인 영 안에서 성덕을"(sanctitatem in interiori spiritu).
58) 파올라찌 비판본: "신앙심과 성덕을 열망합니다"(desiderat religionem et sanctitatem); 에써 비판본: "신앙심과 성덕을 얻기를 열망합니다"(desiderat habere religionem et sanctitatem).
59) 에써 비판본: "수치당하기를"(opprobriosam) 생략.
60) "순수하고 단순하고 참된, 영의 평화"는 카예탄 에써의 비판본을 우리말로 옮긴 것으로 라틴어 본문은 "puram et simplicem et veram pacem spiritus"이며, 파올라찌 비판본에는 이 구절이 다음과 같이 나타난다: "puram simplicitatem et veram pacem spiritus"(순수한 단순성과 영의 참된 평화). 이는 1209년 9월 2일 「아씨시와 페루쟈 전쟁의 중재안」에 들어 있던 다음과 같은 구절, 즉 "bonam et puram et sinceram pacem"(좋고

엇보다도 항상 성부와 성자와 성령의 신성한 두려움과 신성한 지혜와 신성한 사랑을 얻기를 갈망합니다.

17 그리고 우리는 지극히 높으시고 지존하신 주 하느님께 모든 좋은 것을 돌려드리고, 모든 좋은 것이 바로 그분의 것임을 깨달으며[61], 모든 선에 대해 그분께 감사드립시다. 모든 선이 그분에게서 흘러나옵니다. 18 그리고 모든 선의 주인이시며 홀로 선하신, 지극히 높으시고 지존하시며 홀로 참되신 하느님께서 모든 영예와 존경과 모든 찬미와 찬송과 모든 감사와 모든[62] 영광을 지니시고, 또한 돌려받으시며, 받으시기를 빕니다(참조: 루카 18,19).

19 그리고 누가 하느님께 대해 악한 말을 하거나 악한 짓을 하거나 그분을 모독하는 것을 보거나 들을 때, 우리들은 좋은 말을 하고 좋은 일을 행하며 "영원히 찬미받으실"(로마 1,25) 하느님을 찬양합시다(참조: 로마 12,21).

〔제18장: 봉사자들의 모임〕

1 각 봉사자는 하느님에 관한 일을 다루기 위해 자기 형제들과 같이 매년 성 미카엘 대천사 축일에 그들이 원하는 곳에서 함께 모일 수 있습니다. 2 그리고 전 형제회의 봉사자요 종이 달리 결정하지 않는 한, 바다 건너 지방과 산맥 너머 지방[63]의 모든 봉사자

순수하고 진정한 평화)이 반영된 것으로 추정된다(참조: Arnaldo Fortini, 『Nova vita di san Francesco. Volume III. Appendice. Assisi al tempo del santo. Gli archivi assisani. I documenti』, Edizioni Assisi, Assisi, 1959, 571).
61) 파올라찌 비판본: "다시 깨닫다"(recognoscamus); 에쎄 비판본: "알다"(cognoscamus).
62) 에쎄 비판본: "모든"(omnem) 생략.
63) 바다 건너 지방이란 이탈리아에서 지중해 건너에 있는 지방을 말하고, 산맥 너머 지방이란 이탈리아 북쪽으로 알프스 산맥 너머에 있는 지방을 말한다.

들은 삼 년에 한 번, 다른 봉사자들은 일 년에 한 번, 포르찌운쿨라 성 마리아 성당에서 열리는 성령 강림 총회에 모일 것입니다.

〔제19장: 형제들은 가톨릭 신자답게
생활할 것입니다〕

1 모든 형제들은 가톨릭 신자여야 하고, 가톨릭 신자답게 생활하고 말해야 합니다. 2 만일, 어떤 형제가 말이나 행동에 있어서 가톨릭 신앙과 생활에서 벗어나 있는데도, 이를 고치려 하지 않는다면 그는 우리 형제회에서 완전히 쫓겨나야 합니다. 3 그리고 우리는 영혼의 구원에 관한 일들과 우리 수도회의 정신에 벗어나지 않는 일들에 있어서 모든 성직자들과 모든 수도자들을 주인으로 모시고, 주님 안에서 그들의 성품(聖品)과 직책과 봉사 직분을 존중하도록 합시다.

〔제20장: 고해성사, 그리고 우리 주 예수 그리스도의
몸과 피를 받아 모심〕

1 축복받은 나의 형제들은 성직형제들이든 평형제들이든 우리 수도회의 사제들에게 자기 죄를 고백할 것입니다. 2 그리고 이것이 불가능할 때에는 다른 사려 깊은 가톨릭 사제들에게 고백할 것이니, 어느 가톨릭 사제들로부터 보속과 사죄를 받고 나서, 자신에게 주어진 보속을 겸손하고 성실하게 실행한다면, 의심할 여지 없이 그 죄를 용서받는다는 사실을 확실히 알고 명심해야 합니다. 3 그런데 사제를 찾지 못할 상황이면 "서로 죄를 고백하십시오"(야고 5,16)라고 야고보 사도가 말한 대로 자기 형제에게 고

백할 것입니다. 4 그러나 사제들만이 죄를 묶고 푸는 권한을 갖고 있으므로 이러한 이유로 형제들은 사제들에게[64] 달려가야 함을 잊어서는 안 됩니다. 5 그리고 이렇게 뉘우치고 고백하고 나서, 주님께서 하신 다음 말씀들을 기억하면서 크나큰 겸손과 공경으로 우리 주 예수 그리스도의 몸과 피를 받아 모실 것입니다. "내 살을 먹고 내 피를 마시는 사람은 영원한 생명을 얻을 것이다"(요한 6,55). 6 또, "나를 기억하여 이를 행하여라"(루카 22,19).

[제21장: 모든 형제들이 할 수 있는 찬미와 권고]

1 그리고 나의 모든 형제들은 좋다고 생각될 때마다 하느님의 축복을 받아 다음과 같이 혹은 다음과 비슷하게 권고와 찬미를 누구에게나 전할 수 있습니다. 2 여러분은 만물의 창조주이시고 성부와 성자와 성령이시며 삼위와 일체이신 전능하신 주 하느님을 경외하고 공경하며 찬미하고 찬양하며 감사드리고(참조: 1테살 5,18) 흠숭하십시오. 3 [여러분은] 우리가 곧 죽는다는 사실을 알고 있기에[65] "회개하고"(마태 3,2) "회개에 합당한 열매를 맺으십시오"(루카 3,8). 4 "주십시오. 그러면 받을 것입니다"(루카 6,38). 5 "용서하십시오"(루카 6,37). 그러면 여러분도 용서받을 것입니다. 6 그리고 "여러분이 용서하지 않으면"[66], 주님께서도 "여러분의 허물을 용서하지"(마르 11,26) 않으실 것입니다. "여러분의" 모든 "죄

---

64) 파올라찌 비판본: "사제들에게"(sacerdotes); 에써 비판본: "사제에게"(sacerdotem).
65) 파올라찌 비판본: "죽는다는 사실을 알고 있기에"(quia scitote quod cito moriemur); 에써 비판본: "죽을 것이기에"(quia cito moriemur).
66) 파올라찌 비판본: "여러분이 용서하지 않으면"(Et si non dimiseritis); 에써 비판본: "너희가 다른 사람들의 죄를 용서하지 않으면"(Et si non dimiseritis hominibus peccata eorum).

를 고백하십시오"(야고 5,16). **7** 회개하고 죽는 이들은 하늘 나라에 들어갈 것이니 복됩니다. **8** 회개하지 않고 죽는 이들은 불행합니다, 악마가 한 일을 따라 하여(참조: 요한 8,41) "악마의 자녀"(1요한 3,10)가 되고 "영원한 불 속으로"(마태 18,8; 25,41) 갈 것이니! **9** 여러분은 온갖 악을 경계하고 멀리하며 끝날까지 선에 항구하십시오.

〔제22장: 형제들에게 주는 권고〕

1 모든 형제들이여, 우리는 "원수를 사랑하고 너희를 미워하는 자들에게 잘해 주어라"(마태 5,44) 하신 주님의 말씀에 귀를 기울입시다. **2** 우리가 발자취를 따라야 할(참조: 1베드 2,21) 우리 주 예수 그리스도께서 당신을 넘겨준 사람을 벗이라 부르시고(참조: 마태 26,50) 또한 당신을 십자가에 못 박은 사람들에게 기꺼이 자신을 내주셨기 때문입니다. **3** 그러므로 우리에게 부당하게 번민과 괴로움, 부끄러움과 모욕, 고통과 학대, 순교와 죽음을 당하게 하는 모든 이들이 바로 우리의 벗들입니다. **4** 그들이 우리에게 끼치는 그것들로 말미암아 우리들은 영원한 생명을 누릴 것이기에 우리는 그들을 극진히 사랑해야 합니다.

5 그리고 육체는[67] 육적으로 삶으로써 우리를 주 예수 그리스도의[68] 사랑과 영원한 생명에서 떼어 놓기를 원하고, 또한 모든 이와 함께 자신이 지옥에 떨어져 망하기를 원하고 있으므로, 우

---

67) 파올라찌 비판본에는 "마귀"(diabolus)가 생략되어 있으며, '육체'가 주어이다. 이에 비해 에써 비판본에는 다음과 같이 "마귀"(diabolus)가 주어로 나타난다: "그리고 마귀는 우리가 육적으로 삶으로써…".

68) 파올라찌 비판본: "우리 주 예수 그리스도의"(Domini nostri Jesu Christi); 에써 비판본: "예수 그리스도의"(Jesu Christi).

리는 우리의 육체를 그 악습과 죄와 함께 미워해야 합니다. 6 우리는 우리의 탓으로 말미암아 악취를 풍기며 비참하게 되고 선(善)을 거스르며, 악(惡)에 기울고 악을 범하려 하기 때문입니다. 주님께서 복음에서 말씀하시듯이, 7 "나쁜 생각들, 간음, 불륜, 살인, 도둑질, 탐욕, 악의, 사기, 방탕, 시기", 거짓 증언, "욕설, 교만[69], 어리석음이 사람의[70] 마음에서 나오고"(마르 7,21-22; 마태 15,19) 또 나가기 때문입니다. 8 "이런 악한 것들은 모두"(마르 7,23) 인간의 마음 안에서 나오고 또한 "이런 것들이 사람을 더럽힙니다"(마태 15,20).

9 그런데 세속을 떠난 우리에게는 이제 힘써[71] 주님의 뜻을 따르고 그분[72]을 기쁘게 해 드리는 일밖에 다른 할 일이 없습니다. 10 주님께서 복음에서 말씀하시는 대로, 우리는 길가나 돌밭이나 가시덤불로 된 땅이 되지 않도록 온갖 주의를 다합시다. 11 "씨는 하느님의 말씀입니다"(루카 8,11). 12 그런데 "길가에 떨어져 발에 짓밟혔다는 것은"(루카 8,5) "하느님 나라에 관한[73] 말씀을 듣기는 하지만" 깨닫지 "못하는 사람들을 두고 하는 말입니다"(마태 13,19; 루카 8,12). 13 그리고 "그들이 믿어서 구원받지 못하도록"(루카 8,12), "곧바로"(마르 4,15) "악마가 와서"(루카 8,12) "그들의 마음에 뿌려진 것들을"(마르 4,15) "잡아채"(마태 13,19) "그들의 마음에서 말씀들을 빼앗아 갑니다"(루카 8,12). 14 또, "돌밭에"(마태 13,20) 떨어졌다는 것은 "말씀을 들으면 즉시 그 말씀을 기쁘게"(마르 4,16) "받아들이

---

69) 에써 비판본: "교만"(superbia) 생략.
70) 에써 비판본: "사람"(hominum) 생략.
71) 에써 비판본: "이제 힘써"(ut solliciti simus) 생략.
72) 파올라찌 비판본: "그분"(ipsi); 에써 비판본: "그분 자신"(sibi ipsi).
73) 에써 비판본: "하느님 나라에 관한"(regni) 생략.

기는 하지만"(루카 8,13), 15 "그 말씀 때문에 환난이나 박해가 일어나면 곧 걸려 넘어지는 사람들을 두고 하는 말입니다"(마태 13,21). 이들에게는 뿌리가 없어서 "오래 가지 못하는데"(마르 4,17), "잠시 믿다가 시련의 때가 오면 떨어져 나갑니다"(루카 8,13). 16 또, "가시덤불에 떨어졌다는 것은"(루카 8,14) "하느님의 말씀을 듣기는 하지만"(마르 4,18) "이 세상의"(마태 13,22) "걱정과"(마르 4,19) "재물의 유혹과"(마태 13,22) "그 밖의 여러 가지 욕심이 들어가 그 말씀을 질식시켜 버려 열매를 못 맺는 사람들을 두고 하는 말입니다"(마르 4,19). 17 "그러나 좋은 땅에"(루카 8,15) "뿌려졌다는 것은"(마태 13,23) "착하고 갸륵한 마음으로 말씀을 듣고"(루카 8,15) 깨닫고(참조: 마태 13,23) "간직하여 인내로써 열매를 맺는 사람들을 두고 하는 말입니다"(루카 8,15). 18 그러므로 우리 형제들은, 주님께서 말씀하시듯이, "죽은 이들의 장사는 죽은 이들에게"(마태 8,22) 맡겨 둡시다.

19 그리고 사탄의 사악함과 교활함에 온갖 주의를 다합시다. 사탄은 인간이 자신의 정신과 마음을 주 하느님[74]께 향하지 않기를 바라고 20 또한 주위를 배회하면서 어떤 보상이나 도움을 구실로 인간의 마음을 빼앗아 가고, 주님의 말씀과 계명들을 기억에서 질식시키기를 바랍니다. 또한, 이 세상일과 걱정에 사로잡히게 하여 인간의 마음을 눈멀게 하고 자기가 그 자리를 차지하려고 합니다. 21 주님께서 이렇게 말씀하십니다. "더러운 영이 사람에게서 나가면, 쉴 데를 찾아 물 없는 곳을 돌아다닌다"(마태 12,43). 22 "그러다가 찾지 못하면 '내가 나온 집으로 돌아가야지' 하고 말한다"(루카 11,24). 23 "그리고 가서 그 집이 비어 있을 뿐만 아니라 말끔히 치워지고 정돈되어 있는 것을 보게 된다"(마태

---

74) 파올라찌 비판본: "주 하느님"(Dominum Deum); 에써 비판본: "하느님"(Deum).

12,44). **24** "그러면 다시 나와, 자기보다 더 악한 영 일곱을 데리고 그 집에 들어가 자리를 잡는다. 그리하여 그 사람의 끝이 처음보다 더 나빠진다"(루카 11,26).

25 그러므로 우리 모든 형제들은 무슨 보상이나 업적이나 도움을 구실로 우리의 정신과 마음을 주님으로부터 떨어지게 하거나 빼앗기지 않도록 우리 자신을 힘써 지킵시다. **26** 그러므로 하느님이신 거룩한 사랑 안에서(참조: 1요한 4,16), 나는 봉사자들뿐만 아니라 다른 모든 형제들에게 부탁합니다. 온갖 장애를 멀리하고 모든 근심 걱정을 물리쳐 할 수 있는 최선의 방법으로 무엇보다도 주 하느님께서 요구하시는 일, 즉 그분을 깨끗한 마음과 순수한 정신으로 섬기고 사랑하며 공경하고 흠숭하도록 하십시오.

27 그리고 우리는 성부와 성자와 성령이신 전능하신 주 하느님께 집과 거처를 항상 마련해 드립시다[75](참조: 요한 14,23). 그분께서는 이렇게 말씀하십니다. "너희는 앞으로 일어날 이 모든" 악에서 "벗어나 사람의 아들 앞에 설 수 있는 힘을 지니도록 늘 깨어 기도하여라"(루카 21,36). **28** 그리고 "너희가 서서 기도할 때에"(마르 11,25) "이렇게 하여라"(루카 11,2). "하늘에 계신 우리 아버지"(마태 6,9). **29** 그리고 "낙심하지 말고 끊임없이 기도해야 하기에"(루카 18,1) 우리는 그분을 깨끗한 마음으로 흠숭합시다. **30** 사실, "아버지께서는 이렇게 흠숭하는 이들을 찾으십니다". **31** "하느님은 영(靈)이십니다. 그러므로 그분을 흠숭하는 이는 영과 진리 안에서 흠숭드려야 합니다"(요한 4,23-24).

32 그리고 우리는 우리 "영혼의 목자이시며 보호자이신 그분께"

---

75) 카예탄 에써는 그의 비판본에서 "이비"(ibi, 거기에) 부사를 본문으로 받아들이고 있다. 따라서 그의 비판본에서 이 구절은 "집과 거처를 거기에 항상 마련해 드립시다"가 되며, "거기에"는 26절의 "깨끗한 마음과 순수한 정신"을 가리킨다.

(1베드 2,25) 달려갑시다. 그분께서는 이렇게 말씀하십니다. "나는 착한 목자이다. 나는 내 양들을 먹인다. 나는 내 양들을 위하여 내 목숨을 내놓는다"(요한 10,14ㄱ.15ㄴ). **33** "너희는 모두 형제다". **34** "또, 이 세상 누구도" 너희의 "아버지라고 부르지 마라. 너희의 아버지는 오직 한 분, 하늘에 계신 그분뿐이시다". **35** "너희는 스승이라고 불리지 않도록 하여라. 너희의 스승님은" 하늘에 계신 그리스도 "한 분뿐이시기"(마태 23,8-10) 때문이다. **36** "너희가 내 안에 머무르고 내 말이 너희 안에 머무르면, 너희가 원하는 것은 무엇이든지 청하여라. 너희에게 그대로 이루어질 것이다"(요한 15,7). **37** "두 사람이나 세 사람이라도 내 이름으로 모인 곳에는 그들 가운데 나도 함께 있다"(마태 18,20). **38** "내가 세상 끝날까지 언제나"(마태 28,20) 너희와 함께 있다. **39** "내가 너희에게 한 말은 영이며 생명이다"(요한 6,63). **40** "나는 길이요 진리요 생명이다"(요한 14,6).

41 그러므로 우리는 그분의 말씀과 생애와 가르침과 그분의 거룩한 복음을 마음에 간직하도록 합시다. 그분께서는 당신 아버지께 우리를 위해 청하시고, 아버지의 이름을 우리에게 분명히 알려 주시면서 이렇게 말씀하십니다[76]. **42** 아버지, "아버지께서 저에게 주신 이 사람들에게 저는 아버지의 이름을 드러냈습니다"(요한 17,6). "아버지께서 저에게 주신 말씀을 제가 이들에게 주고, 이들은 또 그것을 받아들였기 때문입니다. 그리하여 이들은 제가 아버지에게서 나왔다는 것을 받아들였고 참으로[77] 알았으며, 아버지께서 저를 보내셨다는 것을 믿게 되었습니다. **43** 저는 이들을 위

---

76) 에써 비판본에는 41절 뒤에 다음과 같은 구절이 첨가되어 있다: "'아버지, 아버지의 이름을 영광스럽게 하십시오.'(요한 12,28ㄱ). '아들이 아버지를 영광스럽게 하도록 아버지의 아들을 영광스럽게 해 주십시오.'(요한 17,1ㄴ)".
77) 에써 비판본: "참으로"(vere) 생략.

하여 빕니다. 44 세상을 위해서가 아니라 아버지께서 저에게 주신 이들을 위하여 빕니다. 이들은 아버지의 사람들이기 때문입니다. 저의 것은 다 아버지의 것입니다"(요한 17,8-10). 45 "거룩하신 아버지, 아버지께서 저에게 주신 이름으로 이들을 지키시어, 이들도 우리처럼 하나가 되게 해 주십시오"(요한 17,11). 46 "제가 세상에 있으면서 이런 말씀을 드리는 이유는, 그들이 속으로 저의 기쁨을 충만히[78] 누리게 하려는 것입니다. 47 저는 이들에게 아버지의 말씀을 주었는데, 세상은 이들을 미워했습니다. 제가 세상에 속하지 않은 것처럼 이들도 세상에 속하지 않기 때문입니다. 48 이들을 세상에서 데려가시라고 비는 것이 아니라, 이들을 악에서 지켜 주십사고 빕니다"(요한 17,13-15). 49 "이들을 진리 안에서 탄복할 만한 사람들이 되게 해 주십시오. 50 아버지의 말씀이 진리입니다. 51 아버지께서 저를 세상에 보내신 것처럼 저도 이들을 세상에 보냈습니다. 52 그리고 저는 이들을 위하여 저 자신을 거룩하게 합니다. 이들도 진리로 거룩해지게 하려는 것입니다. 53 저는 이들만이 아니라 이들의 말을 듣고 저를 믿는 이들을 위해서도 빕니다"(요한 17,17-20). "이는 그들이 완전히 하나가 되게 하려는 것입니다. 그리고 아버지께서 저를 보내시고, 또 저를 사랑하셨듯이 그들도 사랑하셨다는 것을 세상이 알게 하려는 것입니다"(요한 17,23). 54 그리고 "저는 그들에게 아버지의 이름을 알려 주겠습니다. 아버지께서 저를 사랑하신 그 사랑이 그늘 안에 있고 저도 그들 안에 있게 하려는 것입니다"(요한 17,26). 55 "아버지, 아버지께서 저에게 주신 이들도 제가 있는 곳에 저와 함께 있게 해 주시어, 당신의 나라에서"(마태 20,21) 당신의 "영광을 그

---

78) 에써 비판본: "충만한"(impletum) 생략.

들도 볼 수 있게 하여 주십시오"(요한 17,24).

[제23장: 기도와 감사]

1 전능하시고 지극히 거룩하시며 지극히 높으시고 지존하신 하느님, "거룩하시고" 의로우신 "아버지"(요한 17,11), "하늘과 땅의 임금이신 주님"(마태 11,25), 당신의 거룩한 뜻에 따라 그리고 당신의 외아드님을[79] 통하여 성령과 함께 모든 영신적인 것과 육신적인 것을 창조하셨으며, "당신의 모습대로 그리고 비슷하게" 만드신 저희를 "낙원에 두셨으니"(창세 1,26; 2,15), 바로 당신 자신 때문에 당신께 감사드리나이다. 2 그런데 저희는 저희의 탓으로 추락했나이다. 3 또한, 당신 아드님을 통하여 저희를 창조하신 것같이, 저희를 "사랑하신" 참되고 거룩한 당신 "사랑"(요한 17,26) 때문에[80] 참 하느님이시며 참 사람이신 그분을 영화로우시고 평생 동정이신 지극히 복되시고 거룩하신 마리아에게서 태어나게 하셨으며, 또한 포로가 된 저희를 그분의 십자가와 피와 죽음을 통하여 구속하기를 원하셨으니, 당신께 감사드리나이다.

4 또한, 당신 아드님께서 친히 당신 엄위의 영광 중에 다시[81] 오시어, 회개하지 않고 당신을 알아보지 않은 저주받은 사람들을 영원한 불 속으로 보내시고, 당신을 알아보고 흠숭하며, 회개 안에서 당신을 섬긴 모든 이들에게 "내 아버지께 복을 받은 이들아, 와서, 세상 창조 때부터 너희를 위하여 준비된 나라를 차지하여

---

79) 파올라찌 비판본: "외아드님을"(unigenitum); 에써 비판본: "하나를"(unicum).
80) 파올라찌 비판본: "참되고 거룩한 당신 사랑 때문에"(per veram et sanctam dilectionem tuam); 에써 비판본: "거룩한 당신 사랑 때문에"(per sanctam dilectionem tuam).
81) 에써 비판본: "다시"(iterum) 생략.

라"(마태 25,34) 하고 말씀하실 것이니, 당신께 감사드리나이다.

5 또한, 불쌍한 사람들이요 죄인들인 저희 모두는 당신 이름을 부르기조차 부당하오니, 당신의 "마음에 드시는" 당신의 "사랑하시는 아드님"(마태 17,5) 우리 주 예수 그리스도께서 보호자 성령과 하나 되어, 당신과 그분의 마음에 드시는 대로, 모든 것에 대해 당신께 감사드리시기를 간절히 청하나이다. 그분은 모든 것에서 늘 당신을 흡족하게 하셨고, 그분을 통해서 당신께서는 우리에게 많은 것을 이루어 주셨나이다. 알렐루야.

6 또한, 영화로우신 어머니이시며 지극히 복되신 평생 동정 마리아와 복된 미카엘, 가브리엘, 라파엘, 그리고 복된 영들과[82] 복된 세라핌과 케루빔과 왕권과 주권과 권세와 권력과(참조: 콜로 1,15) 천신들과 천사들과 대천사들의 모든 합창대들, 그리고 복된 세례자 요한과 요한복음 저자, 베드로, 바오로, 그리고 복된 성조들, 예언자들, 무죄한 어린이들, 사도들, 복음 저자들, 제자들, 순교자들, 증거자들, 동정녀들, 복된 엘리야와 에녹, 그리고 과거에 계셨던 성인들, 앞으로 계실 성인들, 지금 계시는 성인들 모두가 당신이 가장 사랑하시는 아드님 우리 주 예수 그리스도와 보호자 성령과 함께, 지존하시고 진실하시며 영원하시고 살아 계시는 하느님 당신께, 당신 마음에 드시는 대로, 저희 대신 이 모든 것에 대해 "세세 영원히" 감사드려 주기를 당신 사랑 때문에 저희는 겸손히 청하나이다. "아멘. 알렐루야"(묵시 19,3-4).

7 또한, 가톨릭적이고 사도적인 거룩한 교회 안에서 주 하느님을 섬기기를 원하는 모든 사람, 교회에서 품을 받은 모든 이

---

82) 에써 비판본: "영들"(spirituum) 생략.

들[83], 곧 사제들, 부제들, 차부제들, 시종들, 구마자들, 독서자들, 수문자들과 모든 성직자들 그리고 모든 남녀 수도자들[84], 모든 소년들[85], 모든 어린이들, 가난한 이들과 빈궁한 이들, 왕들과 왕자들, 노동자들과 농부들, 종들과 주인들, 모든 동정녀들, 금욕하는 여인들과 부인들, 평신도들과 남성들과 여성들, 모든 유아들, 청소년들, 청년들과 노인들, 건강한 이들과 아픈 이들, 모든 왜소한 이들과 건장한 이들, 모든 민족과 종족과 백성과 언어권에서 나온 이들(참조: 묵시 7,9), 세상 어디서나 현재 있고 앞으로 있을 모든 국가와 모든 사람에게, 다른 방법으로는 아무도 구원될 수 없기에, 저희 모두가 참된 신앙과 회개에 항구하기를, "쓸모없는 종들인"(루카 17,10) 저희 모든 작은 형제들이 겸손히 부탁하고 간청하나이다.

8 우리 모두에게 온 몸과 온 마음과 온 생명을 주셨고 지금도 주시는 주 하느님을, 우리를 창조하셨으며 속량하셨고 오직 당신 자비로써 구원하실 주 하느님을, 불쌍하고 비참하며 썩었고 악취가 나고 배은망덕하고 악한 우리에게 모든 좋은 것을 다 주셨고 지금도 주시는 주 하느님을(참조: 토빗 13,5), "마음을 다하고 목숨을 다하고 정신을 다하고 힘과 용맹을 다하고"(마르 12,30; 12,33) "생각을 다하고"(루카 10,27) 모든 기운과 온갖 노력과 온갖 정열과 온갖

---

83) 파울라찌 비판본: "교회에서 품을 받은 모든 이들"(omnes ecclesiasticos ordines); 에써 비판본: "다음과 같은 품을 받은 모든 이들"(omnes sequentes ordines).
84) 파울라찌 비판본: "모든 남자 수도자들과 모든 여자 수도자들"(universos religiosos et universas religiosas); 에써 비판본: "모든 남녀 수도자들"(universos religiosos et religiosas).
85) 에써 비판본에는 "소년들"(pueros)이 아니라 "회개자들"(conversos)로 나타나며, 그 당시에 이들은 봉사를 위해 시토회와 관계를 맺고 있었던 평신도 참회자들을 의미했다.

애[86]와 온갖 욕망과 뜻을 다하여, 우리 모두가 사랑하도록 합시다.

9 그러므로 우리는 충만한 선, 모든 선, 완전한 선, 참되시고 으뜸선이신 우리 창조주이시고 구세주이시고 구원자이시며 홀로 진실하신 하느님 외에는 다른 아무것도, 홀로 선하시고(참조: 루카 18,19) 홀로 자비로우시고 홀로 양순하시고 홀로 부드러우시며 홀로 감미로우신 하느님 외에는 다른 아무것도, 홀로 거룩하시고 홀로 정의로우시고 홀로 진실하시며 홀로 올바르신[87] 하느님 외에는 다른 아무것도, 홀로 인자하시고 홀로 무죄하시고 홀로 순수하신 하느님 외에는 다른 아무것도, 하늘에서 함께 기뻐하고 회개하는 모든 이들과 의로운 모든 이들과[88] 복된 모든 이들의 모든 용서와 모든 은총과 모든 영광이 그분으로 말미암아 있고 그분을 통하여 있으며 그분 안에 있는(참조: 로마 11,36) 하느님 외에는 다른 아무것도 우리는 원하지도 말고 바라지도 말며, 다른 아무것도 마음에 들어 하지도 즐거워하지도 맙시다.

10 그러므로 아무것도 우리를 방해하지 못하고, 아무것도 우리를 하느님과 떼어 놓지 못하고, 아무것도 우리를 가로막지 못하기를! 11 우리 모두는 모든 곳에서, 모든 시간과 모든 때에, 날마다 그리고 계속해서, 지극히 높으시고 지존하시고 영원하신 하느님을, 삼위이시고 일체이신 성부와 성자와 성령을, 만물의 창조

---

86) "애"의 라틴어는 "비쉐라"(viscera)로, 이 말은 제일차적으로 '내장'이나 '창자' 혹은 '오장육부'를 뜻하고 제이차적으로는 '속마음'을 의미한다. 이를 우리말로 '마음과 힘의 수고로움'이나 '창자'를 뜻하는 "애"로 옮겼다.

87) 파올라찌 비판본: "진실하시며 올바르신"(verus et rectus); 에써 비판본: "진실하시고 거룩하시며 올바르신"(verus, sanctus et rectus).

88) 파올라찌 비판본: "회개하는 모든 이들과 의로운 모든 이들과"(omnium penitentium, omnium iustorum); 에써 비판본: "회개하는 모든 의로운 이들과"(omnium penitentium et iustorum).

자이시고 그분을 믿고 희망하고 사랑하는 이의 구원자를[89] 진실하고 겸손히 믿고, 마음에 모시고, 사랑하고, 공경하고, 흠숭하고, 섬기고, 찬미하고 찬양하며, 영광을 드리고, 드높이고, 찬송하고 감사드립시다. 그분은 시작도 없고 마침도 없이 변함없으신 분, 바라볼 수 없는 분, 형언할 수 없는 분, 이루 말로 다 할 수 없는 분, 이루 다 알 수 없는 분, 헤아릴 수 없는 분(참조: 로마 11,33), 칭송과 찬미와 영광과 드높은 찬양을 받으실 분(참조: 다니 3,52), 지존하신 분, 높으신 분, 감미로우신 분, 사랑할 만한 분, 좋아할 만한 분, 온전히 모든 것에 앞서[90] 세세 영원히 바랄 만한 분이시나이다. 아멘.

〔제24장: 맺는말〕

1 주님의 이름으로! 나는 모든 형제들에게 청합니다. 형제들은 우리의 영혼을 구하기 위하여 이 생활 안에 적혀 있는 모든 것들의 내용과 의미를 배우고 또한 자주 이것을 상기하도록 하십시오. 2 그리고 우리의 영혼을 구하기 위하여 여기에 적은 것을 가르치고 배우고 간직하고 기억하고 실천하는 사람들에게, 그들이 이것들을 매일 되풀이하여 말하고 행동으로 옮길 때마다, 전능하시고 삼위이시며 일체이신 하느님께서 친히 축복해 주시기를 빌며, 3 이것을 극진히 사랑하고 보관하고 보존할 것을 모든 이의

---

89) 파올라찌 비판본: "그분을 믿고 희망하고 사랑하는 이의 구원자를"(salvatori in se credentium et sperantium et diligentium eum); 에써 비판본: "그분을 믿고 희망하고 사랑하는 모든 이의 구원자를"(salvatori omnium in se credentium et sperantium et diligentium eum).
90) 파올라찌 비판본: "온전히 모든 것에 앞서 항상"(totus semper super omnia); 에써 비판본: "온전히 모든 것에 앞서"(totus super omnia).

발에 입 맞추며 간청합니다. 4 그리고 전능하신 하느님과 교황님의 이름으로 또한 나 프란치스코 형제는 순종으로 단호히 명하며 여러분에게 의무를 부과합니다. 아무도 이 생활 안에 적혀 있는 것 중에서 무엇을 삭제하거나 무엇을 덧붙이지 말 것이며(참조: 신명 4,2; 12,32), 또한 형제들은 다른 수도규칙을 갖지 마십시오.

5 영광이 성부와 성자와 성령께, 처음과 같이 이제와 항상 영원히. 아멘.

「인준받지 않은 수도규칙」의
다른 편집본들의 단편들

우스터(Worcester) 대성당 도서관의 Wo 사본과, 우고 디냐(Hugo de Digna, +1257)의 「인준 규칙」에 대한 주석서, 그리고 토마스 첼라노의 「제2생애」에서 발견되는 「비인준 규칙」과 다르게 편집된 규칙의 단편들을 카예탄 에써는 「"'인준받지 않은 수도규칙"의 다른 편집본들의 단편들」이라 이름 지으면서, 이 편집본을 1221년의 「비인준 규칙」과 1223년의 「인준 규칙」 사이에 작성된 것으로 추정한다. 이 "단편들"은 현재 세 갈래로 전해진 증언들로 구성되어 있는데, 이들을 「비인준 규칙」과 면밀하게 비교 검토하면, 세 증언들이 「비인준 규칙」과는 분명하게 다른 차이점들을 드러낼 뿐만 아니라 그들 사이에도 일관성과 상이성들이 있어, 이들이 「비인준 규칙」과 다르게 편집된 또 다른 어떤 「비인준 규칙」을 참고하고 있음을 추정할 수 있다.

카를로 파올라찌는 여러 가지 근거들을 바탕으로 「비인준 규칙」이 다시 편집되어 세 증언들에로 전해진 것으로 확신하면서, 「비인준 규칙」과 「인준 규칙」 사이에 편집된 것으로 추정하는 에써의 주장을 지지한다. 파올라찌는 그의 비판본에서 에써가 편집한 「규칙 단편」을 비교하기 쉽게 「비인준 규칙」의 순서에 따라 재정리해 놓았다. 그러나 현재 우리에게 전해진 「비인준 규칙」과 「규칙 단편」 사이에는 의미 있거나 큰 차이를 보이는 곳이 없어 일반적으로 이 단편들에 큰 가치를 부여하지 않는 경향이지만, 연구해 볼 여지는 남아 있다 하겠다.

1. 우스터 사본의 단편들

〔제7장 13-16절〕

13 모든 형제들은 은수처들이나 다른 거처들 어디에 있든지 간에, 어떤 곳이나 어떤 것도 자기 것으로 소유하지 말고, 또 누구와 다투면서 그것을 지키려 하지 않도록 조심할 것입니다. 14 그리고 찾아오는 사람은 누구나, 벗이나 원수든, 그들과 어떤 방식으로도 다투지 말 것입니다. 15 그리고 어디에 있든지 또 어느 〔곳에서 만나든지 형제들은 서로 영적으로 정성껏 대하며, "불평불만 없이 서로"(1베드 4,9) 존경해야 합니다. 16 그리고 형제들은 위선자들처럼 겉으로 침통한 표정을 짓거나 찌푸린 얼굴을 하지 않도록 조심할 것이며(참조: 마태 6,16), 오히려 "주님 안에서 기뻐하고"(필리 4,4) 명랑하며 즐거워하면서〕, 적절히 쾌활한 모습을 보일 것입니다.

〔제9장 1-9절〕

1 모든 형제들은 우리 주 예수 그리스도의 검손과 가난을 따르도록 힘쓸 것이며, "먹을 것과 덮을 옷들이 있으면, 우리는 그것

으로 만족합시다"(1티모 6,8)라고 사도가 말한 대로 온 세상의 다른 어느 것도 가져서는 안 된다는 것을 기억할 것입니다. 2 그리고 천한 사람들과 멸시받는 사람들 가운데에서, 또한 가난한 사람들과 힘없는 사람들, 병자들과 나병 환자들, 그리고 길가에서 구걸하는 사람들 가운데에서 살 때 기뻐해야 합니다. 3 그리고 필요하면 동냥하러 다닐 것입니다. 4 그리고 모든 형제들은 부끄러워하지 말 것입니다. 전능하시고 "살아 계신 하느님의 아들" 우리 주 "예수 그리스도"(요한 11,27)께서 "차돌처럼 당신 얼굴빛 변치 않으셨고"(이사 50,7) 부끄러워하지 않으셨기 때문입니다. 5 또한, 주님 자신도, 복되신 동정녀이시며 그분의 어머니이신 거룩한 마리아도, 제자들도 가난하셨고 나그네이셨으며 동냥으로 사셨습니다. 6 사람들이 형제들에게 모욕을 줄 때나 동냥을 거절할 때, 그 받은 모욕 때문에 우리 주 예수 그리스도의 심판대 앞에서 큰 영예를 받게 될 것이니, 그 일에 대해 주님께 감사를 드릴 것입니다.

7 그리고 모욕은 모욕을 받는 사람의 탓이 아니라 주는 사람의 탓이며, 8 동냥은 가난한 사람들에게 돌려주어야 할 유산이며 정당한 권리로서 우리 주 예수 그리스도께서 얻어 주셨다는 점을 알아야 합니다. 9 그리고 동냥을 하는 데 수고하는 형제들은 큰 보상을 받을 것이며, 동냥을 주는 이들에게 큰 보상을 얻어 누리도록 해 줍니다. 사실, 사람들이 이 세상에 남겨 두는 모든 것은 사라지지만 그들이 행한 사랑과 동냥에 대해서는 영원한 생명을 받을 것이기 때문입니다.

〔제10장 3-4절〕

3 나는 모든 앓는 형제에게 부탁합니다. 모든 일에 대해서 창

조주께 감사를 드리십시오. 건강하든 병약하든 건강에 있어서는 하느님께서 원하시는 대로 되기를 바라십시오. 왜냐하면 "내가 사랑하는 사람들을…"(묵시 3,19) 하고 [말씀하시듯이] 주님께서는 "영원한 생명을 얻도록 정해진"(사도 13,48) 모든 사람을 채찍과 병고의 자극제와 통회의 정신으로 가르치시기 때문입니다.

4 그러므로 나의 모든 앓는 형제들에게 부탁합니다. 병을 앓을 때 하느님이나 형제들에게 화를 내거나 흥분하지 말고, 또 조바심에서 지나치게 약을 요구하지 말며, 영혼의 원수인 곧 죽을 육신의 건강이 회복되기를 너무 갈망하지 마십시오.

[제11장 6절]

6 그리고 형제들은 "우리는 말과 혀로 사랑하지 말고…"(1요한 3,18)라고 사도가 말하듯이 서로 간에 지니고 있는 사랑을 행동으로 보여 줄 것입니다(참조: 야고 2,18), 등등.

[제12장 1-2.5절┐]

1 모든 형제들은 어디에 있든지 여자들에 대한 불순한 시선과 잦은 만남을 스스로 조심할 것입니다. 2 그리고 아무도 혼자서 여자들과 상의하지 말 것입니다. 이하 생략. 5 그리고 우리 모두 우리 자신을 힘써 지키고 우리의 모든 지체를 깨끗하게 보존합시다. 주님께서 말씀하십니다. "음욕을 품고 여자를 바라보는 자는 모두…"(마태 5,28), 등등. 이하 생략.

〔제14장 1절〕

1 형제들은 세상을 두루 다닐 때, "여행을" 위해 "아무것도, 여행 보따리도, 돈주머니도, 빵도, 돈도"(루카 9,3) "지팡이도, 신발도"(마태 10,10; 루카 9,3; 10,4) 지니지 말 것입니다. 이하 생략.

〔제14장 4-6절〕

4 "악인에게 맞서지 말 것이며"(마태 5,39), 오히려 "뺨을 때리는 자에게 다른 뺨을 내밀 것입니다"(마태 5,39; 루카 6,29). 5 그리고 "겉옷을 가져가는 자가 속옷마저 가져가는 것을"(루카 6,29) 막지 말 것입니다. 6 …자기 것을 "가져가는 이에게서" 그것을 "되찾으려고 하지 말 것입니다"(루카 6,30).

〔제16장 5-7절〕

5 봉사자의 허락을 받아 비신자들 가운데로 가는 형제들은 두 가지 방법으로 영적으로 지낼 수 있습니다. 6 한 가지의 방법은 말다툼이나 논쟁을 하지 않고 "하느님 때문에 모든 인간 피조물에게"(1베드 2,13) 아랫사람이 되고 자신들이 그리스도인임을 고백하는 일입니다. 7 다른 방법은 하느님을 기쁘게 해 드리는 일이라고 볼 때에 하느님의 말씀을 전하여, 그들로 하여금 성부와 성자와 성령이시고 만물의 창조주이신 전능하신 하느님과 구세주요 구원자이신 아드님을 믿도록 하는 일입니다. 이하 생략.

〔제16장 10-11절〕

10 그리고 모든 형제들은, 어디에 있든지, 주 예수 그리스도께 자기 자신을 봉헌했고 자신과 그들의 몸을 내맡겼다는 것을 기억할 것입니다. 11 또한, 그분의 사랑을 위하여 볼 수 있거나 볼 수 없는 원수들로부터 오는 박해와 죽음을 견디어야 합니다. 등등. 이하 생략.

〔제17장 3-6절〕

3 모든 형제들은 품행으로 설교할 것입니다. 4 어떤 봉사자나 설교자도 봉사 직분이나 설교의 직책을 자기의 것으로 소유하지 말 것이며, 오히려 어느 〔때〕라도 명령을 받았으면 자기의 직책을 그만둘 것입니다. 5 그러므로 하느님이신 사랑 안에서(참조: 1요한 4,8.16) 성직형제들이든 평형제들이든 나의 모든 형제들, 즉 설교하는 형제들, 기도하는 형제들, 노동하는 형제들에게 간청합니다. 매사에 자기 자신을 낮추도록 노력하고, 6 어떤 때 하느님께서 여러분 안에서 그리고 여러분을 통해서 행하시거나 말씀하시거나 이루시는 좋은 말과 일에 대해서, 더 나아가 어떤 선에 대해서도 자랑하지 말고, 스스로 기뻐하지 말며, 마음속으로 자기 자신을 높이시 않도록 하십시오. 주님께서 말씀하시는 대로, "영(靈)들이 복종하는 것을 기뻐하지 마십시오"(루카 10,20), 등등.

〔제17장 7-19절〕

7 그리고 우리의 것이라고는 악습과 죄밖에는 아무것도 없다

는 사실을 우리는 확실히 알고 있어야 합니다. 8 오히려 "갖가지 시련을 당할 때"(야고 1,2)와, 영원한 생명을 얻기 위하여 이 세상에서 영혼과 육신의 온갖 괴로움과 고생을 견딜 때 우리는 더 기뻐해야 합니다.

9 그러므로 형제들이여, 우리 모두 온갖 교만과 헛된 영광을 조심합시다. 10 이 세상의 지혜와 육(肉)의 관심사에서(참조: 로마 8,6-7) 우리 자신을 잘 지킵시다. 11 실상, 육의 영(靈)은 말마디만을 소유하기를 무척 원하고 애를 쓰지만, 실천을 하는 데에는 그렇지 않습니다. 12 그리고 영의 신앙심과 성덕(聖德)을 추구하지 않고 사람들에게 겉으로 드러나는 신앙심과 성덕을 얻기를 원하고 열망합니다. 13 주님께서 바로 이런 사람들을 두고 말씀하십니다. "내가 진실로 너희에게 말한다. 이들은 자기들이 받을 상을 이미 받았다"(마태 6,2). 14 이와 반대로 주님의 영은 육이 혹독한 단련과 모욕을 당하기를 원하며, 천한 것으로 여겨지고 멸시받고 수치당하기를 원합니다. 15 그리고 겸손과 인내, 그리고 순수하고 단순하며 참된, 영의 평화를 얻도록 힘씁니다. 16 그리고 무엇보다도 항상 성부와 성자와 성령의 신성한 두려움과 신성한 지혜와 신성한 사랑을 얻기를 갈망합니다.

17 그리고 우리는 지극히 높으시고 지존하신 주 하느님께 모든 좋은 것을 돌려드리고, 모든 좋은 것이 바로 그분의 것임을 깨달읍시다. 18 그리고 모든 선의 주인이시며 홀로 선하신 그분께서 모든 영예와 존경과 모든 찬미와 찬송과 모든 감사와 영광을 받으시기를 빕니다(참조: 루카 18,19).

19 그리고 사람들이 주님께 악한 말을 하거나 모독하는 것을 들을 때, 우리들은 좋은 일을 행하며 "영원히 찬미받으실"(로마 1,25) 주님을 찬양하고 찬미합시다.

〔제19장 3절〕

3 우리는 영혼의 구원에 관한 일들과 우리〔나의〕수도회의 정신에 벗어나지 않는 일들에 있어서 모든 성직자들과 수도자들을 주인으로 모시고, 주님 안에서 성품(聖品)과 그들의 봉사 직분과 직책을 존중하도록 합시다. 이하 생략.

〔제21장 1-9절〕

1 모든 형제들은 하느님께로부터 영감을 받을 때마다 하느님의 축복과 관구 봉사자의 허락을 받아 다음과 같이 혹은 다음과 비슷하게 권고나 찬미를 누구에게나 전할 수 있습니다. 2 여러분은 만물의 창조주이시고 성부와 성자와 성령이시며 삼위와 일체 안에서의 전능하신 우리 주 하느님을 경외하고 공경하며 찬미하고 찬양하며 감사드리고 흠숭하십시오(참조: 1테살 5,18). 3 여러분은 우리가 곧 죽는다는 사실을 알고 있기에 "회개하고"(마태 3,2) "회개에 합당한 열매를 맺으십시오"(루카 3,8). 4 "주십시오. 그러면 받을 것입니다"(루카 6,38). 5 "용서하십시오"(루카 6,37). 그러면 여러분도 용서받을 것입니다. 6 그리고 "여러분이 용서하지 않으면"(마태 6,14), 주님께서도 "여러분의 허물을 용서하지" 않으실 것입니다(마르 11,26). "여러분의" 모든 "죄를 고백하십시오"(야고 5,16). 7 회개하고 죽는 이들은 하늘 나라에 들어갈 것이니 복됩니다. 8 회개하지 않고 죽는 이들은 불행합니다. 악마가 한 일을 따라 하여(참조: 요한 8,41) "악마의 자녀"(1요한 3,10)가 되고 "영원한 불 속으로"(마태 18,8; 25,41) 갈 것이니! 9 여러분은 온갖 악을 경계하고 멀리하며 끝날까지 선에 항구하십시오.

〔제22장 1-55절〕

1 모든 형제들이여, 우리는 "원수를 사랑하고 너희를 미워하는 자들에게 잘해 주어라"(마태 5,44) 하신 주님의 말씀에 귀를 기울입시다. 2 우리가 발자취를 따라야 할(참조: 1베드 2,21) 우리 주 예수 그리스도께서 당신을 넘겨준 사람을 벗이라 부르시고(참조: 마태 26,50) 또한 당신을 십자가에 못 박은 사람들에게 기꺼이 자신을 내주셨기 때문입니다. 3 그러므로 우리에게 부당하게 번민과 괴로움, 부끄러움, 모욕과 고통과 학대, 순교와 죽음을 당하게 하는 모든 이들이 바로 우리의 벗들입니다. 4 그들이 우리에게 끼치는 그것들로 말미암아 우리들은 영원한 생명을 누릴 것이기에 우리는 그들을 극진히 사랑해야 합니다.

5 그리고 우리는 우리의 육체를 그 악습과 욕정과 죄와 함께 십자가에 못 박으면서 우리의 육체를 책벌해야 합니다. 왜냐하면 육체는 육적으로 삶으로써 우리를 예수 그리스도의 사랑과 영원한 생명에서 떼어 놓기를 원하고, 자기 자신과 영혼을 지옥에 보내기를 원하기 때문입니다. 6 우리는 우리의 탓으로 말미암아 악취를 풍기고 선(善)을 거스르며, 악(惡)에 기울고 악을 범하려 하기 때문입니다. 주님께서 말씀하시듯이, 7 "나쁜 생각들…이 마음에서 나오고"(마르 7,21) 또 나가기 때문입니다, 등등.

9 그러나 세속을 떠난 우리에게는 이제 힘써 주님의 뜻을 따르고 그분을 기쁘게 해 드리는 일밖에 다른 할 일이 없습니다. 10 주님께서 복음에서 말씀하시는 대로, 우리는 길가에 있는 돌밭이나 가시덤불로 된 땅이 되지 않도록 온갖 주의를 다합시다. 11 "씨는 하느님의 말씀입니다"(루카 8,11). 12 그런데 "길가에 떨어져 발에 짓밟혔다는 것은…"(루카 8,5)부터, 17 "…인내로써 열매

를 맺는 사람들을 두고 하는 말입니다"(루카 8,15) 이전까지 생략.

18 그러므로 모든 형제들은, 주님께서 말씀하시듯이, "죽은 이들은 … 죽은 이들에게"(마태 8,22) 맡겨 둡시다. 19 그리고 사탄의 사악함과 교활함에 온갖 주의를 다합시다. 사탄은 인간이 자신의 정신과 자신의 마음을 주 하느님께 향하지 않기를 바라고 20 또한, 주위를 배회하면서 어떤 보상이나 도움을 구실로 인간의 마음을 빼앗아 가고, 주님의 말씀과 계명들을 기억에서 질식시키기를 바랍니다. 또한, 이 세상일들과 걱정들에 사로잡히게 하여 인간의 마음을 차지하여 눈멀게 하려고 합니다. 21 주님께서 이렇게 말씀하십니다. "더러운 영이…"부터, 24 "그리하여 그 사람의 끝이 처음보다 더 나빠진다"(마태 12,43-45; 루카 11,24-26) 이전까지 생략.

25 그러므로 우리 모든 형제들은 무슨 업적이나 보상이나 도움을 구실로 우리의 정신과 마음을 주님으로부터 떨어지게 하거나 빼앗기지 않도록 우리 자신을 힘써 지킵시다. 26 그러므로 하느님이신 사랑 안에서(참조: 1요한 4,16), 나는 봉사자들뿐만 아니라 다른 모든 형제들에게 부탁합니다. 온갖 장애를 멀리하고 모든 근심 걱정을 물리쳐 할 수 있는 최선의 방법으로 무엇보다도 주 하느님께서 요구하시는 일, 즉 그분을 깨끗한 마음과 순수한 정신으로 사랑하고 섬기며 흠숭하도록 하십시오. 27 그리고 우리는 성부와 성자와 성령이신 전능하신 주 하느님께 집과 거처를 항상 마련해 드립시다(참조: 요한 14,23). 그분께서는 이렇게 말씀하셨습니다. "너희는 앞으로 일어날 이 모든" 악에서 "벗어나 사람의 아들 앞에 설 수 있는 힘을 지니도록 늘 깨어 기도하여라"(루카 21,36). 28 그리고 "너희가 서서 기도할 때에"(마르 11,25) "이렇게 하여라"(루카 11,2). "[하늘에 계신] 우리 아버지"(마태 6,9). 29 그리고 "낙심하지 말고 끊임없이 기도해야 하기에"(루카 18,1) 우리는 그분을 깨끗

한 마음으로 흠숭합시다. 30 사실, "아버지께서는 이렇게 흠숭하는 이들을 찾으십니다"(요한 4,23). 31 "하느님은 영(靈)이십니다. 그러므로 그분을 흠숭하는 이는 영과 진리 안에서 흠숭드려야 합니다"(요한 4,24). 32 그리고 우리는 우리 "영혼의 목자이시며 보호자이신 그분께"(1베드 2,25) 달려갑시다. 그분께서는 이렇게 말씀하십니다. "나는 착한 목자이다"(요한 10,11)… 등등. 〔생략〕"나는 내 양들을 위하여 내 목숨을 내놓는다"(요한 10,15). 33 "너희는 모두 형제다. 34 또, 이 세상 누구도 아버지라고 부르지 마라"(마태 23,8-9)… 등등. 35 "너희는 스승이라고 불리지 않도록 하여라"(마태 23,10)… 등등. 36 "너희가 내 안에 머무르고 내 말이 너희 안에 머무르면, 너희가 원하는 것은 무엇이든지 청하여라. 너희에게 그대로 이루어질 것이다"(요한 15,7). 37 "두 사람이나 세 사람이라도 내 이름으로 모인 곳에는"(마태 18,20)… 등등. 38 "언제나 너희와 함께 있다"(마태 28,20)… 등등. 39 "내가 너희에게 한 말은 영이며 생명이다"(요한 6,63). 40 "나는 길이요 진리요 생명이다"(요한 14,6).

41 그러므로 우리는 그분의 말씀과 가르침과 생애와 우리 주 예수 그리스도의 거룩한 복음을 마음에 간직하도록 합시다. 그분께서는 우리를 위해 아버지께 청하시고, 그분의 이름을 우리에게 분명히 알려 주시면서 이렇게 말씀하십니다. 42 아버지, "이 사람들에게 저는 아버지의 이름을 드러냈습니다"(요한 17,6)…부터 55 "아버지, 아버지께서 저에게 주신 이들도 〔제가〕 있는 곳에 저와 함께 해 주시어"(요한 17,24), "당신의 나라에서"(마태 20,21) "저의 영광을 그들도 볼 수 있게 하여 주십시오"(요한 17,24) 이전까지 생략. 영광이 성부와 성자와 성령께 처음과 같이 이제와 항상 영원히. 아멘.

2. 우고 디냐의 『작은 형제들의 수도규칙 해설』에 들어 있는 단편들 [1]

〔「비인준 규칙」 제2장 5절〕

이와 관련하여 성인께서 「비인준 규칙」에서 이렇게 말씀하셨다: 형제들과 형제들의 봉사자는 어떤 방법으로도 그의 일에 관여하지 않도록 조심할 것입니다(『해설』 2장).

〔제2장 15절〕

수도규칙이 인준되기 전에 성인께서 덧붙였다: 그리고 위선자들이라고 불릴지라도 형제들은 선행을 멈추지 말 것입니다(『해설』 2장).

〔제3장 12절〕

그래서 수도규칙이 인준되기 전에는 이렇게 기록되어 있었다: **이외에 금요일을 제외한 다른 때에는 이 생활에 따라 단식할 의무가 없습니다**(『해설』 3장).

---

1) Hugo de Digna, 『Expositio super Regulam Fratrum Minorum』, ed. D. Flood, Ad Claras Aquas, Grottaferrata, 1979.

〔제4장 6절〕

이전에 성인께서 수도규칙에서 말씀하신 것같이… : 자신들에게 형제들의 영혼을 돌보는 일이 맡겨져 있는 봉사자들은, 만일 자신들의 잘못과 나쁜 표양 때문에 형제들 가운데 누군가를 잃게 된다면, 우리 주 예수 그리스도 앞에서 "셈 바쳐야"(마태 12,36) 한다는 사실을 기억할 것입니다(『해설』 10장).

〔제5장 7-8절〕

성인께서 초기 수도규칙에서 이렇게 말씀하셨다: 7 그리고 마귀는 한 사람의 죄로 많은 사람들을 파멸시키려 하기 때문에, 모든 형제들, 즉 봉사자들은 물론 다른 형제들도 누구의 죄나 나쁜 표양 때문에 흥분하거나 화내지 않도록 주의할 것입니다. 8 오히려 "튼튼한 이들에게는 의사가 필요하지 않으나 병든 이들에게는 필요하기"(마태 9,12; 참조: 마르 2,17) 때문에, 형제들은 할 수 있는 대로 죄를 범한 형제를 영적으로 도와줄 것입니다(『해설』 7장).

〔제5장 10절〕

주님께서 하신 그 말씀에 따라 복되신 프란치스코께서도 형제들에게 말씀하셨다: "통치자들은 백성 위에 군림하고, 고관들은 백성에게 세도를 부립니다". 그러나 형제들끼리는 "그러면 안 됩니다"(마태 20,25-26ㄱ)(『해설』 10장).

〔제5장 14ᴸ-15절〕

성인께서는 인준받기 전에 수도규칙에서 이렇게 권고하셨다: 14 영(靈)의 사랑으로 자진해서 서로 봉사하고 순종할 것입니다(참조: 갈라 5,13). 15 이것이 바로 우리 주 예수 그리스도의 참되고 거룩한 순종입니다(『해설』10장).

〔제6장 1-2절〕

이전에 수도규칙에서 이렇게 말씀하셨다: 1 우리의 생활을 영적으로 지킬 수 없는 형제들은 어디에 있든지 자기 봉사자에게 이 사실을 알릴 것입니다. 2 봉사자는 자기가 비슷한 경우에 처했을 때, 자기에게 해 주기를 바라는 것처럼 그를 도와주도록 힘쓸 것입니다(『해설』10장).

〔제6장 1절〕

또는, 이미 말한 바와 같이, 첫 수도규칙에 따라: 형제들은 어디에 있든지…(『해설』10장).

〔제7장 1-2절〕

그리고 이전에 수도규칙은 다음과 같았다: 1 모든 형제들은 다른 집 어느 곳에 있든지 감독관이나 관리인이 되지 말아야 하며, 봉사하는 집에서 주관해서는 안 됩니다. 또한, 추문을 일으키거나 자기 영혼에 해를 입히는(참조: 마르 8,36) 어떤 직책도 맡지 말 것입니다. 2 오히려 같은 집에 있는 모든 이들보다 더 낮은 사람이 되고 아랫사람이 되어야 합니다(『해설』 4장).

[제7장 3절]

이전에 수도규칙에서 다음과 같이 말씀하셨다: 일을 할 줄 아는 형제들은 일을 할 것이며, 알고 있는 기술이 영혼의 구원에 해가 되지 않는다면, 그 기술을 사용할 것입니다(『해설』 5장).

[제7장 6절]

조금 뒤에 다음과 같이 기록되었다: 봉사자의 명에 따라 "저마다 부르심을 받았을 때의 기술과 일을 그대로 유지하십시오"(1코린 7,24) 하고 말하기 때문입니다(『해설』 5장).

[제7장 12절]

그러므로 수도규칙이 인준받기 전에는 이렇게 기록되어 있었다: 하느님의 종들은 언제나 기도나 어떤 좋은 일에 열중해야 합니다(『해설』 5장).

[제7장 13-14절]

수도규칙이 인준받기 전에 이러한 말이 있었다: 13 형제들은 어떤 곳이나 어떤 것도 자기 것으로 소유하지 말고, 또 누구와 다투면서 지키려 하지 않도록 조심할 것입니다. 14 그리고 찾아오는 사람은 누구나, 벗이나 원수든, 그들과 어떤 방식으로도 다투지 말 것입니다(『해설』 6장).

〔제7장 15-16절〕

이전에 성인께서는 수도규칙에서 이렇게 말씀하셨다. … 그리고 다시: 15 어디에 있든지 또 어느 곳에서 만나든지 형제들은 서로 영적으로 사랑스럽게 바라보며, "불평불만 없이 서로"(1베드 4,9) 존경해야 합니다. 16 그리고 형제들은 위선자들처럼 겉으로 침통한 표정을 짓거나 찌푸린 얼굴을 하지 않도록 조심할 것이며(참조: 마태 6,16), 오히려 "주님 안에서 기뻐하고"(필리 4,4) 명랑하며 즐거워하면서, 적절히 쾌활한 모습을 보일 것입니다(『해설』 6장).

〔제8장 6절〕

발견한 금품에 관하여 성인께서 이렇게 말씀하셨다: 만일 금품을 발견하게 되면, 우리는 그것을 발 아래 밟히는 티끌처럼 여깁시다(『해설』 6장).

〔제9장 3절〕

그리고 첫 수도규칙에는 이렇게 적혀 있다: 필요하면 형제들은 동냥하러 다닐 것입니다(『해설』 6장).

〔제9장 3-9절〕

초기 수도규칙에 이것은 매우 폭넓게 제시되어 있다: 3 필요하면 형제들은 동냥하러 다닐 것입니다. 4 모든 형제들은 부끄러워하지 말고, 오히려 전능하시고 "살아 계신 하느님의 아들" 우리 주 "예수 그리스도"(요한 11,27)께서 "차돌처럼 당신 얼굴빛 변치 않으셨고"(이사 50,7) 부끄러워하지 않으셨다는 것을 기억할 것입니다. 5 또한, 주님 자신도 제자들도 가난하셨고 나그네이셨으며 동냥으로 사셨습니다. 6 사람들이 형제들에게 모욕을 줄 때나 동냥을 거절할 때, 그 받은 모욕 때문에 우리 주 예수 그리스도의 심판대 앞에서 큰 영예를 받게 될 것이니, 그 일에 대해 하느님께 감사를 드릴 것입니다. 7 그리고 모욕은 모욕을 받는 사람의 탓이 아니라 주는 사람의 탓이라는 점을 알아야 합니다. 8 그리고 동냥은 가난한 사람들에게 돌려주어야 할 유산이며 정당한 권리이고, 주 예수 그리스도께서 우리를 위하여 그것을 얻어 주셨습니다. 9 그리고 동냥을 하는 데 수고하는 형제들은 큰 보상을 받을 것이며, 동냥을 주는 이들에게 큰 보상을 얻어 누리도록 해 줍니다. 사실, 사람들이 이 세상에 남겨 두는 모든 것은 사라지지만 그들이 행한 사랑과 동냥에 대해서는 주님께로부터 상을 받을 것이기 때문입니다(『해설』 6장).

〔제9장 10절〕

이전에 성인께서는 수도규칙에서 이렇게 말씀하셨다: 각자는 자신이 필요한 것을 남에게 거리낌 없이 드러내어, 그가 자신에게 필요한 것을 찾아서 줄 수 있도록 할 것입니다(『해설』 6장).

〔제10장 3절〕

수도규칙을 인준받기 전에 성인께서 이렇게 권고하셨다: 나는 앓는 형제에게 부탁합니다. 모든 일에 대해서 창조주께 감사를 드리면서, 건강하든 병약하든 건강에 있어서는 하느님께서 원하시는 대로 되기를 바라십시오(『해설』 6장).

〔제10장 4절〕

그리고 조금 뒤에: 나의 모든 형제들에게 부탁합니다. 병을 앓을 때 주님이나 형제들에게 화를 내거나 흥분하지 말고, 또 조바심에서 지나치게 약을 요구하지 말며, 영혼의 원수인 곧 죽을 육신의 건강이 회복되기를 너무 갈망하지 마십시오(『해설』 6장).

〔제16장 5-7절〕

성인께서 비신자들 가운데서 지내는 두 가지 방법을 제시하면서 첫 수도규칙에서 말씀하셨다: 5 형제들은 그들 가운데서 두 가지 방법으로 영적으로 지낼 수 있습니다. 6 한 가지 방법은 말다툼이나 논쟁을 하지 않고 "하느님 때문에 모든 피조물에게"(1베드 2,13) 아랫사람이 되고 자신들이 그리스도인임을 고백하는 일입니다. 7 다른 방법은 주님을 기쁘게 해 드리는 일이라고 볼 때에 하느님의 말씀을 전하여, 그들로 하여금 전능하신 성부와 성자와 성령이시고 만물의 창조주이신 하느님과 모든 신자들의 구세주와 구원자를 믿도록 하여, 그들이 세례를 받아 그리스도인이 되도록 하는 일입니다. 세례를 받지 않아 참되고 영적인 그리스도인이 되지 않으면 구원을 받을 수 없고, "누구든지 물과 성령으로 태어나지 않으면 하느님 나라에 들어갈 수 없기"(요한 3,5) 때문입니다(『해설』 12장).

〔제16장 10-11.17.14절〕

다른 몇 가지를 넣은 다음 덧붙였다: 10 형제들은 주 예수 그리스도께 자기 자신을 봉헌했고 자신의 몸을 내맡겼다는 것을 기억할 것입니다. 11 또한, 그분의 사랑을 위하여 박해와 죽음을 견디어야 합니다. 주님께서 이렇게 말씀하시기 때문입니다. "나 때문에 자기 목숨을 잃는 그 사람은 그것을 구할 것이다"(루카 9,24). 17 또, 나는 "나의 벗인 너희에게 말한다. 육신을 죽이는 이들을 두려워하지 마라"(루카 12,4). 14 "어떤 고을에서 너희를" 박해하거든 "다른 고을로 피하여라"(마태 10,23)(『해설』 12장).

〔제17장 3절〕

성인께서 다음과 같이 말씀하시면서 첫 수도규칙에서 권고하시는 것처럼: 모든 형제들은 행동으로 설교할 것입니다(『해설』 9장).

〔제19장 3절〕

성인께서는 교회 안에서 직분을 수행하는 이들에게 특별히 공손하게 대하기를 바라셨으며, 그런 이유로 예전에 수도규칙에서 이렇게 말씀하셨다: 우리는 우리 수도회의 정신에 벗어나지 않는 일들에 있어서 모든 성직자들과 모든 수도자들을 주인으로 모시고, 주님 안에서 성품(聖品)과 봉사 직분과 그들의 직책을 존중하도록 합시다(『해설』 9장).

〔요약 인용〕
〔참조:「비인준 규칙」제8장 10-11절; 제8장 8절〕

〔프란치스코는〕 꼭 필요한 경우에 나병 환자들을 위하여 형제들이 동냥을 청할 수 있지만 금품은 극히 조심해야 한다고 가르쳤다〔참조: 제8장 10-11절〕. 그리고 형제들이 묵거나 머무는 거룩한 곳은 사랑하였지만 어떤 장소를 위해 금품을 청하거나 청하게 하든지 또는 그것을 청하는 사람과 함께 다니는 것을 허용하지 않았다〔참조: 제8장 8절〕(『해설』 4장).

〔참조: 제11장 4절〕

형제를 거슬러 '바보' 또는 '멍청이'라고 부를 수 없는 것으로 이해했다. 첫 수도규칙도 복음의 이 말씀을(참조: 마태 5,22) 담고 있기 때문이다(『해설』 1장).

〔참조: 제11장 1절; 제14장 4-6절〕

한편, 복음은 다투지 말고 〔참조: 11장 1절〕, 〔자기 것을〕 요구하지 말며, 악에 저항하지 말라고 가르친다〔참조: 14장 4-6절〕. 이 모든 것은 수도규칙이 인준받기 전에 구체적으로 표현되었고, 이제 간결하고 일반적인 말로 그것을 종합하고 있다(『해설』 6장).

〔참조: 제24장 1-3절〕

… 감화를 주고 〔수도규칙〕의 본디 맥락을 더 분명히 밝히려

고 〔성인께서〕 편지와 수도규칙 안에 적힌 내용의 정신을 가르치고 배우고 공부하는 형제들은 모두 주님께서 축복해 주시도록 기도한 것으로 기억한다(『해설』 머리말).

3. 토마스 첼라노의 「성 프란치스코의 제2생애」에 들어 있는 단편

〔참조: 「비인준 규칙」 제4장 6절〕

주님, 〔봉사자들이〕 자신들의 게으름이나 나쁜 표양, 나아가 가혹하게 남을 고쳐 주려고 하여 어떤 형제가 영혼을 잃게 되면 심판 날에 당신 앞에서 "셈 바쳐야"(마태 12,36) 할 것입니다(「2첼라노」 143,7).

〔참조: 제7장 16절〕

한 모임에서 일반적인 권고를 하면서 다음과 같은 말을 적어 넣게 하였다: 형제들은 겉으로 찌푸린 표정을 짓거나 위선자들처럼 침통한 얼굴을 하지 않도록 조심할 것이며(참조: 마태 6,16), 오히려 "주님 안에서 기뻐하고"(필리 4,4) 명랑하며 즐거워하면서, 적절히 쾌활한 모습을 보일 것입니다(「2첼라노」 128,6).

〔참조: 제8장 6절〕

동전이 발견되면 그것이 마치 티끌인 양 밟고 지나가야 한다는 수도규칙의 말을 경솔한 형제에게 강조하며…(「2첼라노」 66,4).

〔참조: 제10장 3-4절〕

그러므로 어떤 수도규칙에서 이 말을 적어 넣게 하였다: 나는 나의 모든 형제들에게 부탁합니다. 병을 앓을 때 하느님이나 형제들에게 화를 내거나 흥분하지 말고, 또 조바심에서 지나치게 약을 요구하지 말며, 영혼의 원수이며 곧 죽을 육신의 건강이 회복되기를 너무 갈망하지 마십시오. 모든 일에 대해서 감사를 드리고, 하느님께서 원하시는 그대로 되기를 자신도 원하십시오. 하느님께서는 영원한 생명을 얻도록 미리 정하신 사람들을(참조: 사도 13,48) 채찍과 병고라는 자극제로 단련시키십니다. 그분께서 직접 말씀하셨습니다. "내가 사랑하는 사람들을 나는" 책망도 하고 "징계도 한다"(묵시 3,19)(「2첼라노」 175,6-9).

인준받은 수도규칙

1221년 총회에서 마지막 손질을 가한 「비인준 규칙」은 비록 깊은 영감을 주는 것이었지만, 너무 길고 법적인 요소의 첨가가 요청되어 다시 간결하게 다듬을 필요가 있었다. 이 필요성에 대해 성 보나벤투라가 쓴 「대전기」 제4장 11번은 다음과 같이 증언해 주고 있다. "이리하여 그(프란치스코)는 보다 광범위한 복음서 구절들의 수집에서 취한 그 수도규칙이 승인받기를 원했으므로, 환시가 지시한 대로 수도규칙을 보다 짧은 형태로 압축하기 위해, 성령에 이끌려 동료 두 사람과 함께 어떤 산에 올라갔다". 또한, 총봉사자직에서 물러남으로써 이제 행정직에서 해방된 프란치스코는, 우골리노 추기경과 형제들의 건의를 받아들여, 보다 간결하고 보다 직설적이며 보다 법적인 수도규칙 문맥으로 시급히 다듬어야 할 필요성을 느꼈다.

12장으로만 구성된 이 새로운 생활 양식은 호노리오 3세 교황에게 제출되었고, 1223년 11월 29일자 칙서 「솔레트 안누에레」(Solet annuere)로써 승인 및 확인되었다. 이 때부터 이 「인준 규칙」은 1회 수도자 형제들과 이 수도규칙의 여러 구절들을 자신들의 수도규칙에 넣은 클라라의 자매들, 그리고 율수 3회 및 재속 3

회의 형제 자매들에게 복음적 안목을 감도하고 기르는 주춧돌과 같은 문헌이 되었다.

　　이 수도규칙은 「비인준 규칙」(1221년 수도규칙)과 비교해 다음과 같은 몇 가지 새로운 점을 갖고 있다: 제2장에서 기혼 남자가 형제회에 받아들여질 수 있는 조건이 새롭고, 역시 제8장이 말하는 총봉사자 선출 방식이 새로운 것이다. 프란치스코는 시초에 이 문제에 대해 염려할 필요가 없었다. 자신이 총봉사자였기 때문이다. 제12장이 말하는 보호자 추기경 역시 새로운 것이다. 끝으로, 개신교들 가운데, 예를 들어 성공회의 존 무어만(John Moorman) 주교는 「인준 규칙」이 이완된 느낌을 준다고 말한다. 그러나 두 개의 핵심 영역, 즉 외적 가난과 소유권 문제에서는 이 수도규칙이 「비인준 규칙」보다 더 엄격하다. 이 수도규칙은 어떤 이유로든, 심지어는 병자를 위해서도 돈 사용을 금한다. 한편, 「비인준 규칙」은 병자를 위한 돈 사용을 구체적으로 허용한다. 그리고 나서 「비인준 규칙」은 재산 소유권에 관해 형제들이 어떤 장소도 자신의 것으로 하는 것을 금한다. 그런데 이 수도규칙은 어떤 것이든, 즉 집이든 그 어떤 장소든 소유를 금한다.

인준받은 수도규칙

〔1 하느님의 종들의 종인 호노리오 주교는 사랑하는 아들들인 프란치스코 형제와 작은 형제회의 다른 모든 형제들에게 인사하며 사도적 축복을 내립니다. 2 사도좌가 청원인들의 경건한 청원을 승인하고 진실한 원의에 너그러운 호의를 베푸는 것은 관례입

니다. 3 그러므로 주님 안에 사랑하는 아들들, 우리는 여러분의 경건한 간청에 귀를 기울여, 우리의 선임 교황인 인노첸시오께서 인준하셨고 여기에 실려 있는 귀 회의 수도규칙을 사도적 권한으로 여러분에게 확인해 드리며, 이 칙서(勅書)의 보호 아래 인증(認證)하는 바입니다. 이는 다음과 같습니다).

〔제1장〕
주님의 이름으로!
작은 형제들의 생활이 시작됩니다:

1 작은 형제들의 수도규칙과 생활은 이러합니다. 즉, 순종 안에, 소유 없이, 정결 안에 살면서 우리 주 예수 그리스도의 거룩한 복음을 실행하는 것입니다. 2 프란치스코 형제는 호노리오 교황님과, 교회법에 따라 선출되는 그의 후계자들과 로마 교회에 순종과 존경을 약속합니다. 3 그리고 다른 형제들은 프란치스코 형제와 그 후계자들에게 순종할 의무가 있습니다.

〔제2장〕
이 생활을 받아들이려고 하는 이들,
그리고 이들을 어떻게 받아들일 것인가

1 누군가가 이 생활을 받아들이려고 우리 형제들을 찾아오면, 다른 형제들이 아니라 오직 관구 봉사자들에게만 그들을 받아들일 권한이 있기 때문에, 형제들은 그들을 관구 봉사자들에게 보낼 것입니다. 2 그리고 봉사자들은 가톨릭 신앙과 교회의 성사들에 관하여 그들을 면밀히 시험할 것입니다. 3 그리고 그들이

이 모든 것을 믿고 충실히 고백하며 끝날까지 굳게 지키기를 원하면, 4 그리고 아내가 없거나, 있을 경우에는 아내가 이미 수녀원에 들어갔거나, 아내가 이미 정결 서원을 발한 후[1] 교구 주교의 권한으로 주교가 그에게 허락을 주었거나, 그 아내가 의심받을 수 없는 나이면 5 그 때에 봉사자들은 가서 너희의 모든 것을 다 팔아 가난한 사람들에게 나누어 주도록(참조: 마태 19,21) 힘쓰라고 하신 거룩한 복음의 말씀을 이야기해 줄 것입니다. 6 만일, 이렇게 할 수 없으면 좋은 뜻만으로도 넉넉합니다. 7 그리고 주님께서 그들에게 영감을 주시는 대로 그들이 자기 재산을 자유롭게 처분할 수 있도록 형제들과 봉사자들은 그들의 재산에 대해 관여하지 않도록 조심할 것입니다. 8 그러나 의견이 요청되면, 봉사자들은 하느님을 경외하는 사람들에게 그들을 보낼 수 있고, 하느님을 경외하는 사람들의 조언으로 그들이 자기 재산을 가난한 사람들에게 나누어 주도록 할 것입니다. 9 그 후 봉사자들은 시련복, 즉 모자 없는 수도복 두 벌과 띠와 속바지와 허리띠까지 내려오는 겉옷을 줄 것입니다. 10 그러나 봉사자들은 어떤 때 하느님의 뜻에 맞다고 생각되면 달리할 수도 있습니다. 11 그리고 그들은 시련기 일 년을 마친 후, 이 생활과 수도규칙을 항상 지키기로 서약함으로써 순종에로 받아들여집니다. 12 그리고 교황님의 명에 따라 이 수도회에서 절대로 나갈 수 없습니다. 13 이는 거룩한 복음을 따라 "쟁기에 손을 대고 뒤를 돌아보는 자는 하느님 나라에 합당하지 않기"(루카 9,62) 때문입니다. 14 그리고 이미 순종을 서약한 이들은 모자 있는 수도복 한 벌을 가질 것이며, 원하

---

[1] 이 구절에 나타나는 '정결'은 라틴어로 "카스티타스"(castitas)가 아니라 "콘티넨찌아"(continentia)이다.

면 모자 없는 수도복 한 벌을 더 가질 수 있습니다. 15 그리고 어쩔 수 없는 이들은 신발을 신을 수 있습니다. 16 그리고 모든 형제들은 값싼 옷을 입을 것이며, 또한 하느님의 축복을 받아 그 옷을 거친 천이나 다른 헝겊으로 기워 입을 수 있습니다. 17 나는 형제들에게 권고하며 충고합니다. 부드럽고 화려한 옷을 입은 사람이나 맛 좋은 음식을 먹고 마시는 사람들을 볼 때, 그들을 멸시하거나 판단하지 말고 오히려 각자 자기 자신을 판단하고 멸시하십시오.

〔제3장〕
성무일도와 단식재, 그리고 형제들이 세상을 어떻게 다닐 것인가

1 성직형제들은 시편을 제외하고는 거룩한 로마 교회의 예식에 따라 성무일도를 바칠 것입니다. 2 따라서 성무일도서를 가질 수 있습니다. 3 그리고 평형제들은 밤기도로 "주님의 기도" 스물네 번, 아침기도로 다섯 번, 일시경, 삼시경, 육시경, 구시경으로 각 일곱 번, 저녁기도로 열두 번, 끝기도로 일곱 번을 바칠 것입니다. 4 그리고 죽은 이들을 위하여 기도할 것입니다. 5 그리고 모든 성인들의 축일부터 주님의 성탄 축일까지 단식할 것입니다. 6 한편, 주님의 공현 축일부터 시작하여 사십 일 간 지속되는 기간, 즉 주님께서 당신의 거룩한 단식으로 축성하신(참조: 마태 4,2) 그 거룩한 사순절에 자발적으로 단식하는 사람은 주님의 축복을 받을 것입니다. 원하지 않는 사람은 지킬 의무가 없습니다. 7 그러나 주님의 부활 축일 전까지의 다른 사순절에는 단식할 것입니

다[2]. 8 이외에 금요일을 제외한 다른 때에는 단식할 의무가 없습니다. 9 그리고 꼭 필요한 경우에, 형제들은 육신의 단식을 할 의무가 없습니다. 10 또한, 나는 주 예수 그리스도 안에서 나의 형제들에게 조언하고 권고하며 충고합니다. 세상을 두루 다닐 때, 형제들은 남과 다투거나 언쟁을 벌이거나 남을 판단하지 말고(참조: 2티모 2,14), 11 오히려 마땅히 모든 이에게 정직하게 말을 하면서 온유하고 평화롭고 단정하고 양순하고 겸허해야 합니다. 12 그리고 형제들은 꼭 필요한 경우나 아픈 경우가 아니면 말을 타서는 안 됩니다. 13 "어느 집에 들어가든지 먼저 '이 집에 평화를 빕니다' 하고 말할 것입니다"(루카 10,5). 그리고 거룩한 복음에 따라, 차려 주는 모든 음식은 먹어도 됩니다(참조: 루카 10,8).

[제4장]
형제들은 금품을 받지 말 것입니다

1 나는 모든 형제들에게 단호히 명합니다. 형제들은 직접적으로나 다른 사람을 통해서나 절대로 돈이나 금품을 받지 마십시오. 2 오직 봉사자와 보호자들만이 장소와 계절 그리고 추운 지방에 따라 필요하다고 판단되면 앓는 형제들에게 필요한 것과 다른 형제들의 옷가지를 위해서 영신의 친구들을 통하여 특별한 배려를 할 것입니다. 3 그러나 위에서 말한 대로 돈이나 금품은 받지 말 것을 늘 명심할 것입니다.

---

2) 당시에는 주님의 공현 축일부터 시작되는 사십 일 간의 사순절과, 재의 수요일부터 부활절까지 이어지는 사십 일 간의 사순절, 두 가지가 있었다.

〔제5장〕
일하는 자세

1 주님께서 일하는 은총을 주신 형제들은 충실하고 헌신적으로 일할 것입니다. 2 이렇게 함으로써 영혼의 원수인 한가함을 쫓아내는 동시에 거룩한 기도와 헌신의 영을 끄지(참조: 1테살 5,19) 않도록 할 것입니다. 현세의 다른 모든 것들은 이 영에 이바지해야 합니다. 3 그리고 일의 보수로 자기와 자기의 형제들을 위하여 돈이나 금품을 제외하고 육신에 필요한 것들을 받아들이되, 4 주님의 종이며 지극히 거룩한 가난을 따르는 사람답게 겸손히 받아들일 것입니다.

〔제6장〕
형제들은 아무것도 자기의 소유로 하지 말 것입니다.
그리고 동냥을 청하는 일과 앓는 형제들에 대하여

1 형제들은 집이나 거처, 그 어떤 것도 자기 소유로 하지 말 것입니다. 2 그리고 이 세상에서 순례자와 나그네처럼(참조: 1베드 2,11) 가난과 겸손 안에서 주님을 섬기면서 신뢰심을 가지고 동냥하러 다닐 것입니다. 3 그리고 주님께서 우리를 위하여 이 세상에서 스스로 가난해지셨으니(참조: 2코린 8,9) 부끄러워하지 말아야 합니다. 4 이것이 바로 지극히 사랑하는 나의 형제 여러분을 하늘 나라의 상속자요 왕이 되게 하고, 물질에 가난한 사람이 되게 하면서도(참조: 야고 2,5), 덕행에 뛰어나게 하는 지극히 높은 가난의 극치입니다. 5 이것이 "살아 있는 이들의 땅으로"(시편 141,6) 인도하는 여러분의 몫이 되었으면 합니다. 6 지극히 사랑하는 형제

들, 이 가난에 완전히 매달려 우리 주 예수 그리스도의 이름을 위하여 하늘 아래서는 평생토록 결코 다른 어떤 것도 가지기를 원치 마십시오. 7 그리고 형제들은 어디에 있든지 어디서 만나든지 상호간에 한 식구임을 서로서로 보여 줄 것입니다. 8 그리고 필요한 것을 서로 간에 거리낌 없이 드러내 보일 것입니다. 어머니가 자기 육신의 자녀를(참조: 1테살 2,7) 기르고 사랑한다면 각자는 자기 영신의 형제들을 한층 더 자상하게 사랑하고 길러야 하지 않겠습니까? 9 그리고 형제들 가운데 누가 병이 나면[3] 다른 형제들은 남이 자기 자신을 돌보아 주기를 바라는 것처럼 그에게 봉사해야 합니다(참조: 마태 7,12).

[제7장]
죄 지은 형제들에게 주어야 할 보속

1 형제들 가운데 누군가가 원수의 충동으로 대죄를 지으면, 그 죄가 관구 봉사자들에게만 가도록 되어 있는 죄라고 형제들이 정한 것이라면, 그 죄를 지은 형제들은 가능한 한 빨리 지체하지 말고 봉사자들에게 갈 의무가 있습니다. 2 봉사자가 사제라면 그에게 직접 자비롭게 보속을 줄 것이고, 사제가 아니라면 우리 수도회의 다른 사제를 통해서 하느님 앞에서 더 낫다고 판단되는 대로 그들에게 보속을 주게 할 것입니다. 3 그리고 분노와 흥분은 자신과 다른 사람들의 사랑을 방해하므로, 남의 죄 때문에 화내거나 흥분하지 않도록 조심할 것입니다.

---

3) 파올라찌 비판본: in infirmitatem; 에써 비판본: in infirmitate.

[제8장]
형제회의 총봉사자 선출과 성령 강림 총회

1 모든 형제들은 이 수도회의 형제들 가운데 한 사람을 전 형제회의 총봉사자와 종으로 늘 모셔야 하고 그에게 철저히 순종할 것입니다. 2 그가 세상을 떠났을 때에 관구 봉사자들과 보호자들은 성령 강림 총회에서 그의 후계자를 선출할 것입니다. 관구 봉사자들은 총봉사자가 총회를 어디에 소집하든지 언제나 총회에 함께 모일 의무가 있습니다. 3 이것은 삼 년에 한 번 또는 총봉사자가 정하는 대로 늦추거나 앞당길 수 있습니다. 4 그리고 만일 어느 때 관구 봉사자들과 보호자들 전체가[4], 총봉사자가 형제들에 대한 봉사와 공동 이익에 부합하지 않다고 여길 경우에는 선거하도록 위임된, 위에 말한 형제들이 주님의 이름으로 다른 형제를 보호자[5]로 선출할 의무가 있습니다. 5 그리고 성령 강림 총회 후, 봉사자들과 보호자들은 자신들이 원하고 또 적절하다고 생각한다면 같은 해에 관할 지역들 안에서 한 차례 자기 형제들을 회의에 소집할 수 있습니다.

[제9장]
설교자들

1 형제들은 주교가 금하면 그 주교의 교구에서 설교하지 말 것입니다. 2 그리고 이 형제회의 총봉사자의 시험을 거쳐 그로부터

---

4) 이 구절에서 '전체가'의 라틴어 원문은 "우니베르시타티"(universitati)로, 우고 디냐는 이를 그의 『작은 형제들의 수도규칙 해설』에서 '대부분'이라 풀이한다.
5) 여기서 "쿠스토스"(custos, 보호자)는 '장상'을 통칭하는 개념으로 쓰이고 있다.

허락을 받고 설교의 직책을 받지 않았다면, 형제들 중 그 누구도 사람들에게 감히 설교하지 말 것입니다. 3 또한, 나는 설교하는 형제들에게 권고하며 충고합니다. "설교할" 때 그들의 말은 백성들에게 유익하며 감화를 줄 수 있도록 "숙고되고 순수해야 합니다"(시편 11,7; 17,31). 4 또한, 설교자들은 간결한 설교로 그들에게 악습과 덕행, 벌과 영광을 선포할 것이니, 이는 "주님께서 이 세상에서" 간결하게 "말씀을"(로마 9,28) 하셨기 때문입니다.

〔제10장〕
형제들에게 주는 권고와 교정

1 형제들의 봉사자요 종인 형제들은 자기 형제들을 방문하고 권고하며, 겸손과 사랑으로 잘못을 바로잡아 줄 것이며, 그들의 영혼과 우리 수도규칙에 반대되는 것은 어떤 것도 명하지 말 것입니다. 2 그리고 아랫형제들은 하느님 때문에 자기 의지를 포기했다는 것을 기억할 것입니다. 3 그러므로 나는 그들에게 단호히 명합니다. 형제들은 주님께 지키기로 약속했고 영혼과 우리 수도규칙에 반대되지 않는 모든 일에서 자기 봉사자들에게 순종하십시오. 4 그리고 형제들은 어디에 있든지 수도규칙을 영적으로 실행할 수 없다는 것을 알게 되고 깨닫게 될 때, 자기 봉사자들에게 달려가야 하며 또한 달려갈 수 있습니다. 5 그리고 봉사자들은 사랑과 친절로 이 형제들을 맞이할 것이며, 이 형제들이 마치 주인이 종들에게 하듯이 봉사자들에게 말하고 대할 수 있을 정도로 봉사자들은 그 형제들에게 친밀감을 지닐 것입니다. 6 사실, 봉사자들은 당연히 모든 형제들의 종이 되어야 합니다. 7 한편, 나는 주 예수 그리스도 안에서 권고하며 충고합니다. 형제들은 모든 교만

과 헛된 영광, 질투와 탐욕(참조: 루카 12,15), 이 세상 근심과 걱정(참조: 마태 13,22), 그리고 중상과 불평에 빠져들지 않도록 조심하고, 또한 글 모르는 형제들은 글을 배우려고 애쓰지 마십시오. 8 오히려 우리가 무엇보다 먼저 갈망해야 할 것에 집중할 것입니다. 곧, 주님의 영과 그 영의 거룩한 활동을 마음에 간직하고, 9 주님께 깨끗한 마음으로 항상 기도하고 박해와 병고에 겸허하고 인내하며, 10 또한 우리를 박해하고 책망하고 중상하는 사람들을 사랑하는 일입니다. 왜냐하면 주님께서 이렇게 말씀하시기 때문입니다. "너희는 원수를 사랑하여라. 그리고 너희를 박해하고 중상하는 자들을 위하여 기도하여라"(마태 5,44). 11 "행복하여라, 의로움 때문에 박해를 받는 사람들! 하늘 나라가 그들의 것이다"(마태 5,10). 12 "끝까지 견디는 이는 구원을 받을 것이다"(마태 10,22).

〔제11장〕
형제들은 여자 수도원을 출입하지 말 것입니다

1 나는 모든 형제들에게 단호히 명합니다. 형제들은 여자들과 의심스러운 교제나 담화를 나누지 마십시오. 2 그리고 사도좌로부터 특별한 허가를 받은 형제들 외에는 여자 수도원을 출입하지 마십시오. 3 또, 형제들은 남자나 여자의 대부가 되지 마십시오. 이로 인해 형제들 간에 또는 형제들에 대한 추문이 생기지 않기[6] 위해서입니다.

---

6) 파올라찌 비판본: ne; 에써 비판본: nec.

[제12장]
사라센인들[7]과 비신자들 가운데로 가는 형제들

1 하느님의 영감을 받아 사라센인들과 다른 비신자들 가운데로 가기 원하는 형제들은 관구 봉사자들에게 허락을 청할 것입니다. 2 그러나 봉사자들은 파견하기에 적합하다고 여기지 않으면 아무에게도 갈 허락을 주지 말 것입니다. 3 아울러 나는 순종으로 봉사자들에게 명합니다. 이 형제회의 지도자요 보호자요 감사관이 될 분으로 거룩한 로마 교회의 추기경들 중에 한 분을 교황님께 청하십시오. 4 그리하여 형제들은 거룩한 교회의 발 아래 항상 매여 순종하고, 가톨릭 믿음의 기초 위에 굳건히 서서(참조: 콜로 1,23) 우리가 굳게 서약한 가난과 겸손과 우리 주 예수 그리스도의 거룩한 복음을 실행할 것입니다.

[그러므로 아무도 우리가 확인하는 이 기록을 파기하거나 함부로 무모하게 반대하지 말 것입니다. 누구든지 감히 이를 시도한다면 전능하신 하느님과 그분의 사도인 복되신 베드로와 바오로의 진노를 사게 될 것임을 명심해야 합니다. 라테라노에서, 교황 재임 제8년 11월 29일].

---

7) 사라센인들(Saraceni)은 이슬람교도들을 말한다.

은수처를 위한 규칙

이 규칙은 프란치스코의 글 모음집 가운데 가장 오래된 『아씨시 필사본 모음집 338』과 14-15세기의 필사본에서 찾아볼 수 있다. 이 규칙의 작성은 1217년 총회 때 정해진 수도회 안의 직책들인 "봉사자"와 "보호자"가 이 규칙에서 언급되는 점에 기초하여 볼 때, 1217년과 1221년 사이에 이루어졌다고 보고 있다. 프란치스코 생애 전체를 통하여 오랫동안 동반했고 또 자신을 따르는 이들에게 유산으로 넘겨준, 그가 그토록 좋아했던 체험과 가졌던 열망의 결실인 이 짧은 글은, 은수 생활 혹은 광야에서의 생활에 대한 참되고도 완전한 규칙을 소묘하고 있다.

이 규칙은 정주승적 은수 생활의 요소들, 예를 들어 세속으로부터의 별리, 조그마한 개인 방, 마르타와 마리아의 전통을 반영해 주면서, 동시에 프란치스칸 특징들인 형제애적 차원, 동냥을 청하는 것, 봉사자와 보호자의 역할과 방문 등을 말하고 있다.

은수처를 위한 규칙

1 은수처에서 수도 생활을 하고 싶은 이들은 세 명이나 혹시 많아도 네 명을 넘지 말아야 합니다. 그들 중에 두 사람은 어머니가 될 것이고, 그 어머니들은 둘이나 아니면 적어도 한 아들을 가질 것입니다.

2 어머니인 이 두 사람은 마르타의 생활을 할 것이고, 두 아들은 마리아의 생활을 할 것이며(참조: 루카 10,38-42), 이 두 아들은 하나의 봉쇄 구역을 갖고 그 안에서 각각 기도하고 잠자기 위한 각자의 독방을 가질 것입니다.

3 그리고 해가 진 다음, 바로 그 날의 끝기도를 늘 바칠 것이고, 침묵을 유지하도록 힘쓸 것이며, 시간경을 바치고, 밤기도 시간에 일어날 것이며, "먼저 하느님의 나라와 그분의 의로움을 찾을 것입니다"(마태 6,33; 참조: 루카 12,31).

4 그리고 적절한 시간에 일시경을 바칠 것이고, 삼시경을 바친 후 침묵을 풀고 이야기할 수 있으며 자기 어머니들에게 갈 수 있습니다.

5 그리고 원할 때, 보잘것없는 가난한 이들처럼 주 하느님의 사랑 때문에 어머니들에게 동냥을 청할 수 있습니다.

6 그리고 그 다음에 육시경과 구시경을 바치고 적절한 시간에 저녁기도를 바칠 것입니다.

7 또한, 그들이 머물고 있는 봉쇄 구역에는 어떤 사람도 들어가지 못하게 하고 거기서는 아무것도 먹지 말 것입니다.

8 어머니가 되는 이 형제들은 모든 사람으로부터 멀리 떨어져

머물려고 힘쓸 것이며, 자기 봉사자에 대한 순종 때문에 아무도 자기 아들들과 이야기하지 못하게 그 아들들을 모든 사람으로부터 보호할 것입니다.

9 그리고 이 아들들은 자신의 어머니들 외에는 또한 주 하느님의 축복을 받아 자신들을 방문하고자 하는 자신의 봉사자와 보호자 외에는 다른 어떤 사람과도 이야기하지 말 것입니다.

10 그런데 그들이 서로 교대하기로 정한 때가 되면, 그 때에는 아들들이 어머니 역할을 맡을 것입니다. 그리고 위에서 말한 모든 것을 열심히 그리고 성실히 지키도록 힘쓸 것입니다.

권고들

「권고들」은 28개의 조각으로 구성되어 있는데, 언제 편집되었는지는 알 수 없다. 이 「권고들」이 무엇을 말해 주는가에 대해 여러 사람들이 의견을 피력했다. 어떤 이는 「권고들」이 원래 여러 총회에서 프란치스코가 준 권고의 말이었다가 집합이 되었다고 생각하고 있다. 다음의 「익명의 페루쟈」 37이 이 생각을 뒷받침해 주고 있다. "모든 형제들은 성령 강림절에 총회를 위해서 성 마리아 성당에 모여들었다. … 프란치스코는 먼저 주님과 상의한 후, 적절한 시기에 형제들에게 권고와 징계와 지침을 주었다". 현대의 프란치스코 전기 작가인 예르겐센은 이 「권고들」을 「인준 규칙」 이후, 이 수도규칙에 공적으로 부가시킨 것들로 보고 있다. 이 「권고들」은 실제에 있어 하나의 긴 글인지도 모른다. 어떤 편집본에서는 분리를 표시하는 붉은색의 표시가 없으며, 그 때문에 어떤 이들은 「권고들」을 한 개의 글로 보고 있다.

쿠베르트 헤세(Cubert Hesse)는 이 「권고들」의 주제에 대해 "프란치스칸 산상 설교"라 불렀다. 한편, 카에탄 에써(Kajetan Esser)는 이 「권고들」의 모습을 "내적 가난과 형제애의 찬가"[1]라고 말하면서, 프란치스칸 정신을 이해하는 데 이 「권고들」이 지극히 중요하다고 보고 있다. 「비인준 규칙」(1221년)과 「인준 규칙」(1223년) 그리고 「유언」에 기록된 가난은 외적 가난, 곧 물질적 가난에 대한 언급이 상대적으로 부각되어 있다. 따라서 프란치스코의 가난 개념을 총체적으로 이해하려면, 이 「권고들」을 보는 것이 절대 필요하다.

물론, 「권고」 1이 주님의 몸과 피에 대해 길게 말하고 있지만, 「권고들」의 핵심 개념은 "하느님의 종"의 개념이다. "종"이라는 단어가 이 「권고들」에 25회 나타난다. 종은 주인에게 온전히 의존하는 이들인데, 우리는 온전히 하느님께 의존한다. 프란치스코에게 하느님은 모든 선(善)이 유래하는 위대한 애긍 시사자이시다. 이 「권고들」은 초기 프란치스칸 삶의 정신을 잘 보여 주는 "작음(낮음)의 찬가"이다.

권고들

[1. 그리스도의 몸]

1 주 예수님께서 당신 제자들에게 말씀하셨습니다[2]. "나는 길이요 진리요 생명이다. 나를 통하지 않고서는 아무도 아버지께

---

1) 『Gli scritti di s. Francesco d'Assisi』, 148.
2) 파올라찌 비판본: "말씀하셨습니다"(dixit); 에써 비판본: "말씀하십니다"(dicit).

갈 수 없다". 2 "너희가 나를" 알게 되면³⁾ "내 아버지도" 알게 될 것이다⁴⁾. "이제부터 너희는 그분을 아는 것이고, 또 그분을 이미 본 것이다. 3 필립보가 예수님께, '주님, 저희가 아버지를 뵙게 해 주십시오. 저희에게는 그것으로 충분하겠습니다' 하자, 4 예수님 께서 그에게 말씀하십니다. '필립보야, 내가 이토록 오랫동안 너 희와 함께 지냈는데도, 너희는 나를 모른다는 말이냐? 나를 본 사 람은 곧 내 아버지를 본 것이다'"(요한 14,6-9). 5 아버지는 "사람이 다가갈 수 없는 빛 속에"(1티모 6,16) 사시고, "하느님은 영(靈)이시 며"(요한 4,24), "아무도 하느님을 본 적이 없습니다"(요한 1,18). 6 그 러므로 "생명을 주는 것은 영이고 육(肉)은 아무 쓸모가 없기 때문 에"(요한 6,63) 하느님은 영 안에서가⁵⁾ 아니면 볼 수 없습니다. 7 이 와 같이 아드님도 아버지와 같은 분이시기에 아버지를 보는 방법 과 다르게 또한 성령을 보는 방법과 다르게는 아무도 아드님을 볼 수 없습니다. 8 그래서 주 예수를 영과 신성으로 보지 않고, 인성으로만 보아 그분이 하느님의 참 아드님이시라는 것을 보지 도 않았고 믿지도 않았던 모든 사람은 단죄받았습니다. 9 이와 마찬가지로 주님의 말씀을 통하여 제대 위에서 사제의 손으로 빵 과 포도주의 형상으로 축성되는 성사를 보면서, 영과 신성에 따 라 이것이 참으로 우리 주 예수 그리스도의 지극히 거룩하신 몸 과 피라는 것을 보지도 않고 믿지도 않는 모든 사람도 단죄받습 니다. 10 지극히 높으신 분께서 신히 이것을 증명해 주시며 말씀 하십니다. "이는 내 몸이며 [많은 사람들을 위하여 흘리는] 새로 운 계약의" 내 "피다"(마르 14,22.24). 11 그리고 "내 살을 먹고 내

---

3) 파올라찌 비판본: Si cognovissetis ; 에써 비판본: Si cognosceretis.
4) 파올라찌 비판본: cognovissetis ; 에써 비판본: cognosceretis.
5) 파올라찌 비판본: "영으로"(spiritu) ; 에써 비판본: "영 안에서"(in spiritu).

피를 마시는 사람은 영원한 생명을 얻을 것이다"(요한 6,54). 12 그러므로 당신을 믿는 이들 안에서 머무르시는 주님의 영이 주님의 지극히 거룩하신 몸과 피를 받아 모시는 것입니다. 13 바로 이 영을 지니지 않은 채 감히 주님을 받아 모시는 모든 사람은 "자신에 대한 심판을 먹고 마시는 것입니다"(1코린 11,29).

14 그러니 "사람의 아들들이여, 언제까지 굳은 마음을 가지렵니까?"(시편 4,3). 15 왜 진리를 깨닫지 못하고 하느님의 아들을 믿지 않습니까?(참조: 요한 9,35). 16 보십시오! 그분은 "어좌로부터"(지혜 18,15) 동정녀의 태중으로 오신 때와 같이 매일 당신 자신을 낮추십니다(참조: 필리 2,8). 17 그분은 겸손한 모습으로 매일 우리에게 오십니다. 18 매일 사제의 손을 통하여 아버지의 품으로부터(참조: 요한 1,18) 제대 위에 내려오십니다. 19 그리고 당신 자신을 참된 살로서 거룩한 사도들에게 보여 주신 것과 마찬가지로 지금 축성된 빵으로 우리에게 당신 자신을 보여 주십니다. 20 그리고 그들은 육신의 눈으로 그분의 육신만을 보았지만, 영신의 눈으로 관상하면서 그분이 하느님이심을 믿었습니다. 21 이와 같이 우리들도 육신의 눈으로 빵과 포도주를 볼 때, 그것이 참되고 살아 있는 그분의 지극히 거룩하신 몸과 피라는 것을 보고 굳게 믿도록 합시다. 22 이처럼 "보라, 내가 세상 끝날까지 너희와 함께 있겠다"(마태 28,20) 하고 당신 자신이 말씀하신 대로[6] 주님은 당신을 믿는 이들과 함께 항상 이렇게 계십니다.

---

6) 파올라찌 비판본: "당신 자신이 말씀하신 대로"(sicut ipse dixit); 에써 비판본: "당신 자신이 말씀하시는 대로"(sicut ipse dicit).

〔2. 의지를 자기 것으로 삼는 악〕

1 주님께서 아담에게 말씀하셨습니다. "너는 낙원에 있는[7] 모든 나무"에서 "열매를 따 먹어도 된다. 그러나 선과 악을 알게 하는 나무에서는 따 먹으면 안 된다"(창세 2,16-17). 2 아담이 순종을 거스르지 않았을 때까지는 죄를 짓지 않았으므로, 동산에 있었던 모든 나무에서 열매를 따 먹을 수 있었습니다. 3 그런데 자기[8] 의지를 자기의[9] 것으로 삼고, 자기 안에서 주님께서 말씀하시고 이루시는 선을 자랑하는 바로 그 사람은 선을 알게 하는 나무에서 열매를 따 먹는 것입니다. 4 결국, 악마의 꾐에 빠져 계명을 거슬렀기 때문에, 먹은 것이 그에게[10] 악을 알게 하는 열매가 되어 버렸습니다. 그래서 그런 사람은 벌받아야 마땅합니다.

〔3. 완전한 순종〕

1 주님께서 복음에서 말씀하십니다. "자기 소유를 다 버리지 않는 사람은 내 제자가 될 수 없다"(루카 14,33). 2 그리고 "정녕 자기 목숨을 구하려는 사람은 목숨을 잃을 것이다"(루카 9,24). 3 자기 장상의 손 안에서 순종하기 위해 자기 전부를 바치는 사람은 가지고 있는 것을 모두 버리고 〔자기 영혼과〕[11] 자기 몸을 잃는

---

7) 에써 비판본: "낙원에 있는"(paradisi) 생략.
8) "자기"의 라틴어 원문은 "수암"(suam)이며, 이 소유 대명사는 뒤이어 나오는 "의지"(voluntatem)가 하느님으로부터 은총으로 부여받은 '순수한 의지'임을 말해 준다.
9) "자기의"의 라틴어 원문은 "시비"(sibi, 자기에게)로, 이 인칭 대명사는 '순수한 의지'를 자기의 것으로 소유하여 '변질된 의지'로 넘어간 상태를 말한다.
10) 에써 비판본: "그에게"(ei) 생략.
11) 에써 비판본: "자기 영혼과"(animam suam et) 생략.

사람입니다. 4 그리고 장상의 뜻을 거스르지 않는다는 것을 본인 자신이 알고, 또 하는 일이 선한 것이라면, 그가 행하고 말하는 것은 무엇이나 참된 순종입니다. 5 그리고 아랫사람은 장상이 자신에게 명하는 것보다 자신의 영혼에 더 좋고 더 유익하다고 여기는 경우가 있을 때라도, 기꺼이 자기 것을 하느님께 희생으로 바칠 것입니다. 그리고 장상이 명한 것을 실행에 옮기도록 힘쓸 것입니다. 6 사실, 이렇게 하는 것이 하느님과 이웃을 흡족케 하므로, 이것이야말로 사랑의 순종(참조: 1베드 1,22)이 됩니다.

7 그러나 만약 장상이 아랫사람에게[12] 그의 영혼에 거스르는 어떤 것을 하도록 명한다면, 그 장상에게 순종하지 않아도 되지만 그를 버리지는 말아야 합니다. 8 그리고 만일 이 때문에 다른 이들로부터 핍박을 당하더라도 하느님 때문에 그들을 더욱더 사랑하도록 해야 할 것입니다. 9 왜냐하면 자기 형제들과 헤어지기를 바라기보다는 핍박을 견디는 이가 자기 형제들을 위하여 "자기의 목숨"(요한 15,13)을 내놓기에 완전한 순종에 참으로 머무는 사람이기 때문입니다. 10 사실, 자기 장상들이 명하는 것보다 더 나은 것을 본다는 핑계로, 뒤를 돌아다보며(참조: 루카 9,62), "토해낸"(잠언 26,11; 2베드 2,22) 자기 의지로 되돌아가는 수도자들이 많습니다. 11 이들은 살인자들이며 또한 자기들의 악한 표양으로 많은 영혼을 잃게 합니다.

[4. 아무도 장상직을 자기의 것으로 삼지 말 것입니다]

1 "나는 섬김을 받으러 온 것이 아니라 섬기러 왔다"(마태 20,28)

---

12) 에써 비판본: "아랫사람에게"(subdito) 생략.

고 주님께서 말씀하십니다. 2 다른 사람들 위에 있게 된 이들은, 형제들의 발을 씻어 주는 직책을 위임받은 것을(참조: 요한 13,14) 자랑하는 그만큼 그 장상직을 자랑할 것입니다. 3 그리고 발을 씻어 주는 직책에서 면직될 때보다 장상직에서 면직될 때 더 흥분한다면, 그만큼 영혼의 파멸 쪽을 향해 자기의 "돈주머니를"(요한 12,6) 챙기는 것입니다.

[5. 아무도 교만하지 말고, 주님의 십자가를 자랑할 것입니다]

1 오, 사람이여, 주 하느님께서 육신으로는[13] 사랑하시는 당신 아들의 "모습대로", 그리고 영(靈)으로는 당신과[14] "비슷하게"(창세 1,26) 그대를 창조하시고 지어 내셨으니, 주 하느님께서 그대를 얼마나 높이셨는지 깊이 생각해 보십시오. 2 그런데 하늘 아래에 있는 모든 피조물들은 나름대로 자신의 창조주를 그대보다 더 잘 섬기고 인식하고 순종합니다. 3 뿐만 아니라 마귀들이 그분을 십자가에 못 박은 것이 아니라, 바로 그대가 마귀들과 함께 그분을 십자가에 못 박았으며, 그대는 아직도 악습과 죄를 즐기면서 그분을 십자가에 못 박고 있습니다. 4 그러니 그대는 무엇을 자랑할 수 있겠습니까? 5 실상, 그대가 "모든 지식을"(1코린 13,2) 가지고 있고, "모든 언어를"(1코린 12,28) 해석할 수도 있고, 또 천상 일을 날카롭게 꿰뚫어 볼 정도로 예리하고 명석하다 할지라도, 그대는 이 모든 것을 자랑할 수 없습니다. 6 왜냐하면 주님으로부

---

13) "육신을 따라서"로 번역할 수도 있다.
14) 에쎄 비판본: "당신과"(suam) 생략.

터 가장 높은 지혜에 대한 특별한 인식을 받은 사람이 있다 해도, 한 마리의 마귀는 그 모든 사람보다 천상 일에 대해 더 많이 알고 있었고, 지금은 지상 일에 대해 더 많이 알고 있기 때문입니다. **7** 이와 마찬가지로 그대가 모든 사람보다 더 잘생겼고 더 부유하고, 또한 기적들을 행하여 악령들이 달아난다 해도, 이 모든 것은 그대에게 해(害)가 되고 그대의 것은 아무것도 없으며 이 모든 것 안에서 아무것도 그대는 자랑할 수 없습니다. **8** 오히려, 우리는 이 안에서 우리의 "연약함"(2코린 12,5)과 우리 주 예수 그리스도의 거룩한 십자가를 매일 지는(참조: 루카 14,27; 갈라 6,14) 일을 자랑할 수 있습니다.

[6. 주님을 따름[15)]

1 모든 형제들이여, 우리 모두 당신 양들을 속량하기 위해(참조: 요한 10,11; 히브 12,2) 십자가의 수난을 견디어 내신 착한 목자를 주의 깊게 바라봅시다. **2** 주님의 양들은 "고난과 박해", 수치와 "굶주림"(로마 8,35), 연약함과 유혹 등 모든 점에서 주님을 따랐습니다. 그리하여 주님에게서 영원한 생명을 얻었습니다. **3** 그러므로 성인들은 이렇게 업적을 이루었는데 우리는 그것을 그저 이야기하고 설교만 하며[16) 영광과 영예를 받기 원하니, 이것은 하느님의 종들인 우리로서 대단히 부끄러운 일입니다.

---

15) 파올라찌 비판본: "주님을 따름"(De sequela Domini); 에써 비판본: "주님을 모방함"(De imitatione Domini).

16) 에써 비판본: "설교만 하며"(predicando) 생략.

〔7. 지식에 선행(善行)이 뒤따라야 합니다〕

1 사도가 말합니다. "문자는 사람을 죽이고 영[17]은 사람을 살립니다"(2코린 3,6). 2 사람들 중에서 더 많은 지식을 가진 자로 인정받기 위해서 또 친척이나 친구들에게 줄 많은 재물을 얻기 위해서 다만 말마디만을 배우기를 열망하는 이들은 문자로 말미암아 죽임을 당한 사람들입니다. 3 그리고 거룩한 문자의 영(靈)을 따르기를 원치 않고 말마디만을[18] 배우기를 열망하며 다른 사람들에게 설명해 주기를 열망하는 수도자들은 문자로 말미암아 죽임을 당한 사람들입니다. 4 그리고 알고 있는 문자나 알고 싶어 하는 모든 문자를 육신의 것으로 돌리지 않고, 오히려 모든 선을 소유하시는 지극히 높으신 주 하느님께 말과 모범으로 돌려드리는 사람들은 거룩한 문자의 영으로부터 생명을 얻은 사람들입니다.

〔8. 시기의 죄를 피할 것입니다〕

1 사도가 말합니다. "성령에 힘입지 않고서는 아무도 '예수님은 주님이시다'라고 할 수 없습니다"(1코린 12,3). 2 또, "선한 일을 하는 사람은 없습니다. 단 한 사람도 없습니다"(로마 3,12; 참조: 시편 13,3; 52,4). 3 따라서 누구든지 주님께서 자기 형제 안에서 말씀하시고 이루시는 선을 보고 그 형제를 시기하면, 모든 선을 말씀하시고 이루어 주시는 지극히 높으신 분 자신을 시기하는 것이기에(참조: 마태 20,15) 하느님을 모독하는 죄를 범하는 것입니다(참조: 1코린 6,12).

---

17) "스피리투스"(spiritus)를 "성령"이나 "정신"(精神)으로 번역할 수 있다.
18) 파올라찌 비판본: sola verba; 에써 비판본: solum verba.

〔9. 사랑〕

1 주님께서 말씀하십니다. "너희 원수를 사랑하고 너희를 미워하는 사람들에게 잘해 주고 너희를 박해하고 중상하는 사람들을 위하여 기도하여라"(마태 5,44). 2 따라서 자기 원수를 진정으로 사랑하는 사람은 자기가 당하는 해(害)로 말미암아 괴로워하지 않고, 3 오히려 그의 영혼의 죄로 말미암아 하느님의 사랑 때문에 가슴 태우는 사람입니다. 4 그리고 그에게 행동으로 사랑을 보여 줍니다[19].

〔10. 육신의 제어〕

1 죄를 지을 때나 해를 입을 때 자주 원수나 이웃을 탓하는 사람들이 많습니다. 2 그러나 이래서는 안 됩니다. 사람은 육체를 통해서 죄를 짓게 되는데 누구나 그 원수, 즉 육체를 다스릴 수 있기 때문입니다. 3 그러므로 자기의 지배 아래 넘겨진 그러한 원수를 항상 손아귀에 집어넣고 그에게서 슬기롭게 자기 자신을 지키는 "그런 종은 복됩니다"(마태 24,46). 4 이렇게 하는 한, 볼 수 있건 볼 수 없건 그 어떤 원수도 그를 해칠 수 없기 때문입니다.

〔11. 다른 사람의 악행 때문에 무너지지 말 것입니다〕

1 하느님의 종은 죄 외에는 아무것도 못마땅해해서는 안 됩니다. 2 그리고 누가 어떻게 죄를 짓든, 하느님의 종이 이 때문에 사

---

19) 파올라찌 비판본: ostendit; 에써 비판본: ostendat.

랑이 아닌 다른 이유로 흥분하거나 분개한다면, 스스로 과오를 쌓는 것입니다(참조: 로마 2,5). **3** 어떤 일로 말미암아 분개하거나 흥분하지 않는 하느님의 종이 진정 소유 없이 사는 사람입니다. **4** 그리고 "황제의 것은 황제에게[20] 돌려주고 하느님의 것은 하느님께 돌리면서"(마태 22,21) 자기에게 아무것도 남겨 두지 않는 사람은 복됩니다.

〔12. 주님의 영을 어떻게 알 수 있는가〕

1 하느님의 종이 주님의 영을 지니고 있는지는 이렇게 알 수 있습니다. **2** 육은 항상 모든 선을 거스르기에, 주님께서 그 사람을 통하여 어떤 선을 행하실 때, 그의 육이 그 때문에 자신을 높이지 않고, **3** 오히려 자신을 더 비천한 자로 여기며 다른 모든 사람보다도 자신을 더 작은 자로 평가할 때 알 수 있습니다.

〔13. 인내[21]〕

1 하느님의 종은 자기가[22] 만족스러워 할 때에는 자기에게 어느 정도의 인내심과 겸손이 있는지를 알 수 없습니다. **2** 그러나 자기를[23] 만족스럽게 해야 할 바로 그 사람들이 자신을 반대하는 순간이 왔을 때, 그 때에 지니고 있는 만큼의 인내와 겸손을 지니

---

20) 파울라찌 비판본: Cesaris Cesari: 에써 비판본: caesaris caesari.
21) 에써 비판본에는 제1절 첫머리에 "행복하여라, 평화를 이루는 사람들! 그들은 하느님의 자녀라 불릴 것이다"(Beati pacifici, quoniam filii Dei vocabuntur)가 나타난다.
22) 파울라찌 비판본: ei; 에써 비판본: sibi.
23) 파울라찌 비판본: ei; 에써 비판본: sibi.

고 있는 것이지 그 이상을 지니고[24] 있는 것이 아닙니다.

〔14. 영의 가난〕

1 "행복하여라, 영으로 가난한 사람들! 하늘 나라가 그들의 것이다"(마태 5,3). **2** 여러 가지의 기도와 일[25]에 열중하면서 자기 몸에 많은 극기와 고행을 행하지만, **3** 자기 육신에 해가 될 것 같은 말 한마디에, 혹은 자기가 빼앗길 것 같은 그 무엇에 걸려 넘어져 내내 흥분하는 사람들이 많습니다. **4** 이런 이들은 영으로 가난한 사람들이 아닙니다. 진정 영으로 가난한 사람은 자기 자신을 미워하고(참조: 루카 14,26), 자기 뺨을[26] 치는(참조: 마태 5,39) 사람들을 사랑하기 때문입니다.

〔15. 평화〕

1 "행복하여라, 평화를 이루는 사람들! 그들은 하느님의 자녀라 불릴 것이다"(마태 5,9). **2** 이 세상에서 어떤 일을 겪더라도 우리 주 예수 그리스도의 사랑 때문에 마음과 몸에 평화를 간직하는 사람들이 진정 평화의 사람들입니다.

---

24) 에써 비판본: "지니고"(habet) 생략.
25) "일"의 라틴어는 "오피치움"(officium)이며, 중세에 이 낱말은 성무일도나 개인 기도 혹은 신심과 같은 의미도 지니고 있었다. 따라서 이 말은 "신심 행위"라 번역할 수 있다.
26) 파올라찌 비판본: in maxillam; 에써 비판본: in maxilla.

〔16. 마음의 깨끗함〕

1 "행복하여라, 마음이 깨끗한 사람들! 그들은 하느님을 볼 것이다"(마태 5,8). 2 진정 마음이 깨끗한 사람들은 지상의 것들을 멸시하고 천상의 것들을 찾으며, 살아 계시고 참되신 주 하느님을 깨끗한 마음과 정신으로 항상 흠숭하고 바라보는 일을 그치지 않는 사람들입니다.

〔17. 하느님의 겸손한 종〕

1 주님께서 다른 사람을 통하여 말씀하시고 이루시는 선보다 자기를 통하여 말씀하시고 이루시는 선으로 자신을 더 높이려 하지 않는 "그런 종은 복됩니다"(마태 24,46). 2 주 하느님께 자기의 것을 바치기를 원하기보다 자기 이웃에게서 받기를 더 원하는 사람은 죄를 짓는 것입니다.

〔18. 이웃의 고통에 함께 함〕

1 이웃 안에 있는 연약함을 보고, 비슷한 경우에 처해 있을 때 그 이웃으로부터 부축받기를 원하는 것처럼 그 이웃을 부축해 주는 사람은 복됩니다(참조: 갈라 6,2). 2 온갖 좋은 것을 주 하느님께 돌려드리는 종은 복됩니다. 실상, 어떤 것이라도 자신을 위해 묻어 두는 사람은 "자기 주" 하느님의 "돈을" 자기 안에 "숨겨 두는"(마태 25,18) 사람이 되며, "가진 줄로 여기고 있는 것마저 빼앗길 것이기"(루카 8,18) 때문입니다.

〔19. 하느님의 겸손한 종〕

1 사람들로부터 천하고 무식하며 멸시받을 자로 취급받을 때와 마찬가지로, 칭찬과 높임을 받을 때도 자기 자신을 더 나은 사람으로 여기지 않는 종은 복됩니다. 2 사실, 인간은 하느님 앞에 있는 그대로이지 그 이상이 아니기 때문입니다. 3 다른 사람들에 의해 높은 자리에 올랐다가, 자기 의지로 내려오기를 원치 않는 그런 수도자는 불행합니다. 4 그래서 자기 의지로 높은 자리에 있지 않고, 다른 이들의 발 아래 있기를 늘 열망하는 "그런 종은 복됩니다"(마태 24,46).

〔20. 주님 안에서 행복한 수도자와 허울 좋은 수도자[27]〕

1 주님의 지극히 거룩한 말씀과 업적 말고 다른 데서는 흐뭇함과 즐거움을 느끼지 못하며, 2 또한 그것들로써 기쁨과 즐거움 가운데[28] (참조: 시편 50,10) 사람들을 하느님의 사랑에 인도하는 그런 수도자는 복됩니다. 3 쓸모없고 헛된[29] 말들을 즐겨 하고, 또한 그것들로 사람들을 웃기려는 그런 수도자는 불행합니다.

---

27) 파올라찌 비판본: "주님 안에서 행복한 수도자와 허울 좋은 수도자"(De leto in Domino et de vano religioso); 에써 비판본: "좋은 수도자와 헛된 수도자"(De bono et vano religioso).
28) 파올라찌 비판본: "즐거움 가운데"(in gaudio); 에써 비판본: "즐겁게"(cum gaudio).
29) 파올라찌 비판본: "헛된"(inanibus); 에써 비판본: "공허한"(vanis).

〔21. 헛되고 수다스러운 수도자〕

1 이야기를 할 때, 어떤 보상을 받을 의도로 자기의 모든 것을 드러내지 않고, "말이 앞서지"(잠언 29,20) 않으며, 오히려 말해야 할 것과 대답해야 할 것을 지혜롭게 준비하는 종은 복됩니다. 2 주님께서 자기에게 보여 주시는 좋은 것들을 마음속에 간직하지 못하고(참조: 루카 2,19.51) 또 다른 이들에게 행동으로 보여 주기보다는, 오히려 보상을 받을 의도로 사람들에게 말로 보여 주려는 그런 수도자는 불행합니다. 3 이런 자는 "받을 상을 이미 다 받았고"(마태 6,2.16), 그의 말을 듣는 사람들은 적은 열매를 맺습니다.

〔22. 잘못을 고침〕

1 다른 사람이 해 주는 훈계와 문책과 꾸지람을 마치 본인이 자기 자신에게 하듯이 인내로이 견디어 내는 종은 복됩니다. 2 꾸지람을 듣고는 그 꾸지람을 넓은 마음으로 받아들이고, 부끄러운 마음으로 순종하며, 겸허히 고백하고, 기꺼이 보속하는 종은 복됩니다. 3 자신을 변명하는 데 빠르지 않고, 자기 탓이 아닌 죄에 대해서도 부끄러움과 꾸지람을 겸손히 참아 받는 종은 복됩니다.

〔23. 겸손〕

1 자기의 주인들과 함께 있을 때처럼, 자기의 아랫사람들과 함께 있을 때도 겸손한 종은 복됩니다. 2 언제나 교정(矯正)의 채찍 밑에 머무는 종은 복됩니다. 3 자신의 모든 잘못을 내적으로 통회하

고, 외적으로 고백하며, 행동으로 보속함으로써 회개하는[30] 데에 지체하지 않는 이는 "충성스럽고 슬기로운 종"입니다(마태 24,45).

[24. 참된 사랑 1]

형제가 건강하여 보답해 줄 수 있을 때 그 형제를 사랑하는 만큼, 형제가 앓고 있어 보답을 받을 수 없을 때도 그만큼 형제를 사랑하는 종은 복됩니다.

[25. 참된 사랑 2[31]]

자기에게서 멀리 떨어져 있을 때에도 자기와 함께 있을 때처럼 형제를 사랑하고 존경하며[32], 그 형제 앞에서 사랑 때문에 말할 수 없는 것을 그 형제 뒤에서도 그에 대하여[33] 말하지 않는 종은 복됩니다.

[26. 하느님의 종들은 성직자들을 존경할 것입니다]

1 거룩한[34] 로마 교회의 규범에 따라 바르게 생활하는 성직자들에게 믿음을 지니는 하느님의[35] 종은 복됩니다. 2 하지만, 이들을 업신여기는 자들은 불행합니다. 비록, 그들이 죄인들이라

---

30) 파올라찌 비판본: "회개하다"(penitere); 에써 비판본: "처벌하다"(punire).
31) 파올라찌 비판본: Item de vera dilectione ; 에써 비판본: Item de eodem.
32) "존경하다"의 라틴어는 "티메레"(timere, 두려워하다)이다.
33) 에써 비판본: "그에 대하여"(de eo) 생략.
34) 에써 비판본: "거룩한"(sancte) 생략.
35) 에써 비판본: "하느님의"(Dei) 생략.

하더라도, 주님 자신만이 이들에 대한 심판을 당신 자신에게 유보(留保)하시기에 아무도 이들을 심판하지 말아야 합니다. 3 그들 자신도 받아 모시며 그들만이 다른 이들에게 나누어 주는, 우리 주 예수 그리스도의 지극히 거룩하신 몸과 피에 봉사하는 그들의 직분이 다른 모든 것보다 더 큰 것이기에, 4 이들에게 죄를 짓는 자는 이 세상의 다른 모든 사람에게 죄를 짓는 것보다 그만큼 더 큰 죄를 짓는 것이기 때문입니다.

〔27. 악습을 몰아내는 덕〕

1 사랑과 지혜가 있는 곳에
　두려움도 무지도 없습니다.
2 인내와 겸손이 있는 곳에
　분노도 동요(動搖)도 없습니다.
3 기쁨과 더불어 가난이 있는 곳에
　탐욕도 인색도 없습니다.
4 고요와 묵상이 있는 곳에
　걱정도 방황도 없습니다.
5 "자기 집을 지킴에"(루카 11,21) 주님의 두려움[36]이 있는 곳에

---

[36] "주님의 두려움"의 라틴어 원문은 "티모르 도미니"(timor Domini)로, 이 구절은 '주님'을 주어로 하여 '주님의 두려움'이라 이해할 수도 있고, 주님을 목적어로 하여 '주님께 대한 두려움(경외)'이라 이해할 수도 있다. 이 표현은 불가타 시편에 "timor Domini"나 "timor Dei" 형태로 여러 번 나타나며(참조: 시편 19,10; 34,12; 36,2; 111,10; 119,8.10), 성경에서는 일반적으로 '주님께 대한 경외'나 '주님께 대한 두려움'으로 새겨진다. 그런데 「비인준 규칙」 17,16에 "성부와 성자와 성령의 신성한 두려움"(divinum timorem … Patris et Filii et Spiritus Sancti)이란 언급이 나오고 있기에, 「권고」 27에서도 주님의 두려움으로 이해할 수 있다.

원수가 들어갈 곳이 없습니다.
6 자비와 신중함[37]이 있는 곳에
지나침도 완고함도 없습니다.

〔28. 선(善)을 잃지 않도록 감춥시다〕

1 주님께서 자기에게 보여 주시는 좋은 것들을 "하늘에 쌓아 두며"(마태 6,20), 그것을 보상받을 의도로 사람들에게 드러내려 하지 않는 종은 복됩니다. 2 지극히 높으신 분께서 친히 당신 마음에 드는 사람이라면 누구에게나 당신 종의 업적들을 드러내실 것이기 때문입니다. 3 주님의 비밀을 "자기 마음속에 간직하는"(루카 2,19.51) 종은 복됩니다.

---

37) "신중함"은 "디스크레찌오"(discretio)의 번역인데, 이 라틴어는 '식별'에 가까운 의미를 지니고 있다.

클라라와 그의 자매들에게 준 생활 양식

클라라의 회두(회개)는 1212년 성지 주일에 일어났다. 그녀는 맨 먼저 아씨시 근교의 바스티아에 있던 성 파울로 베네딕토 수도원에 보내졌고, 이어서 수바시오 산에 있던 성 안젤로 수도원에 보내졌다. 거기에 있을 때, 여동생 아녜스가 입회했고, 프란치스코는 그들을 성 다미아노로 옮겼다. 클라라는 그녀의 유언에서 자신들이 프란치스코에게 순종을 약속한 후, 성 다미아노로 이동했다고 말하고 있다. 성 다미아노에 새로운 수도 공동체가 설립된 것이다. 클라라 자매들은 프란치스코에게 순종을 약속했다. 이 때문에 우리는 프란치스코가 그들에게 수도규칙을 주었을 것으로 기대한다. 클라라는 자신의 최종적인 「수도규칙」 6장에서 이렇게 기록하고 있다. "복된 사부님은 우리가 가난도 수고도 고생도 모욕도 세속의 멸시도 두려워하지 않고 오히려 이런 것들을 더없는 즐거움으로 여기게 될 것을 알고, 연민으로 마음이 움직여 다음과 같이 우리에게 생활 양식을 써 주었습니다: '여러분은…'".

이것이 "생활 양식"이라고 일컬어지는 것과 관련하여, 학자들은 이것이 보다 긴 문헌에서 단지 인용한 것뿐이라고 생각하고 있다. 여기서 클라라가 인용한 전부는 클라라의 자매들을 돌보겠다는 약속이다. 클라라의 유언에는 가난에 관한 생활 양식의 언급이 있다. 그레고리오 9세 교황도 「프라하의 아네스에게 보낸 편지」(1238년 5월 11일)에서 프란치스코가 클라라에게 준 생활 양식을 언급한다. 이 같은 맥락들을 보면, 이 생활 양식은 클라라와 그의 자매들을 돌보겠다는 단순한 약속 이상으로 더 길었던 것 같다.

클라라와 그의 자매들에게 준 생활 양식

〔지극히 높으신 하늘의 아버지께서는 당신 은총을 통해 지극히 복된 우리 사부 성 프란치스코의 모범과 가르침으로 회개 생활을 하도록 황송하옵게도 나의 마음을 비추어 주셨습니다. 그리고 사부님이 회심하고 조금 지난 후 나는 자원하여 나의 자매들과 함께 그분에게 순종을 약속했습니다. 복된 사부님은 우리가 가난도 수고도 고생도 모욕도 세속의 멸시도 두려워하지 않고 오히려 이런 것들을 더없는 즐거움으로 여기게 될 것을 알고, 연민으로 마음이 움직여 다음과 같이 우리에게 생활 양식을 써 주셨습니다〕.

1 여러분은 하느님의 영감으로 지극히 높으시고 지존하신 임금님, 천상 성부의 딸과 여종들이 되셨고, 거룩한 복음의 완전함을 따라 사는 것을 택함으로써 성령의 정배들이 되셨기에, 2 나는 직접 그리고 나의 형제들을 통하여 나의 형제들에게 가지고 있는 만큼 여러분에 대해서도 애정 어린 보살핌과 특별한 관심을 늘 가질 것을 바라고 약속합니다.

〔그분은 살아 있는 동안 이 약속을 충실히 지켰고 형제들도 항상 지키기를 바랐습니다〕(「클라라 규칙」 6,1-5).

클라라와 그의 자매들에게 써 보낸 마지막 원의

이 글은 「클라라 규칙」 6장에 들어 있으며, 「클라라 유언」에서 풀어 해석되고 있다. 이것이 보다 긴 문헌의 한 조각에 불과하다고 처음 말한 사람은 폴 사바티에(Paul Sabatier)이다. 카예탄 에써는 이 노선을 따르는 듯하지만, 과연 보다 긴 문헌이 남아 있는지는 숙제로 남아 있다고 말한다. 그는 「아씨시 편집본」 13이 같은 문헌을 언급하고 있다고 말한다. 에써는 이 글을 프란치스코 성인의 「유언」과 같은 시기에 쓰인 것으로 보고 있다. 그러니까 1226년 9월 말 아니면 10월 초로 보고 있다.

클라라는 자신의 「수도규칙」 6장에서 이렇게 말한다: "[사부님은] 당신이 세상을 떠나기 조금 전에 당신의 마지막 뜻을 글로 남겼습니다". 에써는 이 글이 성인이 성지에서 돌아와 클라라에게 쓴 편지의 한 부분이라고 말하는 폴 사바티에의 견해를 받아들이지 않는다.

이 글의 친저성에 대해서는 의심의 여지가 없다. 이는 프란치스코의 스타일에 속한다. 세 문장이 "에트"(et. 그리고)로 시작되고, 자신의 활동을 먼저 언급하고 나서 다른 사람의 활동을 언급하는 것도 그의 「유언」과 같은 스타일이다. 그는 「유언」에서 자신이 해 온 것을 말하고 난 후 이차적으로 다른 이들에게 기대하는 것을 쓰고 있다.

    프란치스코가 클라라에게 쓴 글들이 몇 개 있는 듯하다. 전기들이 프란치스코가 클라라에게 쓴 몇 개의 글들에 대하여 언급하고 있기 때문이다. 「아씨시 편집본」13은 이 글을 언급하는데, 다른 글들도 있었던 듯하다.

클라라와 그의 자매들에게 써 보낸 마지막 원의

〔그리고 우리는 물론 우리 뒤에 들어올 자매들도 우리가 받아들인 지극히 거룩한 가난에서 벗어나지 않도록 하기 위해, 세상을 떠나기 조금 전에 당신의 마지막 뜻을 다음과 같이 말씀하며 다시금 우리에게 글로 남겼습니다〕.

1 보잘것없는 나 프란치스코 형제는 지극히 높으신 우리 주 예수 그리스도와 그분의 지극히 거룩하신 어머니의 생활과 가난을 따르기를 원하며, 끝까지 그 생활 안에 항구하기를 원합니다(참조: 마태 10,22).

2 그리고 나의 자매 여러분, 나는 여러분에게 간청하고 또 권고하니, 늘 지극히 거룩한 이 생활과 가난 안에 살아가십시오. 3 그리고 누구의 가르침이나 권고로 이 생활을 결코 떠나지 않도록 영원토록 온갖 조심을 다하십시오(「클라라 규칙」 6,6 - 9).

유언

한때 이 「유언」의 친저성(親著性)에 대한 약간의 의심이 있었다. 그러나 이제 학자들은 친저성에 대해 의심하지 않는다. 이 「유언」은 심지어 성인 생애의 첫 원천인 토마스 첼라노의 「제1생애」 17에도 언급되어 있다. 카예탄 에써는 이 「유언」을 쓴 시기를 1226년 9월 말 아니면 10월 초로 보고 있다. 그레고리오 9세 교황은 자신의 칙서 「쿠오 엘롱가티」(Quo elongati)에서 「유언」이라 불리는 것을 프란치스코 생애 마지막에 쓰도록 명했다고 말하고 있다. 성 보나벤투라는 자신의 편지에서 수도규칙에 관한 세 가지 사항들을 논하면서 "세상을 떠나시면서 형제들에게 명하셨다"(in morte mandavit fratres)라고 말하고 있다. 그레고리오 9세 교황과 성 보나벤투라는 이 「유언」이 성인의 생애 최후 순간에 쓰였음을 암시하고 있다.

이 「유언」은, 프란치스코가 가진 하느님의 여러 은총에 대한 감사, 그가 믿음을 통하여 갖게 된 주요 확신들, 그리고 자신과 형제들이 추구한 복음적 생활 양식에 대한 회상이 전반부를 구성하고, 형제들의 미래 생활을 위한 권고와 지시들이 후반부를 구성하며, 끝 부분에 가서 성인은 「수도규칙」과 「유언」에 "이렇게 알아들어야 한다"고 말하면서 해석을 붙이지 말 것을 명하고 있다. 이 「유언」에는, 작은 형제회에 가난의 진화 혹은 변화가 있었다는 증거가 나오고, 또 로마 교황청에 특전을 청하는 것을 금하는 지시가 나오는 등 몇 가지 새로운 사항이 들어 있다.

유언

1 주님께서 나 프란치스코 형제에게 이렇게 회개를 시작하도록 해 주셨습니다. 죄 중에 있었기에 나에게는 나병 환자들을 보는 것이 쓰디쓴 일이었습니다. **2** 그런데 주님 친히 나를 그들 가운데로 이끄셨고 나는 그들과 함께 지내면서 자비를 실행하였습니다[1]. **3** 그리고 내가 그들에게서 떠나올 무렵에는 나에게 쓴맛이었던 바로 그것이 도리어 몸과 마음의 단맛으로 변했습니다. 그리고 그 후 얼마 있다가 나는 세속을 떠났습니다.

4 그리고 주님께서 성당들에 대한 크나큰 믿음을 나에게 주셨기에, 다음과 같은 말로 단순하게 기도하곤 했습니다. **5** "주 예수 그리스도님, 저희는 전 세계에 있는 당신의 모든 성당에서 당

---

1) "나는 그들과 함께 지내면서 자비를 실행하였습니다"의 라틴어 원문은 "feci misericordiam cum illis"이며, 이는 루카 10,37의 "fecit misericordiam in illum"(그에게 자비를 베푼 사람입니다)과 비슷하다. 이 문장의 "cum illis"는 사본에 따라 "ipsis"(바로 그들에게: Lt, To, Ve 등의 사본들)나 "his"(이들에게: FO 사본) 또는 "eis"(그들에게: Gh, MF 3과 같은 사본들)로 나타나는데, 에서는 "cum illis"를 본문으로 선택하였고, 우리말로는 "그들과 함께 지내면서"라고 옮겼다. 이 문장에는 프란치스코가 나병 환자들과 함께 지냈고, 그들과 함께 살면서 그들에게 자비를 베풀었으며, 이를 통해 프란치스코가 하느님은 물론이고 자신과 함께 하시는 하느님의 자비를 체험했다는 뜻이 들어 있다.

신을 흠숭하며, 당신의 거룩한 십자가로 세상을 구속하셨기에 당신을 찬양하나이다."²⁾

6 그 후 성품(聖品)으로 말미암아, 거룩한 로마 교회의 관습에 따라 생활하는 사제들에 대한 큰 믿음을 주님께서 나에게 주셨고 또한 지금도 주시기에, 만일 그들이 나를 박해한다 해도 나는 그들에게 달려가기를 원합니다. 7 그리고 내가 솔로몬이 가졌던 그 정도의 많은 지혜를 가지고 있고, 이 세상의 가엾은 사제들을 만난다 해도, 그들의 뜻을 벗어나 그들이 거주하는 본당에서 설교하고 싶지 않습니다. 8 그리고 그들과 다른 모든 사제들을 마치 나의 주인인 듯 두려워하고 사랑하며 존경하기를 원합니다. 9 그리고 그들 안에서 나는 하느님의 아들을 알아보고, 또 그들이 나의 주인이므로, 그들 안에서 죄를 보고 싶지 않습니다. 10 내가 이렇게 하는 이유는, 사제 자신들도 받아 모시고 사제들만이 다른 이들에게 나누어 주는 주님의 지극히 거룩한 몸과 피가 아니고서는 이 세상에서 하느님의 지극히 높으신 아들을 내 육신의 눈으로 결코 보지 못하기 때문입니다.

11 그리고 이 지극히 거룩한 신비들이 무엇보다도 공경받고 경배되며 귀중한 장소에 모셔지기를 원합니다. 12 지극히 거룩한 이름들과 그분의 말씀이 기록된 것이 부당한 곳에서 발견되면,

---

2) 이 구절의 원문은 다음과 같다: "Adoramus te, Domine Jesu Christe, et ad omnes ecclesias tuas que sunt in toto mundo, et benedicimus tibi, quia per sanctam crucem tuam redemisti mundum". 이 구절에서 "quia"는 "benedicimus tibi"만 수식하는 것으로 이해할 수도 있고(카를로 파올라찌, 페르난도 우리베), 앞 문장 전체를 수식하는 것으로 이해할 수도 있다(레온하르트 레만). 새 번역에서는 전자를 따랐으며, 후자를 따르는 경우에는 다음과 같이 옮길 수 있다: "주 예수 그리스도님, 주님의 거룩한 십자가로 세상을 구속하셨기에, 저희는 온 세상에 있는 모든 성당에서 당신을 흠숭하며 찬양하나이다".

나는 그것을 모으겠고, 또 그것을 모아 합당한 곳에 모시기를 바랍니다. 13 또한, 우리는 모든 신학자들과 지극히 거룩하신 하느님의 말씀을 전해 주는 사람들을 우리에게 영과 생명(참조: 요한 6,63)을 전하는 사람들로 공경하고 존경해야 합니다.

14 그리고 주님께서 나에게 몇몇 형제들을 주신 후 내가 해야 할 일을 아무도 나에게 보여 주지 않았지만, 지극히 높으신 분께서 친히 나에게 거룩한 복음의 양식(樣式)에 따라 살아야 할 것을 계시하셨습니다. 15 그리고 나는 그것을 몇 마디 말로 그리고 단순하게 기록하게 했고 교황님께서 나에게 확인해 주셨습니다. 16 그리고 이[3] 생활을 받아들이려고 찾아오는 사람들은 "가지고 있던 모든 것"(토빗 1,3)을 가난한 사람들에게 주었습니다. 17 그리고 우리는 안팎으로 기운 수도복 한 벌로 만족하였고[4] 원하는 사람은[5] 띠와 속옷을 가졌습니다. 그리고 우리는 그 이상 더 가지기를 원치 않았습니다. 18 우리 성직자들은 다른 성직자들처럼 성무일도를 바쳤고, 평형제들은 주님의 기도를 바쳤습니다. 그리고 우리는 성당에 아주 기꺼이 머물곤 하였습니다[6]. 19 그리고 우리는 무식한 사람들이었으며 모든 이에게 복종하였습니다. 20 그리고 나는 내 손으로 일을 하였고 또 지금도 일하기를 원하며 다른 모든 형제들도 올바른 허드렛일에 종사하기를 간절히 바랍니다. 21 일할 줄 모르는 형제들은 일의 보수를 받을 욕심 때문이 아니라 모범을 보이고 한가함을 쫓기 위해서 일을 배울 것입니다. 22 그리고 우리가 일의 보수를 받지 못할 때에는 집집마다 동냥하면서

---

3) 에써 비판본: "이"(istam) 생략.
4) 파올라찌 비판본: eramus contenti ; 에써 비판본: erant contenti.
5) 에써 비판본: "원하는 사람은"(qui volebant) 생략.
6) 초기 형제들은 성당이나 성당 회랑 등을 임시 거처로 삼기도 하였다.

주님의 식탁으로 달려갑시다. 23 "주님께서 당신에게 평화를 내려 주시기를 빕니다" 하고 우리가 해야 할 인사를 주님께서 나에게 계시하셨습니다. 24 형제들은 성당과 초라한 집 그리고 형제들을 위해 세운 모든 건물이[7] 우리가 수도규칙에서 서약한 거룩한 가난에 맞지 않으면 그것들을 절대로 받지 않도록 조심할 것이며, 거기서 나그네와 순례자같이(참조: 1베드 2,11) 항상 손님으로 머무십시오. 25 나는 모든 형제들에게 순종으로 단호히 명합니다. 형제들이 어디에 있든지, 성당을 얻기 위해서도, 다른 장소를 얻기 위해서도, 설교를 하기 위한 구실로도, 육신의 박해를 피하기 위해서도, 직접적으로나 간접적으로 로마 교황청에 어떤 증서도 감히 신청하지 말 것입니다. 26 환영받지 못하거든 오히려 하느님의 축복 속에 회개를 하기 위해 다른 지방으로 피할 것입니다.

27 그리고 나는 이 형제회의 총봉사자와, 그리고 총봉사자가 나에게 정해 주고자 하는 다른 수호자에게 기꺼이 순종하기를 간절히 원합니다. 28 그리고 수호자는 나의 주인이기에 순종과 그의 뜻을 벗어나서는 아무 곳에도 가지 못하고 무엇을 하지도 못할 정도로 그의 손 안에 매여 있기를 원합니다. 29 그리고 비록 내가 어리석고 병약한 사람이라 할지라도, 수도규칙에 정해진 대로 나에게 성무일도를 읽어 줄 성직형제 한 분을 항상 모시기를 원합니다. 30 그리고 다른 모든 형제들도 자기 수호자들에게 이와 같이 순종해야 하고 수도규칙에 따라 성무일도를 바쳐야 합니다. 31 그리고 수도규칙에 따라 성무일도를 바치지 않고 그것을 다른 형식으로 변경하려고 하는 이나 가톨릭 신자가 아닌 듯한 이를 발견하게 되면, 어디서 이런 이를 만나든, 형제들은 어디에

---

7) 파울라찌 비판본: omnia alia; 에써 비판본: omnia.

있든지 순종으로 모두 그를 만난 곳에서 가장 가까운 관할 보호자에게 보내야 합니다. 32 그리고 보호자는 단호히 순종으로, 그를 그의 봉사자의 손에 직접 넘겨줄 때까지 자기 손에서 도망갈 수 없도록 감옥에 주야로 갇혀 있는 사람처럼 엄중하게 지켜야 합니다. 33 그리고 봉사자는 단호히 순종으로, 그 형제를 전 형제회의 주인이며 보호자요 감사관이신 오스티아 〔추기경〕에게 넘겨줄 때까지, 몇몇 형제들을 시켜 그를 감옥에 갇혀 있는 사람처럼 주야로 지키게 하고 그를 추기경에게 보내야 합니다.

34 그리고 형제들은 이것이 또 하나의 수도규칙이라고 말하지 말 것입니다. 이 글은 우리가 주님께 서약한 수도규칙을 더욱더 가톨릭 신자답게 실행하도록, 보잘것없는 형제인 나 프란치스코가 축복받은 나의 형제 여러분에게 주는 회고요 권고와 격려이며 나의 유언이기 때문입니다. 35 그리고 총봉사자와 다른 모든 봉사자들과 보호자들은 순종으로, 이 말에 아무것도 덧붙이거나 삭제하지 말아야 합니다. 36 그리고 형제들은 이 글을 수도규칙과 함께 항상 지녀야 할 것입니다. 37 그리고 개최하는 모든 모임에서 수도규칙을 읽을 때 이 글도 읽을 것입니다. 38 그리고 수도규칙과 이 글에 "이렇게 알아들어야 한다"고 말하면서 해석을 붙이지 말 것을 나는 성직형제이건 평형제이건 나의 모든 형제들에게 단호히 순종으로 명합니다. 39 오히려 주님께서 나에게 수도규칙과 이 글을 단순하고 순수하게[8] 말하게 하고 또 기록하게 해 주신 것과 같이, 여러분도 단순하고 순수하게 해석 없이 이해하며 거룩한 행동으로 끝까지 실행하도록 하십시오.

40 그리고 이것을 실행하는 사람은 누구나 하늘에서는 지극히

---

8) 에써 비판본: "순수하게"(pure) 생략.

높으신 아버지의 축복을 충만히 받고, 땅에서는 지극히 거룩하신 보호자 성령과 하늘의 모든 권품(權品)[9] 천사들과 모든 성인들과 함께 사랑하는 아들의 축복을 충만히 받기를 빕니다. 41 그리고 여러분의 보잘것없는 종인 나 프란치스코 형제는 할 수 있는 데까지 이 지극히 거룩한 축복을 내적 외적으로 여러분에게 보증합니다.

---

9) 참조: 「비인준 규칙」 23,6.

제4부

기타

해설
유수일 프란치스코 하비에르, 작은 형제회(프란치스코회)

1. 받아쓴 글

참되고 완전한 기쁨

단 한 개의 필사본만 이 글을 보존하고 있지만, 카예탄 에써는 이 글을 「시에나 유언」과 더불어 프란치스코의 전형적인 받아쓴 글로 보고 있다[1]. 이 글은 1927년 베네벤토 부게띠(Benevento Bughetti)에 의해 발견되었다. 이 글의 또 다른 형태가 존재하는데, 바로 「잔꽃송이」 8장에서다. 이 「잔꽃송이」 8장의 라틴어판은 「행적」 7장에서 찾아볼 수 있다. 차이점은 이렇다. 「잔꽃송이」 8장에서는 프란치스코와 레오 형제가 길을 걸어가면서 나누는 극적인 대화 형식이다. 한편, 베네벤토 부게띠의 편집본은 프란치스코가 레오 형제를 불러 어디에 참된 기쁨이 있게 되는지를 받아쓰도록 요청하는 형식으로 되어 있다. 베네벤토 부게띠는 『피렌쩨 편집본』(1330-1340년)에서 이 글을 발견했다.

이 글은 많은 형제들이 자신에 대해 부정적인 자세를 갖고 있음을 프란치스코가 알아, 이를 자신이 내적으로 어떻게 다루었는지를 말해 주는데, 역사적으로 보아 매우 중요한 글이다. 참된 기쁨이 되는 사건의 요지는 이렇다. 인생에서 우리에게 일어나는

---

1) 참조: 『Gli scritti di s. Francesco d'Assisi』, 603.

것들을 인내하는 데에 참된 기쁨이 있게 된다는 것인데, 이 인내 안에서 나의 의지는 하느님의 의지와 일치되며, 나의 의지가 하느님의 의지와 일치될 때 바로 거기에 참되고 완전한 기쁨이 있다는 것이다.

참되고 완전한 기쁨

1 어느 날 복되신 프란치스코가 천사들의 성 마리아 성당에 머물고 있을 때 레오 형제를 불러 이렇게 말했다고 같은 형제[레오나르도 형제]가 전하였다: "레오 형제, 기록하십시오". 2 레오 형제가 대답하였다: "예, 준비되었습니다". 3 프란치스코가 말했다: "어떤 것이 참된 기쁨인지 기록하십시오".

4 "어느 소식 전달자가 와서 파리의 모든 교수들이 우리 수도회에 들어왔다고 전한다고 합시다. 그러나 그것이 참된 기쁨이 되지 않는다고 기록해 놓으십시오. 5 마찬가지로 알프스 산 너머 모든 고위 성직자들, 대주교들과 주교들이 우리 수도회에 들어오고, 또 프랑스의 왕과 영국의 왕이 우리 수도회에 들어왔다고 전한다 해도, 그런 것들이 참된 기쁨이 되지 않는다고 기록해 놓으십시오. 6 마찬가지로 나의 형제들이 비신자(非信者)들에게 가서 그들 모두가 신앙을 갖게 하였고, 또한 내가 병든 이들을 고쳐 주고 많은 기적들을 행할 수 있는 큰 은총을 하느님으로부터 받았다고 전한다 해도 나는 형제에게 말합니다. 이 모든 것들 안에는 참된 기쁨이 없습니다".

7 "그러면 참된 기쁨이란 어떤 것입니까?" 8 "내가 페루쟈에

서 돌아오는데 이 곳에 밤이 깊어 도착합니다. 때는 겨울이고 진흙길이며 몹시 추워, 나의 수도복 자락에 젖은 찬물이 얼어 고드름이 되고, 그 고드름이 자꾸 다리를 때려, 다리의 상처에서 피가 나옵니다. 9 그리고 내가 추위에 떨면서 진흙과 얼음에 뒤범벅이 되어 문에 다가가서, 오랫동안 문을 두드리고 부르기를 수차례 한 다음에야, 형제 하나가 나와서 '당신은 누구요?' 하고 묻습니다. 나는 '프란치스코 형제입니다'라고 대답합니다. 10 그는 '썩 물러가거라. 지금은 돌아다니는 시간이 아니니, 들어올 수 없다'라고 말합니다. 11 내가 다시 애걸하자, 그는 '썩 물러가거라. 어리석고 무식한 것아, 두 번 다시 우리에게 오지 말아라. 우리는 이제 사람들도 많고 훌륭한 사람들도 많으니, 너는 필요 없어!'라고 대답합니다. 12 나는 또다시 문 앞에 서서 '하느님의 사랑으로 오늘 밤만이라도 저를 받아 주십시오!' 하고 애걸합니다. 13 그러나 그는 '그럴 수 없어! 14 십자가 수도회[2]로 가서 부탁해 봐!'라고 대답합니다. 15 이러한 경우 만약 내가 인내를 가지고 마음의 평정을 잃지 않는다면, 바로 여기에 참된 기쁨이 있고 또한 참된 덕도 영혼의 구원도 있다고 나는 형제에게 말합니다".

〔「14세기 전반에 수집한 아씨시 성 프란치스코 선집(피렌쩨 사본 C. 9. 2878)」,『프란치스코회 역사 문헌 20』, B. 부게띠 편집, 1927, 107〕[3].

---

2) 1169년 특별히 나병 환자들을 위해 설립된 병원 수도회이다. 프란치스코 시대에는 포르찌운쿨라로부터 멀지 않은 곳에도 이 수도원이 있었는데, 병원과 숙박을 겸하였다.
3) 「Analecta de s. Francisco Assisiensi saeculo XIV ante medium collecta(e codice Florentino C. 9. 2878)」,『Archivum Franciscanum Historicum 20』, edidit B. Bughetti, 1927, 107.

시에나에서 쓴 유언

일명 "작은 유언"이라고도 불리는 이 유언의 원천은 「아씨시 편집본」 59이다. 프란치스코가 세상을 떠나던 해인 1226년의 4월 혹은 5월에 작성되었다. 성인은 치료를 위해 시에나(Siena)에 갔다. 그 곳에 머물던 어느 날, 심한 각혈을 했다. 이에 놀란 형제들은 성인이 곧 돌아가실 것으로 생각하고는 베네데토 피라트로 형제를 불렀다. 그는 시에나에 머물던 성인의 방에서 늘 미사를 드리던 형제였다. 성인은 그에게 자신의 마지막 뜻을 받아쓰게 했다. 이 글에서 성인은 형제애, 가난, 교회에 대한 순종 등 세 가지 가치를 강조하고 있다.

시에나에서 쓴 유언

〔그분의 동료들은 그분께서 병이 깊어 쇠약해지고 고통이 심해 죽음이 임박했음을 알고 심한 고통에 젖어 눈물을 흘리며 이렇게 말했다. "아버지, 우리는 어떻게 해야 합니까? 우리와 당신의 다른 모든 형제들을 축

복해 주십시오. 그리고 당신 형제들이 당신 뜻을 기억할 수 있도록 말씀을 남겨 주십시오. 그리하여 주님께서 당신을 이 세상에서 불러 가시면, 형제들이 우리 아버지가 돌아가실 때 당신의 아들들과 형제들에게 이런 말씀을 남겨 주셨다고 늘 기억하며 말할 수 있게 해 주십시오". 그러자 그분께서는 "베네데토 피라트로 형제를 불러 주시오" 하고 말씀하셨다. 그는 수도원에 들어온 지 오래되었으며 사려 깊고 거룩한 사제 형제로, 가끔 복되신 프란치스코를 위해 그 방에서 거룩한 미사를 드리곤 하였다. 성인께서 병을 앓고 있다 하더라도 기꺼이 할 수 있을 때는 언제나 정성을 다하여 미사에 참여하기를 원하셨기 때문이다. 그 형제가 다가오자 복되신 프란치스코께서 그에게 말씀하셨다〕.

1 지금 우리 수도회에 있는 형제들과 세상의 끝날까지 들어올 나의 모든 형제들에게 축복한다고 기록해 놓으십시오.
2 나는 쇠약함과 병고로 말조차 할 수 없으므로, 다음과 같이 간단히 세 마디 말로 나의 뜻을 나의 형제들에게 밝히려고 합니다.
3 나의 축복과 나의 유언에 대한 기억의 표시로 항상 서로 사랑하고, 4 우리의 귀부인이신 거룩한 가난을 항상 사랑하고 지키며, 5 또한 늘 어머니이신 거룩한 교회의 고위 성직자들과 다른 모든 성직자들에게 충성을 다하고 복종하십시오.

(「아씨시 편집본」 59; 참조: 「완덕의 거울」 87)

베르나르도 형제에게 준 축복

이 축복문은 여러 증언들을 통하여 우리에게 전해졌으며, 전달된 형식 역시 매우 통일되어 있다. 원천 자료들이 주는 일치된 증언에 의하면, 이 축복문은 야고바 세테솔리 부인의 포르찌운쿨라 방문과 밀접한 관계를 갖고 있다. 따라서 이 축복문의 작성 시기를 프란치스코가 세상을 떠나기 전 주간으로 보고 있다.

베르나르도 형제에게 준 축복

〔야고바 부인이 복되신 프란치스코께 그 과자를 만들어 주던 날 아버지는 베르나르도 〔형제〕가 생각나 "베르나르도 형제는 이 과자를 좋아합니다"라고 자기 동료들에게 말씀하셨다. 그리고 동료 가운데 하나를 불러 "가서 베르나르도 형제에게 즉시 나에게 오라고 하십시오"라고 말씀하셨다. 그 형제가 가서 베르나르도 형제를 복되신 프란치스코께 데려왔다. 그리고 베르나르도 형제는 복되신 프란치스코께서 누운 자리 앞에 앉아 말하였다. "아버지, 청하오니 저를 축복해 주시고 저에게 사랑의 표시를 해 주

십시오. 아버지로서 지닌 애정으로 저에게 사랑을 표시해 주시면 하느님과 수도회의 다른 형제들이 저를 더욱더 사랑하리라 믿습니다". … 베르나르도 형제는 그분께 더 가까이 다가갔다. 복되신 프란치스코께서는 당신 손을 그의 머리에 얹고 축복하셨다. 그리고 나서 동료들 가운데 하나에게 말씀하셨다].

1 내가 그대에게 말하는 대로 기록하십시오.
2 주님께서 나에게 주신 첫 번째 형제가 베르나르도 형제였고, 또한 자신의 모든 재산을 가난한 사람들에게 나누어 주면서 거룩한 복음의 완전함을 시작하고 가장 완전하게 마친 첫 형제도 바로 그였습니다. 3 이런 이유와 그가 입은 많은 특은 때문에, 나는 전 수도회의 어떤 형제보다도 이 형제를 더 사랑하지 않을 수 없습니다.
4 그래서 나는 할 수 있는 데까지 바라고 명합니다. 총봉사자가 누가 되든지 간에 총봉사자는 나를 사랑하고 존경하는 것처럼 그를 사랑하고 존경할 것이며, 5 또한 다른 관구 봉사자들과 전 수도회의 모든 형제들도 그를 나처럼 여기십시오.

[그래서 베르나르도 형제와 다른 형제들은 이것을 보고 큰 위로를 받았다].

(「아씨시 편집본」 12; 참조: 「완덕의 거울」 107)

2. 잃어버렸거나 의심스러운 편지들

오스티아의 우골리노 주교에게 보낸 편지

"…형제들의 수도회와 수도단체가 하느님의 은총을 받아 번창하기 시작하였다. … 성 프란치스코는 그 당시 로마 교회의 으뜸인 호노리오 교황님을 찾아가 오스티아의 우골리노 주교님을 자신과 모든 형제들의 아버지와 주인으로 임명해 줄 것을 겸손하게 청하였다. 교황님은 성인의 청에 동의하고 기꺼이 따르며 형제회에 대한 자신의 권한을 우골리노에게 맡겼다….

하느님의 영에 가득 차 있던 프란치스코는 그 영에 이끌려 모든 이들이 보는 앞에서 장래에 일어날 일을 오래전부터 알고 있었다. 그가 수도 가족의 긴급한 일이나 또는 이보다 우골리노를 향하여 지녔던 그리스도의 사랑에 이끌려 그에게 편지를 쓸 때마다 다른 사람들이 관례적으로 인사 양식에서 사용하는 것처럼 그를 오스티아의 주교 또는 벨레트리의 주교라고 부르는 것에 결코 만족하지 못하고, 인사말을 쓸 때는 이렇게 말하였다: '지극히 공경하올 아버지께, 또는 온 세상의 주교인 우골리노 님께'. 실제로 프란치스코는 일찍이 들어 본 일이 없는 축복으로 자주 그 주교에게 인사를 드렸다. 그리고 비록 효성스러운 아들처럼 그에게 매어 있었지만 때때로 성령의 이끄심으로 아버지다운 말로 그를 위로하였다"(토마스 첼라노, 「1첼라노」 100).

프랑스 형제들에게 보낸 편지

"그 무렵 마르티노 바르토나 형제도 영국에 왔다. 그는 복되신 프란치스코를 자주 볼 수 있는 복이 있었다. 그는 후에 영국의 관구 봉사자 대리가 되었고 또한 많은 책임을 훌륭하게 수행하였다. 그는 프란치스코께서 총회를 위하여 지은 집을 부수라고 명하셨던 그 총회에 오천 명의 형제들이 참여했다고 이야기하였다. 그리고 자기 친형제가 그 총회의 책임자였고 시 이름으로 집을 보호했다고 말하였다. 복되신 프란치스코께서는 비가 오는데 밖에 서서 젖지 않은 채로 자기 손으로 편지를 써서 그것을 자기를 통하여 프랑스 봉사자와 형제들에게 보내셨고, 그 편지를 보고 형제들은 매우 기뻐하며 다음과 같이 삼위일체 하느님을 찬미하였다: '성부와 성자와 성령을 찬미합시다'"(토마스 에클레스톤, 『작은 형세들이 엉국에 들어온 이야기』, A. G. 리틀 - J. 무어만 편집, 맨체스터, 1951, 32)[1].

---

1) 『Tractatus de adventu fratrum Minorum in Angliam fratris Thomae dicti de Eccleston』, ed. A. G. Little - J. Moorman, Manchester, 1951, 32.

볼로냐 시민들에게 쓴 편지

"또 그(마르티노 바르토나 형제)는 브레시아에서 주님의 성탄절에 어떤 형제가 기도하고 있을 때 지진이 일어났다고 이야기하였다. 이 지진은 성 프란치스코께서 서툰 라틴어로 쓴 편지로 예언하셨고, 형제들을 통하여 볼로냐의 모든 학교에 전하도록 하셨다. 교회는 무너졌고, 그 형제는 돌무더기 속에서 상처를 입지 않은 채로 발견되었다. 이 지진은 페데리코가 일으킨 전쟁에 앞서 일어났으며 40일 동안 계속되었고, 이 지진으로 롬바르디아 지방의 모든 산들이 흔들렸다"(토마스 에클레스톤, 『작은 형제들이 영국에 들어온 이야기』, 32).

단식에 관하여
클라라와 자매들에게 쓴 편지

"29 그대가 나에게 일전에 의견을 물었던 것에 관하여, 30 즉 지극히 영화로운 우리 사부 성 프란치스코께서 여러 가지 음식을 들면서 특별히 경축하라고 우리에게 권하신 축일들이 어느 축일들인지에 대해 — 그대가 어느 정도 짐작하고 있겠지만 — 사랑하는 그대에게 응답해야겠다고 생각했습니다. 31 슬기로운 그대는 이렇게 알고 있으십시오. 그분께서 우리가 온갖 분별력을 다 발휘하여 어떤 종류의 음식이든지 챙겨 주라고 우리에게 권하고 명하신 허약하고 앓는 자매들 외에, 32 건강하고 튼튼한 우리는 누구나 매일 단식하면서 평일에든 축일에든 사순절 음식만 먹어야 합니다. 33 주일과 주님의 성탄날에는 예외로 하루에 두 끼를 먹을 것입니다. 34 그리고 또한 평상시 목요일에는 각자의 뜻에 맡겨져 있으며, 원하지 않는 사람은 단식할 의무가 없습니다. 35 그럼에도 건강한 우리들은 주일과 성탄날을 제외하고 매일 단식을 하고 있습니다. 36 그렇지만 복되신 프란치스코의 글에 적혀 있듯이 모든 파스카와, 성모님 및 거룩한 사도들 축일에는 그 날이 금요일이 아니라면 우리도 단식할 의무가 없습니다. 37 그리고 위에서 말한 대로, 건강하고 튼튼한 우리는 늘 사순절 음식을 먹고 있습니다"(아씨시의 클라라, 「3아네스 편지」, 29-37).

클라라와 자매들에게 글로 보낸 축복

"복되신 프란치스코께서 (이 세상을 떠난) 그 주간에 자매들의 수도회의 첫 번째 작은 나무인 클라라 자매가 … 병을 심하게 앓으면서, 복되신 프란치스코보다 먼저 죽는 것이 두려워 쓰라린 마음으로 흐느껴 울었고 어떤 위로도 쓸모가 없었다. 왜냐하면 하느님 다음으로 하나뿐인 아버지 복되신 프란치스코, 즉 그녀의 육신과 정신의 위로자였고 그녀를 하느님 은총 안에 살게 해 준 첫 사람인 그를 그녀가 죽기 전에 볼 수 없었기 때문이다. 그래서 한 형제를 통하여 이를 프란치스코에게 알렸다….

그러나 복되신 프란치스코께서는 둘 다 심하게 앓고 있었기 때문에, 그녀가 바라는 것, 즉 자신을 보려는 것이 그 때에는 불가능한 것을 아시고, 그녀를 위로하기 위하여 편지를 통하여 축복을 써 보냈으며, 당신의 명과 뜻을 거슬러, 그리고 하느님 아드님의 명과 뜻을 거슬러, 만일 잘못을 했다면, 그런 모든 잘못을 용서해 주었다. 뿐만 아니라 클라라가 모든 슬픔을 이겨 내고, 주님 안에서 위로를 받도록, 성인이 아니라 그 안에 계시는 하느님의 영께서 클라라 자매가 보낸 그 형제에게 이렇게 말씀하셨다. '가서 이 편지를 클라라 자매에게 전하십시오. 그리고 지금 나를 볼 수 없다고 너무 괴로워하고 슬퍼하지 말라고 이르십시오. 클라라가 죽기 전에 확실히, 그녀는 물론 자매들까지 나를 다시 보게 될 것이고 나로부터 가장 큰 위로를 받으리라는 것을 알라고 하십시오.'"(「아씨시 편집본」 13; 참조: 「완덕의 거울」 87).

야고바 부인에게 쓴 편지

〔"프란치스코께서 성 마리아 수도원에 도착하여 병석에 누우셨을 때 동료 하나를 불러 말씀하셨다. '사랑하는 형제여, 나는 그 날이 오기 전에 이 병으로 죽을 것이라고 주님께서 나에게 알려 주셨습니다. 그대는 우리 형제회에 정성과 사랑을 바치는 야고바 세테솔리 부인이, 이 곳에 오지 않고 나의 죽음에 관하여 알게 되면, 위로받을 수 없는 큰 슬픔에 휩싸이게 될 것이라는 것을 알고 있습니다. 그러므로 당황하지 말고 그에게 내가 살아 있는 동안 나를 보려거든 곧바로 아씨시로 오라고 알리십시오'. 그는 대답하였다. '잘 말씀하셨습니다, 아버지. 당신께 지닌 큰 정성으로 보아 그녀가 당신의 임종을 지키지 못한다면 마음이 몹시 편치 않을 것입니다'. 그러자 복되신 프란치스코께서 말씀하셨다. '나에게 종이와 펜을 가져오십시오. 그리고 내가 그대에게 말하는 대로 적으십시오'. 그러자 그는 받아쓰기 시작하였다〕.

1 지극히 높으신 분의 종인 야고바 부인, 그리스도의 보잘것없는 사람 프란치스코 형제가 주 예수 그리스도 안에서 인사와 성령의 친교를 전합니다. 2 사랑하는 그대여, 복되신 그리스도께서 당신 은총으로 내 생애의 마지막이 다가왔음을 알려 주셨습니다. 3 그러므로 이 편지를 보고 내가 살아 있을 때 나를 보기를

바라면 천사들의 성 마리아 수도원으로 서둘러 오십시오. 4 어느 날까지 오지 않으면 살아 있는 나를 볼 수 없을 것입니다. 5 그리고 수의로 쓸 아마포 천과 장례 때 쓸 초도 가져오십시오. 6 또한, 부탁하니 내가 로마에서 병을 앓을 때 자주 주었던 과자를 가져오십시오.

〔이러한 내용을 쓰고 있는 동안 성 프란치스코에게 성령께서 야고바 부인이 그에게 오고 있으며 그가 말한 모든 것을 가져오고 있음을 알려 주셨다. 그래서 곧바로 받아 적고 있는 형제에게 말씀하셨다. '더 이상 적지 마십시오. 그럴 필요 없습니다. 편지도 한쪽에다 두십시오'. 그러자 편지를 다 쓰지 못하게 한 사실을 두고 모두 놀랐다. 보라. 시간이 조금 지난 뒤 야고바 부인이 문을 두드리고 있었다. 문지기 형제가 나가 보니 위에서 말한 로마 귀족인 야고바 부인이 의원인 두 아들과 함께 많은 군대의 호위를 받으며 서 있었다. 성 프란치스코를 찾아왔던 것이다. 그 부인은 성 프란치스코께서 편지에 적으셨던 모든 것을 가지고 왔다"〕(「행적」 18,14-23).

아씨시 클라라의 글

해설

아씨시 클라라의 영성

이재성 보나벤투라, 작은 형제회(프란치스코회)

1. 클라라 글의 필사본들

아씨시의 클라라가 살던 시대에는 라틴어를 읽고 쓸 줄 아는 사람들이 대단히 드물었고, 신분과 남녀 차별이 이념 및 제도적으로 분명해서, 여자로서 글을 아는 경우는 대단히 드물었다. 그런 상황에서 클라라가 쓴 글들이 남아 오늘날까지 전해졌으니, 지금 우리가 마주하는 클라라 글들의 귀함이란 이루 말로 다 할 수 없다.

클라라가 쓴 글들은 현재 남아 있는 것들보다 더 많았을 것으로 추측된다. 클라라는 피렌쩨(Firenze)의 몬티첼리(Monticelli) 수도원을 세운 친동생 아녜스(Agnes)와도 편지를 주고받았고, 또 우골리노 추기경 혹은 그레고리오 9세 교황과도 편지를 주고받은 것으로 전해지나, 지금까지 발견된 것은 없다. 현재까지 클라라의 것으로 밝혀진 글들은 프라하(Praha)의 아녜스에게 보낸 편지들 네 편과 에르멘트루디스(Ermentrudis)에게 보낸 편지 한 편, 수도규칙, 유언, 축복, 이렇게 여덟 작품이다. 프란치스코의 글들은 그가 세상을 떠난 지 20-30여 년이 지난 후부터 벌써 다양한 형태의 사본집으로 전승되기 시작하는 데 반하여, 클라라의 글들은 20세기에 들어서도 필사본들이 단행본으로 모아지지 않은 채 제각각 전해졌다.

프라하의 아녜스에게 보낸 편지들을 전해 주는 필사본들 가운데에 가장 권위 있는 필사본은 1283년부터 1322년 사이에 프라하에서 쓰여진 것으로서, 밀라노(Milano) 성 암브로시오 도서관에 보존되어 있는 이 필사본에는 프라하의 아녜스의 생애와 클라라가 아녜스에게 보낸 네 편의 편지들이 들어 있다. 오랜 시간적 간격을 두고 작성된 이 편지들은 우아하고 독창적이며 때로는 시적으로 쓰여진 라틴어 작품들로서, 비판 연구를 통해서 클라라의 글임이 확실하게 밝혀졌다. 이에 비해, 쾰른의 어느 귀족의 딸인 에르멘트루디스에게 보낸 편지는 클라라의 글인지 그 친저성에 많은 논란이 있는 작품이다.

클라라가 쓴 수도규칙은 자신이 하느님께로부터 받은 카리스마를 지키기 위하여 일생 동안 혼신의 노력을 쏟아 온, 클라라의 눈물겨운 사연이 배어 있는 문헌이다. 클라라는 세상을 하직하기 이틀 전에 자신이 직접 작성한 수도규칙을 성청으로부터 인준을 받는데, 너무도 간절히 원했던 수도규칙이기에 이를 애처롭게 여긴 후대의 자매들이 어느 날 이 수도규칙을 그녀의 수도복 품속에 넣는다. 그러다가 1893년에 그녀의 무덤의 관(棺)에서 이 원본이 발견되었으며, 지금은 아씨시의 성녀 클라라 대성당에 보관되어 있다.

클라라가 쓴 유언은 20세기 초에 이 유언이 클라라의 작품인가를 놓고 의문이 제기되었으나, 메씨나(Messina), 마드리드(Madrid), 웁살라(Upsala), 브뤼셀(Bruxelles)에서 네 개의 필사본이 발견되어 친저성의 문제가 해결되었다. 그리고 이 네 개의 필사본에는 클라라의 축복도 함께 실려 있으며, 이런 까닭으로 축복문에 대한 친저성 또한 의문이 제기되지 않는다.

2. 프란치스코와 클라라

20세기에 들어서야 클라라의 글들이 단행본으로 소개되기 시작하였고, 1977년에는 이탈리아어로 출판된 『프란치스칸 원천』(Fonti francescane)에 클라라의 글들과 전기들이 들어갔다.[1] 이 『원천』에서 키아라 아우구스타 라이나티(Chiara Augusta Lainati)는, 클라라에 대하여 아직도 낯설어하던 시기에, '성녀 클라라가 왜 『프란치스칸 원천』에 들어가야 하는가' 하는 이유들을 밝힌다. 이 클라라회 수녀에 의하면, 스스로를 "복되신 스승 프란치스코의 작은 나무"라고 즐겨 불렀던 아씨시의 클라라는 프란치스코의 탁월한 증언자로서, 프란치스코의 영혼으로부터 나온 여인, 프란치스코의 딸, 프란치스코의 여성적 얼굴, 프란치스코를 살아낸 여인, 프란치스코의 거울이라는 것이다.[2] 그 후 클라라는 "제2의 프란치스코"(alter Franciscus)라고까지 불리우며 그녀가 프란치스코를 얼마나 충실히 뒤따랐는지 프란치스코와 클라라 사이의 일치적 차원이 강조되기도 하였다.[3]

그러나 1980년에 접어들어 클라라에 대한 관심과 연구가 활

---

1) 참조: 『Fonti francescane』, a cura della Biblioteca francescana di Milano, Movimento francescano, Assisi, 1977.
2) 참조: Chiara Augusta Lainati, 「Introduzione」, 『Fonti francescane』, a cura di Ernesto Caroli, 4ª edizione, Edizioni Messaggero Padova, Padova, 1985, 2215.
3) 참조: Emore Paoli, 「Introduzione」, 『Fontes franciscani』, a cura di Enrico Menestò e Stefano Brufani, Edizioni Porziuncola, Santa Maria degli Angeli–Assisi, 1995, 2255.

발해지고, 특히 여성 운동적 관점에서 조명되는 가운데, 클라라의 고유성과 독창성에 관심을 쏟기 시작하였다. 법적인 의미에서 바라보면, 프란치스코는 성 다미아노 공동체, 즉 클라라 수도회의 창설자라 할 수 없다. 오히려 이 공동체의 창설자는 클라라와 우골리노라고 해야 할 것이다. 그럼에도 불구하고 성 다미아노 공동체는 프란치스코의 주도 아래 태어났고, 클라라와 그녀의 동료들을 순종 생활에로 받아들인 장본인 또한 프란치스코였다. 뿐만 아니라 프란치스코 사후 클라라는 자신들의 스승은 프란치스코이며 자신들의 삶의 뿌리와 원천이 프란치스코 안에 있음을 여러 차례에 걸쳐 분명히 밝힌다. 클라라가 프란치스코의 삶과 가르침을 탁월하게 해석하고 충실하게 실천한 프란치스코의 제자임에는 틀림없을 것이다. 동시에 클라라는 자신의 소명과 카리스마를 봉쇄 관상 수도원 안에서 고유하게 살았다.

그녀가 봉쇄 관상 수도원 안에서 끊임없이 바라본 것은 십자가상의 예수 그리스도요, 성체다. 이는 프란치스코도 마찬가지다. 서로 사랑하여 서로가 서로를 바라보기도 하겠지만, 그보다는 서로 사랑한다 함은 추구하는 바가 서로 일치한다는 뜻일 것이다. 프란치스코와 클라라의 관계가 바로 이러한 경우다. 이 둘이 한결같이 눈길을 떼지 않고 바라본 곳은 가난하고 보잘것없는 십자가에 못 박힌 예수 그리스도였다[4]. 그리고 공히 성체를 바라보았다[5]. 성체는 상징이나 신비를 넘어 살아 있는 인격체

---

4) 참조:「2신자 편지」4-15;「형제회 편지」26-29;「권고」1,16-21;「1아녜스 편지」14-18;「2아녜스 편지」19;「4아녜스 편지」14-25.
5) 클라라의 글에는 그녀가 성체를 바라보았다는 표현은 나타나지 않으나, 전승에 의하면, 그녀는 늘 성체를 바라보았으며, 성체에 대한 크나큰 사랑을 지니고 있었다. 참조: "미사성제에 대한 성녀 클라라의 애정과 열심이 얼마나 컸는지는 그 결과에 나타난다. … 성체를 모실 때는 처음에는 눈물을 흘렸고, 몸을 떨었으며, 하늘과 땅을 다

다. 하느님의 현현(顯現)이다. 이 인격체는 예루살렘에서 갓 태어난 아이처럼 방어력이 전혀 없는 존재다[6]. 나의 손바닥에 올려지면, 온전히 나에 달려 있는 존재다. 던지면 던져지고 밟으면 밟히는 존재다. 이 연약함의 자비로 우주를 창조한 존재다. 그래서 온 세상을 지금도 제대 위에서 그리고 나의 손바닥 위에서 나를 깨끗하게 씻어 내며 재창조하는 존재다.

이제는 프란치스코와 클라라의 눈이 서로 닮아서 서로 다른 눈이 아니라 한 눈으로 바라보았다. 영(靈) 안에서 바라보았다. "바깥 생활에 관심 두지 마십시오. 영(靈) 안에서의 생활이 더 좋은 것이니"[7]. 그러나 어쩔 수 없이 남녀의 차이가 있는 눈으로 바라보았다. 그래서 프란치스코와 클라라의 눈은 하나이면서 둘이고, 둘이면서 하나다.

조또(Giotto)의 벽화에 클라라가 프란치스코의 시신에 입 맞추는 그림이 있는데, 이는 왠지 갈바리아 동산에서 예수의 시신을 품에 안으신 성모님을 연상시킨다. 최후로 온전히 성모님의 품으로 돌아온 아들이다. 클라라도 그제서야 온전히 프란치스코와 하나일 수 있었다. 그러나 이 둘은 다른 사람을 그들 사이에 끼어들지 못하게 하지도 않고, 끼어들라고 강요하지도 않는다. 이 두 성인 성녀의 사랑은 과하지도 부족하지도 않다[8].

스리시는 분이 성체에 숨어 계심을 경외하였다"(「클라라 전기」 28).
6) 참조: 『The Lady. Clare of Assisi: Early Documents』, Revised Edition and Translation by Regis J. Armstrong, New City Press, New York-London-Manila, 2006, 11.
7) 「노래 권고」 5-6.
8) 참조: 『The Lady. Clare of Assisi: Early Documents』, 10.

3. 클라라의 영성

클라라의 영성은 「프라하의 아네스에게 보낸 편지 4」 18절에서 보는 바와 같이 가난과 겸손과 사랑으로 집약된다: "사실, 하느님의 은총으로 그대가 거울 전체에서 관상할 수 있는 것처럼, 이 거울 안에는 복된 가난과 거룩한 겸손과 형언할 수 없는 사랑이 찬란히 빛납니다". 이처럼 클라라는 아네스에게 가난과 겸손과 사랑으로 그리스도와 하나가 되어 하느님과 일치할 수 있는 길을 보여 주기 위해서 십자가를 거울로 비유한다[9]. 이 편지는 클라라가 얼마나 깊이 가난의 신비에 접했는지, 가난과 겸손이 얼마나 밀접하게 사랑과 연결되어 있는지를 보여 준다.

3.1. 가난과 겸손과 사랑

클라라는 봉쇄 구역에서 일생 동안 관상 생활을 하였지만, 이 점을 제외하고는 프란치스코의 정신을 철저하게 그대로 따랐다. 그리스도를 따름에 있어서 성모 마리아가 했던 바대로 프란치스코가 하였고, 성모 마리아가 했던 바대로 클라라도 그대로 하여 그녀는 복음적 완덕을 성취하였다. 마리아가 했던 대로 가난과 겸손과 사랑을 살았다. "하느님의 어머님의 발자취"를 따라 "새로운 여성 지도자"가 된 것이다[10].

거울의 "맨 끝", "첫 부분", "가운데"의 위치를 각각 지정하면서 그녀는 점층법을 취한다. 겸손과 함께 하는 가난, 가난과 함

---

9) 참조: 「4아네스 편지」 9-26.
10) 참조: 「클라라 전기」 서언.

께 하는 겸손, 그리고 사랑으로 발전한다. 가난은 늘 겸손과 함께 나타난다. 가난은 반드시 겸손을 동반해야 한다. 예컨대, 가난한 생활을 하면서도 가난한 생활을 하지 않는 사람을 비난한다든가, 아니면 자신의 가난한 생활을 애써 힘주어 내세우면, 이는 또 하나의 소유다. 이와 비슷하게 겸손은 가난 없이 나타나지 않는다. 가난과 겸손이 이처럼 손을 잡으면 나타나는 것이 사랑이다.

"오, 복된 가난이여, 가난을 사랑하고 받아들이는 이들에게 영원한 부(富)를 주리니! 오, 거룩한 가난이여, 가난을 지니고 열망하는 이들에게 하느님께서 하늘 나라를 약속하시고 의심할 여지 없이 영원한 영광과 복된 생명을 베푸시리니!"[11].

"영원한 부(富)"나 "영원한 영광과 복된 생명"이 다름 아닌 사랑이다. 클라라는 진정 모든 것을 떠났다. 가정의 안락한 울타리, 귀족 사회의 풍요와 특권, 높은 신분의 혼인, 아버지의 상속 재산, 곤궁한 사람들을 언제든지 도울 수 있는 자유까지 떠났다[12]. 세상을 하직한 상실감에서 올 법도 한 추호의 슬픈 기색도 없이, 오히려 새로운 풍요와 기쁨과 행복에 젖어 들었다. 그녀는 프란치스코가 하라는 대로 하였다. 이미 하늘로부터 예수 그리스도의 가난과 겸손과 사랑으로 먼저 초대장을 받았기 때문이다.

"네가 완전한 사람이 되려거든, 가서 너의 재산을 팔아 가난한 이들에게 주어라. 그러면 네가 하늘에서 보물을 차지

---

11) 「1아네스 편지」 15-16.
12) 참조: 「클라라 전기」 3.

하게 될 것이다. 그리고 와서 나를 따라라."[13].

그녀는 예수 그리스도께서 지상에 사시는 동안 가난하셨기 때문에 가난을 원했다. 그녀에게 가난은 그리스도를 따름에 있어서 가장 기본적인 요소였다.

"사실 그분은 '여우들도 굴이 있고 하늘의 새들도 보금자리가 있지만, 사람의 아들', 곧 그리스도께서는 '머리를 기댈 곳조차 없다'고 하시고는, 고개를 '숙이시며 숨을 거두셨습니다.'"[14].

그녀는 가난이 기도 생활을 저절로 심화시키는 과정임을 그리스도의 신비를 관상하면서 어렵지 않게 알아들었다[15]. 클라라는 자신의 가난을 이렇게 이야기한다.

"오, 경건한 가난이여, 하늘과 땅을 다스렸고 또 다스리시며 '말씀으로' 만물을 '지어 내신' 주 예수 그리스도께서 무엇보다도 먼저 그대를 품으실 만하였으니!"[16].

그리스도께서 가난을 품으시고 가난하게 적신(赤身)으로 돌아가셨고, 말구유에서 가난하게 적신으로 탄생하셨다[17]. 그리고

---

13) 마태 19,21.
14) 「1아녜스 편지」 18.
15) 참조: 「클라라 유언」 45.
16) 「1아녜스 편지」 17.
17) 참조: 「1아녜스 편지」 19; 「3아녜스 편지」 17-19.24; 「4아녜스 편지」 19.21, 「클라라 규칙」 2,25; 「클라라 유언」 35.45; 「클라라 시성 증언」 9.4.10; 10,8; 「클라라 전기」 5; 13; 37.

그리스도의 전 생애가 자신을 비우는 삶이었고, 종 생활이었다[18]. 이 점이 클라라의 폐부에 깊이 파고들었다.

"가난하게 구유에 누워 계셨고 이 세상에서 가난하게 사셨으며 십자가에 알몸으로 매달리신 그 하느님의 사랑으로 아버지이신 주님께서 지극히 복되신 우리 사부 프란치스코의 말씀과 모범으로 당신의 거룩한 교회 안에서 낳아 주신 당신의 작은 양 떼가 항상 당신의 사랑하시는 아드님과 그분의 영광스러운 동정 어머니의 가난과 겸손을 따르면서, 주님과 지극히 복되신 우리 사부 프란치스코께 우리가 약속한 거룩한 가난을 지키게 하시고, 이 가난 안에 늘 머물도록 그들을 도와주시고 지켜 주십시오."[19].

외적인 가난과 내적인 가난의 상호 관련성을 통찰한 프란치스코는 겸손이 가난을 보호해 주는 자매라 일컫는다[20]. 먼저, 프란치스코에게서 가난과 겸손이 서로 분리할 수 없는 관계로 등장한다[21]. 그리고 그는 아담의 원죄를 마음의 가난의 부족으로 본다[22]. 뿐만 아니라, 가난과 겸손을 우리가 현재의 교회 안에서 살아야 할 모든 덕들의 기반으로 여긴다[23].

---

18) 참조: 필리 2,7.
19) 「클라라 유언」 45-47.
20) 참조: "귀부인이신 거룩한 **가난이여**, 주님께서 당신의 자매인 **거룩한 겸손과 함께** 당신을 **지켜 주시기를!**"(「덕 인사」 2).
21) 참조: 「비인준 규칙」 9,1; 「인준 규칙」 5,4; 6,2.
22) 참조: "그런데 자기 의지를 자기의 것으로 삼고, 자기 안에서 **주님께서 말씀하시고 이루시는 선을** 자랑하는 바로 그 사람은 선을 알게 하는 나무에서 열매를 따 먹는 것입니다"(「권고」 2,3).
23) 참조: "그리하여 형제들은 거룩한 교회의 발 아래 항상 매여 순종하고, 가톨릭 '믿음의 기초 위에 굳건히 서서' 우리가 굳게 서약한 **가난과 겸손과** 우리 주 예수 그리스도

같은 이유로 클라라도 이 두 덕들을 한 묶음으로 묶으며, 그래야 완전한 가난을 실천할 수 있다고 본다. 내적으로 허(虛)한 겸손이 있어야, 그 겸손이 외적으로 가난으로 나타난다. 클라라의 전기를 쓴 첼라노도 클라라의 외적인 가난과 내적인 가난을 이렇게 말한다: "모든 것에 대한 가난이 참다운 겸손인 마음의 가난과 조화를 이루었다."[24]. 마음의 가난으로부터 모든 가난이 흘러나온다. 마음의 가난이 클라라의 가난의 핵심일진대, 이는 분명 겸손이다. 마음에 도무지 아무것도 없고 마음을 들끓게 하는 것이 없으면, 이것이 외적인 가난으로 나타난다.

"자매들은 집이나 거처, 그 어떤 것도 자기 소유로 하지 말 것입니다. 그리고 이 세상에서 '순례자와 나그네처럼' 가난과 겸손 안에서 주님을 섬기면서 신뢰심을 가지고 동냥하러 보낼 것입니다."[25].

클라라는 "수도규칙"의 마지막에 다시 언급한다. 프란치스코의 「인준받은 수도규칙」을 그대로 인용하면서, 마리아의 예를 첨가하여 다시 말한다: "그리하여 자매들은 거룩한 교회의 발 아래 항상 매여 순종하고, 가톨릭 믿음의 기초 위에 서서 우리 주 예수 그리스도와 그분의 지극히 거룩한 어머니의 가난과 겸손과 우리가 굳게 서약한 거룩한 복음을 영원히 실행할 것입니다. 아멘"[26].

의 거룩한 복음을 실행할 것입니다"(「인준 규칙」12,4).
24) 「클라라 전기」13.
25) 「클라라 규칙」8,1-2.
26) 「클라라 규칙」12,13.

3.2. 클라라와 거울

당시의 거울 문학이나 거울 신학은 우리에게 반성하라는 차원에서 거울을 비유로 들지만, 여기에 첨가하여 클라라는 거울이 신 그분을 닮기 위하여 거울을 들여다보라고 한다. 많은 수도자들도 문학가들처럼 하나의 반성의 시작으로 거울의 비유를 들었지만, 클라라의 경우는 그것이 전부가 아니다. 그래서 그녀는 우리에게 매일매일 드리는 기도의 방법을 매우 깊은 통찰력으로 제시한다.

먼저, 아녜스에게 정신과 영혼과 마음을 우선 거울에 놓기를 바란다. 그러면 이제 나의 정신 상태와 영혼 상태와 마음 상태가 거울에 비쳐서, 그 모습이 드러났다가, 빛의 거울에 우리들의 문제가 속속들이 드러나고, 아울러 드러난 문제들이 빛에 녹는다. 클라라에게도 반성적 차원이 있지만, 그녀는 그 차원에 머물지 않는다.

> "그대의 정신을 영원의 거울 안에 놓으십시오. 그대의 영혼을 영광의 광채 안에 두십시오. 그대의 마음을 하느님 본질의 형상 안에 두고 관상을 통하여 그대 자신 전부를 그분 신성의 모습으로 변화시키십시오."[27]

이 녹은 상태가 신성의 모습(imagina divinitatis)이다. 하루도 빠지지 않고 계속해서 놓는 작업이 그녀의 기도요 관상 생활이다. 영원의 거울을 관상하면 관상을 통하여 우리가 변화되어 그리스

---

27) 「3아녜스 편지」 12-13.

도와 같아지는 것이다.

클라라는 거울에서 어떤 주제를 설정하지 않았으나, 주제를 설정하지 않았기 때문에 그리스도로 변화되는 것이다[28]. 이것은 그리스도를 모방하는 것이 아니다. 그리스도께서도 "그러므로 하늘의 너희 아버지께서 완전하신 것처럼 너희도 완전한 사람이 되어야 한다"[29]고 말씀하시고, "내가 너희에게 한 것처럼 너희도 하라고 내가 본을 보여 준 것이다"[30]라고 말씀하신다. 이는 프란치스코를 그대로 모방한 단순한 형제 요한이나 바오로 사도와도 다르다. 바오로 사도는 불완전한 일치를 거울로 비유하고, 그 때에 가서야 하느님과 서로 완전하게 알게 될 것이라고 말한다[31]. 바오로 사도의 말대로 얼굴과 얼굴을 맞대어 보는 이미지를 거울로 사용하는 것은 적절하다 하겠다. 서로 희미하게 바라보는 이 거울의 비유는 클라라의 철(鐵) 거울 비유와 동일하다. 그러나 클라라의 희망은 지금 그 자리에서다. 바오로 사도처럼 먼 훗날이 아니다. 희미하지 않다. 현재를 비추는 빛이다. 이 거울은 현재와 눈(目) 사이에 놓여 있는 매개체가 아니라, 이 거울은 모든 것을 소멸시키고 난 지금의 현재다. 클라라는 아녜스에게 거울 안에서 관상하라고 하는 것이 아니라 거울을 관상하라고 한다. 클라라가 관상하는 것은 인간 그리스도이다. 사람의 아들 그리스도이다.

---

28) 이 점이 걱정과 염려를 한쪽으로 치워 놓고 기다리기만 하는 타 종교와 클라라의 큰 차이점일 것이다.
29) 마태 5,48.
30) 요한 13,15.
31) 참조: "우리가 지금은 **거울**에 비친 모습처럼 어렴풋이 보지만 그 때에는 얼굴과 얼굴을 마주 볼 것입니다. 내가 지금은 부분적으로 알지만 그 때에는 하느님께서 나를 온전히 아시듯 나도 온전히 알게 될 것입니다"(1코린 13,12); "우리는 모두 너울을 벗은 얼굴로 주님의 영광을 **거울**로 보듯 어렴풋이 바라보면서, 더욱더 영광스럽게 그분과 같은 모습으로 바뀌어 갑니다. 이는 영이신 주님께서 이루시는 일입니다"(2코린 3,18).

그녀는 속속들이 육화의 신비와 구원의 신비를 넘나들며 이 거울 앞에 자신을 놓는다. 거울 앞에 자신을 놓을수록 자아(自我, ego)가 노출되었을 것이다. 그래서 더더욱 거울의 구석구석을 돌며 관상한다. 그래서 그녀는 아무 서술 없이 거리낌 없이 누구나 이 거울에 초대한다.

> "바로 이 거울 친히 십자 나무에 달리셔서 행인들에게 여기에 생각해 볼 것이 있다고 권하시며 이렇게 말씀하십니다. '오, 길을 지나가는 모든 이들이여, 살펴보고 또 보십시오. 내가 겪는 이 내 아픔 같은 것이 또 있는지'"[32]

클라라에게는 그리스도만이 영원한 지혜의 거울이요, "영원한 영광의 광채"[33]다. 클라라는 앞에서 보았듯이 세 번에 걸쳐서 "놓으십시오"(ponere, place)라는 말을 쓴다.

> "오, 여왕이시여, 예수 그리스도의 정배시여, 이 거울을 매일 들여다보고 계속해서 그 안에서 당신 얼굴을 살펴보십시오."[34]

얼굴을 한두 번 비춰 보고 그치는 것이 아니다. 이 관상 생활을 쉼 없이 계속해야 한다. 이 거울을 배경으로 나를 비추어 보는 관상만이 왜곡된 우리들의 정신과 영혼과 마음을 바로잡는다. 이 거울을 매일 들여다봄으로써 클라라 자신의 왜곡된 모습이 사라

---

32) 「4아네스 편지」 24-25.
33) 「4아네스 편지」 14.
34) 「4아네스 편지」 15.

지고 그리스도의 모습으로 변모한다. 거울을 바라보다가 자신도 모르게 어느 새 아름다운 덕행의 꽃과 아름다움으로 치장한 자신의 모습을 발견하는데, 거울에서 가난과 겸손과 사랑의 빛이 빛을 쏘기 때문이다.

"그리하여 갖가지 장식으로 휘감고 차려 입어 안팎으로 속속들이 단장하고, 지극히 높으신 임금님의 딸이요 사랑스러운 정배에게 어울리는 온갖 덕행의 꽃과 옷으로도 치장하십시오. 사실, 하느님의 은총으로 그대가 거울 전체에서 관상할 수 있는 것처럼, 이 거울 안에는 복된 가난과 거룩한 겸손과 형언할 수 없는 사랑이 찬란히 빛납니다[35]."

3.3. 클라라 시대의 거울

클라라 영성의 핵심이 등장하는 「프라하의 아녜스에게 보낸 편지 4」에서 그녀는 "거울의 첫 부분을 보십시오… 거울의 가운데를 보십시오… 거울의 맨 끝을 보십시오"라고 말한다. 클라라 시대의 거울을 모르면, 무슨 이유로 그렇게 위치를 지정하여 말하는지 우리는 매우 혼란스럽게 된다.

클라라 시대의 거울은, 오늘날 흔히 볼 수 있는 자동차의 후사경(後射鏡, 뒷거울)이나 굽은 도로의 반사경(反射鏡)처럼 둥그렇게 만들어진 볼록 거울로서, 쇠를 윤기 나게 문질러서 만든 철(鐵) 거울이라 지금의 거울과는 사뭇 다르게 흐릿하다. 뿐만 아니라, 쉽게 녹이 슬어서 이물질이 많이 끼어 거울을 자주 닦아 주어야 하고, 계속해서 사용하려면 매일 닦아 주어야 한다. 비록, 이러한 거울

---

35) 「4아녜스 편지」 16-18.

일지라도 손거울은 당시 여성들의 필수품이었다[36]. 클라라도 이처럼 가운데가 볼록하게 나온 둥그런 철 거울을 사용했기 때문에 이 거울은 한 물체를 평면적으로 투사하지 않고, 한 물체의 많은 부분들을 둥글게 투사하였다[37]. 그래서 클라라는 신비들을 각각 다르게 조명한다.

그래서 거울의 첫 부분이라고 말하는 변두리는 원형 거울의 바깥 테두리라서 사물을 흐릿하게 비추는 부분이고, 한가운데는 면적을 가장 많이 차지하는 중앙의 넓은 부분으로, 오늘날 흔히 볼 수 있는 평면 사각형 거울의 가운데를 말하는 것이 아니다. 사물을 오늘날의 거울처럼 거의 평면으로 반사할 수 있는 부분은 정중앙뿐이지만, 그마저도 면적이 얼마 되지 않고 볼록하게 튀어나와서 클라라가 이를 거울의 끝이라고 부르는 것이다. 오늘날 거울의 가장자리가 아니다. 다시 말하면 23절의 "이 거울의 맨 끝을 보시고 말할 수 없는 사랑을 관상하십시오"에서 "거울의 맨 끝"은 거울의 볼록하게 나온 부분을 뜻하는 것이라서, 지금의 우리 거울로 말하면 사실은 거울의 정중앙이다. 우리가 평면에서 생각하는 맨 끝이 아니다.

클라라는 19절부터 21절에 걸쳐 이렇게 말한다: "이 거울의 첫 부분을 보면서, 포대기에 싸여 구유에 누워 계신 그분의 가난을 주의 깊게 바라보십시오. 오, 감탄하올 겸손이여, 오, 놀라운 가난이여! 천사들의 임금이시고 하늘과 땅의 주님께서 구유에 누여져 있습니다". 여기서 거울의 첫 부분이란 볼록 거울의 가장자리를 가리킨다.

---

36) 참조:「Mirror: Medieval and Modern」,『Encyclopedia Britannica』, 1926.
37) 참조: B. E. Purfield,『The images of Christ in the spiritual life of S. Clare of Assisi』, Canterbury, 1989. 75.

아씨시 클라라의 글

이 그림은 얀 반 에이크의 「아르놀피의 약혼」(1434년 작, 런던 국립 박물관 소장)의 일부로, 클라라 시대의 거울은 이 그림과 같이 원형이었으며 가운데 부분이 볼록하였다.

① **"거울의 첫 부분"**으로서 가장자리가 모두 뒤쪽으로 둥그렇게 구부러져 있기 때문에 "포대기에 싸여 구유에 누워 계신 그분"을 관상하기에 안성맞춤이었을 것이고, 여기는 가장자리라서 물체를 희미하게 반사하기 때문에 가난과 겸손을 관상하기에 더욱 적격이었으리라 여겨진다. 가난과 겸손은 모든 덕(德)의 기본으로, 뒤에서 보이지 않게 다른 덕들을 받쳐 준다.

② **"거울의 맨 끝"**으로서 볼록하게 나온 끝이다. 거울의 한 중심이다.
물체를 확실하고 정확하게 비추는 거울의 돌출된 중앙의 "맨 끝" 가장 밝은 부분이기 때문에 자연스럽게 "십자 나무"와 "사랑"을 관상하기에 좋았을 것이다.

③ 면적으로 볼 때 가장 넓은 **"거울의 가운데"**로서 "무수한 수고와 고생을 깊이 생각하십시오."라고 하기에 알맞다. 오늘날 거울의 한가운데가 아니다.

22절에서는 거울의 가운데 부분을 보라고 하면서, 여기서도 겸손과 가난을 동시에 다시 언급하는데, 면적이 가장 넓어서 가운데라고 하는 것이지, 지금 우리 거울의 정중앙이 아니다. 이를 보면 왼쪽 그림과 같다.

3.4. 클라라와 관상

그녀의 모든 글에는 그리스도의 수난의 고통을 관상함이 강물처럼 흐른다. 그녀의 생애가 이를 증명한다. 관상을 더 길게 하고 싶다든가, "십자가에 달리신 분의 기쁨 위에서 그녀의 마음이 아무 방해도 받지 않고 생기를 얻고 싶으면" 그녀는 그리스도의 수난의 고통으로 달려가서 오상 기도를 바쳤다[38]. 그녀는 주님의 수난의 고통에 빠져들어 관상에 깊이 들어갔다[39]. 그녀와 29년을 함께 했던 벤베누타(Benvenuta) 자매가 증언하기를 세 가지 방법으로 하느님께 봉헌할 것을 클라라가 자신에게 가르쳤다 한다[40].

프란치스코의 진정한 딸이며 자매였던 클라라는 십자가에 달리신 그리스도를 열정적으로 사랑하여 그리스도의 고통이 클라라의 영혼 깊숙이 침투하였다. 주님의 수난을 늘 마음에 품고 살았기 때문이다. 십자가에 달리신 분이 그녀의 생활을 지배하였고, 그녀는 십자가 밑에서 자양분을 흡수하며 커 갔다. 자신의 영적 스승처럼 "나는 더 이상 필요한 것이 없습니다. 나는 불쌍하

---

38) 참조:『모든 그리스도인의 보편 성소인 관상. 프란치스칸 사상 연구소 학술 발표 모음 4』, 프란치스코 출판사, 2013, 436.
39) 참조:「클라라 시성 증언」3.25.
40) 참조: "무엇보다도 먼저 하느님을 사랑하라고 가르쳤고, 둘째로는 자주 완전하게 죄를 고백하라고 가르쳤으며, 셋째로 주님의 수난을 늘 마음속에 간직하라고 가르쳤다고 하였다"(「클라라 시성 증언」11,2).

게 십자가에 달리신 가난하신 그리스도를 알고 있습니다"[41]라고 말할 수 있을 지경이 되었다. 불쌍하게 고통당하신 그리스도는 그 불쌍함의 겸손으로 그녀에게 구원자가 되었다[42].

클라라에게 만물을 창조하신 사람의 아들이란, 당신이 하늘과 땅을 영원히 지배하시는 분이면서도 십자가에서 고개를 떨구시며 모든 것을 포기하신, 가난하시고 겸손하신 사람의 아들이다[43].

십자가에 달리신 그리스도에 대한 클라라의 극단적인 사랑은 하느님의 특별한 은총을 불러들여, 그 보상을 받았노라고 첼라노가 전한다: "십자가에 달리심으로써 사랑을 받으신 그리스도께서는 당신을 사랑하는 클라라를 소유하였다. 그리고 그녀는 십자가의 신비를 사랑함으로써 불꽃에 휩싸였고, 그 십자가의 힘은 성호와 기적에서 나타났다"[44].

3.5. 그리스도의 십자가: 영광의 반사

다미아노 수녀원의 다미아노 십자가는 눈을 크게 뜨고 있는 부활하신 그리스도를 여실히 보여 주는 십자가다. 하늘을 향하

---

41) 「2첼라노」 105.
42) 참조: "그분은 첫 조상이 범한 죄의 결과로 사슬로 묶여 있던 우리를 어둠의 우두머리의 권세로부터 구해 내시고, 하느님 아버지와 우리를 화해시키려고, 우리 모두를 위해서 십자가의 수난을 감수하셨습니다"(「1아녜스 편지」 14; 참조: 히브 12,2; 콜로 1,13; 2코린 5,18; 「대전기」 1,5).
43) 참조: "오, 경건한 가난이여, 하늘과 땅을 다스렸고 또 다스리시며 '말씀으로' 만물을 '지어 내신' 주 예수 그리스도께서 무엇보다도 먼저 그대를 품으실 만하였으니! 사실 그분은 '여우들도 굴이 있고 하늘의 새들도 보금자리가 있지만, 사람의 아들', 곧 그리스도께서는 '머리를 기댈 곳조차 없다'고 하시고는, '고개를 숙이시며 숨을 거두셨습니다'"(「1아녜스 편지」 17-18).
44) 「클라라 전기」 32.

고 있는 구세주다. 단지 슬프고 괴롭기만 한 십자가가 아니다. 십자가에서 고통을 겪으시는 그분은 영광의 그분이었다[45]. 그녀는 "예수"라는 이름을 단독으로 사용하는 경우가 거의 없다. 늘 "예수 그리스도"다. 이는 클라라 영성의 중요한 부분으로서 그리스도는 영광의 그리스도이시다. 클라라의 편지에 드러나는 그리스도의 모습은 대단히 화려하다. 영광의 비유도 대단히 과감하고 파격적이다. 이는 그녀가 영광의 하느님을 그렇게 체험하였기 때문일 것이다. "이 완덕은, 뭇 별들의 어좌에 영광스럽게 앉아 계신 임금님께서 몸소 천상 신방에서 그대와 하나가 되게 하는 그 완덕입니다"[46]. 하느님과 신방을 차린 클라라는 기쁨과 사랑을 노래하고 우리에게 용기를 북돋운다[47].

하느님의 아들이 우리의 길이 되었기 때문에 그 길은 안전하고, 그분은 우리의 안내자이며 또 동시에 목적지다. 그분께 다다를 것이라는 확신은 그녀의 발걸음을 가볍게 한다. 안내도(案內圖)인 십자가를 바라보는 그녀의 관상은 그녀의 삶을 통해서 드러나고, 특별히 고통을 겪으시는 그리스도와의 일치가 잘 나타난다. 첼라노가 병상에서 마지막을 준비하고 있는 클라라에 관하여 이렇게 전한다.

"좋은 사람인 라이날도(Raynaldo) 형제가 그녀에게 갖가지 병고의 기나긴 형극의 길에서 마지막으로 인내하라고 격려하였다. 그러자 그녀가 매우 편안한 어조로 반응을 보였다. '나

---

45) 참조: Optato van Asseldonk, 「Il Crocifisso di San Damiano. Visto e Vissuto da S. Francesco」, 『Laurentianum』 22(1981), 453-476.
46) 「2아녜스 편지」 5.
47) 참조: 「1첼라노」 71; 「2아녜스 편지」 12-13.

의 주 예수 그리스도의 은총을 그의 종 프란치스코를 통하여 한번 알게 된 다음부터는, 어떠한 고통도 나를 괴롭히지 못했고, 어떠한 고행도 격렬하다 할 것이 못 되었으며, 아무리 병이 들어도 힘들지 않았습니다. 사랑하는 나의 형제여!'"[48].

이것이 그녀의 믿음 가득한 순례 여행의 마지막 모습이다. 프란치스코의 말을 그대로 실천하여 그 결과를 본 모습이다. "평화 안에서 이를 견디는 이들은 복되오니, 지극히 높으신 이여, 당신께 왕관을 받으리로소이다"[49]. 이러한 믿음을 바탕으로 아녜스를 격려하며 "주님의 영께서 그대를 불러 주신 그 완덕"[50]을 향하여 매진하도록 자매들의 수도 생활에 추진력을 전달한다.

클라라 자신도 자신이 이 세상에서 살고 있으면서 하느님과 일치된 생활을 하고 있음을 알고 있었고, 영원한 생명과 행복과 영광을 누리고 있음도 알고 있었다. 낙원에서 복을 누리고 있었기에 죽음을 기쁘게 받아들인다[51].

십자가는 십자가의 영광과 분리될 수가 없다. 그녀의 기쁨의 원천은 십자가였다. 그렇기 때문에 존재의 근원에서부터 그녀

---

48) 「클라라 전기」 44.
49) 「태양 노래」 25-26.
50) 「2아녜스 편지」 14.
51) 참조: "시극히 서룩한 동성녀는 소용히 사기 영혼에게 말했다. '불안스러워 하시 말고 떠나거라, 너의 여행길에 좋은 호위원이 있다'. 이어서 타일렀다. '떠나거라, 너를 만드신 분이 너를 거룩하게 하셨다. 어머니가 자기 아이에게 늘 그러하듯이 그분은 너를 감싸시면서 너를 온화하게 사랑해 주셨다'. 그리고 말했다. '오! 주여, 당신께 축복이 있으소서! **저에게 생명을 주신 당신이여!**' 자매들 중의 하나가 누구에게 하는 말씀이냐고 그녀에게 묻자 그녀가 대답하였다. '나의 복된 영혼에게 말을 하는 중입니다'. 그 영화로운 호위원이 밀리 있지 않았다. 그러자 그녀는 다른 자매에게 머리를 돌려 말했다: '오, 자매님, 내가 지금 바라보고 있는 영광의 임금님이 자매님의 눈에도 보이십니까?'"(「클라라 전기」 46; 참조: 「클라라 시성 증언」 3,20-22; 9,3; 14,7).

의 기쁨이 솟아올랐다. 뒤에 남은 그녀의 자매들이 가지는 그녀에 대한 인상은 오직 기쁨뿐이었다. 그녀는 주님 안에서 늘 기뻐했다. 자매들에게 뿜어 대는 그녀의 영적인 기쁨은 무엇으로도 방해를 받지 않았고, 언제나 불타올랐다[52].

"주님의 영"과 하느님의 사랑을 위하여 가난에서 진정 자유로운 사람은 참된 기쁨으로 충만할 수밖에 없다. 이것이 진리다. 그러므로 가난과 함께 따라오는 기쁨을 노래하는 클라라가 그리 놀라울 것도 없다. 교회와는 갈등 속에서 살았지만 다미아노 수녀원의 자매들도 결코 우울하지 않았다. 오히려 즐거움이 그들을 지배하였다. 자매들의 큰 기쁨에 가려 교회와의 갈등은 미미하여 있으나 마나 한 것이었다[53].

그녀는 이 지상에서 이미 천상의 기쁨을 앞당겨 누렸다. 이 기쁨은 주님의 사랑을 위하여 가난하게 된 사람은 누구나 누리는 기쁨이다. 가난이란 하느님의 자유와 기쁨과 사랑에 이르는 문이다. 클라라의 영적인 기쁨의 원천은 믿음을 가지고 그리스도의 가난을 그대로 따르는 일이었다. 고행 중에 있었던 그녀에 대하여 첼라노가 이렇게 전한다: "고행의 순간마다 축제와 기쁨에 넘치는 모습을 보였으니…"[54].

---

52) 참조:「클라라 시성 증언」3,6; 9,5;「클라라 전기」14 : 18 : 26.
53) 참조: "그대가 그분과 함께 고통을 겪으면 그분과 함께 다스릴 것이고, 그분과 함께 슬퍼 울면 그분과 함께 즐거워하게 될 것이고, 수난의 십자가 안에서 그분과 함께 죽으면 '성인들의 광채 안에서' 그분과 함께 천상 거처를 얻게 될 것입니다"(「2아녜스 편지」21 : 참조: 로마 8,17; 2티모 2,12).
54)「클라라 전기」18.

제1부

편지들

해설
이재성 보나벤투라, 작은 형제회(프란치스코회)

프라하의 아네스에게 보낸 편지 1

1. 배경

클라라와 아네스가 서로 서신을 교환하기 시작한 시기는 1234년 이후로 여겨진다. 이 때 클라라는 다미아노 수도원에서 이미 22년 동안 봉쇄 생활을 하였고, 그녀의 나이는 41세였다. 반면에, 아네스가 프라하의 수녀원에 받아들여진 1234년, 그녀의 나이는 23세였다. 당시에 공주가 가난한 수도회에 입회하는 것은 놀라운 일이었다. 그녀는 7명의 또 다른 귀족 출신의 처녀들을 대동하였고, 수녀원에는 이미 5명의 이탈리아 출신의 수녀들이 있었다[1].

이 편지는 대단히 예의를 갖춘 편지다. 자신도 아씨시의 귀족 출신이지만 공주에 대한 클라라의 깍듯한 예우(禮遇)가 묻어 있다. 이 편지 이후에는 친밀한 관계의 태도로 발전한다.

이 편지에서는 성경을 글자 그대로 인용하지는 않지만 성경

---

[1] 참조: M. Fassbinder, 「Agnes of Prague —A New Bohemian Saint」, 『Franziskanische Studien』 72(1990), 325-340.

인용이 많은 편이다. 8-11절은 수녀들의 봉헌식에 쓰이는 전례문을 그대로 인용하고 있고[2], 프라하의 아녜스의 주보 성녀였던 아녜스 축일의 전례문이 이 편지에서만이 아니라 다음에 이어지는 편지에서도 중요한 텍스트로 사용된다.

2. 구조

Ⅰ. 서두(인사와 축복): 1-2절
Ⅱ. 본문: 3-34절
　1. 아녜스의 선택: 3-11절(아녜스의 선택에 대한 클라라의 기쁨; 아녜스의 교환; 신중한 선택)
　2. 중심부: 12-24절(십자가에 달리신 분에게 충실할 것을 요구; 가난을 찬미; 육화 안에서의 하느님의 충실성)
　3. 아녜스의 선택에 대한 클라라의 확신: 25-34절〔상호상반(相互相反); 교환을 찬미; 기도를 약속하고 청함〕
Ⅲ. 결어: 35절

3. 세 부분으로 나뉜 본문

① 3-11절은 아녜스의 선택에 관한 내용인데, 3-4절에서 이 선택에 대한 클라라의 기쁨을 표하고 있고, 5-7절은 부귀영화와

---

2) 참조: R. Armstrong, 「Starting Points: Images of Women in the Letters of Clare」, 『Greyfriars Review』 7(1993), 352 이하.

예수 그리스도의 맞바꿈을 이야기하며, 8-11절은 클라라의 기쁨을 더 공을 들여서 표현한다.

② 가난을 찬미하는 12-24절은 12-14절과 15-24절로 나뉜다. 이 두 구절은 예수 그리스도의 십자가와 구유의 신비를 각각 노래한다.

③ 25-34절은 아녜스의 선택에 클라라가 신념을 넣어 준다. 25-29절은 서로 섞일 수 없는 하늘 나라와 세상의 재물을 말하고, 이어서 30절에서는 교환을 찬양하며 끝을 맺는다. 31-34절에서는 기도를 약속하고 또 청한다.

이 편지의 주제는 '교환'이라고 할 수 있겠는데, 이 '교환'이 15-17절에 세 번에 걸친 가난의 찬미로 꾸며진다. 이 세 번은 클라라가 의도한 것이라고 할 수 있다. 하느님과 인간, 쌍방의 상호 교환과 이에 따라오는 평화를 노래하는 것을 보면, 실제로는 삼위일체의 신비를 노래하고 있음이 분명하다.

4. 교환의 비유

의심할 여지 없이 "이 얼마나 크고 찬양할 만한 교환인가!" (Magnum quippe ac laudabile commercium!)(30절)는 성무일도 1월 1일의 "천주의 모친 성 마리아 대축일" 제1저녁기도와 제2저녁기도의 후렴 "오, 감탄하올 교환이여!"(O, admirabile commercium!)에서 따온 것이다. 이어지는 성무일도의 후렴구는 이러하다: "창조주께서 육신을 취하시어 동정녀에게서 나시기를 마다하지 않으시고, 남자의 협력 없이 사람이 되셨으며, 우리를 그 신성에 참여케 하셨도다".

바오로 사도도 이렇게 말한다: "여러분은 우리 주 예수 그리스도의 은총을 알고 있습니다. 그분께서는 부유하시면서도 여러분을 위하여 가난하게 되시어, 여러분이 그 가난으로 부유하게 되도록 하셨습니다."(2코린 8,9).

교환은 물건을 서로 교환하는 상인들 세계에서 사용되는 말이다. 이것이 상호 관계로까지 발전하여 상징적으로 공동체, 관계성, 동거를 뜻하게 되어, 나중에는 성적(性的) 교환에까지 이르고, 나아가서는 사람과 사람의 관계를 뛰어넘어, 사람과 하느님의 관계에까지 이 말을 사용하기에 이른다.

에페소 공의회(431년) 이후 이 용어가 그리스도론과 구세사에도 쓰이게 되어, 그리스도와 인간 사이의 구원과 희생의 의미로 쓰인다. 그러다가 인간으로 하여금 신성에 참여케 하기 위해, 하느님께서 인간성을 취하시는 그리스도의 신비로 발전한다. 원죄의 결과로 생긴 하느님과 인간의 괴리(乖離)를 그리스도의 육화와 고통으로 메운다는 것이다. 그러므로 '고침'과 '메움'이 '교환'의 비유에 들어 있는 뜻이라 하겠다. 이 '교환'은 성탄 시기의 전례에서만이 아니라, 미사 중의 예물 준비 기도에도 나온다. 하느님의 구원 행위인 거룩한 교환이 바로 성체에서 이루어진다는 뜻일 것이다. 바느질과 뜨개질이 본업이었던 클라라는 교환의 비유를 통해 상호 교환과 일치와 희생과 구원을 그 안에 짜 넣는다[3].

---

3) 참조: E. van den Goorbergh, 『Light Shining Through a Veil』, Peeters, 2000, 48.

프라하의 아녜스에게 보낸 편지 1

1 지극히 위대하고 탁월한 보헤미아 임금님[4]의 따님인 공경하올 지극히 거룩하신 동정녀 아녜스 공주님께, **2** 예수 그리스도의 부당한 몸종[5]이자 성 다미아노 봉쇄 수도원 자매들의 쓸모없는 시녀이며, 어디에 있든지 공주님의 하녀요 시녀인 클라라가 당신께 각별한 공경과 더불어 저 자신을 온전히 바치며 공주님이 영원한 행복의 영광을 얻으시게 되기를 기원합니다[6](참조: 집회 50,5).

3 저에게만이 아니라 거의 온 세상에 잘 알려진 공주님의 거룩한 품행과 삶에 대한 지극히 고결한 명성을 듣고, 저는 "주님 안에서" 몹시 "즐거워하며" "기뻐합니다"(하바 3,18). **4** 이는 저 혼자만이 아니라 예수 그리스도를 섬기는 이들과 또 섬기려고 하는 모든 이들이 기뻐할 만합니다. **5** 그것은 공주님이 당신과 그 유명한 황제[7]의 신분에 어울리게 그 황제와 호화롭게 합법적으로 혼인할 수 있었고 그 누구보다도 영화와 영예 그리고 세속의 위엄을 더 누릴 수 있었지만, **6** 이 모든 것을 물리치고 오히려 마음과 몸을 다하여 지극히 거룩한 가난과 육신의 궁핍을 선택하고, **7** 당신의 동정성을 흠도 티도 없이 늘 지켜 주실 더 고귀한 신분의 정배이신 주 예수 그리스도를 맞아들였기 때문입니다.

---

4) 헝가리 국왕인 오타카르 1세(1198-1230)를 가리킨다.
5) 클라라는 몸종(famula), 시녀(ancilla), 여종(serva)과 같은 용어를 즐겨 사용한다. 이는 프란치스코가 즐겨 사용하는 봉사자(minister) 개념과 일맥상통한다.
6) 첫 번째 편지에서 클라라는 아녜스에게 높임말을 사용하나, 나머지 세 편지에서는 친근감 있게 예사말을 사용한다.
7) 클라라는 프레데릭 2세를 암시하고 있는데, 그는 1228년부터 홀아비였다.

8 그분을 사랑할 때 그대는 정결하고,
그분을 만질 때 그대는 더욱 깨끗해지며,
그분을 맞아들일 때 그대는 동정녀입니다.

9 그분 힘은 더없이 세며, 너그러우심은 드높고,
그분 모습은 한없이 아름다우며, 사랑은 끝없이 감미롭고,
모든 자태는 그지없이 우아합니다.

10 그대는 이미 그분 품 안에 들었으니,
그분은 그대 가슴을 보석으로 꾸미셨고,
그대의 귀에 값진 진주를 걸어 주셨습니다.

11 또한, 그분은 그대를 온통
봄날같이 화려하고 반짝이는 보옥으로 둘러 주셨고,
그대의 머리에 "성덕의 표지가 새겨진 금관"(집회 45,12)을 씌워 주셨습니다[8].

12 그러니 지극히 사랑하는 자매, 아니, 나의 주 예수 그리스도의 정배요 어머니요 자매이기에 온갖 경의를 받아 마땅한 주인이시며(참조: 2코린 11,2; 마태 12,50), 13 누구도 손상시킬 수 없는 동정성과 지극히 거룩하신 가난의 깃발로 지극히 영롱하게 꾸며진 이여, 십자가에 못 박힌 가난하신 분께 대한 불타는 열망으로 당신이 시작한 거룩한 일에 매진하십시오. 14 그분은 첫 조상이 범한 죄의 결과로 사슬로 묶여 있던 "우리를 어둠의" 우두머리의 "권세로부터 구해 내시고"(콜로 1,13), 하느님 아버지와 "우리를 화해시키려고"(2코린 5,18), 우리 모두를 위해서 "십자가의" 수난을 "감수하셨습니다"(히브 12,2).

---

[8] 7-11절은 클라라가 성무일도의 성인들 축일 가운데 1월 21일에 지내는 성녀 아녜스 동정 순교자 축일의 아침기도에서 인용한 구절들이다.

15 오, 복된 가난이여,
가난을 사랑하고 받아들이는 이들에게
영원한 부(富)를 주리니!

16 오, 거룩한 가난이여,
가난을 지니고 열망하는 이들에게
하느님께서 하늘 나라를 (참조: 마태 5,3) 약속하시고
의심할 여지 없이 영원한 영광과 복된 생명을 베푸시리니!

17 오, 경건한 가난이여,
하늘과 땅을 다스렸고 또 다스리시며
"말씀으로" 만물을 "지어 내신"(시편 32,9; 148,5)
주 예수 그리스도께서
무엇보다도 먼저 그대를 품으실 만하였으니!

18 사실, 그분은 "여우들도 굴이 있고 하늘의 새들도 보금자리가 있지만, 사람의 아들", 곧 그리스도께서는 "머리를 기댈 곳조차 없다"(마태 8,20; 루카 9,58)고 하시고는, "고개를 숙이시며 숨을 거두셨습니다"(요한 19,30).

19 그러므로 이토록 위대하신 주님께서 동정녀의 태중에 오시면서 세상에서는 하찮고 궁핍하고 가난하게 보이려 하셨다면, 20 그것은 천상 양식에 한없이 굶주림을 겪고 있는 지극히 가난하고 궁핍한 사람들이 하늘 나라를 얻음으로써 그분 안에서 부요한 사람들이 되게 하시려는 것이었으니, 21 당신은 넘치는 즐거움과 영적인 기쁨으로 충만하여, 기뻐 용약하며 즐거워하십시오(참조: 하바 3,18). 22 왜냐하면 당신은 영예보다 이승의 멸시를, 지상의 부(富)보다 가난을 택하셨고, 23 땅이 아니라 "좀도 녹도" 그것을 "망가뜨리지 못하고, 도둑들이 뚫고 들어오지도 못하며 훔쳐 가지도 못하는"(마태 6,20) 하늘에다 보물을 쌓기로 하셨으니, "하늘에서 당신

이 받으실 상은 클 것"(마태 5,12)이며, 24 당신은 지극히 높으신 성부의 아드님과 영화로우신 동정녀의 자매요 정배요 어머니라 불릴 만하셨기 때문입니다(참조: 2코린 11,2; 마태 12,50).

25 사실, 저는 당신이 오직 가난한 이에게만 주님께서 하늘 나라를 약속하고 주신다는 것을 알고 계시리라 굳게 믿고 있습니다(참조: 마태 5,3). 현세적인 것을 사랑하는 사람은 사랑의 열매를 잃게 될 것이기 때문입니다. 26 "아무도 하느님과 재물을 아울러 섬길 수 없습니다". 이는 "한쪽은 미워하고 다른 쪽은 사랑하며, 한쪽은 떠받들고 다른 쪽은 업신여기게 되기"(마태 6,24) 때문입니다. 27 그리고 옷을 입은 사람은 붙잡힐 데가 있어서 더 빨리 땅에 내동댕이쳐지기 때문에 알몸인 사람과는 싸움이 되지 않습니다[9]. 또한, 이승에서 영화를 누리고 살다가 저승에서 그리스도와 함께 다스릴 수가 없습니다. 28 부자가 하늘 나라에 올라가기보다 낙타가 먼저 바늘귀로 빠져나가게(참조: 마태 19,24) 될 것이기 때문입니다. 29 그러므로 싸움을 걸어오는 자에게 절대로 지지 않고 험한 길과 좁은 문으로 하늘 나라에 들어갈 수 있기 위해(참조: 마태 7,13-14), 공주님은 옷, 즉 현세의 재물들을 내던지신 것입니다.

30 이 얼마나 크고 찬양할 만한 교환인가!

영원한 것을 위해 현세적인 것을 버리고,

지상의 것 대신에 천상의 것을 받으며,

하나 대신 백배를 받고

복되고 영원한 생명을 얻게 되나니!(참조: 마태 19,29)

31 그래서 저는 그리스도의 애정 안에서(참조: 필리 1,8), 제가 할 수 있는 만큼, 보잘것없는 기도로써, 지극히 빼어나고 거룩한 당신께

---

[9] 같은 장면이 「1첼라노」 15에도 나온다.

그분을 거룩히 섬기는 일에 더욱 매진하시어, 32 선에서 더 나은 선으로, 덕에서 덕으로(참조: 시편 83,8) 더욱 나아감으로써 공주님이 온갖 원의와 마음을 다해 섬기는 그분께서 공주님께 바라시는 상급들을 풍성하게 내려 주시도록 간청드려야겠다고 생각하였습니다. 33 또한, 쓸모없지만 당신의 몸종인 저와 이 수도원에서 저와 함께 살고 있는 다른 자매들, 곧 우리를 열렬히 따르는[10] 자매들을 당신의 거룩한 기도 중에(참조: 로마 15,30) 간절히 기억해 주시기를 주님 안에서 부탁드립니다. 34 이 기도의 도움으로 저희들은 예수 그리스도의 자비를 입어 당신과 함께 영원한 복락을 누리게 될 것입니다.

35 주님 안에서 안녕히 계십시오. 그리고 저를 위해 기도해 주십시오(참조: 1테살 5,25).

---

10) 어떤 사본에는 "공주인 아네스를"(vobis) 지칭하는 것으로 되어 있으나, 최근 비판본에 의하면, 공주와 클라라 자신을 포함하는 "우리를"(nobis)로 되어 있다. "데보타스" (devotas)를 "열렬히 따르는"으로 번역하였다.

프라하의 아녜스에게 보낸 편지 2

1. 배경

클라라가 이 편지를 쓸 때는 프란치스코가 이미 세상을 떠난 지 10년이 지난 후여서, 클라라와 그 자매들은 서로를 격려하며 결속하여 자신들의 가난한 생활 양식을 고수하려고 무진 애를 쓰던 시기다. 그들은 주변 사람들로부터 지지를 받기보다는 대체로 반대에 부딪혔다.

클라라가 이 편지를 쓰기 수년 전에 아녜스는 가난한 생활을 꿈꾸며 동료 처녀들과 함께 프라하의 수녀원에 들어갔다. 이 편지의 중심을 이루는 15-18절을 보면, 아녜스가 먼저 클라라에게 가난한 생활을 하기 위한 조언을 구하자 그 답장으로 쓴 것이 바로 이 편지였을 것으로 추측된다. 편지의 서두인 2절의 인사하는 부분을 보면, 클라라가 아녜스에게 극단의 가난을 조언했음을 알 수 있다. 또한, 교도권(敎導權)의 교회와 충돌이 있었음이 분명하다. 교황청에서 1235년과 1239년 사이에 쓴 보관된 문헌들을 보면, 가난에 관련된 많은 청원과 요구가 프라하 수녀원에서 그레고리오 9세 교황에게 전달되었음을 알 수 있다. 이 문서들은 단식과 옷과 침대와 봉쇄 규칙과 병원 경영 등 세세한 규칙과 관면(寬免)들을 언급하고 있다[1].

이런 자질구레한 사항들보다 오히려 아녜스의 마음을 사로잡은 것은 단지 다미아노 수녀원의 가난한 생활을 그대로 본받는 것뿐이었다. 그녀는 다른 수녀원의 규칙을 받아들이고 싶지 않았으나, 교도권의 간섭이 수녀원의 작은 문제에까지 깊이 관여하였다. 아녜스와 다른 원장들이 교도권의 심한 간섭에 대처하고자 클라라에게 질문을 던지지만, 사실은 불만을 토로한 것이다. 교황청에 보낸 아녜스의 편지 내용이 발견되지 않아서 무척 아쉽다.

첫째 편지에 비해 클라라는 이 편지에서 아녜스에게 더 친밀한 감정을 눈에 뜨이게 드러낸다. 아녜스는 조언자를 찾고 있었고, 이에 클라라가 유연하게 대답을 하며 가난한 생활이 우선함을 피력한다. 클라라는 아녜스에게 원래의 계획과 결심에 매진할 것을 종용하여, 있는 힘을 다하여 가난하신 그리스도를 관상할 것을 권고한다. 클라라와 그 자매들이 프란치스코로부터 무엇을 받았는지 알 수 있는 대목이다[2].

---

[1] 참조: L. Wadding, 『Annales Minorum』. Tome Ⅱ, Quaracchi, 1931, 725.
[2] 참조: "사부 프란치스코는 그녀를 부추겨 세상을 가볍게 보도록 하였고, 이 세상에서 지니는 희망이 얼마나 메말라 있는가를 살아 있는 말로 깨우쳐 주었으며, 세속의 아름다움 또한 얼마나 큰 속임수인가를 알려 주었다. 그리스도의 정배됨이 얼마나 향긋한 일인가를 그녀의 귀에 속삭였고, 사랑이 인간이 되기까지 하신 복된 배필을 위해서 진주 같은 처녀의 순결을 보존하라고 설득하였다"(「클라라 전기」 5). 클라라는 다미아노 성당에서 41년을 살면서 그 중에 34년을 프란치스코의 가난을 고수하기 위하여 투쟁을 벌인다. 그녀에게 가난이란 프란치스코 정신의 핵심 중의 핵심이었다. 자신 스스로가 칭하듯, "지극히 복된 사부 프란치스코의 작은 나무"였던 그녀는, 사실, 프란치스코 사후 1226년부터 자신이 죽는 1253년까지 프란치스코의 가난을 지키는 수문장이었다(참조: E. van den Goorbergh, 『Light Shining Through a Veil』, 100).

2. 작성 시기

엘리야 총장의 재임 시기가 1232-1239년임을 감안할 때, 이 편지가 엘리야 총장을 언급하는 것으로 봐서, 1234-1238년 사이에 쓰였음이 확실하다. 프라하의 수녀원이 교황청으로부터 가난 특전을 받은 것이 1238년 4월 15일인 것으로 보면, 그 이전에 쓰였다 할 것이다. 어떠한 위협에도 가난한 생활 양식을 포기하지 말 것을 클라라가 종용하는(참조: 15-17절) 이 편지 이후에 교황청으로부터 가난 특전을 부여받았을 것으로 추측되기 때문이다. 그런데 아녜스가 세운 병원 시설에 대한 어떤 권리도 모두 포기할 것을 교황청으로부터 문서 「옴니포텐스 데우스」(Omnipotens Deus, 전능하신 하느님)를 통하여 요청받은 시기가 1236년 8월인 것을 감안하면, 이 편지가 쓰인 시기는 더 구체적으로 1236년 8월 이전으로 사료된다[3].

3. 구조

Ⅰ. 서두(인사와 축복): 1-2절
Ⅱ. 본문: 3-23절
  1. 감사: 3-9절
  2. 권유: 10-14절
  3. 충고: 15-18절
  4. 권유: 19-20절

---

3) 참조: J. Polc, 『Agnes von Böhmen 1211-1282』, München, 1989, 59.

5. 그리스도와의 관계: 21-23절
Ⅲ. 결어(인사와 기도 부탁): 24-26절

둘째 편지의 주제는 15절에 등장하는 계명 '길'이라 할 수 있다. 본문의 5중 구조는 우연한 일이 아니라, 수난을 당하시는 그리스도를 '길'로 제시하면서, 오상(五傷)을 숫자 5로 부각시킨 것이다. 편지의 형식과 리듬을 편지의 내용과 조화시키기 위하여 이처럼 배열한 것이다[4]. 숨기면서 밝히는 신비가들의 문장 구성 형식을 이처럼 클라라에게서도 발견할 수가 있다.

4. 길의 비유

클라라와 그 자매들은 작은 봉쇄 수녀원에 살고 있었음에도, 나그네로서의 자신들의 성소를 체험하였다. 이 체험을 말하기 위해서 클라라는 자주 길에 대한 성경적 이미지를 사용한다. 자신들의 하루 생활이 길을 걷는 나그네의 길로 비쳐져 유언에서 이렇게 말한다: "우리가 그리스도의 영광스러운 아버지께 더욱 깊이 감사드려야 하는 것은 우리 성소입니다. … 그래서 사도는 그대의 성소를 깨달으라고 말합니다. 하느님의 아드님께서 우리에게 길이 되어 주셨습니다"[5].

길의 이미지와 그리스도의 수난 관상이 한데로 모아져서 모든 어휘들이 이 방향으로 쏠려 하나의 군락(群落)을 이룬다: "발

---

[4] 참조: E. van den Goorbergh, 『Light Shining Through a Veil』, 102.
[5] 「클라라 유언」 2.4-5.

자취, 발걸음, 오솔길, 걸림돌, 계명 길, 장애"(7-20절). 그리고 길의 끝에 "천상 거처"(21절)가 있다. 이어서 예수 그리스도와 우리를 이어 주는 두 번째 끈이 일련의 동사들이다: "붙잡다, 바라보다, 갈망하다, 응시하다, 관상하다, 차지하다"(11.19-23절). 이 혼인이 신랑의 5중 구조의 고통으로 되어 있다: "비천한 자, 멸시받는 자, 얻어맞는 자, 매질 당하는 자, 죽어 가는 자"(20절). 이에 대한 응답은 5중 구조로 되어 있는 신부의 동반(同伴)이다: "함께 고통을 겪다, 함께 다스리다, 함께 슬퍼 울다, 함께 즐거워하다, 함께 죽다"(21절). 여기에는 의심할 여지 없이 숫자 5의 상징성을 부각시키려는 의도가 있다 하겠다[6].

5. 숫자 5의 상징

중세에는 숫자 5가 특별히 오감(五感)을 상징하였다. 또한, "네 마음을 다하고(1) 네 목숨을 다하고(2) 네 힘을 다하고(3) 네 정신을 다하여(4) 주 너의 하느님을 사랑하고 네 이웃을 너 자신처럼 사랑해야 한다(5)"[7]의 5중 구조를 상징하였다. 그러다가 그리스도의 오상(五傷)을 상징하게 되었고, 이어서 10-14절에서 보는 바와 같이 그리스도를 따르는 다섯 가지의 길을 상징하기에 이르렀다.

특별히 이 편지에서의 5는 3+2의 5로 보인다. 왜냐하면 이 편지 전반부의 핵심인 7절에서 겸손과 사랑과 가난의 3이 등장하

---

6) 참조: E. van den Goorbergh, 『Light Shining Through a Veil』, 102.
7) 루카 10,27.

기 때문이며, 이 겸손과 사랑과 가난의 3이 21-22절의 천상 거처와 이름의 2에 대응구(對應句)로 작용하기 때문이다[8].

프라하의 아네스에게 보낸 편지 2

1 임금들의 임금이신 분의 따님이고 주님들의 주님이신 분(참조: 묵시 19,16; 1티모 6,15)의 시녀이며 예수 그리스도의 지극히 합당한 정배이고, 그 때문에 지극히 고귀한 여왕이신 아네스 공주님께, **2** 가난한 자매들의 쓸모없고 부당한 시녀인 클라라가 인사하며 지극히 높은 가난 안에 늘 생활하시기를 빕니다.

3 "온갖 훌륭한 은혜와 모든 완전한 선물"(야고 1,17)이 그분께로부터 흘러나온다고 우리가 믿는, 은총을 베푸시는 분께 나는 감사를 드립니다. 그분께서 그대를 수많은 덕행으로 꾸며 주시고 수많은 완덕의 표지들로 빛나게 해 주셨기 때문입니다. **4** 그리하여 그대가 완전하신 아버지를 충실히 닮는 사람이 되고 마땅히 완전하게 되어(참조: 마태 5,48), 그분이 당신 눈으로 그대 안에서 그 어떠한 불완전함도 발견하실 수가 없게 되었습니다(참조: 시편 138,16).

5 이 완덕은, 뭇 별들의 어좌에 영광스럽게 앉아 계신 임금님께서 몸소 천상 신방에서 그대와 하나가 되게 하는 그 완덕입니다. **6** 그것은 그대가 이 세상 나라의 높은 지위를 멸시하고 황제의 청혼을 하찮게 여기며, **7** 크나큰 겸손과 불타는 사랑의 정신

---

8) 참조: L. Bastiaansen, 『Theologie en Symboliek van de Iconen』, Zundert, 1983, 38-45.

으로 지극히 거룩한 가난을 열망하여, 마땅히 혼인으로 일치될, 그분의 발자취에 매달리셨기 때문입니다.

8 그러나 나는 그대가 여러 덕으로 꾸며져 있음을 알고 있기에, 장황한 말을 피하여 불필요한 말로 공주님을 부담스럽게 하고 싶지 않습니다. 9 비록, 그대는 불필요한 것에서조차 위안을 끌어낼 수 있겠지만 말입니다. 10 그렇지만 "필요한 것은" 정작 "하나뿐"(루카 10,42)이니, 그대 자신을 거룩하고 마음에 드는 제물로(참조: 로마 12,1) 바쳐 드린 그분께 대한 사랑 때문에, 나도 한 가지만을 그대에게 당부하고 권고합니다. 11 제2의 라헬처럼(참조: 창세 29,18.20.30) 그대의 결심을 잊지 말고 그대의 처음 생각을 늘 의식하면서,

  지금 붙잡고 있는 것을 꼭 붙잡으시고,
  하고 있는 일을 놓지 말고 행하십시오(참조: 아가 3,4).
12 그렇지만 재빠르고 가벼운 발걸음으로
  발이 돌에 걸려 넘어지지 않도록 하여
  그대의 발걸음이 먼지조차 일으키지 않도록 하십시오[9].
13 안전하면서도 즐겁고 활기차게
  행복의 오솔길로 조심스레 나아가십시오.
14 주님의 영께서 그대를 불러 주신 그 완덕에 따라
  "지극히 높으신 분께
  그대의 서원을 마치지"(시편 49,14) 못하도록,
  그대의 결심을 멎게 하고,
  그대의 길에 걸림돌을 놓는(참조: 로마 14,13),
  그 누구도 믿지 말며,

---

[9] 참조: 「1 첼라노」 71.

그 누구에게도 동의하지 마십시오.

15 그런데 이 점에 있어서 주님의 계명 길을(참조: 시편 118,32) 더 안전하게 걸을 수 있도록, 공경하올 우리 아버지이신 총봉사자, 우리 엘리야[10] 형제의 조언을 따르십시오. 16 그분의 조언을 다른 이들의 조언보다 더 존중하고 그것을 최고의 선물로 소중하게 여기십시오.

17 만일, 누가 그대의 완덕에 장애가 되고
거룩한 부르심에 반대되는 것으로 보이는
다른 것을 그대에게 말하고
다른 것을 제시하면,
그를 공경은 해야겠지만
그 조언을 따르지 마십시오[11].

18 오히려, 가난한 동정녀여,
가난하신 그리스도를 포옹하십시오.

---

10) 클라라는 아씨시의 엘리야를 아녜스에게 자신의 복음적 성소를 분별해 주는 보증자로 소개하고 있는데, 엘리야는 1221년부터 1227까지 프란치스코의 대리자였으며, 1232년부터 1239년까지는 작은 형제회의 총봉사자였다. 이 구절은 클라라와 엘리야가 깊은 신뢰 관계를 지니고 있었음을 드러내 주는 중요한 증언이라 하겠다. 엘리야는 클라라에게 영향을 준 봉쇄 수녀원들의 공동체 가난 선택을 옹호했던 것으로 보인다(참조: 『Fonti Francescane』, 1810).

11) 이 구절에서 클라라는 프란치스코가 죽기 얼마 전에 성 다미아노의 가난한 자매들에게 보내 준 권고, 즉 「마지막 원의」를 상기시켜 준다. 명시적으로 드러나 있지는 않지만, 이 구절이 그레고리오 9세를 언급하고 있음은 정설로 받아들여지고 있다. 이와 비슷한 그러나 그 성격은 정반대인 훈계를 1238년 5월 11일 그레고리오 9세가 「프라하의 아녜스에게 보낸 편지」(안젤리스 가우디움, Angelis gaudium)에서 볼 수 있다. 이 편지에서 아녜스는 열심일지는 모르지만 학식을 갖추지 못한 자의 조언은 그 어떤 것일지라도 듣지 말라는 당부를 받는데, 아마도 이는 엘리야 형제를 두고 하는 말일 것이다. 이런 가능성을 바탕으로 「2아녜스 편지」는 「안젤리스 가우디움」 이후에 쓰여졌을 것으로 본다. 물론, 이러한 가정에는 클라라가 교황의 편지들을 알고 있었을 것이라는 사실이 전제되어 있다(참조: 『Fonti Francescane』, 1810).

19 그대를 위해 천대받으신 그분을 바라보며 그대도 이 세상에서 그분을 위해 천대받는 자 되어 그분을 따르십시오. 20 지극히 고귀하신 여왕이여, "인간의 아들들 가운데 가장 아름다우신 분이"(시편 44,3) 그대의 구원을 위해 인간들 가운데 가장 비천한 자가 되시어 멸시받고 얻어맞고 온몸에 갖가지 방법으로 매질 당하여 십자가의 참혹한 고뇌 가운데 죽어 가시는 그대의 정배를 닮기를 갈망하면서, 그분을 응시하고, 그분을 깊이 생각하고, 그분을 관상하십시오.

21 그대가 그분과 함께 고통을 겪으면
　　그분과 함께 다스릴 것이고,
　　그분과 함께 슬퍼 울면 그분과 함께 즐거워하게 될 것이고,
　　수난의 십자가 안에서
　　그분과 함께 죽으면(참조: 2티모 2,11.12; 로마 8,17)
　　"성인들의 광채 안에서"(시편 109,3)
　　그분과 함께 천상 거처를 얻게 될 것입니다.

22 또한, 그대의 "이름이 (생명의) 책에"(필리 4,3; 묵시 3,5) 기록되어
　　훗날 사람들 가운데서 영광을 누릴 것입니다.

23 그리하여 그대는 지상적이고 지나가는 사물 대신에 하늘 나라의 영광을, 썩어 없어질 재물 대신에 영원한 보물을 영원히 차지할 것이며, 무궁토록 살게 될 것입니다.

24 그대의 정배이신 주님 때문에 지극히 사랑하올 자매요 주인이여, 안녕히 계십시오. 25 그리고 주님이 그대 안에서 당신 은총으로 이루시는 선을 즐거워하는 저와 저의 자매들을 그대의 열심한 기도 안에서 주님께 전구해 주십시오(참조: 사도 14,23). 26 그대의 자매들에게도 우리 안부를 많이 전해 주십시오.

프라하의 아녜스에게 보낸 편지 3

1. 배경

아녜스가 머무르던 프라하 수도원에서는 성 베네딕토의 「수도규칙」과 우골리노의 「수도규칙」을 준수하며 지내다가 작은 형제들을 통해 프란치스칸 정신을 알게 되고 클라라와 교류하게 되면서 성 다미아노 공동체처럼 프란치스코의 생활 양식을 따르려고 하였다. 이에 교황은 아녜스의 형제인 보헤미아의 왕 벤체슬라오 1세의 청원을 받아들여 크고 작은 관면과 허가를 담은 편지들을 프라하의 수도원에 보내 주었고, 1238년 4월 15일에는 「피아 크레둘리타테 테넨테스」(Pia credulitate tenentes, 올바른 신앙심)를 통해 일종의 "가난 특전"까지도 허락해 주었다. 이 문헌은, 아녜스와 자매들뿐 아니라 클라라와 프란치스칸 여성 운동에 속한 이들에게도 매우 중요한 의미를 지닌다. 그러나 교황은 바로 그 다음 달, 즉 1238년 5월 11일에 「안젤리스 가우디움」(Angelis Gaudium, 천사다운 기쁨) 칙서로 아녜스와 프라하의 자매들에게 프란치스코의 생활 양식을 따르는 것을 허락하지 않고, 칙서에 첨부한 수도규칙에 충실할 것을 명한다. 이 규칙은 베네딕토의 「수도규칙」에 우골리노의 생활 양식을 덧붙인 것으로, 교황은 이를 보내면서 프란치스코의 생활 양식을 갓난아기가 먹는 젖에 비유하고 자신의 수도규칙은 성숙한 어른들이 먹는 단단한 음식으로 제시한다. 뿐만 아니라, 교황은 이 문헌에서 아녜스에게 "열정은 가지고 있을지 모르나 지식이 없는 그 누군가"의 조언을 듣지 말라고 조언하는데, 여기에서 "누군가"는 일반적으로 엘리야 형제를 지칭하는 것으로 추정하지만, 교황이 의도적으로 애매한 표현을 사용해 클라라까지 포함하여 겨냥했다고 해석하는 견해도 있다. 이와 같이 클라라 및 엘리야와 교도권 사이에는 미묘한 긴장 관계가 형성되어 있었고, 아녜스는 이러한 긴장 관계의 가운데에 놓여 있었으며, 이러한 배경 아래 세 번째 편지가 탄생되었다.

2. 작성 시기

이 편지의 작성 시기에 대해서는 아직도 논란이 많지만[1], 추측하건대 가난 특전 문헌인 「피아 크레둘리타테 테넨테스」가 나온 1238년 말경에 쓰였을 가능성이 높다. 왜냐하면 클라라는 프라하 수녀원의 몇몇 문제에 응답을 하고 있고(참조: 3-9절), 가난 특전을 아주 기뻐하고 있기 때문이다(참조: 4절). 그러나 클라라는 전반직으로 많은 문제에서 여전히 지힝힌다.

---

1) 참조: E. Grau, 『Leben und Schriften der Heiligen Klara』, Werl, 1976, 201.

3. 구조

크게 두 부분으로 나뉘는데, 신비 부분과 고행 부분이다. 이 두 부분은 서로 깊게 관련되어 있다. 둘째의 고행 부분은 첫째의 신비 부분을 전제로 한다.

Ⅰ. 서두(인사와 축복): 1-2절
Ⅱ. 본문: 3-41절
   1. 신비 부분: 3-28절(아녜스로 인한 기쁨; 격려; 하느님의 거처)
   2. 고행 부분: 29-41절(단식 명시; 프란치스코의 단식; 신중한 단식)
Ⅲ. 결어(인사와 기도 부탁): 42절

권위의 밑에 떨어지지 않기를 바라는 이 편지는 신비 부분이 세 부분으로 나뉘어 서로 연결되어 있고, 이 세 부분이 서로 화려한 문체의 질문과 답으로 이어진다. 마음의 반향과 하느님의 숨어 계신 거처, 그리고 성모 마리아의 좋은 모범이 한데 어우러져 있다. 부정을 능가하는 긍정이 서로 맞물려 돌아간다. 기쁨(3-6절)과 억압(20절), 기쁨(10절)과 어두움(11절)이 함께 돌아간다[2].

내맡김(가난)과 품음(겸손)의 두 덕(德)이 중심 부분(10-19절)의 근간을 이루며, 깊은 세계에 도달하기 위하여 아녜스에게 권고를 하는 처지에서, 또다시 가난과 겸손의 두 덕이 등장하는 것은 아주 중요하다 할 것이며, 그것은 클라라의 말대로 "변화"

---

[2] 참조: E. van den Goorbergh, 『Light Shining Through a Veil』, 148.

(transformation)를 위한 것이다. 14절의 "숨겨진 감미로움"을 위한 것이다. 숨겨진 감미로움이 클라라 관상의 내용일 것이다.

4. 신비와 단식 고행

14절의 "숨겨진 감미로움을 맛보기"란 단식에 대한 질문에 답장하는 입장인 이 편지에서 특별한 뜻을 지닌다 하겠다. 억압받는(20절) 고행이 전제되어야 기쁨의 신비(3-6절)를 관상할 수 있고, 어두움(11절)의 고행이 있어야 기쁨의 신비(10절)를 관상할 수 있다. 고행이 없는 기쁨은 일차원적인 기쁨으로서 이는 참 기쁨이 아니요[3], 기쁨 없는 고행은 고역일 뿐이다. 건강한 신비는 단식의 고행이 동반되어야 한다.

프라하의 아녜스에게 보낸 편지 3

1 그리스도 안에서 지극히 공경하올 나의 주인이시고, 모든 사람보다 앞서 사랑하올 자매이시며, 보헤미아의 그 유명한 임금님의 친자매이지만 이제 천상의 지존하신 임금님의 지매요 정배가 되신 아녜스 자매님께(참조: 마태 12,50; 2코린 11,2),

2 그리스도의 가장 비천하고 부당한 시녀이며 가난한 자매들의 여종인 클라라가 구원을 이루어 주신 그분 안에서(참조: 히브

---

3) 참조: 「참기쁨」.

2,10) 구원의 기쁨들을 누리시고 바랄 수 있는 것 이상의 소원이 모두 이루어지기를 빕니다.

3 나는 그대의 건강과 행복한 상태와 순조로운 진전에 대하여 듣고 그대가 하늘의 상을 얻기 위해 시작한 여정에 힘차게 나아가고 있다고 생각하기에 몹시 기뻐하며, 4 또한 가난하고 겸손하신 예수 그리스도의 발자취를 닮음에 있어 나와 다른 자매들의 약점을 그대가 놀라울 만큼 보충해 주고 있음을 알고 또 그렇게 여기면서 주님 안에서 몹시 즐거워하고 있습니다.

5 나는 참으로 기뻐할 수 있으며, 그 누구도 이 큰 기쁨을 나에게서 앗아 가지 못할 것입니다. 6 그것은 내가 그토록 하늘 아래서 바랐던 것을 이미 붙잡았고 그대도 하느님 자신의 입에서 흘러나온 놀라운 지혜의 특별한 선물의 도움을 받아 놀랍고도 생각지 못할 방법으로 교활한 원수의 간계, 인간 본성을 허물어뜨리는 교만, 인간 마음을 빼앗아 가는 헛됨을 물리치고 있음을 내가 보고 있기 때문입니다. 7 또한, 나는 그대가 겸손과 믿음의 힘과 가난의 팔로, 이 세상과 인간의 마음의 밭에 숨어 있는 보물(참조: 마태 13,44), 그로써 무(無)에서 모든 것을 만드신(참조: 요한 1,3) 분을 살 수 있는 비할 데 없는 그 보물을 감싸 안고 있음을 보고 있기 때문입니다. 8 또한, 사도의 말씀을 빌린다면, 나는 그대를 하느님 자신의 협력자이며, 그분의 형언할 수 없는 몸의 넘어지는 지체들을 떠받치는 이로 여기고 있기 때문입니다.

9 그러니 내가 이토록 크고도 놀라운 기쁨을 누리지 말라고 누가 말할 수 있겠습니까? 10 그러니 지극히 사랑하는 자매여, 그대도 "주님 안에서 늘 기뻐하십시오"(필리 4,4). 11 오, 그리스도 안에서 지극히 사랑하올 주인이요 천사들의 기쁨이요 자매들의 화관이여(참조: 필리 4,1), 쓰라림도 우울함도 그대를 덮지지 못하게

하십시오.

12 그대의 정신을 영원의 거울 안에 놓으십시오.

그대의 영혼을 영광의 광채(참조: 히브 1,3) 안에 두십시오.

13 그대의 마음을 하느님 본질의 형상(참조: 히브 1,3) 안에 두고 관상(觀想)을 통하여 그대 자신 전부를 그분 신성(神性)의 모습으로 변화시키십시오(참조: 2코린 3,18).

14 그리하면 그대도 하느님께서 몸소 당신을 사랑하는 사람들을 위해서 처음부터 마련해 두신 숨겨진 감미로움을(참조: 시편 30,20) 맛보면서 그분의 벗들이 느끼는 것을 느끼게 될 것입니다. 15 또한, 그대는 이 거짓되고 혼란스러운 세상에서 세상을 사랑하는 눈먼 자들에게 올가미를 씌우는 모든 것들을 완전히 떨쳐 버리고, 그대에 대한 사랑 때문에 당신 자신 전부를 내어 주신 그분을 온전히 사랑하십시오. 16 그분의 아름다움은 해와 달이 경탄(敬歎)하고[4], 그분이 주시는 상급과 그 상급의 고귀함과 "위대함은 끝이 없습니다"(시편 144,3). 17 나는 지극히 높으신 분의 아드님을 두고 말합니다. 동정녀께서 그분을 낳으셨고, 낳으신 다음에도 동정녀로 남으셨습니다. 18 그대는 하늘도 담을 수 없는(참조: 1열왕 8,27) 그런 아드님을 낳으신 그분의 지극히 감미로우신 어머니께 매달리십시오. 19 동정녀께서는 당신의 거룩한 태중인 작은 봉쇄 안에 그분을 모셨고, 처녀의 품으로 안으셨습니다.

20 일시적인 것들과 기만적인 영광들의 방자함으로 하늘보다 더 위대한 것을 무화(無化)시키려는, 인간의 원수의 함정을 누가 혐오하지 않겠습니까? 21 그렇습니다. 이제 하느님의 은총으로, 모든 피조물 가운데 가장 고귀한, 믿는 이의 영혼이 하늘보다 더

---

4) 참조: 『성무일도』의 1월 21일.

위대하다는 것은 분명합니다. 22 하늘들과 모든 피조물을 다 합쳐도 그 창조주를 담을 수 없지만(참조: 2역대 2,6; 1열왕 8,27), 오직 믿는 영혼만이 그분의 거처이고 자리이기 때문입니다. 이는 믿지 않는 이들에게는 없는, 사랑만으로 이루어집니다. 23 그래서 진리께서 말씀하십니다. "나를 사랑하는 사람은 내 아버지께 사랑을 받을 것이며, 나 또한 그를 사랑하고, 우리가 그에게 가서 그와 함께 살 것이다"(요한 14,21.23).

24 그러므로 동정녀들 중에 영화로우신 동정녀께서 육신으로 그분을 품으셨듯이, 25 그대도 그분의 발자취, 특히 그분의 겸손과 가난의 발자취를 따른다면(참조: 1베드 2,21) 의심할 여지 없이 그대의 순결한 동정의 몸 안에서 영적으로 그분을 항상 품을 수 있습니다. 26 그리하여 그대와 모든 사물들을 담으시는 분을 그대가 담을 것이며(참조: 지혜 1,7; 콜로 1,17), 이 세상의 덧없는 다른 어떤 소유물보다 더욱 확실하게 가질 수 있는 것을 갖게 될 것입니다. 27 이 세상의 어떤 임금들과 여왕들은 여기에 속아 넘어갑니다. 28 비록, "그들의 교만이 하늘까지 이르고 그들의 머리가 구름까지 닿는다 해도, 마침내 그들은 제 오물처럼 영원히 사라져 버릴 것입니다"(욥 20,6-7).

29 그대가 나에게 일전에 의견을 물었던 것에 관하여, 30 즉 지극히 영화로운 우리 사부 성 프란치스코께서 여러 가지 음식을 들면서 특별히 경축하라고 우리에게 권한 축일들이 어느 축일들인지에 대해 — 그대가 어느 정도 짐작하고 있겠지만 — 사랑하는 그대에게 응답해야겠다고 생각했습니다. 31 슬기로운 그대는 이렇게 알고 있으십시오. 그분께서 우리가 온갖 분별력을 다 발휘하여 어떤 종류의 음식이든지 챙겨 주라고 우리에게 권하고 명하신, 허약하고 앓는 자매들 외에, 32 건강하고 튼튼한 우리는 누

구나 매일 단식하면서 평일에든 축일에든 사순절 음식만 먹어야 합니다. 33 주일과 주님의 성탄날에는 예외로 하루에 두 끼를 먹을 것입니다. 34 그리고 또한 평상시[5] 목요일에는 각자의 뜻에 맡겨져 있으며, 원하지 않는 사람은 단식할 의무가 없습니다. 35 그럼에도 건강한 우리들은 주일과 성탄날을 제외하고 매일 단식을 하고 있습니다. 36 그렇지만 복되신 프란치스코의 글에 적혀 있듯이 주님의 모든 대축일[6]과 성모님 및 거룩한 사도들 축일에는 그 날이 금요일이 아니라면 우리도 단식할 의무가 없습니다. 37 그리고 위에서 말한 대로, 건강하고 튼튼한 우리는 늘 사순절 음식을 먹고 있습니다.

38 하지만, 우리의 "육신이 무쇠로 되어 있지도 않고", 우리 "힘이 바위 같지도 않기에"(욥 6,12), 39 아니 오히려 우리는 연약하고 온갖 육신적 나약함으로 기울어지기에, 40 사랑하는 자매여, 나는 그대가 무분별하고 불가능하게 재를 지켜 왔다고 알고 있는데, 지혜롭고 분별 있게 지나친 엄격함을 피하라고 주님 안에서 그대에게 부탁하고 요청하는 바입니다. 41 그리하여 살아서 주님을 찬양하고(참조: 이사 38,19; 집회 17,27), 주님께 영적인 예배를 드리며(참조: 로마 12,1), 그대의 희생 제물을 항상 소금으로 맛을 내어 바치십시오(참조: 레위 2,13; 콜로 4,6).

---

5) "평상시"의 라틴어 원문은 "solitis temporibus"이며, "참회 시기 밖"이나 "연중 시기"로 해석하기도 한다.

6) "주님의 모든 대축일"의 라틴어 원문은 "in omni vero Pascha"로, "파스카 주간 전체" 또는 "부활 시기 전체" 등 다양하게 해석되고 있다. 새 번역본에서는 성 클라라 수도회의 회원인 크레마스키(Chiara G. Cremaschi)의 풀이에 따라 "주님의 모든 대축일"이라 옮겼다(참조: Chiara Giovanna Cremaschi, 『Chiara di Assisi. Un silenzio che grida』, Edizioni Porziuncola, Assisi, 2009, 154). 한편, "파스카"(Pascha)라는 말은 부활뿐 아니라 성탄, 공현, 성령 강림의 뜻도 지니고 있으며, 클라라 시대에는 지역에 따라 일부 축일이나 모든 주일에까지도 이 말이 사용되었다고 한다.

42 내가 주님 안에서 잘 지내기를 바라는 듯이, 그대도 늘 주님 안에서 잘 지내십시오. 그리고 나와 나의 자매들을 그대의 거룩한 기도 중에 기억해 주십시오.

프라하의 아녜스에게 보낸 편지 4

1. 배경

이 편지는 클라라가 세상을 떠난 1253년 초에 썼을 것으로 추정된다. 그녀는 39절에서 다음과 같이 유언처럼 말한다: "위대하신 하느님의 영광스러운 옥좌에서 만날 때까지… 안녕히 계시고…". 그리고 38절에서 자신의 친자매인 아녜스의 이름까지 들어 말하는 것은 매우 이례적이라고 할 수 있다. 이 아녜스 자매는 몬티첼리(Monticelli) 수녀원에서 원장 소임을 하다가 1253년 30여 년 만에 다미아노 수녀원으로 돌아왔는데, 아마도 언니인 클라라의 임종을 지키기 위해서 돌아왔을 것으로 추측된다. 클라라는 다미아노 수녀원에서 이미 40년 이상을 살았고, 나이가 60이 되었다.

그리고 프라하의 아녜스는 프라하 수녀원에서 원장직을 19년 이상 수행하였다. 이즈음 둘 사이는 서로 접촉은 없었어도 자매애가 많이 무르익었을 것이다: "자주 그대에게 편지를 못 해 드렸지만… 소식을 전해 줄 사람이 없었다는 것과 길이 너무 위험했다는 것이 바로 장애물이었습니다"(4.6절)[1]. 매우 가까워진 아네스와 많은 영적인 체험들을 나누는데, 전편에 부활의 신비가 흐르는 것으로 봐서, 부활 축일 후에 쓴 것으로 보인다. 클라라의 말년의 행복한 생활을 엿볼 수 있다.

2. 구조

Ⅰ. 서두(인사와 축복): 1-3절
Ⅱ. 본문: 4-38절
   1. 들어가기: 클라라와 아네스의 관계: 4-8절
   2. 중심부: 그리스도를 관상함: 9-34절
     (1) 거룩한 임무: 9-17절(진복; 거울을 바라볼 것을 권함)
     (2) 거울이신 그리스도: 18-27절(거울에서 그리스도를 바라보기; 거울이 외치는 소리)
     (3) 관상의 방(房): 28-34절(신랑에게 매료됨; 애정 표시; 클라라와 아네스의 관계)
   3. 나오기: 클라라와 아네스의 관계: 35-38절
Ⅲ. 결어(인사와 추신): 39-40절

---

[1] 1241년에 아씨시까지 위협하는 황제와의 전쟁에서 클라라가 기도로 물리친 일화는 유명하다(참조: 「클라라 전기」 23). 1250년에 프레데릭 황제가 사망했지만 양쪽의 군대들은 계속해서 주둔하였다.

3. 거울: 예수 그리스도

전후 문장을 살펴보면, 15-17절에서 아녜스에게 매일 거울을 들여다볼 것을 권하는데, 그녀는 "예수 그리스도의 정배"로서 신랑인 거울을 들여다보아야 한다. 클라라는 여기에서 두 번에 걸쳐서 아녜스에게 정배로서의 위엄과 아름다움을 노래한다(참조: 15-18절).

아녜스는 지속적으로 거울에서 자신의 참다운 얼굴을 찾아야 한다. 자신의 정체성을 찾아야 한다. 이 거울 들여다보기가 단순히 습관적인 바라봄이 아니라 "그리하여, 오, 천상 임금의 왕후시여, 그대 안에 이 사랑의 불이 날로 더 활활 타오르면 합니다!"(27절)를 위한 바라봄이다.

이 거울은 바로 18절의 "복된 가난과 거룩한 겸손과 형언할 수 없는 사랑"이신 그리스도다. 그녀는 이 거울을 들여다보며 자신의 참모습을 알았다. "나는 누구인가?"를 알게 해 준 거울이며[2], "내가 앞으로 더 무엇이 될 수 있을까?"를 알게 해 준 거울이다[3]. 내가 시녀임을 알게 해 준 거울이지만, 천상 임금의 황후가 될 시녀다.

최초의 것이어야 하기도 하고, 최후의 것이어야 하기도 한 가난, 겸손 그리고 사랑이 그의 삶에서 나날이 꽃피워야 할 덕들이다. 클라리는 거울 전체로서의 삶을 이것으로 완성한다.

거울의 첫 부분(예수님의 베들레헴 탄생)과 거울의 맨 끝(십자가에 달리신 그분의 고통)이 같은 특징인데, 그분은 그저 놓여

---

2) 거울을 통하여 자신은 여종이요, 정배요, 어머니임을 알게 되었다.
3) 자신은 그리스도를 온 세계에 비추는 거울이어야 함을 알게 되었다.

있는, 힘없이 놓여 있는 분으로 나타난다. 구유에서도 누여져 있었고, 십자가상에서도 걸려 있는 상태였다. 힘없이 놓여 있는 분이 그만 우리에게 천국 예루살렘을 전함은 놀라운 일이다. 그분의 삶은 구유와 십자가의 두 극단적인 상태 사이를 오가는 삶이다. 그 오가는 삶이 22절의 중심에 무수한 고생으로 펼쳐진다.

이 무수한 고생을 클라라가 일생을 마음에 품고 살았다는 뜻일 것이다. 그러면서도 예수의 삶을 힘찬 삶으로 묘사하지 않은 점이 탁월하다 하겠다. 하느님의 어린양의 보이지 않는 인내가 그 안에서 매우 돋보인다. 이 인내는 프란치스코 영성의 중심이기도 하다.

이 힘없는 인내의 힘을 가장 잘 드러내는 것이 형언할 수 없는 사랑(23절)이다. 이 형언할 수 없는 사랑은 십자가의 형극(荊棘)의 끝에서 극단적으로 체험한 사랑이며, 이것이 거울의 첫 부분과 맨 끝을 거쳐 빛을 발한다.

4. 클라라, 또 하나의 거울

거울은 클라라 시대에 하나의 중요한 신학적 상징이었다. 당시에 신학적 주제나 논쟁에서 250권 이상의 작품들이 "거울"을 다루고 있다[4]. 여기서 거울은 하느님이 당신이 만드신 우주 만물을 초월하는 방법을 상징하며, 또한 하느님을 인식하는 방법이기도 하다. 우주 만물이 숨어 계신 분을 희미하게 드러내는 거울이다[5].

---

4) 참조: R. J. Armstrong, 「Clare of Assisi: The Mirror Mystic」, 『The Cord』 25(1985), 195-202.
5) 참조: 1코린 13,12.

우리를 알기 위해서 거울을 볼 때[6], 거울은 교훈적 기능을 지닌다: 여기서 거울은 동시적으로 삶의 이상(理想)을 비추어 준다. 영적인 성장을 위한 지혜를 비춘다. 이 거울은 우리를 비추어 정화하고 변형시킨다.

이런 의미에서 클라라는 또 하나의 거울이다. 「클라라 시성 교서」에서는 클라라를 칭하여 이렇게 말한다: "클라라로부터 그녀의 영롱한 거울의 빛이 이 세상으로 흘러들어 가고 있습니다. 그리고 사람들은 이 거울을 통하여 인생길을 보았습니다"[7].

"오, 클라라, 영롱함과 투명함의 대명사여! 회개하기 전에도 당신은 영롱하고 투명하였고, 당신은 생활에서 더욱 영롱하고 투명하였으며, 생을 마감할 때 한없이 영롱하고 투명하였으며, 죽은 후에는 영롱함과 투명함이 찬란함으로 변했습니다. 클라라 안에서 깨끗한 거울이 온 세상에 전달되었습니다"[8].

클라라의 전기 작가 또한 그녀를 거울로 묘사한다: "그녀의 순수한 마음의 거울이…"[9].

프라하의 아녜스에게 보낸 편지 4

1 내 영혼의 반쪽이요 내 마음의 특별한 사랑의 보석함이며 빼

---

6) 우리도 보통 거울의 다양한 반성의 상징으로 고백의 거울, 덕들의 거울, 위로의 거울, 죽음의 거울 등등을 알고 있다.
7) 「클라라 시성 교서」 2,9; 「클라라 시성 증언」 3,29.
8) Alexander Ⅳ, 「Clara claris praeclara」, 『Bullarium Franciscanum Romanorum Pontificium 2』, Rome, 1761, 81.
9) 「클라라 전기」 7.

어난 여왕이고 영원한 임금님이신 어린양의 정배이며 나의 극진히 사랑하는 어머니이고 모든 딸 중에서 특별한 딸인 아녜스 자매님께, 2 그리스도의 부당한 종이며 아씨시 성 다미아노 수도원에서 기거하는 그분의 시녀들 가운데 쓸모없는 시녀인 클라라가, 3 인사를 드리며, 그대가 다른 지극히 거룩한 동정녀들과 함께 하느님과 어린양의 옥좌 앞에서 "새로운 노래를 부르고", "어린양이 가는 곳이면 어디든지 따라다니기"(묵시 14,3-4)를 기원합니다.

4 오, 어머니며 딸이여, 모든 세기의 임금이신 분의 정배여(참조: 마태 12,50; 2코린 11,2), 그대와 나의 영혼이 똑같이 원하고 또 간절히 바라고 있듯이, 그만큼 자주 그대에게 편지를 못 해 드렸지만 너무 이상하게 생각하지 마십시오. 5 그리고 그대를 향한 사랑의 불이 그대의 어머니 가슴속에서 전보다 달콤하게 타오르지 못한다고 행여 생각하지 마십시오. 6 소식을 전해 줄 사람이 없었다는 것과 길이 너무 위험했다는 것이 바로 장애물이었습니다. 7 그러나 이제 사랑하는 그대에게 편지를 쓰면서, 오, 그리스도의 정배여, 나는 그대와 더불어 영의 즐거움으로(참조: 1테살 1,6) 기뻐 뛰놀고 있답니다. 8 왜냐하면 또 다른 지극히 거룩한 동정녀인 성녀 아녜스처럼, 그대도 이 세상의 모든 헛된 것을 버리고 "세상의 죄를 없애신"(요한 1,29) "흠 없는 어린양"(1베드 1,19)과 놀랍게도 혼인하였기 때문입니다.

9 그분께 온 마음을 다 바쳐
　이 거룩한 잔치를 누리게 된 여인은
　정녕 복됩니다.
10 그분의 아름다움을
　천상의 모든 복된 무리가 끝없이 경탄하며,

11 그분의 애정은 매료시키고
그분의 관상은 생기를 주며
그분의 어지심은 채워 줍니다.
12 그분의 감미로움은 가득 채워 주며
그분의 기억은 동트듯 부드럽게 빛납니다.
13 그분의 향기에 죽은 이들이 다시 살아나고,
그분의 영광스러운 뵈옴은
천상 예루살렘 시민들을 모두 복되게 할 것입니다.
14 그분은 영원한 "영광의 광채이시고"(히브 1,3),
"영원한 빛의 광채며
티 없는 거울이십니다"(지혜 7,26).
15 오, 여왕이시여, 예수 그리스도의 정배시여, 이 거울을 매일 들여다보고 계속해서 그 안에서 당신 얼굴을 살펴보십시오. 16 그리하여 갖가지 장식으로 휘감고 차려 입어(참조: 시편 44,10) 안팎으로 속속들이 단장하고, 17 지극히 높으신 임금님의 딸이요 사랑스러운 정배에게 어울리는 온갖 덕행의 꽃과 옷으로도 치장하십시오. 18 사실, 하느님의 은총으로 그대가 거울 전체에서 관상할 수 있는 것처럼, 이 거울 안에는 복된 가난과 거룩한 겸손과 형언할 수 없는 사랑이 찬란히 빛납니다.

19 나는 말합니다. 이 거울의 첫 부분을 보면서, 포대기에 싸여 구유에 누워 계신(참조: 루카 2,12) 그분의 가난을 주의 깊게 바라보십시오. 20 오, 감탄하올 겸손이여, 오, 놀라운 가난이여! 21 천사들의 임금이시고 하늘과 땅의 주님께서(참조: 마태 11,25) 구유에 누여져 있습니다. 22 그 다음, 거울의 가운데를 보시고 겸손과 적어도 복된 가난을, 인류를 속량하기 위하여 그분이 겪으신 무수한 수고와 고생을 깊이 생각하십시오. 23 이 거울의 맨 끝을 보시

고 말할 수 없는 사랑을 관상하십시오. 그분은 이 사랑 때문에 십자 나무 위에서 고통당하시고 거기서 가장 수치스러운 죽음을 맞이하기를 원하셨습니다.

24 바로 이 거울 친히 십자 나무에 달리셔서 행인들에게 여기에 생각해 볼 것이 있다고 권하시며 이렇게 말씀하십니다. 25 "오, 길을 지나가는 모든 이들이여, 살펴보고 또 보십시오. 내가 겪는 이 내 아픔 같은 것이 또 있는지"(애가 1,12). 26 그러므로 "이것을 내 마음에 깊이 새기고, 내 영혼은 내 안에서 갈기갈기 찢어지리이다"(애가 3,20) 하시며 외치시고 울고 계신 그분께 한 목소리, 한 마음으로 응답합시다. 27 그리하여, 오, 천상 임금의 왕후시여, 그대 안에 이 사랑의 불이 날로 더 활활 타오르면 합니다!

28 더 나아가 그분의 표현할 수 없는 즐거움과 부요와 끝없는 영예를 관상하면서, 29 그리고 마음의 넘치는 갈망과 사랑으로 그리워하면서 이렇게 외치십시오.

30 천상의 정배이시여,

"나를 이끌어 당신을 뒤따르게 하소서.
우리는 당신의 향유 내음을 좇아 달려가리이다!"(아가 1,3).

31 "포도주 방으로 나를 데려가실 때까지"(아가 2,4)
지침 없이 달려가리이다.

32 당신 "왼팔을 내 머리에 베게 하시고",
당신 "오른팔로 나를" 행복하게 "안아 주시고"(아가 2,6),
당신 "입술로" 더없이 행복한 "입맞춤을 해 주실"(아가 1,1)
때까지!

33 이런 관상에 빠져 있을 때, 이 가련한 그대의 어머니를 기억해 주십시오. 34 그리고 내가 그대를 다른 누구보다도 더 소중히 생각하면서 그대에 대한 행복한 기억을 내 마음의 판에 굳게 새

겨 놓았음을 아십시오(참조: 잠언 3,3; 2코린 3,3).

35 무엇을 더 말하겠습니까? 그대에 대한 애정 안에서 육신의 혀는 입을 다물고, 오히려 영의 혀가 말하고 이야기합니다. 36 오, 복된 딸이여, 그대를 향한 나의 애정을 육신의 혀로는 흡족히 표현할 수 없지만, 부족하게나마 이 편지를 통해 말할 수 있기에, 37 너그럽고 어진 마음으로 이 편지를 받아 주시고, 이 글에서 적어도 그대와 그대의 딸들에 대한 사랑의 불길 안에서 날마다 타오르는 어머니의 애정을 생각해 보시기를 바랍니다. 그리고 그대의 딸들에게 그리스도 안에서 나와 나의 딸들을 기억해 주기를 간절히 부탁드립니다. 38 이 나의 딸들, 특히 나의 친자매인 지극히 지혜로운 동정녀 아녜스가, 할 수 있는 데까지 주님 안에서 그대와 그대의 딸들을 기억하고 있습니다.

39 지극히 사랑하는 딸이여, 위대하신 하느님의 영광스러운(참조: 티토 2,13) 옥좌에서 만날 때까지 그대의 딸들과 함께 안녕히 계시고 우리를 위해서 기도해 주십시오(참조: 1테살 5,25).

40 이 편지로 내가 할 수 있는 데까지, 이 편지를 전해 줄 우리의 지극히 사랑하는 형제들, 곧 하느님과 사람들의 사랑을 받는(참조: 집회 45,1) 아마토 형제와 보나구라 형제를 나는 그대의 사랑에 맡깁니다. 아멘.

에르멘트루디스에게 보낸 편지

아일랜드 출신인 루크 워딩(Luke Wadding)이 프란치스칸의 초기 문헌들을 다루면서 1257년의 형제들의 『작은 연대기』(Annales Minorum)를 집필하는데, 이 연대기 안에 클라라가 플랑드르(Flandre) 지방(현 벨기에 지방)의 브뤼쥬(Brugge)에 사는 에르멘트루디스(Ermentrudis) 자매에게 두 통의 편지를 썼다고 전한다[1]. 그러나 루크 워딩은 그 원본들을 전해 주지 않고 이 두 통의 편지를 하나로 요약해서 이렇게 전하고 있는 것이다. 그녀는 여러 개의 수녀원을 플랑드르에 세웠다고 전하며, 다미아노 수녀원의 생활을 그 이상(理想)으로 꿈꾸었다고 한다.

현대의 학자들은 루크 워딩이 원본을 발견했다는 사실에 매우 회의적인 반응을 보이며[2], 문체가 클라라의 기존의 것에 비해 너무 단순하고 개인적이어서 친저성(親著性)에 많은 의심을 품는

---

1) 참조: L. Wadding, 『Annales Minorum』, ad ann. 1257, supplement 20, Quaracchi, 1931, 90-91.
2) 참조: 『Écrits』 18-19; Marianne Schlosser - Engelbert Grau, 『Leben und Schriften der heiligen Klara von Assisi』, 3rd ed., 1960, 24.

다[3]. 그럼에도 16세기 이후에 계속해서 클라라의 작품으로 간주하는 전통이 있어 왔다.

에르멘트루디스에게 보낸 편지

1 지극히 사랑하는 에르멘트루디스 자매에게 예수 그리스도의 비천한 시녀인 아씨시의 클라라가 인사하며 평화를 기원합니다.
2 오, 지극히 사랑하는 자매여, 나는 그대가 하느님 은총의 도우심으로 다행스럽게도 세속의 진흙에서 빠져나오게 되었음을 알게 되었습니다. 3 이 때문에 나는 기뻐하며 그대에게 축하를 드리고, 그대가 그대의 딸들과 함께 덕행의 오솔길을 힘차게 걸어가고 있기에 다시금 기뻐합니다.
4 지극히 사랑하는 자매여, 그대가 서약한 그분께 죽을 때까지 충성하십시오. 그분 친히 생명의 월계관을(참조: 야고 1,12) 그대에게 씌워 주실 것입니다. 5 지상에서의 우리의 수고는 짧지만 그 갚음은 영원합니다. 그림자처럼 사라지는(참조: 욥 14,2) 세속의 요란함에 휘말리지 마십시오. 6 거짓에 찬 세속의 허상(虛像)들에 정신을 빼앗기지 마십시오. 지옥의 속삭임에 귀를 막고 그 공격을 힘차게 쳐부수십시오. 7 역경(逆境)을 기꺼이 참아 내고 순경(順境)에 우쭐하지 마십시오. 사실, 역경에도 믿음이 필요하지만, 순경에도 믿음이 요구됩니다.

---

3) 참조: F. Cloet - D. Verhelst, 「Nieuwe gegevens over Ermentrudis van Brugge en haar invloed in de clarissenorde」, 『Franciscana』 49(1994) 1, 3-28.

8 그대가 하느님께 서원한 것들을 충실하게 지키십시오(참조: 시편 75,12). 그러면 그분께서 갚아 주실 것입니다. 9 오, 지극히 사랑하는 자매여, 우리를 초대하고 있는 하늘 나라를 바라보십시오. 십자가를 지고, 우리를 앞서 가시는 그리스도를 따르십시오(참조: 루카 9,23). 10 사실, 온갖 시련을 겪고 나서야 우리는 그분을 통해 그분의 영광에 들어갈 것입니다(참조: 사도 14,22; 루카 24,26). 11 온 마음을 다하여 하느님을 사랑하고(참조: 신명 11,1; 루카 10,27) 우리 죄인들을 위해 십자가에 달리신 그분의 아드님 예수를 사랑하며, 그대 정신에서 그분에 대한 기억이 떠나지 않도록 하십시오. 12 십자가의 신비들과 십자가 아래 서 계신 어머니의(참조: 요한 19,25) 고통을 끊임없이 묵상하십시오.

13 항상 기도하고 깨어 있으십시오(참조: 마태 26,41; 2티모 4,5). 14 그리고 그대가 훌륭히 시작한 일을 지체 말고 이행하고(참조: 2티모 4,5.7), 그대가 받아들인 직분을 거룩한 가난과 참된 겸손 안에서 완수하십시오.

15 딸이여, 두려워하지 마십시오. "당신의 모든 말씀에 신실하시고 당신 모든 일에서 거룩하신"(시편 144,13) 하느님께서 그대와 그대의 딸들에게 당신 축복을 부어 주실 것입니다. 16 그리고 그분이 여러분의 도움이 되시고 가장 좋은 위로자가 되어 주실 것입니다. 그분은 우리의 구속자이시고 영원한 상급이십니다.

17 우리 "서로를 위해 하느님께 함께 기도드립시다"(야고 5,16). 이렇게 "서로서로" 사랑의 "짐을 짐으로써" 우리는 "그리스도의 법을" 쉽게 "완수하게 될 것입니다"(갈라 6,2). 아멘.

제2부

수도규칙과 격려문들

해설
이재성 보나벤투라, 작은 형제회(프란치스코회)

클라라의 수도규칙

1. 배경

클라라는 1211년부터 다미아노에서의 생활을 시작하였고, 프란치스코는 그녀와 자매들에게 생활 양식을 써 주었다. 이들에게는 이것으로 충분하였으며, 그들은 다른 수도규칙을 원하지 않았다. 그런데 1215년 제4차 라테라노 공의회는 새로운 수도회 창설을 금지하였고, 수도 생활을 하고자 하는 이나 새로운 수도 공동체를 만들고자 하는 이에게는 이미 인준받은 수도규칙들 중에서 하나를 받아들이도록 규정하였다. 교도권과의 갈등은 이렇게 다미아노에서의 생활을 시작할 때부터 이미 잉태되었던 셈이다. 이런 상황에서 클라라는 "가난 특전"을 통하여 자신과 자매들의 고유한 카리스마를 지켜 나갔고[1], 자신들의 고유한 프란치스칸 카

---

[1] 클라라는 1216년경, 인노첸시오 3세 교황으로부터 "가난의 특전"을 받아 낸다. 그 원문은 전해 내려오지 않고 있지만, 1228년 그레고리오 9세가 클라라와 자매들에게 준 가난의 특전, 「시쿠트 마니페스툼」(Sicut manifestum, 드러난 바)을 통해서 그 내용을 짐작해 볼 수 있다. 이 특전의 핵심은 "그 누구도 이들에게 재산을 받아들이도록 강요할 수 없다"는 것이었다. 그러나 이것으로 라테라노 공의회의 규정을 충족하기에는 부족했기에 1218-1219년경 우골리노 추기경의 생활 양식을 받아들이지만, 그들은

리스마를 지켜 줄 수도규칙을 갖기 위하여[2], 그들을 잘 이해하지 못하는 교도권과 씨름하며 수도규칙을 써 내려갔다. 그 결과로 클라라는 여성으로서 역사상 최초로 수도규칙을 인준받게 된다[3].

그녀는 성경과 프란치스코의 「수도규칙」과 프란치스코의 「마지막 원의」, 베네딕토의 「수도규칙」, 우골리노의 「수도규칙」,

---

여전히 프란치스코의 생활 양식을 따르며 살아갔다. 프란치스코 사후 그리고 우골리노 추기경이 그레고리오 9세 교황이 된 뒤부터 성 다미아노 공동체를 교황이 창설한 수도회의 머리로 삼으려는 교황청의 계획과 프란치스칸 카리스마를 지키려는 클라라 자매들의 노력은 마찰을 빚기 시작한다. 1228년, 그레고리오 9세는 프란치스코의 시성을 위해 아씨시로 왔고, 이 때에 클라라와 성 다미아노 공동체도 방문한다. 그리고 이후부터 그는 이 수도회를 "성 다미아노 수도회"(Ordo Sancti Damiani)라고 부르기 시작한다. 이에 클라라는 절대적 가난과 성 다미아노 공동체의 프란치스칸 정체성을 지키기 위하여 두 번째로 가난의 특전을 요청하며, 그레고리오 9세는 1228년 9월 17일, 클라라와 자매들에게 「시쿠트 마니페스툼」을 통해 가난의 특전을 재확인해 준다. 그러나 바로 다음 해인 1229년 11월 22일, 교황은 「렐리지오삼 비탐 엘리젠티부스」 (Religiosam vitam eligentibus, 간택된 이들에게 주는 수도 생활) 칙서를 통해 클라라와 자매들에게 일련의 특전들을 장엄하게 수여한다. 이 특전들을 통해 교황은 성 다미아노 수도원을 그 모든 재산과 함께 성좌의 보호 아래 두면서, 그 누구도 이 수도원의 재산과 소유물에 관여할 수 없음을 못 박고, 그것들이 이 수도원의 구성원들을 위하여 보존되도록 명을 내린다. 1229년에 가난의 특전을 받았던 몬테루체 수도원에도 비슷한 조치가 내려진다. 인노첸시오 4세는 1247년 8월 6일 「쿰 옴니스 베라 렐리지오」 (Cum omnis vera religio, 모든 이와 함께 하는 참된 종교) 칙서로 클라라와 자매들의 요청을 받아들여 그들이 준수해야 할 수도규칙을 베네딕토의 「수도규칙」에서 프란치스코의 「수도규칙」으로 바꾼다. 그러나 그들이 공동으로 재산을 자유롭게 받아들이는 것을 허락하고 그 재산의 관리를 위하여 대리인을 둘 것을 규정한다. 이 때문에 클라라는 세 번째로 "가난의 특전"을 장엄 특전의 형식으로 청하고, 수도규칙을 저술하기 시작한다.

2) 우골리노 추기경이 베네딕토의 「수도규칙」을 바탕으로 작성한 「수도규칙」을 클라라에게 강요하였으나, 클라라는 이를 거절하였다. 첫째 이유는 치열한 가난을 실천할 수 없어서였고, 두 번째는 그렇게 되면 작은 형제회에 속하지를 못하기 때문이었다. 이 투쟁은 클라라의 일생을 통하여 지속되었다. 그녀는 작은 형제회의 「수도규칙」을 토대로 복음적 완덕과 가난을 추구하고 싶었던 것이다.

3) 참조: Peter Dronke, 『Women Writers of the Middle Ages: A Critical Study of Texts from Perpetua (203) to Marguerite Porete (1310)』, Cambridge University Press, Cambridge, 1984, 230-232.

인노첸시오 4세 교황의 「수도규칙」과 「가난 특전」 그리고 첼라노의 「제2생애」를 참고하여, 여기에 자신의 뜻을 넣어 자신만의 고유한 규칙을 만든다. 뿐만 아니라, 함께 하는 공동체 자매들의 의견도 첨가하였을 것으로 보인다. 다미아노 수녀원에서 결정해야 할 사항이 있으면, 당시의 49명 자매들이 모두 참가하였기 때문이다.

이 규칙의 바탕은 어디까지나 프란치스코의 「인준 규칙」이다. 프란치스코의 「생활 양식」과 프란치스코가 가난한 자매들에게 보낸 「마지막 원의」가 「클라라 규칙」의 주축을 이룬다. 이 규칙의 작성 시기는 1247년에서 1252년 사이로 보인다[4].

2. 구조

클라라가 프란치스코의 「인준 규칙」을 따라 자신의 수도규칙을 12장으로 구성한 것을 보면, 프란치스코가 가장 큰 모델임을 직접적으로 암시한다. 프란치스코는 「인준 규칙」에서 그 핵심을 수도규칙의 한가운데인 6장에 배치한다. 클라라도 자신의 수도규칙의 중심부인 6장에서 자신의 뜻을 강조하여 삽입한다. 6장에 프란치스코와 관련된 일들을 집중적으로 배치할 뿐만 아니라, 프란치스코의 「마지막 원의」와 「생활 양식」을 배치한다. 그러고 나서 여타의 것들을 주변의 각 장에 배치한다[5].

---

4) 참조: B. E. Purfield, 『The images of Christ in the spiritual life of S. Clare of Assisi』, Canterbury, 1989, 175.
5) 클라라의 「수도규칙」과 프란치스코의 「수도규칙」의 큰 차이는 봉쇄에 있다. 프란치스코의 「수도규칙」은 제3장에서부터 선교 생활과 나그네 생활이 등장하지만, 클라라

3. 인준

병상 생활만 28년을 한 뒤, 임종이 얼마 남지 않은 그녀의 병상을 가난한 부인들의 보호자요 오스티아의 추기경이었던 라이날도(Raynaldo)가 방문하여 그녀의 수도규칙을 인준한다. 그러나 그녀는 이 인준에 만족하지 않고 11개월을 더 버티며 고집하여 마침내 인노첸시오 4세 교황으로부터 그녀의 수도규칙을 인준하는 칙서 「솔레트 안누에레」(Solet annuere)를 1253년 8월 9일 품에 넣는다[6].

임종을 앞둔 클라라에게 그녀의 마지막 소원을 들어주자는 교황청의 배려에 의해서 인준이 이루어진 듯하며[7], 그녀가 그토록 공들여 만든 수도규칙은 그녀의 서거(逝去) 10년 후에 우르바노 4세의 규칙으로 대체되었다. 그 후 수도규칙은 많은 변화를 겪는다.

는 봉쇄 생활을 기본으로 한다. 따라서 봉쇄 생활도 프란치스칸의 탁월한 영적 생활이라고 할 수 있다.
6) 「솔레트 안누에레」 칙서에는 두 가지가 있다. 하나는 1223년 11월 29일에 받은 작은형제회의 「인준 규칙」이고, 또 하나는 같은 이름으로 1253년 8월 9일에 인준받은 「클라라 규칙」이다.
7) 클라라는 1253년 8월 11일에 세상을 떠났고, 불과 이틀 전인 9일에 인노첸시오 4세 교황으로부터 수도규칙 인준을 받았다. 이 규칙의 원본은 1893년에 클라라 유해의 수도복에서 발견되었다.

클라라의 수도규칙

〔인노첸시오 4세 교황의 칙서〕

1 〔하느님의 종들의 종 인노첸시오 주교는,
2 그리스도 안에 사랑하는 딸들인 클라라 원장과 아씨시 성 다미아노 수도원의 자매들에게 인사하며 사도적 축복을 내립니다.
3 사도좌가 청원인들의 경건한 요청과 진실한 간청에 호의를 베푸는 것은 관례입니다. 4 사실, 여러분은 영의 일치 안에서 지극히 높은 가난의(참조: 2코린 8,2) 서약으로 함께 살아야 하는 생활양식, 5 곧 복된 프란치스코가 전해 주고 여러분이 기꺼이 받아들였으며, 6 공경하올 우리 형제인 오스티아 및 벨레트리의 주교가 친히 쓴 교서에 자세히 담고 있는 대로 황송하게도 인준한 것을, 7 사도적 권한으로 확인해 달라고 우리에게 겸손하게 청원하였습니다. 8 그러므로 우리는 여러분의 경건한 간청에 귀를 기울여, 위에 말한 주교가 한 것을 인정하고 동의하며 그것을 사도적 권한으로 확인하여 이 문서로 인준하는 바입니다. 9 그분의 교서가 글자 그대로 이 칙서 안에 기록되어 있는바, 다음과 같습니다:
10 하느님의 자비로 오스티아 및 벨레트리의 주교가 된 라이날도는, 그리스도 안에서 나의 지극히 사랑하는 어머니요 딸이며 아씨시 성 다미아노 수도원의 원장인 클라라 자매와 11 현재와 미래의 그의 자매들에게 인사하며 자부적(慈父的) 축복을 내립니다.
12 그리스도 안에서 사랑하는 딸들, 여러분은 세속의 영화와 향락을 멸시하고, 13 자유로운 마음으로 주님을 섬길 수 있기 위

해 바로 그리스도와 그분의 지극히 거룩하신 어머니의 발자취를 따르면서(참조: 1베드 2,21) 봉쇄 안에 머물고 또한 지극히 높은 가난 안에서 주님을 섬기기로 선택하였으니, 14 우리는 여러분의 거룩한 결심을 주님 안에서 격려하면서, 여러분의 청원과 거룩한 원의를 아버지다운 정으로 기꺼이 호의를 베풀고자 합니다.

15 그러므로 우리는 여러분의 경건한 간청에 귀를 기울여, 여러분이 지키도록 여러분의 사부 복된 프란치스코 성인이 말과 글로 전해 준 생활 양식과, 거룩한 일치와 지극히 높은 가난의(참조: 2코린 8,2) 방식을, 16 교황님과 우리 권한으로써 여러분 모두와 여러분을 뒤따라 귀 수도원에 들어올 이들에게 영구적으로 확인하며, 여기에 첨부된 대로, 이 문서의 보호 아래 인증(認證)하는 바입니다.

17 이 수도규칙은 다음과 같습니다].

[제1장: 주님의 이름으로 가난한 자매들의 생활 양식이 시작되다]

1 복된 프란치스코가 창설한 가난한 자매회의 생활 양식은 이러합니다. 2 곧, 순종 안에, 소유 없이, 정결 안에 살면서 우리 주 예수 그리스도의 거룩한 복음을 실행하는 것입니다.

3 그리스도의 부당한 여종이고 지극히 복된 사부 프란치스코의 작은 나무인 클라라는 인노첸시오 교황님과, 교회법에 따라 선출되는 그의 후계자들과 로마 교회에 순종과 존경을 서약합니다. 4 그리고 클라라가 회개 생활을 시작할 무렵 자기 자매들과 함께 복된 프란치스코에게 순종을 약속한 것과 같이 그분의 후계자들에게 똑같은 순종을 어김없이 지킬 것을 약속합니다. 5 그리

고 다른 자매들은 복된 프란치스코의 후계자들과 클라라 자매와 교회법에 따라 선출되는 그의 후임 원장들에게 항상 순종할 것입니다.

〔제2장: 이 생활을 받아들이려고 하는 이들, 그리고 이들을 어떻게 받아들일 것인가〕

1 누군가가 하느님의 영감을 받아 이 생활을 받아들이기를 원하여 우리를 찾아오면, 원장은 모든 자매들의 동의를 요청할 것입니다. 2 그리고 자매들 반 이상이 동의하면 우리 보호자 추기경의 허락을 받아 그를 받아들일 수 있습니다. 3 그리고 원장은 그 지원자를 받아들여야 한다고 생각하면 가톨릭 신앙과 교회의 성사들에 관하여 면밀히 시험하거나 시험받도록 할 것입니다. 4 그리고 그가 이 모든 것을 믿고 충실히 고백하며 끝날까지 굳게 지키기를 원하면, 5 그리고 남편이 없거나, 있을 경우에는 남편이 교구 주교의 허락으로 이미 수도회에 들어가 정결 서원을 했다면, 6 그리고 지원자가 이 생활을 하는 데 나이가 너무 많거나 어떤 육신의 병이나 정신의 병으로 지장이 없으면, 7 그에게 우리 생활의 내용을 정성껏 설명할 것입니다.

8 그리고 그 지원자가 적합한 사람이면, "가서 너희의 모든 것을 다 팔아 가난한 사람들에게 나누어 주도록"(마태 19,21) 힘쓰라고 하신 거룩한 복음의 말씀을 이야기해 줄 것입니다. 9 만일, 이렇게 할 수 없으면 좋은 뜻만으로도 넉넉합니다. 10 그리고 주님께서 그에게 영감을 주시는 대로 그가 자기 재산을 자유롭게 처분할 수 있도록 원장과 그의 자매들은 그의 현세 재산에 대해 관여하지 않도록 조심할 것입니다. 11 그러나 의견을 요청하면, 사

려 깊고 하느님을 두려워하는 몇 사람들에게(참조: 사도 13,16) 그를 보낼 것입니다. 이들의 조언으로 지원자는 자기 재산을 가난한 사람들에게 나누어 주도록 할 것입니다. 12 그 다음, 머리를 동그랗게 깎고 세속 옷을 벗게 한 다음 수도복 세 벌과 망토를 그에게 줄 것입니다. 13 그 순간부터 유익하고 합당하며 분명하고 수락할 만한 이유가 없으면, 아무도 수도원 밖으로 나가서는 안 됩니다. 14 그리고 시련기 일 년을 마친 후, 이 생활과 우리 가난의 양식을 영구히 지키기로 서약함으로써 그는 순종 생활로 받아들여집니다.

15 아무도 시련 기간 동안 머릿수건을 써서는 안 됩니다. 16 자매들은 일과 봉사를 편리하고 예모 있게 하기 위해서 앞치마를 가질 수 있습니다. 17 또한, 원장은 각자의 특성과 장소, 계절과 추운 지방에 따라 필요하다고 생각되는 대로 자매들에게 옷을 분별 있게 마련해 줄 것입니다. 18 법적 연령이 되기 전 수도원에 들어온 나이 어린 이들도 머리를 동그랗게 깎을 것입니다. 19 그리고 세속 옷을 벗은 후 원장이 판단하는 대로 수도자에게 어울리는 옷을 입을 것입니다. 20 법적 연령이 되면 다른 자매들과 같은 형태의 수도복을 입고 서약을 할 것입니다. 21 그리고 원장은 이들과 다른 수련자들에게 수도원 전체에서 사려 깊은 자매들 중에 한 자매를 수련장으로 정성스레 정해 주어, 22 우리 서약 양식에 맞는 거룩한 생활과 단정한 품행을 충실히 가르치도록 할 것입니다.

23 수도원 외부 봉사를 하는 자매들을 시험하고 받아들이는 데 있어서도 앞서 말한 방식을 따를 것입니다. 이들은 신발을 신을 수 있습니다. 24 우리 서약 양식에 따라 받아들여지지 않았으면, 아무도 우리와 함께 수도원에서 거주해서는 안 됩니다. 25 그리고 아주 보잘것없는 포대기에 싸여 구유에 누워 계신(참조: 루카

2,7,12) 지극히 거룩하고 지극히 사랑하올 아기와 그분의 지극히 거룩한 어머니의 사랑으로, 항상 값싼 옷을 입으라고 나는 나의 자매들에게 권하고 간청하며 충고합니다.

〔제3장: 성무일도와 단식재, 고백성사와 영성체〕

1 글을 아는 자매들은 작은 형제들의 관습에 따라 성무일도를 바칠 것입니다. 따라서 성무일도서를 가질 수 있습니다. 성무일도를 노래로 하지 말고 읽을 것입니다. 2 그리고 합당한 이유로 어떤 때 시간경을 읽으면서 바치지 못하는 자매들은 다른 자매들처럼 "주님의 기도"(참조: 마태 6,9-13)를 바칠 수 있습니다. 3 한편, 글을 모르는 자매들은 밤기도로 "주님의 기도" 스물네 번, 아침기도로 다섯 번, 4 일시경, 삼시경, 육시경, 구시경과 같은 시간경으로 각 일곱 번, 저녁기도로 열두 번, 끝기도로 일곱 번을 바칠 것입니다. 5 글을 아는 자매들이 죽은 이를 위한 성무일도를 바쳐야 할 때, 6 또한 글 모르는 자매들은 죽은 이들을 위하여 저녁기도로 "주님, 그들에게 영원한 안식을 주소서"와 함께 "주님의 기도" 일곱 번, 밤기도로 열두 번을 바칠 것입니다.[8] 7 그리고 우리 수도원의 자매가 세상을 떠날 때 자매들은 "주님의 기도" 쉰 번을 바칠 것입니다.

8 자매들은 항상 단식재를 지킬 것입니다. 9 그러나 주님 성탄 날에는 그 날이 어느 요일이 되든지 간에 두 끼를 먹을 수 있습니다. 10 어린 자매들과 허약한 자매들, 그리고 수도원 외부 봉사를

---

8) 자연스러운 문장과 보다 쉬운 이해를 위해 라틴어 원문의 5절과 6절을 바꾸어 번역하였다.

하는 자매들은 원장의 판단에 따라 자비로이 관면받을 것입니다. 11 그런데 꼭 필요한 경우에 자매들은 육신의 단식을 할 의무가 없습니다.

12 원장의 허락을 받아 자매들은 일 년에 적어도 열두 번은 고백성사를 볼 것입니다. 13 그리고 그 때 죄의 고백과 영혼의 구원에 관한 말 외에는 다른 말을 끼워 넣지 않도록 조심해야 합니다. 14 영성체는 일곱 번, 곧 주님 성탄, 성목요일, 주님 부활, 성령 강림, 성모 승천, 성 프란치스코 축일과 모든 성인 축일에 할 것입니다. 15 건강한 자매들에게든 앓는 자매들에게든 성체를 분배하기 위해 담당 사제가 봉쇄 구역 안에서 미사를 드릴 수 있습니다.

〔제4장: 원장 선출과 원장 직책, 수도원 회의 그리고 다른 책임자들과 수도원 위원들〕

1 원장을 선출할 때 자매들은 교회법의 규정을 지킬 것입니다. 2 자매들은 또한 작은 형제회의 총봉사자나 관구 봉사자를 서둘러 모시도록 힘써, 3 해야 할 선출에서 하느님의 말씀을 통하여 자매들을 완전한 화목과 공동 유익으로 인도하도록 하십시오. 4 그리고 서약자가 아니면 누구도 선출되어서는 안 됩니다. 5 그리고 만일 서약자가 아닌 자매가 선출되었거나 다른 식으로 임명되었다면, 먼저 우리 가난의 양식을 지키기로 서약하지 않으면 그에게 순종하지 말 것입니다. 6 원장이 세상을 떠나면 다른 자매를 원장으로 선출할 것입니다.

7 그리고 만일 위에 말한 원장이 자매들에 대한 봉사와 공동 유익에 부합하지 않는다고 자매들 대부분이 여길 경우에는, 8 자매들은 되도록 빨리 위에 말한 규정에 따라 다른 자매를 원장과

어머니로 선출할 것입니다.

9 그런데 선출된 자매는 자기가 어떤 짐을 졌는지, 자신에게 맡겨진 양 떼에 대해 누구에게 셈을 바쳐야 할지를(참조: 마태 12,36; 히브 13,17) 깊이 생각할 것입니다. 10 그리고 원장은 직(職)이 아니라 오히려 덕행과 거룩한 생활로 다른 자매들보다 앞서도록 노력할 것입니다. 이렇게 할 때 자매들은 그의 표양에서 자극을 받아 두려움보다 사랑 때문에 그에게 더욱 순종하게 될 것입니다. 11 원장은 몇몇을 더 사랑함으로써 모두에게 추문이 생기지 않도록 편애를 조심할 것입니다. 12 원장은 괴로움을 겪고 있는 자매들을 위로할 것입니다. 또한, 원장은 자신에게서 치유의 약을 찾지 못하여 절망의 병이 병약한 이들 안에서 활개 치는 일이 없도록, 곤경을 겪고 있는 자매들의 마지막 피난처(참조: 시편 31,7)가 되어 주어야 합니다.

13 원장은 모든 일에 있어서 특히 성당, 침실, 식당, 병실과 의복에 있어서 공동생활을 지킬 것입니다. 14 그리고 부원장도 이와 같이 할 것입니다.

15 원장은 적어도 일주일에 한 번 자기 자매들을 수도원 회의에 소집할 것입니다. 16 이 때 원장도 자매들과 마찬가지로 공동체적으로 또 드러나게 상처를 입힌 것들과 의무를 소홀히 한 것들에 대해 겸손하게 고백해야 합니다. 17 그리고 이 때 수도원의 유익과 품위에 관해 다루어야 할 사항들을 모든 자매들과 함께 의논할 것입니다. 18 사실, 주님께서는 더 좋은 것이 무엇인지 자주 더 작은 이에게 드러내십니다. 19 원장은 자매들의 공동 동의를 얻지 않고서는, 또한 명백히 필요한 경우가 아니면 큰 빚을 지지 말 것이며, 져야 할 경우에는 대리인을 통해 할 것입니다.

20 또한, 원장은 자매들과 같이 수도원에다 어떤 위탁물도 받

아들이지 않도록 조심할 것입니다. 21 이로 인해 자주 혼란이나 추문이 생기기 때문입니다.

22 상호간의 사랑과 평화의 일치를 유지하기 위하여 수도원의 모든 직책 담당자들을 모든 자매들의 공동 동의로 선출할 것입니다. 23 그리고 매우 사려 깊은 자매들 가운데 적어도 여덟 명의 수도원 위원을 같은 방법으로 선출할 것입니다. 원장은 우리의 생활 양식이 요구하는 일에 대해 이들의 조언에 항상 유의할 것입니다. 24 또한, 자매들은 유익하고 바람직하다고 생각하면 직책 담당자들이나 수도원 위원들을 해임시킬 수 있고 어떤 경우에는 해임시켜야 하며, 그들의 직책을 맡을 다른 이들을 선출할 것입니다.

[제5장: 침묵, 면회실 그리고 쇠창살문]

1 수도원 외부 봉사를 하는 자매들 외에 자매들은 끝기도 시간부터 삼시경까지 침묵을 지킬 것입니다. 2 또한, 성당과 침실에서는 계속 침묵을 지킬 것이며, 식당에서는 식사할 때만 지킬 것입니다. 3 그러나 병실에서는 예외인데, 그 곳에서 환자들을 위로하고 봉사하기 위해 자매들은 조심스레 항상 말할 수 있습니다. 4 그렇지만 필요한 것들을 짧게 낮은 목소리로 언제 어디서니 말할 수 있습니다.

5 자매들은 원장이나 부원장의 허락 없이 면회실[9]이나 쇠창살문에서 이야기할 수 없습니다. 6 허락받은 자매들도 자매 두 명

---

9) 클라라 시대에 면회실은 오늘날과 달리 창구 형태로 되어 있어, 얼굴은 볼 수 없고 목소리만 들을 수 있었다.

이 함께 하여 듣지 않으면 면회실에서 감히 이야기하지 말 것입니다. 7 그리고 원장에게 조언하기 위하여 모든 자매들이 선출한 여덟 명의 수도원 위원 가운데 원장이나 부원장이 임명한 적어도 세 명의 자매들이 함께 하지 않으면 쇠창살문에는 다가갈 생각을 말아야 합니다. 8 이러한 면회 규정을 원장과 부원장도 스스로 지킬 것입니다. 9 그리고 쇠창살문에서 이야기하는 경우는 아주 드물어야 하며, 현관문에서는 어떤 경우에도 이야기하지 말 것입니다.

10 앞서 말한 쇠창살문 안쪽으로 휘장을 달 것이며, 누가 하느님의 말씀을 전할 때나 어떤 자매가 누구와 이야기할 때가 아니면 이 휘장을 걷지 말 것입니다. 11 또한, 쇠창살문 안쪽에 서로 다른 자물쇠 두 개와 문걸이와 빗장들로 잘 방비된 나무 덧문을 설치하고, 12 특히 밤에는 원장과 제의실 담당자가 따로 하나씩 갖고 있는 두 개의 열쇠로 이 덧문을 잠가야 합니다. 13 그리고 덧문은 성무일도를 들을 때나 위에 말한 이유에서가 아니면 항상 잠겨 있어야 합니다.

14 어떤 자매든 해 뜨기 전이나 해 진 후에는 누구와도 쇠창살문에서 절대로 이야기를 해서는 안 됩니다. 15 그리고 면회실 안쪽에 휘장을 항상 설치해 두고 걷어서는 안 됩니다. 16 성 마르티노의 사순절과 대사순절[10] 동안에는 아무도 면회실에서 이야기할 수 없습니다. 17 다만, 사제에게 성사를 보기 위해서나, 원장이나 부원장의 판단에 의해 명백히 필요한 다른 경우는 예외입니다.

---

10) "성 마르티노의 사순절"은 성탄 사순절, 곧 오늘날의 대림절에 해당되고, "대사순절"은 부활 사순절, 곧 오늘날의 사순절에 해당된다.

[제6장: 복된 프란치스코의 약속, 그리고 어떤 것도 소유하지 말 것]

1 지극히 높으신 하늘의 아버지께서는 당신 은총을 통해 지극히 복된 우리 사부 성 프란치스코의 모범과 가르침으로 회개 생활을 하도록 황송하옵게도 나의 마음을 비추어 주셨습니다. 그리고 사부님이 회심하고 조금 지난 후 나는 자원하여 나의 자매들과 함께 그분에게 순종을 약속했습니다.

2 복된 사부님은 우리가 가난도 수고도 고생도 모욕도 세속의 멸시도 두려워하지 않고 오히려 이런 것들을 더없는 즐거움으로 여기게 될 것을 알고, 연민으로 마음이 움직여 다음과 같이 우리에게 생활 양식을 써 주었습니다. 3 "여러분은 하느님의 영감으로 지극히 높으시고 지존하신 임금님, 천상 성부의 딸과 여종들이 되셨고, 거룩한 복음의 완전함을 따라 사는 것을 택함으로써 성령의 정배들이 되셨기에, 4 나는 직접 그리고 나의 형제들을 통하여 나의 형제들에게 가지고 있는 만큼 여러분에 대해서도 애정 어린 보살핌과 특별한 관심을 늘 가질 것을 바라고 약속합니다". 5 그분은 살아 있는 동안 이 약속을 충실히 지켰고 형제들도 항상 지키기를 바랐습니다.

6 그리고 우리는 물론 우리 뒤에 들어올 자매들도 우리가 받아들인 지극히 거룩한 가난에서 벗어나지 않도록 하기 위해, 세상을 떠나기 조금 전에 당신의 마지막 뜻을 다음과 같이 말씀하며 다시금 우리에게 글로 남겼습니다. 7 "보잘것없는 나 프란치스코 형제는 지극히 높으신 우리 주 예수 그리스도와 그분의 지극히 거룩하신 어머니의 생활과 가난을 따르기를 원하며, 끝까지 그 생활 안에 항구하기를 원합니다(참조: 마태 10,22). 8 그리고 나의 자매 여러분,

나는 여러분에게 간청하고 또 권고하니, 늘 지극히 거룩한 이 생활과 가난 안에 살아가십시오. 9 그리고 누구의 가르침이나 권고로 이 생활을 결코 떠나지 않도록 영원토록 온갖 조심을 다하십시오".

10 그리고 우리가 주 하느님과 복된 프란치스코에게 약속한 거룩한 가난을 내가 나의 자매들과 함께 지키려고 항상 열심히 애쓴 것같이, 11 나의 후임자가 되는 원장들과 모든 자매들도 끝날까지 어김없이 지킬 의무가 있습니다. 12 곧, 직접으로나 다른 사람을 통하여 소유물이나 재산을 받아들이거나 갖지 않도록 조심할 것입니다. 13 재산이라고 마땅히 여길 수 있는 것은 그 어떤 것도 안 됩니다. 14 다만, 수도원의 품위와 적당한 거리 유지를 위해 요구되는 정도의 땅은 제외됩니다. 15 그리고 이 땅은 자매들의 필요를 위한 밭을 제외하고는 경작하지 말 것입니다.

〔제7장: 일하는 자세〕

1 주님으로부터 일하는 은총을 받은 자매들은 삼시경 뒤에 일할 것이며, 올바르고 공동 이익이 되는 일을 충실히 또 헌신적으로 할 것입니다. 2 이렇게 함으로써 영혼의 원수인 한가함을 쫓아내는 동시에, 다른 현세적인 일들이 충실히 섬겨야 하는 거룩한 기도와 헌신의 영을 끄지 않도록 할 것입니다(참조: 1테살 5,19).

3 그리고 회의에서 원장이나 부원장은, 모두 앞에서, 각자 자기 손으로 할 노동을 맡길 의무가 있습니다[11]. 4 자매들의 필요를 위해 누군가가 어떤 애긍을 보내 준다면 그 은인들을 공동으로 기억하기 위해서 이와 같이 하십시오. 5 그리고 원장이나 부원장

---

11) "각자가 노동으로 얻은 것을 나눌 의무가 있습니다"로 번역할 수도 있다.

은 수도원 위원들의 의견을 들어 이 모든 애긍물을 공동 이익을 위해 분배할 것입니다.

〔제8장: 아무것도 자기 소유로 하지 말 것, 얻어야 할 동냥과 앓는 자매들〕

1 자매들은 집이나 거처, 그 어떤 것도 자기 소유로 하지 말 것입니다. 2 그리고 이 세상에서 "순례자와 나그네처럼"(시편 38,13; 1베드 2,11) 가난과 겸손 안에서 주님을 섬기면서 신뢰심을 가지고 동냥하러 보낼 것입니다. 3 그리고 주님께서 우리를 위하여 이 세상에서 스스로 가난해지셨으니(참조: 2코린 8,9) 부끄러워하지 말아야 합니다. 4 이것이 바로 지극히 사랑하는 나의 자매 여러분을 하늘 나라의 상속자요 왕이 되게 하고, 물질에 가난한 사람이 되게 하면서도(참조: 2코린 8,9), 덕행에 뛰어나게 하는 지극히 높은 가난(참조: 2코린 8,2)의 극치입니다. 5 이것이 "살아 있는 이들의 땅으로"(시편 141,6) 인도하는 여러분의 몫이 되었으면 합니다. 6 지극히 사랑하는 자매들, 이 가난에 완전히 매달려 우리 주 예수 그리스도와 그분의 지극히 거룩하신 어머니의 이름을 위하여 하늘 아래서는 평생토록 결코 다른 어떤 것도 가지기를 원치 마십시오.

7 어떤 자매도 원장의 허락 없이 편지를 보내거나, 어떤 것을 외부로부터 받거나 수도원 밖으로 내주어서는 안 됩니다. 8 누구도 원장이 주지 않았거나 허락하지 않은 그 어느 것도 가져서는 안 됩니다. 9 친척이나 다른 사람이 어떤 자매에게 무엇을 보내면 원장은 그것을 그 자매에게 줄 것입니다. 10 그 자매에게 그것이 필요하면 그가 사용할 수 있고 그렇지 않으면 필요한 자매에게 사랑으로 나눌 것입니다. 11 그러나 돈을 보내 주면, 원장은

수도원 위원들의 의견을 들어 그 자매가 필요로 하는 것을 제공해 줄 것입니다.

12 원장은 앓는 자매들에 대해서는, 진찰은 물론 음식과 그들의 병에 요구되는 필요한 다른 것들에 있어서도 직접 그리고 다른 자매들을 통하여 자세히 알아보고, 13 지역의 형편에 따라 사랑과 어진 마음으로 그에게 마련해 줄 준엄한 의무가 있습니다. 14 왜냐하면 모든 자매들은 자기가 병이 나면 남이 자기 자신을 돌보아 주기를 바라는 것처럼 앓는 자기 자매들을 돌보아 주고 봉사할 의무가 있기 때문입니다. 15 자매들은 필요한 것을 서로 간에 거리낌 없이 드러내 보일 것입니다. 16 그리고 어머니가 자기 육신의 딸을(참조: 1테살 2,7) 사랑하고 기른다면 자매는 자기 영신의 자매를 한층 더 자상하게 사랑하고 길러야 하지 않겠습니까?

17 이 앓는 자매들은 짚을 넣은 요에 누워 있을 수 있고 깃털을 넣은 베개를 쓸 수 있습니다. 18 그리고 이들은 필요하면 털양말과 이불을 사용할 수 있습니다. 19 그런데 앞서 말한 앓는 자매들은 수도원에 들어오는 이들의 방문을 받을 때, 질문자들에게 각자 몇 마디 좋은 말로 짤막하게 대답할 수 있습니다. 20 그러나 다른 자매들은 허락을 받았어도 원장이나 부원장이 지명한 수도원 위원 두 자매가 함께 하여 듣지 않으면 수도원에 들어오는 이들에게 감히 말하지 말 것입니다. 21 말에 관한 이러한 규정은 원장과 부원장도 스스로 지킬 의무가 있습니다.

[제9장: 죄지은 자매들에게 부과해야 할 보속과 수도원 외부 봉사를 하는 자매들]

1 자매들 중에 누가 원수의 충동으로 우리 서약 양식을 거슬

러 대죄를 지으면, 원장이나 다른 자매들이 그에게 두세 번 충고를 해 주어야 하며, 2 그래도 스스로 고치지 않으면, 고집하는 그 날수만큼 식당에서 땅바닥에 앉아 모든 자매들 앞에서 빵과 물을 먹는 보속을 받을 것입니다. 3 그리고 원장이 적합하다고 생각하면 더 엄한 벌을 내릴 수 있습니다. 4 그가 고집하는 기간 동안 주님께서 그의 마음을 비추어 회개하도록 기도할 것입니다.

5 그렇지만 원장과 그의 자매들은 남의 죄 때문에 화내거나 흥분하지 않도록 조심할 것입니다. 6 분노와 흥분은 자신과 다른 사람들에게 애덕을 방해하기 때문입니다.

7 그런 일이 없기를 바라지만, 자매와 자매간에 말이나 어떤 표시로 분노와 추문이 되는 일이 혹시라도 생긴다면, 8 분노를 불러일으킨 자매는 곧바로, 주님 앞에서 자신의 기도 예물을 드리기(참조: 마태 5,23) 전에 상대 자매의 용서를 구하며, 그 자매의 발 앞에 겸손하게 엎드릴 뿐만 아니라, 9 또한 주님이 자신을 용서해 주시도록 그 자매에게 자기를 위해 주님께 간구해 달라고 단순하게 청할 것입니다. 10 한편, 상대 자매는 "너희가 진심으로 서로 용서하지 않으면 하늘에 계신 너희 아버지께서도 너희를 용서하시지 않을 것이다"(마태 6,15; 18,35)라고 하신 주님의 말씀을 기억하면서, 11 자기가 받은 모든 상처에 대해 자기 자매를 기꺼이 용서할 것입니다.

12 수도원 외부 봉사를 하는 자매들은 명백히 필요한 경우가 아니면 밖에서 오랜 시간을 보내지 말 것입니다. 13 그리고 보는 사람들이 항상 감화될 수 있도록 정숙하게 행동하며 말을 적게 할 것입니다. 14 그리고 다른 사람들과 의심스러운 교제나 담화를 나누지 않도록 단단히 조심할 것입니다. 15 또, 남자나 여자의 대모가 되지 말 것입니다. 이로 인해 수군거림이나 소란이 일어나지

않게 하기 위함입니다. 16 그리고 세속의 화젯거리를 감히 수도원에 끌어들이지도 마십시오. 17 또한, 안에서 일어나는 말이나 일에 대해 그것이 추문을 일으킬 수 있는 것이라면 그것을 수도원 밖으로 끌어내지 말아야 할 준엄한 의무가 있습니다. 18 만일, 어떤 자매가 이 두 가지 점에 있어서 악의 없이 잘못을 저지를 때, 원장의 분별대로 너그럽게 그에게 보속을 줄 것입니다. 19 그러나 이것이 악의적인 습관에서 생긴 것이라면 원장은 수도원 위원들의 의견을 들어 그 잘못의 질에 따라 그에게 보속을 줄 것입니다.

〔제10장: 자매들에게 주는 권고와 교정〕

1 원장은 자기 자매들을 권고하고 방문하며, 겸손과 사랑으로 잘못을 바로잡아 줄 것이며, 그들의 영혼과 우리 서약 양식에 반대되는 것을 명하지 말 것입니다. 2 그리고 아랫자매들은 하느님 때문에 자기 의지를 포기했다는 것을 기억할 것입니다. 3 그러므로 자매들은 주님께 지키기로 약속했고 영혼과 우리 서약에 반대되지 않는 모든 일에 있어 자기 원장들에게 순종할 준엄한 의무를 갖고 있습니다. 4 한편, 원장은 주인들이 자기 종에게 하듯이 그에게 말하고 대할 수 있을 정도로 자매들에게 친밀감을 지닐 것입니다. 5 원장이 모든 자매들의 종이라는 것은 당연하기 때문입니다.

6 그래서 나는 우리 주 예수 그리스도 안에서 권고하며 격려합니다. 자매들은 온갖 교만, 헛된 영광, 질투, 탐욕(참조: 루카 12,15), 이 세상 근심과 걱정(참조: 마태 13,22; 루카 21,34), 중상과 불평, 그리고 불화와 분열에 빠져들지 않도록 조심하십시오. 7 오히려 "완덕의 끈"(콜로 3,14)인 서로 간의 사랑의 일치를 항상 보존하도록

힘쓰십시오.

8 그리고 글 모르는 자매들은 글을 배우려고 애쓰지 마십시오. 9 오히려 우리가 무엇보다 먼저 갈망해야 할 것에 집중할 것입니다. 곧, 주님의 영과 그 영의 거룩한 활동을 마음에 간직하고, 10 주님께 깨끗한 마음으로 항상 기도하고 박해와 병고에 겸허하고 인내하며, 11 또한 우리를 박해하고 책망하고 중상하는 사람들을 사랑하는 일입니다(참조: 마태 5,44). 12 주님께서 이렇게 말씀하시기 때문입니다. "행복하여라, 의로움 때문에 박해를 받는 사람들! 하늘 나라가 그들의 것이다"(마태 5,10). 13 "끝까지 견디는 이는 구원을 받을 것이다"(마태 10,22).

〔제11장: 봉쇄 준수〕

1 문지기 자매는 성숙한 품행과 분별력을 지녀야 하고, 적절한 연령에 이른 사람이어야 하며, 낮 동안에는 문이 없는 열린 문간방에 머무를 것입니다. 2 그리고 그에게 다른 합당한 보조자를 정해 주어, 필요할 때에 모든 일에 있어 그가 할 일을 대신하여 수행토록 할 것입니다.

3 그런데 현관문은 서로 다른 두 개의 자물쇠와 문걸이와 빗장으로 잘 방비되어 있어야 합니다. 4 밤에는 가능한 한 문을 두 개의 열쇠로 잠가야 하고, 열쇠 하나는 문지기 자매가, 다른 하나는 원장이 갖고 있어야 합니다. 5 그리고 낮에는 문을 지키지 않는 일이 결코 없도록 하고 열쇠 하나로 단단히 잠가야 합니다.

6 또한, 어쩔 수 없는 경우가 아니라면 현관문을 열어 두는 일이 절대로 없도록 각별히 조심하고 보살필 것입니다. 7 교황님이나 우리 추기경님이 허락한 사람이 아니라면 들어오려고 하는 어

떤 사람에게도 문을 절대로 열어 주지 말 것입니다. 8 분명하고 온당하며 불가피한 이유가 아니면 자매들은 누구에게도 해 뜨기 전에 수도원에 들어오거나 해 떨어진 후에 수도원 안에 남아 있는 것을 허락하지 말 것입니다.

9 어떤 주교가 원장의 축복을 위해서나 어떤 자매를 수녀로서 축성하기 위해서나 또는 다른 이유로 봉쇄 구역 안에서 미사를 거행할 허락을 받았다면, 그는 가능한 한 덕행이 뛰어난 몇몇 동료들과 보조자들을 데리고 오는 것으로 만족할 것입니다. 10 그런데 필요한 일을 하러 수도원 안으로 누군가가 들어와야 할 경우에는, 원장은 대문을 열어 줄 적합한 사람을 신중하게 정할 것입니다. 11 그 자매는 다른 사람에게는 안 되고 그 작업을 맡은 이들에게만 열어 줄 것입니다. 12 이 때 모든 자매들은 출입자들의 눈에 띄지 않도록 각별히 조심할 것입니다.

[제12장: 시찰자, 담당 사제와 보호자 추기경]

1 우리 시찰자는 우리 추기경의 뜻과 명에 따라 언제나 작은 형제회 소속 회원이어야 합니다. 2 또한, 그는 인품과 품행이 잘 알려진 사람이어야 합니다. 3 그의 직무는 머리에서 지체들에 이르기까지 우리 서약 양식을 거슬러 범한 과실들을 교정하는 것이 될 것입니다. 4 그는 다른 사람들이 볼 수 있는 공적인 장소에 있으면서 시찰 직무와 연관된 사안에 대해 더 좋다고 생각되는 대로 여러 자매와 함께 또는 개별적으로 이야기를 나눌 수 있습니다.

5 또한, 담당 사제와 더불어 평판이 좋고 분별력 있는 동료 사제 한 명과 거룩한 생활과 덕행을 사랑하는 평형제 두 명을, 6 앞서 말한 작은 형제회로부터 자비롭게도 늘 우리가 받아 왔듯이,

우리 가난의 조력자로, 7 우리는 하느님과 복된 프란치스코의 사랑을 생각하여 작은 형제회가 은혜를 베풀어 주시기를 간청합니다. 8 담당 사제는 동료 없이 수도원에 들어올 수 없습니다. 9 그리고 들어와서 항상 서로를 볼 수 있고 또 다른 사람들이 볼 수 있도록 공적인 장소에 있어야 합니다. 10 이들은 면회실에 갈 수 없는 앓는 자매들에게 고백성사를 주고 성체를 영해 주며 또한 병자성사를 주고 임종 기도를 하기 위해 봉쇄 구역 안으로 들어올 수 있습니다. 11 또한, 장례와 장엄한 위령 미사를 거행하기 위해서, 그리고 무덤을 파거나 열고 또는 정리하기 위해서, 원장의 지혜로운 판단에 따라 적절한 수의 합당한 사람들이 들어올 수 있습니다.

12 여기에 덧붙여서 자매들은 교황님께서 작은 형제들을 위해 거룩한 로마 교회의 추기경들 가운데 임명하신 추기경을 우리들의 지도자요 보호자요 감사관으로 항상 모실 준엄한 의무가 있습니다. 13 그리하여 자매들은 거룩한 교회의 발 아래 항상 매여 순종하고, 가톨릭 믿음의 기초 위에 서서(참조: 콜로 1,23) 우리 주 예수 그리스도와 그분의 지극히 거룩한 어머니의 가난과 겸손과 우리가 굳게 서약한 거룩한 복음을 영원히 실행할 것입니다. 아멘.

〔맺음말〕

14 〔페루쟈에서, 인노첸시오 4세 교황 재임 제10년[12] 9월 16일. 15 그러므로 아무도 우리가 확인하는 이 기록을 파기하거나 함부로 무모하게 반대하지 말 것입니다. 16 누구든지 감히 이런 행

---

12) 1252년이다.

동을 하려고 한다면 전능하신 하느님과 그분의 사도인 복된 사도 베드로와 바오로의 진노를 사게 될 것임을 명심해야 합니다.

17 아씨시에서 교황 재임 제11년 8월 9일].

클라라의 유언

1. 배경과 친저성 및 작성 시기

  항구하게 가난을 그 내용으로 하고 있는 「클라라 유언」은 클라라의 가난의 카리스마를 가장 잘 보여 준다. 그러나 프란치스코로부터 받은 클라라의 가난한 생활 양식에 관한 교황의 수정 앞에서 클라라가 겪은 갈등을 이해할 때, 그녀의 고조된 목소리의 유언에 보다 접근할 수 있겠다.
  의심할 여지 없이 클라라는 프란치스코로부터 물려받은 자신의 가난한 생활에 확신을 가지고 있었다. 확신에 찬 가난한 생활이 자매들에게 하고 싶었던 마지막까지의 원의였다. 이것만이 자신이 세상을 하직한 후에도 자매들이 걸어갔으면 하는 길이었다.
  유언의 많은 부분에서 문맥이 서로 상이한 점 때문에 학자들이 클라라의 친저성에 의심을 가졌지만, 최근의 면밀한 분석에 의하여 클라라가 이 유언을 일생에 걸쳐 여러 번 나누어 쓴 것으로 밝혀졌다[1].

---

[1] 참조: Regis J. Armstrong, 『Clare of Assisi』, New City Press, 2005, 59.

2. 구조

Ⅰ. 감사: 2-17절
  1. 성소에 대한 감사: 2-5절
  2. 프란치스코를 주신 하느님께 감사: 6-17절

Ⅱ. 보답: 18-32절
  1. 본보기가 되어 보답: 18-23절
  2. 프란치스코에게 순종하여 보답: 24-32절

Ⅲ. 클라라의 부탁들: 33-55절
  1. 프란치스코가 가난을 부탁함: 33-36절
  2. 클라라의 응답: 37-39절
  3. 클라라가 후임자에게 가난을 부탁: 40-43절
  4. 클라라가 교회에 협조를 부탁: 44-51절
  5. 클라라가 자매들에게 가난을 부탁: 52-55절

Ⅳ. 덕(德): 56-76절
  1. 자매들에게 부탁하는 덕: 56-60절
  2. 돌보는 직책을 맡은 자매에게 부탁하는 덕: 61-66절
  3. 아랫자매들에게 부탁하는 덕: 67-70절
  4. 기본이 되는 덕: 71-76절

Ⅴ. 결어: 77-79절
  1. 성부께 간구: 77-78절
  2. 인사: 79절

3. 가난의 근거

클라라가 그녀의 유언에서 그토록 목마르게 가난을 부르짖는 이유는 프란치스코가 아니라 예수 그리스도께서 가난하셨기 때문이다. 그녀는 프란치스코에서 예수 그리스도의 복된 가난을 명시적으로 확인할 수 있었을 뿐이다. 그녀는 35절에서 이렇게 외친다: "사실, 하느님의 아드님께서도 이 세상에 살아 계시던 동안 그 거룩한 가난에서 절대로 벗어나기를 원치 않으셨습니다".

이어서 예수 그리스도를 따라 프란치스코도 그러하였다고 힘주어 말한다: "그분의 발자취를 따랐던 지극히 복되신 우리 사부 프란치스코께서도 살아 계시는 동안 당신 모범과 가르침으로 당신과 당신 형제들을 위해 택하신 거룩한 가난을 결코 벗어나지 않으셨습니다."(36절).

그래서 클라라 자신도 가난을 살고 가난을 역설한다. 이 확신을 더욱 강조하여 프라하의 아녜스를 고취시킨다: "사실, 저는 당신이 오직 가난한 이에게만 주님께서 하늘 나라를 약속하고 주신다는 것을 알고 계시리라 굳게 믿고 있습니다"[2].

클라라의 유언

1 주님의 이름으로(참조: 콜로 3,17). 아멘.
2 베푸시는 분이신 자비하신 우리 아버지께(참조: 2코린 1,3) 우

---

[2] 「1아녜스 편지」 25.

리가 받았고 또 날마다 받고 있는 여러 가지 은혜 가운데, 우리가 그리스도의[3] 영광스러운 아버지께 더욱 깊이 감사드려야 하는 것은 우리 성소(聖召)입니다. 3 이 성소가 그토록 완전하고 위대한 것인 만큼 우리는 그분께 그만큼 더 감사를 드려야 합니다. 4 그래서 사도는 그대의 성소를 깨달으라고(참조: 1코린 1,26) 말합니다. 5 하느님의 아드님께서 우리에게 길(참조: 요한 14,6)이 되어 주셨고, 그분을 참으로 사랑하고 본받으셨던 우리 사부 프란치스코께서 말과 모범으로(참조: 1티모 4,12) 이 길을 우리에게 보여 주셨고 가르쳐 주셨습니다.

6 그러므로 사랑하는 자매들, 우리는 하느님께서 우리에게 베풀어 주신 한없는 은혜들을 생각해야 합니다. 7 그런데 그 모든 은혜 중에서도 당신 종인 사랑하올 복되신 우리 사부 프란치스코를 통해 우리 안에서 하느님께서 황송하게도 이루어 주신 은혜들, 8 우리가 회심하고 나서는 물론 우리가 아직 세속의 비참한 헛됨 속에 있었을 때에도 이루어 주신 그 은혜들을 생각해야 합니다. 9 사실, 성인께서는 회심한 다음 곧바로, 아직 형제들이나 동료들이 없을 무렵, 10 성 다미아노 성당을 지으시면서 하느님의 위로를 가득 받아 세속을 완전히 떠나시게 되었을 때, 11 큰 기쁨과 성령의 비추심으로 주님께서 그 뒤에 이루어 주신 우리에 대한 예언을 하셨습니다.

12 그 때 그분께서는 위에 말한 성당의 벽 위로 올라가시어 그 근처에 머물고 있던 어떤 가난한 사람들에게 프랑스어로 이렇게 큰 소리로 외치셨습니다. 13 "오셔서 성 다미아노 수도원을 짓는 일에 저를 도와주십시오. 14 왜냐하면 이 곳에서 이제 부인들이

---

3) "그리스도의"가 덧붙여진 사본도 있다.

살게 될 것인데, 그들의 훌륭한 생활과 거룩한 삶의 태도로 하늘의 우리 아버지께서 당신의 거룩한 온 교회 안에서 영광받게 되실(참조: 마태 5,6) 것이기 때문입니다."[4].

15 그러므로 우리는 여기서 하느님께서 우리에게 베푸신 풍성한 은혜를 깊이 생각할 수가 있습니다. 16 하느님께서는 당신의 풍요한 자비와 사랑 때문에 당신 성인을 통하여 우리 성소와 간택에 대해 황송하옵게도 이런 말씀을 하신 것입니다. 17 그리고 지극히 복되신 우리 사부 프란치스코께서는 우리에 대해서뿐만 아니라 주님께서 우리를 불러 주신 그 거룩한 성소 안에 살게 될 다른 이들에 대해서도 이런 예언을 하셨던 것입니다.

18 그러므로 우리는 얼마나 큰 정성과 마음과 몸의 노력을 다해 하느님과 우리 사부님의 명(命)을 지켜서, 받은 선물을 주님의 도우심으로 몇 배로 돌려드려야 하지 않겠습니까! 19 사실, 주님 몸소 우리를 다른 이들에게뿐만 아니라 주님께서 우리 성소로 불러 주실 우리 자매들에게도 본보기와 거울이 되는 데 있어 표본으로 삼으시어, 20 이들도 세속에서 생활하는 이들에게 거울과 본보기가 되도록 하셨습니다. 21 다른 이들에게 본보기와 거울이 될 자매들이 우리 안에서 자신을 거울처럼 바라볼 수 있을 정도의 이러한 위대한 삶에로 주님께서 우리를 불러 주셨으니, 22 우리는 하느님을 더없이 찬양하고 찬미하며 선(善)을 행하도록 주님 안에서 더욱더 굳세어져야 합니다. 23 그 때문에 우리가 위에 말한 표본에 따라 산다면 다른 이들에게 고귀한 본보기를 남겨 주게 될 것이며(참조: 2마카 6,28.31), 매우 적은 수고로 영원한 행복이라는 상(賞)을 얻게 될 것입니다.

---

4) 「세 동료」 24.

24 지극히 높으신 하늘의 아버지께서 지극히 복되신 우리 사부 프란치스코의 모범과 가르침으로 내가 회개 생활을 하도록 당신의 자비와 은총을 통해 황공하게도 나의 마음을 비추어 주신 후, 25 그분의 회심 직후에, 주님께서 나의 회심 직후에 나에게 주신 몇몇 자매들과 함께 나는 자원하여 사부님께 순종을 약속했습니다. 26 이는 주님께서 사부님의 놀랄 만한 삶과 가르침을 통해 당신 은총의 빛을 우리에게 비춰 주신 것과 같습니다. 27 그리고 프란치스코께서는 우리가 육신적으로 연약하고 미약하지만 그 어떤 궁핍도, 가난도, 수고도, 시련이나 수치도, 세상의 멸시도 마다하지 않고, 28 오히려 성인들과 당신 형제들의 모범에 따라 우리를 자주 살펴보신 대로, 우리가 이를 더없는 큰 기쁨으로 여기는 것을 보시고, 주님 안에서 크게 기뻐하셨습니다. 29 그래서 우리에 대한 애정으로 마음이 움직여 당신 형제들에게 하시는 만큼 우리에 대해서도 직접 그리고 당신의 수도회를 통해, 애정 어린 보살핌과 특별한 관심을 늘 가지기로 하셨습니다.

30 그리고 하느님과 지극히 복되신 우리 사부 프란치스코의 뜻에 따라 우리는 성 다미아노 성당으로 가서 기거했습니다. 31 그곳에서 주님께서는 짧은 기간 안에 당신의 자비와 은총으로 우리 수효를 늘려 주셔서, 주님께서 당신 성인을 통하여 미리 말씀하신 바가 이루어지게 되었습니다. 32 그런데 이에 앞서 우리는 짧은 기간이었지만 다른 장소에 잠시 머물렀습니다.

33 그 후 그분께서는 우리에게 생활 양식을, 특히 거룩한 가난 안에 늘 항구하도록 글로 써 주셨습니다. 34 그분께서는 살아 계시는 동안 지극히 거룩한 가난에 대한 사랑과 그 실천에 대해 수많은 강론과 모범으로 우리에게 권고하는 것으로(참조: 사도 20,2) 만족하지 않으시고, 당신께서 돌아가신 다음에도 우리가 가난에서

절대로 벗어나지 않도록 우리에게 많은 글까지 남겨 주셨습니다. 35 사실, 하느님의 아드님께서도 이 세상에 살아 계시던 동안 그 거룩한 가난에서 절대로 벗어나기를 원치 않으셨습니다. 36 그분의 발자취를(참조: 1베드 2,21) 따랐던 지극히 복되신 우리 사부 프란치스코께서도 살아 계시는 동안 당신 모범과 가르침으로 당신과 당신 형제들을 위해 택하신 거룩한 가난을 결코 벗어나지 않으셨습니다.

37 그러므로 그리스도와 성 다미아노 수도원의 가난한 자매들의 여종이며 거룩한 사부님의 작은 나무인 부당한 나 클라라는, 나의 자매들과 함께 지극히 높은 우리 서약과 사부님의 명(命)을 생각하고, 38 또 우리 기둥이셨고 하느님 다음으로 유일한 위안이고 버팀목이셨던(참조: 1티모 3,15) 우리 사부 성 프란치스코께서 세상을 떠나신 후 우리 사이에서 걱정스러워한 다른 자매들의 나약함을 생각하면서, 39 내가 죽은 다음, 지금 있는 그리고 앞으로 들어올 자매들이 가난에서 절대로 벗어나지 않도록 우리는 기꺼이 지극히 거룩한 우리 가난 부인께 거듭거듭 약속하였습니다.

40 그리고 주님과 복되신 우리 사부 프란치스코께 우리가 약속한 거룩한 가난을 지키고 다른 이들도 지키도록 내가 항상 애쓰고 노력한 것처럼, 41 나의 후임자가 되는 자매들도 하느님의 도움으로 끝날까지 거룩한 가난을 지키고 또 지키도록 할 의무가 있습니다. 42 사실, 우리가 이 생활을 시작했을 때 인노첸시오 교황님과 다른 후계자들에게서 특전들을 받아, 우리가 주님과 복되신 우리 사부님께 약속한 우리의 지극히 거룩한 가난의 서약을 굳게 하려고 나는 큰 주의를 기울이며 힘을 쏟았으며, 43 이는 그 어느 때라도 우리가 가난에서 절대로 벗어나지 않도록 하기 위해 서였습니다.

44 그러므로 무릎을 꿇고 몸과 마음을 낮추어 거룩한 어머니이신 로마 교회와 교황 성하(聖下)께, 특히 작은 형제회와 우리를 위해 임명되실 추기경님께 지금 있는 그리고 앞으로 들어올 나의 모든 자매들을 내맡기오니,

45 가난하게 구유에 누워 계셨고(참조: 루카 2,12)

    이 세상에서 가난하게 사셨으며

    십자가에 알몸으로 매달리신

    그 하느님의 사랑으로

46 아버지이신 주님께서 지극히 복되신 우리 사부 프란치스코의 말씀과 모범으로 당신의 거룩한 교회 안에서 낳아 주신 당신의 작은 양 떼가(참조: 루카 12,32) 항상 당신의 사랑하시는 아드님과 그분의 영광스러운 동정 어머니의 가난과 겸손을 따르면서, 47 주님과 지극히 복되신 우리 사부 프란치스코께 우리가 약속한 거룩한 가난을 지키게 하시고, 이 가난 안에 늘 머물도록 그들을 도와주시고 지켜 주십시오.

48 그리고 그리스도를 섬기는 일과, 하느님과 우리 사부님께 약속한 다른 모든 일에 있어서, 주님께서 지극히 복되신 우리 사부 프란치스코를 우리 창설자요 심는 자이며 돕는 자로 주셨던 것처럼, 49 ─그분께서는 살아 계시는 동안에도 말씀과 행동으로 당신의 작은 나무인 우리를 항상 공들여 키우시고 아껴 주셨습니다─ 50 이렇게 지극히 복되신 우리 사부 프란치스코의 후계자와 온 수도회에 지금 있는 그리고 앞으로 들어올 나의 모든 자매들을 내맡기며 부탁드리오니, 51 우리가 하느님을 더 잘 섬기고 특별히 지극히 거룩한 가난을 더 잘 지키도록, 그리고 끊임없이 정진하도록 우리를 도와주십시오.

52 그러나 만약 앞서 말한 자매들이 언젠가 이 장소를 떠나서

다른 데로 옮겨 가는 일이 생기게 된다면, 내가 죽은 뒤 자매들이 어디에 있더라도, 주님과 지극히 복되신 우리 사부 프란치스코께 우리가 약속한 위에 말한 가난의 양식을 어김없이 지킬 의무가 있습니다.

53 그래서 원장직을 맡을 자매만이 아니라 다른 모든 자매들도 채소를 가꾸는 데 꼭 필요로 하는 밭 때문이 아니라면 수도원 둘레에 다른 땅을 얻거나 받지 않도록 힘써 주의를 기울일 것입니다. 54 그런데 수도원의 품위와 적당한 거리 유지를 위해 밭 울타리 밖에 어느 정도 땅을 더 가질 필요가 있다고 어느 때 생각되면 꼭 필요한 땅 외에는 더 이상 구입하지도 말고 받아들이지도 말 것입니다. 55 또한, 이 땅은 갈지도 씨를 심지도 말며, 반대로 늘 가꾸지 않은 채 묵정밭으로 남아 있어야 합니다.

56 나는 우리 주 예수 그리스도 안에서 지금 있는 그리고 앞으로 들어올 나의 모든 자매들에게 거룩한 단순성과 겸손과 가난의 길, 그리고 품위 있는 거룩한 생활 방식을 항상 따르도록 힘쓰라고 권고하고 훈계합니다. 57 그리스도와 지극히 복되신 우리 사부 프란치스코께서도 우리가 회개한 처음부터 그렇게 가르쳐 주셨습니다. 58 이와 같은 삶을 통해 자비의 아버지께서 친히 우리 공로가 아니라 오로지 베푸시는 분의 자비와 은총으로 멀리 있는 이들에게나 가까이 있는 이들에게나 좋은 평판의 향기를 풍기게 하셨습니다(참조: 1코린 1,3; 2,15). 59 그리고 그리스도의 사랑으로 서로 사랑하면서, 여러분이 안에 지니고 있는 서로 간의 사랑을 행동을 통해 겉으로 드러내어, 60 자매들이 이러한 표양으로 자극을 받아서 하느님 사랑과 상호 사랑 안에서 늘 성장하도록 하십시오.

61 또한, 나는 자매들을 돌보는 직책을 맡을 자매에게 부탁합

니다: 직책에서보다는 덕행과 거룩한 품행에서 다른 자매들보다 더 앞서도록 노력하십시오. 62 이렇게 자매들은 그의 표양으로 자극을 받아 직책 때문이 아니라 오히려 사랑 때문에 더 잘 순종하게 될 것입니다. 63 그리고 그는 좋은 어머니가 자기 딸들을 대하듯이 자기 자매들을 배려하고 분별력이 있어야 하며, 64 특히 주님께서 그들에게 주시는 애긍을 각자의 필요에 따라 나누어 주도록 힘쓸 것입니다. 65 또한, 자매들이 안심하고 필요한 것을 드러낼 수 있도록 어질고 편하며, 66 자신이나 다른 자매들을 위해서 필요하다고 여기는 대로, 언제든지 그에게 신뢰심을 갖고 달려갈 수 있는 그런 사람이어야 합니다.

67 그렇지만 아랫자매들은 하느님 때문에 자기 의지를 포기했다는 사실을 기억할 것입니다. 68 그러므로 자발적으로 원하여 주님께 약속한 대로 자기 어머니에게 순종하기를 바랍니다. 69 그리하여 어머니가 그들이 서로 지니고 있는 사랑과 겸손과 일치를 보면서 직책에서 오는 모든 짐을 좀더 가볍게 지게 되고, 70 또 괴롭고 쓴 것이 그들의 거룩한 생활로 말미암아 그에게 감미로운 것으로 변하게 될 것입니다.

71 그리고 생명에 이르게 하고 들어가게 하는 길과 샛길은 좁고 또 문이 험해서 그 길을 걷고 그 문으로 들어가는 사람은 적습니다(참조: 마태 7,13.14). 72 또한, 잠시 그 길을 걷는 사람들이 있다손 치더라도, 거기에 항구한 사람들은 아주 적습니다. 73 그 길을 걸어 끝까지 항구한(참조: 시편 118,1; 마태 10,22) 사람들은 복됩니다!

74 그러므로 주님의 길로 들어선 우리는 우리 탓이나 무지로 그 길에서 어느 때라도 결코 벗어나지 않도록 조심합시다. 75 그리하여 위대하신 주님과 그분의 동정 어머니와 복되신 우리 사

부 프란치스코와 천상 교회와 지상 교회에게[5] 손상을 입히지 않도록 합시다. 76 사실, "당신 계명을 어기는 자는 저주를 받나이다!"(시편 118,21)라고 기록되어 있습니다.

77 나는 우리 주 예수 그리스도의 아버지 앞에 무릎을 꿇고(참조: 에페 3,14) 이렇게 은총을 청합니다: 그분의 어머니 영화로운 동정 성 마리아와 지극히 복되신 우리 사부 프란치스코와 모든 성인들의 공로를 보시어, 78 훌륭한 시작을 이루어 주신 주님께서 몸소 저희를 자라게 해 주시고(참조: 1코린 3,6.7) 또한 끝까지 항구하도록 해 주소서. 아멘.

79 나는 주님과 복되신 우리 사부 프란치스코의 축복과 여러분의 어머니요 여종인 나의 축복의 표시로, 이 글을 더 잘 지키도록 지극히 사랑하고 아끼는 현재와 미래의 나의 자매 여러분께 남깁니다.

---

[5] "ecclesia triumphante"(승리한 교회)를 "천상 교회"로, "ecclesia militante"(투쟁 중인 교회)를 "지상 교회"로 번역하였다.

클라라의 축복

1. 배경과 친저성

프란치스코를 따라 그녀도 축복을 내린다. 그 내용을 보면 또 한 사람의 프란치스코를 느끼게 한다. 자신의 죽음을 목전에 두고 내린[1] 「클라라 축복」에서 마지막 한 점까지 프란치스코를 따르려 하는 클라라의 의지가 엿보인다.

「클라라 전기」에서 그녀의 축복을 언급하는 것을 보면, 이 축복문의 친저성에 의심이 가지 않는다: "그녀는 열심한 형제들과 자매들을 축복하였고, 가난한 부인 수도회의 현재와 미래의 부인들에게 축복의 은총이 한껏 내리기를 기원하였다"[2].

2. 구성과 내용

Ⅰ. 1절: 인사

---

1) 참조: 「클라라 전기」 45.
2) 「클라라 전기」 45.

Ⅱ. 2-4절: 아론의 축복. 내용도 프란치스코의 축복처럼 민수 6,24-26의 아론의 축복에서 빌려 온다[3].

Ⅲ. 5절: 프란치스코가 「시에나에서 쓴 유언」의 1절과 거의 대동소이하다.

Ⅳ. 6-10절: 「비인준 규칙」 23,5-6이 압축되어 있다.

Ⅴ. 11-13절: 모든 것을 아낌없이 내주려는 클라라의 부모다운 마음이 전달된다. 프란치스코는 자신을 어머니에 비유하는 데 반하여, 클라라는 자신을 아버지와 어머니로 비유한다.

Ⅵ. 14-15절: 「비인준 규칙」 24장이 응축되었다.

Ⅶ. 16절: 인사

죽음을 목전에 두고 내린 그녀의 축복에 프란치스코의 마음이 그대로 농축되었음을 느낄 수 있다. 클라라가 정신적으로 주님 안에서 프란치스코와 온전히 하나임을 입증하는 축복문이다.

클라라의 축복

1 성부와 성자와 성령의 이름으로(참조: 마태 28,19).
2 주님께서 여러분에게 복을 내려 주시고 지켜 주소서.
3 주님께서 당신 모습을 여러분에게 보여 주시고 자비를 베푸

---

3) 참조: "주님께서 그대에게 복을 내리시고 그대를 지켜 주시리라. 주님께서 그대에게 당신 얼굴을 비추시고 그대에게 은혜를 베푸시리라. 주님께서 그대에게 당신 얼굴을 들어 보이시고 그대에게 평화를 베푸시리라"(민수 6,24-26).

소서.

4 주님께서 당신 얼굴을 여러분에게 돌려 주시고 평화를 주소서(참조: 민수 6,24-26).

5 나의 자매요 딸인 여러분과, 우리 공동체에 와서 살게 될 다른 모든 이와, 가난한 부인들의 다른 수도원에서 끝까지 항구하게 될 현재와 미래의 다른 자매들에게 축복합니다.

6 부당하지만, 그리스도의 여종이며 지극히 복되신 우리 사부 성 프란치스코의 작은 나무이고 여러분과 다른 모든 가난한 자매들의 자매요 어머니인 나 클라라는, 7 우리 주 예수님께 청합니다: 당신의 자비를 통하여, 그리고 당신의 지극히 거룩한 어머니 성 마리아와 복되신 미카엘 대천사와 하느님의 거룩한 모든 천사들과 복되신 우리 사부 프란치스코와 모든 성인 성녀들의 전구를 통하여, 8 천상 아버지께서 친히 당신의 이 지극히 거룩한 복을 하늘과 땅에서(참조: 창세 27,28) 여러분에게 내려 주시며 확인해 주소서. 9 땅에서는 당신 지상 교회의 종들과 여종들 가운데서 여러분을 은총과 당신의 덕들로 풍성하게 해 주시며, 10 하늘에서는 당신 천상 교회의 성인 성녀들 가운데서 여러분을 높이시고 영광스럽게 해 주소서.

11 나는 살아 있는 동안이나 죽은 뒤에도, 내가 할 수 있는 만큼, 아니 그 이상으로, 12 자비의 아버지께서(참조: 2코린 1,3) 하늘과 땅에서 아들 딸들을 축복하셨고(참조: 에페 1,3) 또 축복하시며, 13 또 영적 아버지와 어머니가 자신의 영적 아들 딸들을 축복하였고 또 축복하는, 그 모든 강복으로 여러분을 축복합니다. 아멘.

14 여러분은 늘 하느님과 여러분의 영혼과 여러분의 모든 자매들을 사랑하는 사람들이 되시고, 15 여러분이 주님께 서약한 것을 실행하도록 늘 힘쓰십시오.

16 주님께서 늘 여러분과 함께 하시고(참조: 루카 1,28; 2코린 13,11) 여러분도 늘 주님과 함께 하시기를 빕니다. 아멘.

부록

아씨시 프란치스코의 약전(略傳)

1181/1182 출생: 아씨시에서 죠반니 피에트로 베르나르도네 (Giovanni di Pietro di Bernardone)가 태어난다. 그의 아버지는 부유한 포목 상인이었으며, 자신의 출타 중에 태어난 아들 죠반니를 귀가하여 프란치스코로 개명한다.

프란치스코는 성 죠르죠(San Giorgio) 성당에서 읽기와 쓰기를 배운다.

1198-1200 아씨시 성채 파괴와 아씨시 내전: 아씨시를 지배했던 헨리코 6세 황제가 1197년에 사망하자, 아씨시 시민들이 황제의 영향권에 있었던 아씨시 성채(Rocca maggiore)를 파괴한다. 이어 아씨시 시민들과 귀족들 간에 시민 전쟁이 발발하여, 시민들이 귀족들을 공격한다. 이에 많은 귀족들이 페루쟈로 피신한다.

1202 아씨시 – 페루쟈 전쟁: 피신한 아씨시 귀족들과 페루쟈 귀족들이 합세하여 아씨시를 공격하는 전쟁이 일어나며, 아씨시 군인들이 콜레스트라다(Collestrada)의 성 요한 다리에서 패전한다. 프란치스코도 포로로 잡혀 1년여에 걸쳐 옥중 생활을 한다. 이 때 건강을 잃은 것으로 보인다. 그러나 그는 옥중 생활 중에도 평화로웠으며, 옥중에서 내적 체험을 한다. 이와 같이 프란치스코는 전쟁 체험을 계기로 자기 자신을 마주하기 시작하며, 그렇게 그의 긴 회개의 서곡이 펼쳐진다.

1203 평화 협정 체결(11월 6일): 아씨시 시민과 귀족 간에

"평화 협정"(Carta pacis)이 서명되고 아씨시와 페루쟈 사이에도 협정이 체결된다. 이 협정으로 프란치스코가 포로 생활에서 풀려나 아씨시로 돌아오며, 그 후 병상 생활에 빠진다. 그는 병상 생활을 하며 세상의 덧없음을 체험한다. 그러나 건강이 회복되자 부유하고 젊은 상인으로서 또래들과 어울리며 기사가 되려고 한다.

1205 스폴레토 계곡의 환시(4월/5월 – 7월 말경): 기사가 될 마음으로 풀리아(Puglia)로 떠난다. 그러나 스폴레토 계곡에서 "어찌하여 너는 주인 대신에 종을 구하느냐?"는 환시 체험을 한 뒤 기사가 될 꿈을 포기하고, 주님을 섬기기 위하여 아씨시로 돌아온다. 폴리뇨(Foligno)에 이르자 그는 말과 값비싼 기사복을 팔고 가난한 옷으로 갈아입는다.

자기 자신과의 만남(8월 초쯤): 이미 시작된 프란치스코의 회개 여정이 점차 깊어진다. 고향으로 돌아온 프란치스코는 친구들과의 연회를 마친 후에 거리를 걷다가 주님의 방문을 받는다. 그는 지상적인 것들의 헛됨을 깨닫고 이후 동굴에서 기도를 하며 자기 자신과 만난다.

가난한 사람들과의 만남: 그는 가진 것들을 팔아 가난한 사람들에게 나누어 준다. 점점 더 깊이 회개의 여정으로 들어서면서, 로마를 순례한다. 순례 중에 가난한 사람들과 옷을 바꿔 입고 함께 어울리며 음식을 나눈다.

평화 협정 중재(8월 31일): 시민들과 귀족들 사이의 긴장이 다시 고조되자 페루쟈 시장이 1203년의 "평화 협정"을 유지하기 위하여 중재한다. 실패한 것으로 보인다.

나병 환자와의 만남: 이후에 나병 환자를 만나 손에 입을 맞추고 프란치스코 또한 나병 환자로부터 평화의 입맞춤을 받는다. 결정적인 회개의 단계에 접어든다.

1205-1206	십자가의 그리스도와의 만남: 회개 생활을 시작한 그는 성 다미아노 성당의 십자가에서 "프란치스코야, 보다시피 다 허물어져 가는 나의 집을 수리하여라" 하는 말씀을 듣는다. 이어서 버려진 성당들을 수리하기 위하여 옷감들을 내다 판다.
1206	하느님 아버지와의 만남: 아들 프란치스코를 납득할 수 없는 아버지와 갈등이 일어나자 프란치스코는 아씨시 주교 앞에서 알몸으로 아버지의 재산을 포기하고, "이제부터 저는 피에트로 베르나르도네를 아버지라고 부르지 않고, 하늘에 계신 우리 아버지를 아버지라고 부르겠습니다"라고 고백한다. 그 후에 그는 굽비오(Gubbio)로 가서 그 곳에 있는 나병 환자들을 돌본다.
	성당들 수리: 아씨시로 돌아온 프란치스코는 은수자의 옷을 입고 성 다미아노 성당, 성 베드로 성당, 천사들의 성 마리아 성당(포르찌운쿨라, Portiuncula)을 차례로 수리한다.
1208	복음과의 만남: 포르찌운쿨라 성당에서 성 마티아 축일(2월 24일 혹은 10월 12일 성 루카 축일)에 미사를 봉헌하면서 사도들의 파견에 관한 복음 말씀을 듣고 자신의 성소에 대하여 의심을 품지 않게 된다. 예수님의

제자들은 금, 은, 두 벌 이상의 옷, 신발, 지팡이, 가방 등을 가지고 다녀서도 아니 되며, 평화와 회개를 전해야 한다는 말씀을 듣고 프란치스코는 "이것이 바로 내가 찾던 것이다. 이것이 바로 내가 원하던 것이다. 이것이 바로 내 온 정성을 기울여 하고 싶어 하던 바다" 하고 외친다. 회개하고 하늘 나라를 선포하라는 복음 말씀을 듣고, 그는 은수자의 옷을 십자가 모양의 회개복으로 갈아 입는다.

형제들과의 만남(4월경): 프란치스코의 삶에 이끌린 청년들이 차츰 그를 따르기 시작한다. 첫 동료들은 베르나르도 퀸타발레(Bernardo di Quintavalle)와 피에트로 카따니(Pietro Cattani)로서 프란치스코는 그들과 함께 성 니콜로(San Nicolò) 성당으로 가서 복음 말씀을 세 번 펼쳐 듣는다. ① "네가 완전한 사람이 되려거든, 가서 너의 재산을 팔아 가난한 이들에게 주어라…. 그리고 와서 나를 따라라"(마태 19,21). ② "길을 떠날 때에 아무 것도 가져가지 마라. 지팡이도, 여행 보따리도, 빵도, 돈도, 여벌 옷도 지니지 마라"(루카 9,3). ③ "누구든지 내 뒤를 따르려면 자신을 버리고 제 십자가를 지고 나를 따라야 한다. 정녕 자기 목숨을 구하려는 사람은 목숨을 잃을 것이고, 나와 복음 때문에 목숨을 잃는 사람은 목숨을 구할 것이다"(마르 8,34-35). 이어서 그들은 이 말씀들을 자신들의 생활 양식으로 받아들여 실행한다.

에지디오 형제가 합류하여 4명의 형제들이 되자, 이들은 회개와 평화를 전파하기 위하여 둘씩 짝을 지어 첫 번째 순례 여행을 떠난다.

1209 평화 협정 중재(9월 2일): 시민들과 귀족들 사이의 긴

	장이 계속되자 "좋고 순수하고 진정한 평화"(bonam et puram et sinceram pacem)를 유지하기 위해 페루쟈 시장에 의해 새로운 중재가 시도된다.
1209/1210	생활 양식 인준: 12명의 형제들이 되자 프란치스코는 「생활 양식」을 인준받기 위하여 로마로 가고, 인노첸시오 3세 교황은 그들의 「생활 양식」을 구두로 인준한다. 이 생활 양식이 이른바 「원(原) 규칙」으로, 현재는 전해지지 않는다. 교황은 또한 프란치스코와 그의 동료들에게 어디서든지 회개를 선포할 권한을 허락한다. 이 시기에 초기 공동체였던 리보토르토(Rivotorto)에서 포르찌운쿨라 성당으로 거처를 옮긴다.
1210	아씨시 자치 도시 탄생(11월 9일): 시민들의 힘이 더 커지면서 시민들(Minores)과 귀족들(Majores) 사이에 새로운 "평화 협정"(Carta pacis)이 서명되고, 이 협정으로 아씨시 자치 도시가 탄생된다.
1211/1212	시리아 선교 여행: 프란치스코는 선교 목적으로 배를 타고 시리아(Syria)를 향하여 떠났으나 폭풍을 만나 달마찌아(Dalmatia)를 거쳐 안코나(Ancona)로 돌아온다.
1212	클라라 입회(3월 18일): 포르찌운쿨라에서 클라라를 회개 생활로 받아들인다.
1212/1213	모로코 선교 여행: 모로코로 가기 위하여 스페인까지 갔으나, 신병으로 뜻을 이루지 못하고 포르찌운쿨라로 돌아온다.
1213	라 베르나 산 기증(5월 8일): 1274년에 작성된 한 문

헌에 의하면, 오를란도 키우시(Orlando Chiusi) 백작이라 베르나(La Verna) 산을 프란치스코에게 희사한다.

1215   제4차 라테라노 공의회 개최(11월): 이 공의회는 교회 개혁과 반(反)이단 정책 등을 다룬다. 프란치스코도 이 공의회에 참석하여 설교 수도회의 창설자인 도미니코를 만난다. 작은 형제들은 "Ne nimia religionum diversitas" 규정에 매이지 않으나, 설교 수도자들은 이 규정에 따라 아우구스티노의 「수도규칙」을 받아들인다.

1216   호노리오 3세 교황 등극: 7월 16일, 페루쟈에서 교황 인노첸시오 3세 교황이 서거하고, 7월 18일 후임 교황으로 호노리오 3세가 선출된다.

이 시기에 야고보 비트리가 페루쟈에 머물고 있었으며, 팔레스타인 지역의 아크리(Acri) 주교로 임명된다. 비트리의 야고보 주교는 1216년 10월에 쓴 한 편지에서 "작은 형제들"과 "작은 자매들"에 관한 중요한 증언들을 남긴다. 그 내용을 몇 가지만 추리면 다음과 같다: ① "모든 이가 현세적이고 세속적인 일, 왕들과 왕국에 관한 일, 논쟁과 재판에 관한 일들에 사로잡혀 있어서, 영적인 것에 관하여 말을 할 수가 없습니다". ② "그럼에도 나에게 큰 위로를 준 사건 하나를 발견했습니다. 부유한 남녀 평신도들이 그리스도 때문에 모든 재산을 버리고 세속을 떠난 것을 보았습니다. 이들은 '작은 형제들' 그리고 '작은 자매들'이라 일컬어집니다". ③ "이들은 밤에는 외딴 곳이나 조용한 곳에 돌아가 관상에 전념합니다". ④ "이들은 자신들이 바라는 이상으로 성직자와 평신도로부터 존경을 받으면, 바로 이것이 그들에게는 불만과 흥분의 원인이 됩니다".

1217   성령 강림 총회(5월 14일 개최): 포르찌운쿨라 성령 강림 총회(일명 돗자리 총회)에서 처음으로 알프스 이북과 지중해 건너편의 선교를 결정한다. 프란치스코는 프랑스를 향하여 출발하나, 피렌쩨에서 우골리노 추기경을 만나 그의 만류로 이탈리아에 남게 된다.

이 해에 엘리야 형제가 중동 지방의 관구 봉사자로 파견된다.

1219   성령 강림 총회(5월 26일 개최): 성령 강림 총회에서 제2차로 알프스 이북과 지중해 건너편의 선교를 결정한다. 이 당시는 1217년부터 시작된 제5차 십자군 전쟁 중이었으며 이는 1221년에야 끝난다.

6월 11일, 호노리오 3세 교황이 주교들과 고위 성직자들에게 보낸「쿰 딜렉티」(Cum dilecti) 칙서에서 "작은 형제들은 … 가톨릭적이고 충실한 사람들이니, 이들을 환대하라"고 권고한다.

중동 선교 여행: 6월에 프란치스코는 피에트로 카따니와 함께 중동으로 향하는 배를 타고 다미에따(Damietta)에 도착한다. 여기에서 9월경 이집트의 술탄인 멜렉-엘-카멜(Melek-el-Kamel)을 만나, 그를 감동시킨다.

11월 22일, 교황 서한인「사네 쿰 올림」(Sane cum olim)이 선포된다.

이즈음, 형제회가 이탈리아 전국으로 확산된다.

1220	작은 형제들의 첫 순교(1월 16일): 모로코에서 5명의 작은 형제들이 처음으로 순교한다.

성령 강림 총회(5월 17일 개최): 프란치스코의 공석 중에 성령 강림 총회가 개최되는데, 형제회가 정주 수도원을 따라 제도화되기 시작한다.

그 해 여름, 이탈리아에 있는 총장 대리자들(그레고리오 나폴리와 마태오 나르니)이 수도규칙에 새로운 규정들을 임의대로 넣는다는 소식을 듣고 프란치스코가 급히 돌아오며, 호노리오 3세 교황이 프란치스코의 요청으로 우골리노 추기경을 형제회의 보호자로 임명한다. 그레고리오 나폴리는 우골리노 추기경의 조카로서 실제로 형제회에 제도를 도입하려는 우골리노 추기경의 뜻을 받들던 인물이었고, 사실 이 때부터 형제회가 제도적 교회의 뜻대로 돌아가기 시작한다. 그레고리오 나폴리는 후에 주교가 된다.

9월 22일, 「쿰 세쿤둠 콘실리움」(Cum secundum consilium) 칙서로 작은 형제들에게 수련기가 의무적으로 부과되고, 서약 후에는 수도회를 떠날 수 없게 된다.

프란치스코의 행정직 사임(9월 29일): 프란치스코가 '가을 총회'에서 형제회의 행정직을 사임하고, 피에트로 카따니 형제가 총봉사자 대리가 된다. |
| 1221 | 3월 10일, 피에트로 카따니 형제가 임종하고, 그 후임으로 엘리야 형제가 임명된다.

성령 강림 총회(5월 30일 개최): 포르찌운쿨라에서 총회(일명 돗자리 총회)가 개최된다. 여기에서 알프스 북 |

	쪽 특히 독일 지방으로 보낼 새로운 파견단을 신중하게 조직하며, 새로운 '수도규칙'을 논의한다.
1222	우골리노 추기경이 총회에 참석하며(5월 22일), 형제회의 상황과 제도적인 차원에 대해 논의한다.
1223	1223년 초, 폰테 콜롬보(Fonte Colombo)에서 어려움과 반대에도 불구하고 수도규칙을 최종적으로 완성한다.

수도규칙 인준(11월 29일) : 호노리오 3세 교황으로부터 「솔레트 안누에레」(Solet annuere) 칙서를 통하여 작은 형제회의 수도규칙을 인준받는다.

그레쵸 구유(12월 24-25일) : 그레쵸(Greccio)에서 구유를 만들어 경배하며 주님의 성탄 축일을 지낸다. 아기 예수에 깊이 취한 그를 목격할 수 있다. |
| 1224 | 라 베르나 사순절과 오상(8월 15일 - 9월 29일) : 라 베르나 산에서 성 미카엘을 기리며 사순절을 지내다가 주님의 다섯 상처, 오상(五傷)을 받는다. 프란치스코는 세라핌(Seraphim) 천사를 통하여 십자가에 달리신 그리스도와 부활하신 그리스도를 동시에 목격한다.

9월 10일. 작은 형제들이 처음으로 영국에 도착한다.

포르찌운쿨라로 돌아오나, 오상을 몸에 지니고 사는 그는 병세가 악화되어 사도적 활동이 제한된다. |
| 1225 | 봄, 성 다미아노에 머무른다.

눈 수술과 치료(7-8월경) : 악화된 눈병을 치료하기 위 |

	하여 리에티(Rieti) 지방으로 가며 폰테 콜롬보에서 눈 수술을 받는다.
	가을부터 겨울 사이, 성 다미아노에 머무른다.
1226	시에나 체류(4-5월경): 치료를 위하여 시에나(Siena)로 갔으나 건강이 더욱 악화되어 간략하게 마지막 뜻을 기록하게 한다.
	아씨시 체류: 코르토나(Cortona)의 첼레(Celle)와 노체라(Nocera) 근처의 바냐라(Bagnara)를 거쳐 아씨시로 돌아온다. 아씨시에서는 주교관에 머문다.
	프란치스코의 죽음(10월 3일 저녁): 토요일인 이 날 저녁에 프란치스코는 죽음 자매를 맞이한다. 모든 형제들이 슬픔을 가누지 못한다.
	프란치스코의 장례(10월 4일): 장엄한 장례식이 거행되고 성 죠르죠 성당에 안장된다.
1228	프란치스코의 시성(7월 16일): 그레고리오 9세 교황에 의하여 프란치스코가 시성(諡聖)된다.
1230	프란치스코 유해 이장(5월 25일): 성 프란치스코의 유해가 그를 기념하기 위하여 건축된 아씨시 대성당으로 옮겨져 안치된다.

아씨시 클라라의 약전(略傳)

1193/1194	클라라가 아씨시의 쉬피(Sciffi) 귀족 가문에서 파바로네 오프레두초(Favarone di Offreduccio)를 아버지로, 오르톨라나(Ortolana)를 어머니로 하여 태어난다.
1200경	클라라의 가족은 아씨시의 다른 귀족들과 함께 페루쟈로 쫓겨 피난 생활을 한다. 클라라가 6-7살의 어린 나이에 피난 생활을 체험한다.
1206	클라라가 포르찌운쿨라 성당을 수리하던 프란치스코와 동료들에게 고기를 사 먹으라며 돈을 보낸다. 이후 클라라는 친구 보나와 함께 여러 번 프란치스코를 만나고, 프란치스코는 그녀에게 회개 생활을 권한다. 이에 클라라는 자기 몫의 유산을 팔아 가난한 이들에게 나누어 준다.
1210	클라라의 부모가 그녀를 결혼시키려 하였으나, 클라라가 거부한다.
1211	3월 27/28일, 성지 주일날 밤에 야반도주(夜半逃走)하여 몰래 집을 나온 클라라가 포르찌운쿨라 성당에서 프란치스코의 손으로 삭발례를 받고 회개 생활을 시작한다. 다음 날 아침에 클라라는 성 파울로 바스티아(San Paolo de Bastia)의 베네딕토회 수녀원으로 인도되고, 그녀를 집으로 데려가려는 가족들의 시도가 무산된 뒤에는, 그녀의 거처를 수바시오 산에 있는 성 안젤로 판조(Sant' Angelo Panzo) 성당으로 옮긴다.

성 안젤로 성당에서 동생 아네스가 합류하고, 아네스를 데려가려는 가족들의 강압적인 시도 이후에 아네스 역시 프란치스코의 손에 의해 삭발례를 받는다.

얼마 후에 성 다미아노에 수녀원이 마련되어 이 곳으로 이동한다. 이 무렵 아씨시와 인근 마을에서 파치피카 궬푸초(Pacifica Guelfuccio), 벤베누타 페루쟈(Benvenuta da Perugia) 등 많은 처녀들이 입회하여 공동체가 급속히 발전한다.

9월 무렵에 클라라와 자매들이 프란치스코에게 순종을 서약하며, 이로써 자매들은 작은 형제들의 "형제 공동체"(fraternitas)로 받아들여진다.

1211/1212	프란치스코가 클라라와 자매들을 위하여 생활 양식(forma vivendi)을 써 준다.
1213/1214	프란치스코가 클라라에게 자매들에 대한 관리와 지도를 맡으라고 요청한다.
	이 무렵에 형제들이 "형제 공동체"에 여자들을 받아들일 수 있는지에 대하여 논의한다. 거의 틀림없이 1221년 이전에, 아마도 1215-1216년 즈음, 여자들을 순종에로 받아들일 수 없다는 금지 조항이 「인준받지 않은 수도규칙」에 들어갔을 것이기 때문이나.
1214	클라라의 동료인 발비나(Balvina) 자매가 아씨시의 이웃 도시인 스펠로(Spello)에 공동체를 설립한다.
1215/1216	제4차 라테라노 공의회가 새로운 수도회 창설을 금지하고, 수도 생활을 원하는 이는 기존 수도규칙 중 하

	나를 선택하도록 규정한다. 아마도 이 때문에 클라라는 인노첸시오 3세 교황으로부터 '가난 특전'을 청하여 허락받았을 것이다.
1217	프란치스코와 아씨시 주교가 클라라의 단식을 완화하도록 권한다.
1218	우골리노 추기경이 토스카나와 롬바르디아 지방에서 교황 대사로 활동하던 중 성주간을 성 다미아노 공동체에서 보내게 된다. 아마도 이 때 제4차 라테라노 공의회의 결정 사항에 관해 클라라 또는 프란치스코와 상의하였을 것이다.
1218/1219	우골리노 추기경이 교황청 직속의 여성 수도회를 설립하고 직접 「생활 규칙」(Formula vitae)을 작성한다. 추기경은 성 다미아노 공동체에도 이 규칙을 주지만, 클라라와 자매들은 법적 필요성 때문에 베네딕토의 「수도규칙」에 기초를 두고 있는 이 규칙을 받아들이면서도 실제로는 프란치스코의 '생활 양식'을 준수하며 살아간다.
1219	클라라의 친동생인 아네스가 피렌쩨 근처의 몬티첼리 수도원의 원장으로 파견된다.
	이 무렵 프란치스코가 5명의 자매들을 클라라에게 보내나, 클라라는 이 가운데 4명만을 받아들이고자 한다.
1220	작은 형제회 첫 순교자들의 소식을 듣고 클라라 자신도 순교를 열망한다.

1224	임종의 순간까지 계속되는 클라라의 중병이 시작된다.
1226	클라라의 병이 심해지고 더 이상 프란치스코를 보지 못하게 될까 염려한다. 프란치스코가 임종에 임박하여 클라라와 그의 자매들에게「마지막 원의」를 써 보낸다. 10월 4일, 프란치스코의 운구 행렬이 성 다미아노 수도원에 이르자, 클라라와 자매들이 입을 맞추며 눈물 속에서 오열하며 작별한다.
1227	3월 19일, 우골리노 추기경이 그레고리오 9세로 교황직에 오른다. 12월 14일, 그레고리오 9세 교황이「쿠오티에스 코르디스」(Quoties cordis) 서한을 통하여 자신이 설립한 수녀회에 대한 보살핌을 작은 형제회 총봉사자에게 맡긴다. 설립 초기에 "스폴레토와 토스카나 계곡의 가난한 부인들의 회"라고 불리던 이 수도회는 엄격한 봉쇄에 대한 강조로 인해 이 당시에는 "가난한 봉쇄 수녀들의 회"라 불리고 있었다.
1228	7월 16일 직전, 그레고리오 9세 교황이 프란치스코의 시성식 관계로 아씨시에 머물게 되는데, 이 기회에 성 다미아노 수도원을 개인적으로 방문한다. 이때 교황은 클라라에게 어느 정도의 재산을 소유하도록 권하며 서원 관면까지 제안하지만, 클라라는 "그리스도를 따르는 길에서 관면받고 싶지 않다"며 이를 단호하게 거절한다. 이는 성 다미아노 공동체를 교황이 창설한 수도회의

머리로 삼아 교황의 수도회 전체에 작은 형제들의 영적 물적 보살핌을 보장하려는 계획의 일환이었다. 그래서 교황은 이 만남 이후부터 자신의 수도회를 "성 다미아노 수도회"(Ordo Sancti Damiani)라고 부르기 시작한다.

그러나 클라라는 절대적 가난과 성 다미아노 공동체의 프란치스칸 정체성을 지키기 위해 끈질기게 요청하여 9월 17일, 「시쿠트 마니페스툼」(Sicut manifestum) 칙서를 통하여 「가난 특전」을 재확인받는다. 이 칙서의 원본은 아씨시 모원에 보존되어 있다.

1230	9월 28일, 그레고리오 9세가 「쿠오 엘롱가티」(Quo elongati)를 통하여 작은 형제회의 「수도규칙」 제11장의 "교황청 허락 없는 수녀원 방문 금지" 규정을 성 다미아노 공동체에까지 적용시키자, 클라라가 영적인 빵을 가져다 주는 형제들이 없는 이상 물질적 빵을 동냥해 줄 이들도 필요가 없다며 형제들을 모두 돌려보낸다. 이에 교황은 형제들의 성 다미아노 공동체 방문 허락의 권한을 작은 형제회 총봉사자에게 일임한다.
1234	6월 11일, 보헤미아 왕가의 아녜스 공주가 이전에 자신이 프라하에 설립한 성 프란치스코 수녀원에서 성대하게 수도 생활을 시작한다. 그레고리오 9세는 8월 31일에 아녜스를 이 수도원의 원장으로 임명한다.
1238	4월 15일, 프라하 아녜스가 그레고리오 9세 교황으로부터 「피아 크레둘리타테 테넨테스」(Pia credulitate tenentes)를 통해 가난 특전을 받는다. 그러나 바로 다음 달인 5월 11일, 교황은 프란치스코의 생활 양식을

따르게 해 달라는 아네스의 요청을 거부하고 칙서에 첨부한 자신의 수도규칙에 충실할 것을 명한다. 여기서 교황은 프란치스코의 생활 양식을 갓난아기를 위한 우유에 비기면서 자신의 수도규칙을 성숙한 어른을 위한 단단한 음식으로 제시한다.

6월 8일, 클라라와 성 다미아노의 자매들 50명이 오포르톨로 베르나르도(Oportolo Bernardo)에게 캄필리오네 근방의 땅 매각을 위임한다는 문서에 서명한다.

1240	성 다미아노에 쳐들어 온 사라센 군대가 클라라의 '성체의 기적'으로 퇴각한다.
1241	적군에 점령당한 아씨시가 클라라의 기도로 풀려난다.
1246	7월 초쯤에 수도원 정문이 클라라 등 위로 떨어졌으나 클라라는 다치지 않는다. 이는 클라라가 병중에 있었음에도 불구하고 수도원의 여기저기를 걸어 다녔음을 의미한다.
1247	8월 6일, 리옹에서 인노첸시오 4세 교황이 성 다미아노 수도회의 자매들을 위하여 「쿰 옴니스 베라 렐리조」(Cum omnis vera religio)를 통해 새 수도규칙을 선포한다. 이 수도규칙은 자매들이 준수해야 할 수도규칙을 베네딕토의 「수도규칙」에서 프란치스코의 「수도규칙」으로 바꾸고, 작은 형제회에 소속됨을 확인하며, 공동 소유물을 허락하면서 이를 위한 관리인을 둘 것을 규정한다. 그러나 이 절충안은 환영받지 못한다. 많은 수도원들이 그냥 예전의 우골리노 생활양식을 따르기를 원했으며, 성 다미아노 수도원과 클라라의 정신을 따르는 수도원들은 절대적 가난에 위

배된다 하여 이것을 받아들이지 않았다. 이를 계기로 해서 클라라가 고유한 생활 양식을 작성하고자 결심한 것으로 보인다.

| 1250 | 인노첸시오 4세 교황이 성 다미아노 수도회의 자매들에게 자신이 준 수도규칙을 지킬 의무가 없다고 선언한다. |

| 1252 | 9월 16일, 라이날도 추기경이 클라라가 프란치스코의 「인준 규칙」에 따라 작성한 「수도규칙」을 칙서로 인준한다. 이 인준은 성 다미아노 공동체에만 적용되며, 클라라는 교황의 인준까지 원한다. |

12월 24일, 클라라가 병석에서 환시를 통하여 성 프란치스코 대성당의 성탄 밤 미사에 참례한다.

| 1253 | 8월 6/8일, 인노첸시오 4세 교황이 두 번째로 아씨시의 클라라를 방문한다. |

8월 9일, 인노첸시오 4세 교황이 「클라라의 수도규칙」을 인준하고, 더불어 성대한 「가난 특전」도 내린다.

8월 11일, 클라라가 성 다미아노에서 숨을 거둔다.

8월 12일, 인노첸시오 4세 교황이 성 다미아노에서 클라라의 장례식을 거행하고, 클라라의 유해는 성대하게 아씨시 시내로 옮겨져 성 죠르죠 성당에 안장된다. 10월 18일, 인노첸시오 4세 교황이 클라라에 대한 시성 조사를 명한다.

11월 24-29일, 성 다미아노와 아씨시에서 클라라에

	대한 시성 조사가 실시된다.
1255	8월 15일, 클라라가 알렉산데르 4세 교황에 의해서 시성된다.
1260	10월 3일, 성녀 클라라의 유해가 성 죠르죠 성당에서 성녀 클라라 대성당으로 이전되며, 총봉사자인 보나벤투라가 미사를 주례한다. 성 다미아노 공동체의 자매들도 성녀 클라라 대성당으로 옮긴다.
1263	10월 18일, 우르바노 4세 교황이 이제부터 "성녀 클라라 수녀회"(Ordo sororum Sanctae Clarae)라 불릴 성 다미아노 수도회를 위하여 새로운 「수도규칙」을 선포한다. 이렇게 하여 "클라라 회원들"(clarisse)이 탄생된다.

프란치스칸 원천 연표

프란치스코의 글과 클라라의 글 그리고 이들의 생애와 관련된 원천들의 연표는 거의 대부분 추정된 연표들이며, 프란치스코가 쓴 글들의 경우에는 서술의 기교상 "프란치스코"라는 주어를 생략하였다.

1205-1206 성 다미아노 성당의 십자가에서 "프란치스코야, 보다시피 다 허물어져 가는 나의 집을 수리하여라" 하는 말씀을 듣고, 이어서 버려진 성당들을 수리하기 위하여 옷감들을 내다 판다. 이 시기에 **「십자가 앞에서 드린 기도」**를 쓴다.

1208 공동체가 형성되면서 **「십자가 경배송」**(Adoramus te)을 작성하여 바친다.

1212 3월 18일, 프란치스코가 포르찌운쿨라에서 클라라를 회개 생활로 받아들이며, 이 무렵 그녀에게 **「클라라와 그의 자매들에게 준 생활 양식」**을 써 준다.

1212/1213 모로코로 가기 위하여 스페인까지 갔으나, 신병으로 뜻을 이루지 못하고 포르찌운쿨라로 돌아온다. 이즈음에 **「하느님 찬미의 권고」**를 쓴다.

1215-1219 1215년 11월에 제4차 라테라노 공의회가 개최되며, 1219년 11월 22일에 교황 서한인 「사네 쿰 올림」(Sane cum olim)이 선포된다. 이 시기에 **「성직자들에게 보낸 편지 1」**을 쓴다.

1220 즈음	1219년부터 1220년 사이의 중동 체험과 교황 서한인 「사네 쿰 올림」의 영향으로 하느님 찬미와 성체 공경에 대한 편지들을 성직자들과 수도자들과 신자들에게 보낸다. 중동에서 돌아온 이후, 비슷한 시기에 **「성직자들에게 보낸 편지 2」**, **「백성의 지도자들에게 보낸 편지」**, **「보호자들에게 보낸 편지 1」**, **「보호자들에게 보낸 편지 2」**를 쓴다. 이 편지들은 한결같이 그 주제가 성체 공경이다. 성체에 대한 주변 사람들의 불경스러운 태도가 얼마나 프란치스코의 마음을 아프게 하였는지 알 수 있다. 프란치스코에게 성체는 하느님의 신격적(神格的) 현존으로서, 그의 하느님 찬미는 성체 공경에서 출발한다.
1221	5월 30일, 포르찌운쿨라에서 총회(일명 돗자리 총회)가 개최되며, 여기에서 새로운 '수도규칙'을 논의한다. 이 수도규칙은 1220년부터 독일 출신의 체사리오 스피라(Cesario da Spira)의 도움을 받아 성경 구절들을 첨가하며 작성되는데, 오늘날 **「인준받지 않은 수도규칙」**이라 불리는 이 규칙은 총회에서는 인준을 받았으나 교황의 인준은 받지 못한 것으로 보인다.
1221 전후	**「덕들에게 바치는 인사」**, **「복되신 동정 마리아께 드리는 인사」**, **「"주님의 기도" 묵상」**과 같은 몇몇 기도문들은 작성 시기를 추정할 수 없으나, 그 내용을 볼 때 프란치스코의 영성이 꽃피고 열매를 맺는 원숙기에 쓰여진 것으로 보인다.
1221-1223	이즈음에 **「어느 봉사자에게 보낸 편지」**, **「참되고 완전한 기쁨」**, **「주님의 수난 성무일도」**가 작성된 것으로 추정된다. 이 작품들에서는 한결같이 그의 벌레 영성이 근저에 깔려 있다.

1223	1223년 초에 폰테 콜롬보(Fonte Colombo)에서 어려움과 반대에도 불구하고 수도규칙을 최종적으로 완성하며, 호노리오 3세 교황으로부터 「솔레트 안누에레」(Solet annuere) 칙서를 통하여 인준을 받는데(11월 29일), 이 규칙이 **「인준받은 수도규칙」**이다.
1224	이즈음에 **「안토니오 형제에게 보낸 편지」**, **「형제회에 보낸 편지」**가 작성된다. 이 편지들에서는 프란치스코의 모성적 사랑이 풍긴다.
1224	프란치스코는 8월 15일부터 9월 29일까지 라 베르나(La Verna) 산에서 성 미카엘을 기리며 사순절을 지내다 주님의 다섯 상처, 오상(五傷)을 받고, 그 후 얼마 지나지 않아 **「지극히 높으신 하느님께 드리는 찬미」**와 **「레오 형제에게 준 축복」**을 작성한다. 이 글들에서는 덕을 노래하고 있고, 덕에 빛을 내리시는 하느님을 찬미한다. 덕을 더욱 발전시키는 「권고」 27이 라 베르나에서의 신비 체험과 밀접한 관련성을 보여서, 어떤 학자는 이즈음에 **「권고들」**도 완성되었을 것으로 본다. 「권고들」은 예수 그리스도의 산상 설교에 대한 프란치스코의 해석이다. 프란치스코 생애 후기에 **「신자들에게 보낸 편지」**가 쓰여지는데, 제1편지는 이 당시에 쓰여졌는지 불확실하지만, 제2편지는 그 가능성이 높다. 이 편지에서 프란치스코는 우리에게 벌레가 되어 삼위일체의 중심에 설 것을 애걸하다시피 간청한다.
1225	프란치스코는 봄에 성 다미아노 성당에 머무르며, **「태양 형제의 노래」**와 **「들으십시오, 가난한 자매들이여」**(노래 형식의 권고)를 대중이 쓰는 이탈리아어로 쓴다.

1226	4-5월경, 치료를 위하여 시에나(Siena)로 갔으나 건강이 더욱 악화되어 간략하게 마지막 뜻을 기록하게 하여 **「시에나에서 쓴 유언」**을 남긴다. 아씨시로 돌아온 후 주교관에서 머물 즈음에 「태양 형제의 노래」의 뒷부분인 23-33절을 첨가한다.

9월경, 즉 프란치스코 생애의 마지막 시기인 이 무렵에 **「유언」**이 작성된다.

죽음을 앞두고 **「클라라와 그의 자매들에게 써 보낸 마지막 원의」**를 작성한다. 그는 유언에서도 우리에게 일구월심(日久月深) 가난에 머물 것을 종용한다. |
| 1227 | 3월 19일, 우골리노 추기경이 교황으로 선출되어 그레고리오 9세(1227-1241)가 된다.

5월 30일, 죠반니 파렌티(Giovanni Parenti)가 총봉사자로 선출된다. |
1228	9월 17일: 그레고리오 9세 교황이 클라라의 요청으로 「시쿠트 마니페스툼」(Sicut manifestum) 칙서를 통하여 **「가난 특전」**을 허락해 준다.
1228-1229	1228년 7월 16일, 그레고리오 9세 교황에 의하여 프란치스코가 시성되며, 교황의 요청으로 토마스 첼라노가 **『복되신 프란치스코의 생애』**, 즉 **『제1 생애』**(1첼라노)를 집필한다.
1230	9월 28일, 그레고리오 9세가 「쿠오 엘롱가티」(Quo elongati)를 선포한다. 이 문헌은 프란치스코 「유언」의 법적인 효력을 인정하지 않으며, 「인준받은 수도규

	칙」과 관련된 몇 가지 문제들을 해결한다.
1230 즈음	토마스 첼라노에 의해 『**전례용 전기**』가 소품으로 편집된다.
1232	프란치스코의 대리자였던 엘리야가 총봉사자로 선출된다.
1232-1234	헨리코 아브린치스(Henricus de Abrincis)가 운문(韻文)으로 된 『**성 프란치스코의 전기**』를 작성한다. 그 내용은 첼라노의 전기와 대동소이하다.
1232-1235	율리아노 스피라(Iulianus de Spira)가 『**성 프란치스코의 운문 성무일도**』와 『**성 프란치스코의 생애**』를 작성한다. 이 작품의 내용도 첼라노의 전기와 대동소이하다.
1234/1235	클라라의 「**프라하의 아녜스에게 보낸 편지 1**」이 쓰여진다.
1235-1238	이 무렵에 클라라의 「**프라하의 아녜스에게 보낸 편지 2**」와 「**프라하의 아녜스에게 보낸 편지 3**」이 쓰여진다.
1239	5월 15일. 엘리야 형제가 총봉사자직에서 해임된다.
	그레고리오 9세 교황이 참석한 가운데 알베르토 피사(Alberto da Pisa)가 총봉사자로 선출된다. 그는 첫 번째 사제 출신의 총봉사자이다. 형제회가 차츰 사제 형제들 중심으로 넘어가기 시작한다.
1240-1241	10월 25일 이전에 『**수도회의 기원 혹은 창설에 대하여**』(익명의 페루쟈)가 집필된다. 이는 에지디오 형제의

	제자인 요한 형제 작품으로서, 영적인 설명이나 해석 없이 작은 형제들의 행적들을 단순하게 나열한다.
1244	제노바(Genova) 총회에서 크레쉔조 예시(Crescenzio da Iesi)가 총봉사자로 선출된다. 그는 『1 첼라노』의 부족함을 보완하기 위하여 『2첼라노』를 위한 자료들을 모든 형제들에게 요청한다.
1246	8월 11일, 프란치스코의 동료들인 레오, 루피노, 안젤로의 세 동료가 그레쵸에서 자신들의 회고 자료들을 『**선집**』(選集, Florilegium) 형태로 엮어, 소위 '그레쵸 편지'와 함께 총봉사자에게 보낸다. 아씨시 시민들도 프란치스코의 젊은 시절과 관련된 증언들을 보낸다.
1246-1247	『수도회의 기원 혹은 창설에 대하여』의 43%를 가필하고, 서두에 '그레쵸의 편지'를 첨가하여 『**세 동료들의 전기**』가 편집된다. 그러나 그 저자가 세 동료인지는 그 친저성에 문제가 많다.
1247	요한 파르마가 총봉사자로 선출된다.
	이 무렵에 토마스 첼라노가 『**간절한 마음의 비망록**』, 즉 『**제2생애**』(2첼라노)를 편집한다. 『제1생애』(1 첼라노)와는 많은 부분에서 내용에 차이를 보인다.
1253	클라라의 『**프라하의 아녜스에게 보낸 편지 4**』와 『**유언**』이 쓰여진다.
	8월 9일, 인노첸시오 4세 교황이 『**클라라의 수도규칙**』을 인준하고, 성대한 『**가난 특전**』을 내린다.

	11월에 클라라의 친동생 아녜스가 세상을 떠난다.
1253-1254	토마스 첼라노가 『**복되신 프란치스코의 기적 모음집**』(3첼라노)을 편집한다. 프란치스코의 생전에만 아니라 그의 사후에도 계속해서 이어지는 기적들을 통하여 그의 영광을 노래한다.
1254	12월 7일, 인노첸시오 4세 교황이 서거한다.
	12월 12일, 작은 형제회의 보호자 추기경이었고 클라라의 친구였던 라이날도 추기경이 알렉산데르 4세라는 이름으로 교황직에 오른다.
1255-1256	토마스 첼라노가 『**아씨시의 성녀 클라라의 전기**』를 저술한다.
1257	요한 파르마가 총봉사자직에서 해임되고, 보나벤투라 바뇨레죠(Bonaventura da Bagnoregio)가 총봉사자로 선출된다.
1250-1260	『**가난 부인과 성 프란치스코와의 거룩한 교제**』가 작성되며, 저자는 요한 파르마로 추정된다. 그는 프란치스코에 대하여 토마스 첼라노나 보나벤투라와는 시각을 달리한다.
1260	나르보나(Narbona) 총회에서 프란치스코의 생애를 새롭게 작성할 것을 보나벤투라에게 요청하며, 또한 새 회헌이 선포된다.
1263	피사(Pisa) 총회에서 보나벤투라가 쓴 『**복되신 프란치스코의 생애**』(대전기)가 승인된다. 이른바 삼중도(三

	重道)라고 하는 정화, 조명, 일치의 관점에서 치밀한 구성 아래 프란치스코의 영적인 발전 단계를 조명한 작품이다.
1266	프란치스코에 관한 근거 없이 범람하는 야사(野史)를 막기 위해서 파리 총회에서『대전기』를 제외한 모든 프란치스코의 전기들을 없애기로 결정한다. 작은 형제회 내의 분서갱유(焚書坑儒)이다. 여기에 첼라노의 전기들도 포함된다.
1276	파도바(Padova) 총회에서 성 프란치스코에 관한 이전의 기억들을 복원하기로 결정한다. 다른 수도회에 보관되어 분서갱유를 피했던 첼라노의 전기들도 다시 빛을 본다.
1289	8월 18일, 니콜로 4세 교황이「수프라 몬템」(Supra montem) 칙서를 통하여 이전의 회개 운동들을 합치면서 프란치스칸 3회를 설립한다.
1305	우베르티노 카살레(Ubertino da Casale)가 라 베르나에 칩거하면서『**예수. 십자가에 못 박히신 생명의 나무**』초고를 작성한다.
1310-1312	아씨시의 '거룩한 수도원'(Sacro Convento)에서『**아씨시 편집본**』이 편집되며, 이 편집본에 레오의 '회상록'과 1246-1247년에 크레쉔조 총봉사자가 모은 자료들의 상당 부분이 포함된 것으로 추정된다.
1318 즈음	『**완덕의 거울**』이 편집된다.
1325 즈음	안젤로 클라레노(Angelo Clareno)가『**작은 형제들의 수**

	난의 역사』를 탈고한다.
1327-1340	『**복되신 프란치스코와 동료 형제들의 행적**』이 편집된다.
1370-1390	어느 토스카나인(人)이 『**잔꽃송이**』를 편집하는데, 그 대부분은 『복되신 프란치스코와 동료 형제들의 행적』을 중세 이탈리아어로 옮긴 것이다.